ESV ERICH SCHMIDT VERLAG

Familienrecht heute

Kindschaftsrecht

von

Jochen Duderstadt
Fachanwalt für Familienrecht, Notar a. D., Göttingen

2., neu bearbeitete und wesentlich erweiterte Auflage

ERICH SCHMIDT VERLAG

Bibliografische Information der Deutschen Bibliothek
Die Deutsche Bibliothek verzeichnet diese Publikation in der Deutschen Nationalbibliografie; detaillierte bibliografische Daten sind im Internet über http://dnb.d-nb.de abrufbar.

Weitere Informationen zu diesem Titel finden Sie im Internet unter
ESV.info/978-3-503-23617-6

1. Auflage 2019
2. Auflage 2023

ISBN 978-3-503-23617-6 (print)
ISBN 978-3-503-23618-3 (eBook)

www.ESV.info

Satz: L101 Agentur für Mediengestaltung, Fürstenwalde

Druck: docupoint, Barleben

Vorwort

Das gesamte materielle Familienrecht aus einem Guss – dieses Ziel habe ich in vier Büchern zu verwirklichen versucht.

In diesem Band geht es um das Kindschaftsrecht, schwerpunktmäßig um das Sorge- und Umgangsrecht als Scheidungsfolgen. Außerdem habe ich den Gewaltschutz und zum Schluss das Namensrecht erörtert, weil es überwiegend die Kindesnamen thematisiert.

Grundlage ist eine jahrzehntelange Praxis als Scheidungsanwalt, als Notar und als Dozent an verschiedenen Fortbildungsinstituten. Die ständige Lektüre der Fachzeitschriften (insbesondere der FamRZ), etlicher Monographien, Kommentare, Lehrbücher und anderer Publikationen bildeten die dritte Erkenntnisquelle.

Das Buch wurde von einem Anwalt für Anwälte verfasst, aber natürlich auch für andere Juristen, die sich – und wenn auch nur am Rande – mit dem Familienrecht befassen wollen oder müssen. Und selbstverständlich können sich auch unmittelbar betroffene Laien dieses Bandes bedienen, denn er wurde in einer zwar korrekten, aber doch verständlichen Sprache geschrieben. Er dient dazu, dass man darin nachschlägt, wenn man bei der Lösung eines Falles an die Grenzen seines präsenten Wissens gerät.

Die zahlreichen Fußnoten verweisen ganz bewusst vorrangig auf Gerichtsentscheidungen und erst in zweiter Linie auf Abhandlungen in Fachzeitschriften, Monographien und Kommentare. Denn bei der Lösung eines Falles kommt es in erster Linie auf das an, was die Obergerichte und der BGH entschieden haben. Die bis Dezember 2022 veröffentlichte Rechtsprechung ist eingearbeitet.

In das Literaturverzeichnis habe ich, wie üblich, die zahllosen aus den Fußnoten ersichtlichen Abhandlungen nicht mit aufgenommen.

Göttingen, im Frühjahr 2023 *Jochen Duderstadt*

Inhaltsverzeichnis

Abkürzungen

Kürzel	Langfassung
a. A.	anderer Ansicht
ABR	Aufenthaltsbestimmungsrecht
AG	Amtsgericht
Anm.	Urteilsanmerkung
AO	Anordnung
ARB	Allgemeine Bedingungen in der Rechtsschutzversicherung
AS	Altersstufe bzw. Alleinsorge
BayObLG	Bayerisches Oberstes Landesgericht
BaföG	Bundesausbildungsförderungsgesetz
BezG	Bezirksgericht
BGB	Bürgerliches Gesetzbuch
BGH	Bundesgerichtshof
Bh	Beratungshilfe
BKB	Bedarfskontrollbetrag
BMJ	Bundesjustizministerium
Brüssel IIa-VO	EG-Verordnung Nr. 2201/2003 vom 22.12.2003 über die Zuständigkeit und die Anerkennung und Vollstreckung von Entscheidungen in Ehesachen und in Verfahren betreffend die elterliche Verantwortung, neu gefasst am 25.6.2019
BSG	Bundessozialgericht
BSHG	Bundessozialhilfegesetz
BVerfG	Bundesverfassungsgericht
DAVorm	Der Amtsvormund (Zeitschrift)
DFGT	Deutscher Familiengerichtstag
DT	Düsseldorfer Tabelle
DVBl.	Deutsches Verwaltungsblatt
DVO	Durchführungsverordnung
EA	Einstweilige Anordnung
EGBGB	Einführungsgesetz zum BGB
ehel.	eheliche
EheVO (Brüssel II-VO)	EG-Verordnung Nr. 1347/2000 des Rates über die Zuständigkeit und die Anerkennung und Vollstreckung von Entscheidungen in Ehesachen und in Verfahren betreffend die elterliche Verantwortung für die gemeinsamen Kinder der Ehegatten
EM-Rente	Erwerbsminderungsrente
EMRK	Europäische Menschenrechtskonvention
ES	Elterliche Sorge
EStG	Einkommensteuergesetz
ETW	Eigentumswohnung
EuGHMR	Europäischer Gerichtshof für Menschenrechte

EuEheVO	Europäische Eheverordnung = Brüssel IIa-VO (*s. dort*)
EuSorgÜ	Europäisches Übereinkommen über die Anerkennung und Vollstreckung von Entscheidungen über das Sorgerecht für die Kinder und die Wiederherstellung des Sorgerechtsverhältnisses
EUVM	Ehegattenunterhaltsverteilungsmasse
FamFG	Familienverfahrensgesetz
FamG	Familiengericht
FamRZ	Zeitschrift für das gesamte Familienrecht
ff.	folgende
FAZ	Frankfurter Allgemeine Zeitung
FGB	Familiengesetzbuch der DDR
FGG	Gesetz über die freiwillige Gerichtsbarkeit
FF	Forum Familienrecht (Zeitschrift)
Fn	Fußnote
FPR	Familie, Partnerschaft, Recht (Zeitschrift)
FSJ	Freiwilliges Soziales Jahr
GenDG	Gendiagnostikgesetz
GfdS	Gesellschaft für deutsche Sprache
ggf.	gegebenenfalls
ggü.	gegenüber
GSG	Gewaltschutzgesetz
h. M.	Herrschende Meinung
HUÜ	Haager Unterhaltsübereinkommen
i. d. R.	in der Regel
i. E.	im Einzelnen
i. e. S.	im engeren Sinne
IS	Islamischer Staat
i. Ü.	Im Übrigen
i. V. m.	in Verbindung mit
InsO	Insolvenzordnung
JGG	Jugendgerichtsgesetz
KindRG	Kindschaftsreformgesetz 1998
KindUG	Kindesunterhaltsgesetz
KJHG	Kinder- und Jugendhilfegesetz (SGB VII)
krit.	kritisch(er)
KSÜ	Haager Kinderschutzübereinkommen
KV	Krankenversicherung
lit.	Buchstabe
LPartG	Lebenspartnerschaftsgesetz (für homosexuelle Paare)
LSG	Landessozialgericht
m. a. W.	mit anderen Worten

m. E.	meines Erachtens
MSÜ	Haager Minderjährigenschutzübereinkommen
mj.	Minderjährige(n)
m. w. N.	mit weiteren Nachweisen
MDR	Monatsschrift für Deutsches Recht
MuSchG	Mutterschutzgesetz
NÄG	Namensänderungsgesetz
NELE	nichteheliche Lebensgemeinschaft
n. F.	Neue(r) Fassung
NJW	Neue Juristische Wochenschrift
NJW-RR	Rechtsprechungs-Report Zivilrecht der NJW
NSU	Nachscheidungsunterhalt
n. v.	nicht veröffentlicht
OLG	Oberlandesgericht
PAS	*Parental Alienation Syndrome* (Eltern-Feindbild-Syndrom)
PES	*Parental Enstrangement Syndrome* (Eltern-Entfremdungs-Syndrom)
Pkh	Prozesskostenhilfe
PKV	Prozesskostenvorschuss
PStG	Personenstandsgesetz
PV	Privilegierter Volljähriger (§ 1603 II 2 BGB)
Pr. AG ZVG	Preußisches Ausführungsgesetz zum ZVG
RKEG	Gesetz über die religiöse Kindererziehung
Rnr.	Randnummer
RPflG	Rechtspflegergesetz
Rspr.	Rechtsprechung
Rz	Randziffer
s.	siehe
S.	Seite (am Anfang von Fußnoten auch *siehe*)
SB	Selbstbehalt
SGB	Sozialgesetzbuch (die einzelnen Bücher sind mit römischen Zahlen gekennzeichnet)
st. Rspr.	ständige Rechtsprechung
SüdL	Süddeutsche Leitlinien
TS	Trennungssorgerecht
TSG	Transsexuellengesetz
TU	Trennungsunterhalt
URNE	Unterhaltsrelevantes Nettoeinkommen
UVG	Unterhaltsvorschussgesetz
Verf.	Verfasser
VG	Verwaltungsgericht
VK	Volljähriges Kind

Vkh	Verfahrenskostenhilfe
vs.	*versus* (= gegen)
VKV	Verfahrenskostenvorschuss
z. B.	zum Beispiel
ZGB	Zivilgesetzbuch
ZPO	Zivilprozessordnung
ZV	Zwangsvollstreckung

Nicht näher gekennzeichnete Paragraphen sind solche des Bürgerlichen Gesetzbuchs.

Die Schreibweise der Gesetzesbestimmungen (außer in Zitaten) soll an folgenden Beispielen erläutert werden:

§ 1613 II 2	Paragraph 1613 Absatz 2 Satz 2 des Bürgerlichen Gesetzbuchs
§ 1612a I 2.	Paragraph 1612a Absatz 1 Ziffer 2 des Bürgerlichen Gesetzbuchs
§ 1579 Ziff. 7	Paragraph 1579 Ziffer 7 des Bürgerlichen Gesetzbuchs

Gesetzesziffern erhalten – s. o. – einen Punkt, wenn sie auf das Absatzzeichen folgen. „*Nr.* “ in Paragraphen (nicht in Anlagen!) ist durchgängig ersetzt durch „*Ziff.* “; diesem Kürzel folgt eine arabische Zahl ohne Punkt.

Zitate sind kursiv gedruckt und mit Anführungszeichen versehen. Gesetzeszitate sind lediglich kursiv gedruckt.

Literaturverzeichnis

Bahrenfuss, FamFG, Kommentar, 3. Aufl., Berlin 2017

Battes, Nichteheliches Zusammenleben im Zivilrecht, Paderborn 1985

Deckert, Folgenorientierung in der Rechtsanwendung, München 1995

Deutscher Verein für öffentliche und private Fürsorge e. V., Empfehlungen für die Heranziehung Unterhaltspflichtiger in der Sozialhilfe vom 12. 3. 2014

Duderstadt, Erwachsenenunterhalt, 4. Aufl., Neuwied 2008

Ell, Psychologische Kriterien bei der Sorgerechtsregelung und die Diagnostik der emotionalen Beziehungen, Weinheim 1990

Erman, BGB, 16. Aufl., Köln 2020

Fthenakis, Vorläufige deutsche Standards zum begleiteten Umgang, München 2007

Fthenakis/Kirchhoff, Trennung, Scheidung und Wiederheirat: Wer hilft dem Kind?, Weinheim 1996

Gardner, Das elterliche Entfremdungssyndrom, 3. Aufl., Berlin 2010

Gerhardt/von Heintschel-Heinegg, Handbuch Familienrecht, 12. Aufl., München 2021

Göppinger/Wax, Unterhaltsrecht, 9. Aufl., Bielefeld 2008

Grüneberg (vormals *Palandt)*, BGB-Kommentar, 82. Aufl., München 2023

Heiß/Born, Unterhaltsrecht, Loseblattsammlung, 61. Auflage, München 2022

Horndasch/Viefhus/Reinken, FamFG-Kommentar, 3. Auflage, Köln 2014

Johannsen/Henrich, Eherecht, 6. Aufl., München 2015

Kastner/Weinmann, Sterben und Steuern, Starnberg 1998

Kern/Diehm, ZPO, Kommentar, 2. Aufl., Berlin 2020

Kogel, Strategien beim Zugewinnausgleich, 7. Aufl., München 2022

Kroiß/Seiler, Das neue FamFG, 2. Aufl., Baden-Baden 2009

Motive zu dem Entwurfe eines BGB, Amtliche Ausgabe, Berlin und Leipzig 1888.

Münchener Kommentar, Bürgerliches Gesetzbuch, 9. Aufl., München 2020

Musielak/Voit, ZPO-Kommentar, 19. Aufl., München 2022

Niepmann/Seiler (vormals *Kalthoener/Büttner*), Die Rechtsprechung zur Höhe des Unterhalts, 14. Aufl., München 2019

Petri, Das Drama der Vaterentbehrung, 6. Aufl., Freiburg 2009

Schmidt-Futterer, Mietrecht, 13. Aufl., München 2018

Schwab, Familienrecht, 30. Auflage, München 2022

Schwab/Borth, Handbuch Scheidungsrecht, 8. Auflage, München 2019

Seeberg, Die Schakkeline ist voll hochbegabt, ey!, Aus dem Leben einer Familienpsychologin, München 2013 (TB)

Soergel/Heintzmann, Bürgerliches Gesetzbuch, 13. Aufl., Stuttgart 2019

Spielbauer/Schneider, Mietrecht, 2. Aufl., Berlin 2018

Staudinger/Salgo, BGB-Kommentar, Neubearbeitung 2020

*Sternal (*vormals *Keidel),* FamFG, Kommentar, 21. Aufl., München 2023

Sternel, Mietrecht aktuell, 4. Auflage, Köln 2009

Stöber/Zeller, Zwangsversteigerungsgesetz, 21. Aufl., München 2016

Störig, Kleine Weltgeschichte der Philosophie, 18. Aufl., Frankfurt 2016

Wendl/Dose, Das Unterhaltsrecht in der familienrichterlichen Praxis, 10. Aufl., München 2019

Ich muss die Kinder von der Alten trennen
Sie können dann – bei meiner Mutter pennen

1 Elterliche Sorge

Wer „bekommt" die Kinder? Wegen dieser Frage gibt es direkt nach der Trennung und im Verlaufe des Scheidungsverfahrens die meisten Tränen. In der Regel bei den Kindern selbst, in zweiter Linie beim Vater, denn er ist es, bei dem auch im statistischen Regelfall die Kinder nach der Trennung *nicht* leben, und schließlich bei den Müttern, wenn sie ausnahmsweise die Kinder nicht betreuen.

Dieser Verlustschmerz ist durch das am 1. Juli 1998 in Kraft getretene Kindschaftsreformgesetz nur wenig abgemildert worden. Aber es enthält fundamentale Änderungen der Sorgerechtsbestimmungen.

Insbesondere hat der Gesetzgeber das Regel-Ausnahme-Verhältnis umgekehrt:

Regelfall ist nach hiesiger Auffassung das gemeinsame Sorgerecht, Ausnahme die Alleinsorge eines Elternteils.[1]

Eine andere Ansicht vertritt hierzu neben den meisten anderen Gerichten[2] der BGH[3], aber diese ist nicht haltbar: Das OLG Frankfurt[4] meint z. B., dass Grundvoraussetzung für die gemeinsame Sorge eine ausreichende Kommunikationsbasis zwischen den Eltern sei (wie sich aus § 1627 BGB ergebe) und dass § 1671 die gemeinsame elterliche Sorge nicht im Sinne eines Regel-Ausnahme-Verhältnisses begünstige. Offenbar ist das Gericht der Ansicht, dass wechselseitige Gesprächsbereitschaft in Belangen der Kinder nicht den Regelfall darstellt. Im Übrigen ergibt sich das Regel-Ausnahme-Verhältnis eindeutig aus dem Wortlaut von § 1671 BGB.

Der BGH[5] meint gegen den Wortlaut der Vorschrift, die gemeinsame ES habe **keinen** Vorrang vor der Alleinsorge, und bezieht sich dabei auf die Begründung des Regierungsentwurfs.

Wenn schon die gemeinsame ES nicht der Regelfall ist, so kann, insofern ist die Rspr. bis hinauf zum BVerfG[6] konsequent, erst recht die paritätische Betreuung (also das Wechselmodell) nicht den Regelfall darstellen.

---

1 S. a. OLG Hamm FamRZ 1999, 1597.

2 Z. B. KG FamRZ 2000, 502; OLG Frankfurt FamRZ 1999, 392; OLG Zweibrücken FamRZ 2001, 182 (Ls); OLG Köln FamRZ 2001, 183; OLG Hamm FamRZ 2001, 183 (Nr. 155, 156, Ls); OLG Köln FamRZ 2003, 1036.

3 BGH FamRZ 1999, 1646.

4 OLG Frankfurt FamRZ 1999, 392.

5 BGH FamRZ 1999, 1646. In der Abh. von *Kloster-Harz/Haase* (FamRZ 2000, 1003) wird eine Art Konvergenztheorie entworfen, die die BGH-Rspr. mit den Entscheidungen der meisten Obergerichte versöhnen soll. Danach soll der gesetzestechnische Regelfall nur dann zum Zuge kommen, wenn gemeinsame ES und Alleinsorge im Einzelfall nach Maßgabe der üblichen Kriterien (Kindeswille, Erziehungsfähigkeit der Eltern, Elterlichkeit, Betreuungsmöglichkeiten, Förderung, Kontinuität, Bindungstoleranz) gleichwertig sind – m. E. ein fauler Kompromiss.

6 BVerfG FamRZ 2018, 593.

Gegen die h.M. ist das OLG Karlsruhe[7] der Auffassung, dass eine Änderung der Alleinsorge den Antrag eines Elternteils voraussetzt.

1.1 Allgemeines

Der Begriff „Kind" ist geschlechtsneutral, d.h. er schließt Jungen, Mädchen und sog. *Diverse*[8] mit ein.

Am meisten leiden unter einer Trennung die Kinder. Sie verlieren nämlich einen Elternteil. Und es geht um viele Kinder: Im Jahre 2016 waren laut Pressemeldungen mehr als 130.000 Sprösslinge von der Scheidung ihrer Eltern betroffen.

Ca. 85 % der etwa 150.000 Väter waren in jenem Jahr verbittert, weil sie zu reinen Zahlvätern (mit gelegentlichem Besuchsrecht und Mitentscheidungsbefugnissen in existentiell wichtigen Fragen) wurden.

Doch auch wenn es pessimistisch oder zynisch klingt, muss gesagt werden, dass die Motive der Eltern nicht immer lauter und verlässlich sind. Bei den Eltern ist Skepsis am Platze, ferner die trostlose Einsicht, dass Tränen keine Argumente sind. Schon mancher Anwalt hat sich gewundert, wie – zeitgleich mit der Trennung – plötzlich bei einem notorischen Wochenend- und Gelegenheitsvater die Liebe zum Nachwuchs aufflammte und wie eine verspätete Disco-Queen schlagartig in die Rolle der treusorgenden Mutter schlüpfte. Zu den Gründen kommen wir noch.

Manchmal werden die Kinder regelrecht zur Handelsware, d.h. zu einem Rechnungsposten innerhalb des Scheidungsfolgenvergleichs oder zu einem Vehikel, das den Elternteil seinen finanziellen Zielen näher bringt, und zwar nach folgendem Schema:

1. Männliche Variante:

Ich muss meine Chancen erhöhen, wenigstens das Aufenthaltsbestimmungsrecht zugesprochen zu bekommen. Meine Frau hat Angst, dass ich die Kinder kriege. Meine Zustimmung zur Betreuung der Kinder durch sie mache ich davon abhängig, dass sie auf Unterhalt für sich (*was heute nicht mehr gelingen würde*) oder Zugewinnausgleich verzichtet.

2. Weibliche Variante:

Mein neuer Partner ist mir wichtiger als die Gören. Aber ich kann auf das Sorgerecht oder jedenfalls das Aufenthaltsbestimmungsrecht nicht verzichten, denn sonst braucht er mir keinen Unterhalt zu zahlen. (Zusatz nach anwaltlicher Belehrung: *Das mit der Verwirkung oder mangelnden Bedürftigkeit regeln wir schon. Mein Bekannter wohnt woanders.*)

Diese Instrumentalisierung der elterlichen Sorge bzw. des Aufenthaltsbestimmungsrechts kann nicht scharf genug bekämpft werden. Das Sorgerecht muss ein Ziel im Sinne der Kinder sein und darf nicht zum Instrument oder Faustpfand zugunsten der Eltern verkommen.

---

[7] OLG Karlsruhe FamRZ 2020, 1378 mit Anm. *Hammer*, S. 1379.

[8] S. hierzu Abh. *Coester-Waltjen/Henn* FamRZ 2021, 1589 mit dem Titel Das Gesetz zum Schutz von Kindern mit Varianten der Geschlechtsentwicklung.

Bestimmend für die Frage der elterlichen Sorge ist ausschließlich das **Kindeswohl** und nicht etwa das der Eltern. Die Frage lautet also – richtig gestellt – nicht „Wer bekommt die Kinder?", sondern **„Wen bekommen die Kinder?"**.

1.1.1 Elterliche Sorge – was ist das?

Die elterliche Sorge hieß bis 1979 unverblümt „elterliche Gewalt" oder „Sorgerecht". Der zuletzt genannte Ausdruck wird heute noch benutzt (auch in diesem Buch), weil er sprachliche Umständlichkeiten vermeiden hilft. Zentrale Vorschrift ist § 1626 I BGB. Er lautet:

> *Die Eltern haben die Pflicht und das Recht, für das minderjährige Kind zu sorgen (elterliche Sorge). Die elterliche Sorge umfasst die Sorge für die Person des Kindes (Personensorge) und das Vermögen des Kindes (Vermögenssorge).*

Die **Personensorge** umschließt die Gesamtheit dessen, was Eltern ihren Kindern angedeihen lassen: Pflege, Versorgung, Erziehung, Abwehr von Gefahren[9], Förderung ihrer Neigungen und Fähigkeiten, schließlich auch die Vertretung des Kindes (§ 1629 I) bei Abgabe aller möglichen rechtlich relevanten Willenserklärungen, sei es die Anmeldung zur Klassenfahrt, sei es der Schulwechsel oder sei es das Einverständnis mit einer gewagten Operation.[10] Im Falle der Alleinsorge bleibt deren Inhaber auch nach einem Obhutswechsel des Kindes allein prozessführungs- und vertretungsberechtigt.[11]

Und nicht zu vergessen: Wer das Sorgerecht hat, hat auch das Aufenthaltsbestimmungsrecht (§ 1631 I), das im Streitfall einem allein übertragen werden kann.

Umgekehrt: Wer die elterliche Sorge, die ja den verheirateten Eltern bis zur Trennung kategorisch und danach vorbehaltlich einer anderweitigen Entscheidung (§ 1671 BGB) gemeinsam zusteht, nicht mehr hat, hat in Bezug auf seine Kinder nichts mehr zu sagen. Er kann nicht mehr Elternvertreter in einem Schulgremium sein, kann die Kinder nicht mehr zum Musikunterricht anmelden und hat keinen Einfluss mehr darauf, wann die Kinder gewöhnlich abends zu Bett gehen. Gerade dass er sich noch das Rülpsen beim Essen während der Ausübung des Besuchsrechts bei ihm verbitten kann.

Wem das Sorgerecht genommen wird, dem verbleibt die Befugnis zum persönlichen Umgang mit dem Kind (§ 1684 BGB), auch *Umgangsrecht, Verkehrsrecht* oder *Besuchsrecht* genannt. Auf dieses mager ausgestaltete Recht werden wir im **2. Abschnitt** eingehen.

---

[9] Mit dem Schutz vor Gefahren aus dem Internet (vom Ballerspiel bis zum *Sexting*) tun sich Lit. und Rspr. schwer. Ein Beispiel ist die Abh. von *Döll* FamRZ 2017, 1728, 1730: Die nicht revidierbare Übersendung erotischer Selbstaufnahmen, etwa über das Smartphone, mit all ihren verheerenden Folgen mündet dort in die Erwägung, den Jugendlichen gar kein Smartphone zu überlassen oder bestimmte Apps vom Gerät dauerhaft zu entfernen. Ja wie denn?

[10] Bei Routineeingriffen kann der Arzt davon ausgehen, dass der Elternteil, der die Einwilligung erteilt, zugleich auch im Namen des anderen Elternteils spricht und von ihm ermächtigt ist, so OLG München FamRZ 2009, 2099.

[11] OLG Koblenz FamRZ 2002, 562.

Die **Vermögenssorge** ist in §§ 1638 bis 1664 BGB geregelt. Die Eltern haben u. a. das Geld des Kindes zu verwalten (§ 1642), und zwar in einer Weise, die auch ein wirtschaftlich denkender Privatmann als günstige und sichere Anlage ansieht. Sie dürfen sich mithin nicht damit begnügen, das Geld auf ein Sparbuch zu überweisen[12], weil das angesichts der kümmerlichen Rendite derzeit kein vernünftiger Mensch tut. Sie dürfen also auch minder riskante Wertpapiergeschäfte abschließen, ohne das Familiengericht zu fragen.[13] Und sie dürfen sich vor allem nicht am Geld des Kindes vergreifen. Wenn sie es gleichwohl für eigene Zwecke verwenden (hier: 12.000 €, die das Kind von seinen Großeltern geschenkt bekommen hatte), sind sie schadensersatzpflichtig.[14]

Wenn die Vermögenssorge eines Elternteils nach § 1638 III ausgeschlossen ist, vertritt der andere die Kinder insoweit allein.[15]

Nach § 1618a BGB sind Eltern und Kinder einander Beistand und Rücksicht schuldig. Eine Verletzung dieser Pflicht kann Schadensersatzansprüche auslösen.[16]

1.1.2 Kindschaftsreformgesetz 1998

Das Gerüst des „neuen Sorgerechts", in Kraft getreten am **1. 7. 1998**, sieht wie folgt aus:

1.1.2.1 Grundzüge

Inhaltlich umfasst die elterliche Sorge (§ 1626 BGB) die Personensorge (incl. Aufenthaltsbestimmungsrecht), die Vermögenssorge und die Vertretung des Kindes (§ 1629 BGB).

Im Falle der Trennung der Eltern bleibt die gemeinsame elterliche Sorge der Regelfall. Anträge auf alleinige Übertragung des Sorgerechts bleiben zulässig, sind aber nach § 1671 II nur noch dann erfolgversprechend, wenn

- der andere Elternteil zustimmt (es sei denn, das Kind ist mindesten 14 Jahre alt und widerspricht) oder
- wenn das einseitige Sorgerecht dem Kindeswohl am besten entspricht.[17]

Die Zustimmung nach § 1671 II 1. (bzw. bei Müttern nichtehelicher Kinder: nach § 1672) ist jederzeit frei widerruflich.[18]

Die Rspr. wendet die Vorschrift auch für den umgekehrten Fall, d. h. für die Wiederherstellung des gemeinsamen Sorgerechts an.[19]

Das **Nachscheidungssorgerecht ist nicht mehr gesondert geregelt:** Für das Sorgerecht nach der Trennung und das nach der Scheidung gelten dieselben Vorschriften.

---

12 LG Kassel FamRZ 2003, 626.

13 KG FamRZ 2019, 1249.

14 OLG Brandenburg FamRZ 2022, 1198.

15 OLG Karlsruhe FamRZ 2004, 968.

16 OLG Düsseldorf FamRZ 2000, 1594 (Ls): Ansprüche des Kindes gegen seinen verwitweten Vater, aus *culpa in contrahendo* wegen Erbteilserschleichung.

17 Zu den grundgesetzlichen Implikationen s. VerfGH Berlin FamRZ 2006, 1465.

18 OLG Brandenburg FamRZ 2010, 906.

19 OLG Hamm FamRZ 2011, 120.

Über die elterliche Sorge für die Zeit nach der Scheidung kann und muss das Gericht also nur noch auf Antrag entscheiden. Wird kein Antrag gestellt, bleibt es beim gemeinsamen Sorgerecht.

Damit ist die Hauptklippe beseitigt, an der das gemeinsame Sorgerecht nach altem Recht vielfach scheiterte: Es genügt nicht mehr das schlichte „nein" der Mutter, um die gemeinsame erzieherische Verantwortung für die Kinder zu Fall zu bringen.

Nur im Fall der Kindeswohlgefährdung muss das Gericht noch von Amts wegen tätig werden (§ 1666); allerdings ist das Eingreifen scheidungsunabhängig.

1.1.2.2 Väter nichtehelicher Kinder

Die einschneidendste Änderung betrifft die nichtehelichen Kinder, in der Praxis insbesondere die Kinder aus nichtehelichen Lebensgemeinschaften. Hier sieht § 1626a I 1. BGB vor, dass beiden Eltern die elterliche Sorge gemeinsam zusteht, wenn sie eine entsprechende **Sorgeerklärung** vor einem Notar oder dem Jugendamt abgeben. Die Wirkungsmacht dieses Rechtsinstituts sollte man nicht unterschätzen: Schon in 2011 gaben immerhin 60 % der betroffenen Eltern eine Sorgeerklärung ab.[20]

Zur Vorgeschichte der jetzigen Rechtslage Folgendes:

Gegen die Alleinsorge der Mutter in allen übrigen Fällen waren erwartungsgemäß verfassungsrechtliche Bedenken geäußert worden – eben weil die Teilhabe des Vaters an der ES vom Einverständnis der Mutter abhängig war.[21] Das BVerfG[22] hatte dann in seinem Urteil vom 29. 1. 2003 die Verfassungskonformität von § 1626a II BGB (grundsätzliche Alleinsorge der Mutter) bejaht und auf die Option der Sorgeerklärung verwiesen. Damit sei dem Elternrecht des Vaters aus Art. 6 II GG *„ausreichend Rechnung getragen"*. Wenn die Mutter sich aber aus nicht billigenswerten Gründen weigere, eine Sorgeerklärung abzugeben, und wenn dadurch das Kindeswohl gefährdet werde, könne sie durch das Gericht **ersetzt** werden.[23]

Der EuGHMR[24] hat aber mit Urteil vom 3. 12. 2009 insoweit das deutsche Recht regelrecht abgewatscht, und zwar durch die Feststellung, dass Deutschland die Väter außerehelich geborener Kinder diskriminiert.

---

[20] Abh. *Lack* FamRZ 2014, 1337, Fußnote 6.

[21] Der BGH hat in FamRZ 2001, 907 die Vorschrift (§ 1626a BGB) für verfassungsgemäß erklärt, zugleich aber klargestellt (FamRZ 2001, 907, 910), dass über eine verfassungskonforme Auslegung von § 1666, hier insbesondere des Merkmals der missbräuchlichen Ausübung der ES, auch geprüft werden muss, ob die Mutter das Elternrecht des Vaters angemessen zur Geltung bringt. Klartext: In happigen Fällen muss die Mutter wohl eine Sorgeerklärung abgeben, um nicht eine Beschneidung ihrer eigenen ES befürchten zu müssen.

[22] BVerfG FamRZ 2003, 287. Zustimmend: Anm. *Henrich* FamRZ 2003, 359. Ebenso OLG Thüringen FamRZ 2010, 384.

[23] Zu weitgehend: FamG Frankfurt/M. FamRZ 2005, 387: Generelle Ersetzung wegen Diskriminierung des Vaters.

[24] EuGHMR FamRZ 2010, 103 mit zustimmender Anm. von *Henrich* (107) und *Scherpe* (108). Betont wird auch der Verstoß gegen das Kindeswohl, das darin zum Ausdruck kommt, dass die Übertragung der ES auf den Vater am Veto der Mutter scheitert, selbst wenn er der geeignetere Elternteil ist.

Am 21.7.2010 zog das BVerfG[25] nach, und zwar mit dem neuen Grundsatz, dass der Gesetzgeber unverhältnismäßig in das Recht der Väter eingreift, wenn er sie von der Sorge für ihre Kinder ausschießt, sofern die Mutter nur „nein" sagt. Damit wurde eine gesetzliche Neuregelung eingefordert.

Da diese, wie das BVerfG wohl schon ahnte, auf sich warten ließ, beschloss das Gericht eine **Übergangsregelung**, derzufolge die ES auf Antrag beiden Eltern zu übertragen ist, soweit zu erwarten ist, dass dies dem Kindeswohl entspricht. Von dieser „Einladung" haben die Gerichte in der Folgezeit auch Gebrauch gemacht.

Dabei wurde die Beteiligung des Vaters an der ES nach den Maßstäben des BVerfG meist verneint.[26] Hauptkriterium ist stets das Kindeswohl. Dieses wird berührt oder verletzt,

- wenn z.B. der Vater seiner Umgangs- und Unterhaltspflicht nicht nachkommt und die Wohlverhaltenspflicht missachtet[27],
- wenn der Vater die Mutter mit einer ganzen Serie von Verfahren überzieht, mehrfach wegen Beleidigung der Mutter verurteilt worden ist und sie weiter mit E-Mails und Briefen drangsaliert[28],
- wenn die Eltern nicht ein Mindestmaß an Verständigungsmöglichkeit aufbringen[29],
- wenn die Eltern nicht kooperationswillig sind (Vielzahl von Verfahren, ständiger Streit über das Umgangsrecht)[30],
- wenn beide Eltern noch stark in ihrem Paarkonflikt verhaftet sind.[31]
- Allerdings gibt es auch Gerichte, die dem Vater die Mitsorge übertragen, obwohl die Kommunikation zwischen den Eltern katastrophal ist; das geschieht dann, wenn es die Mutter ist, die die verbale Kommunikation verweigert und die Mediation ablehnt.32

Am 4.7.2012 legte das BMJ einen Gesetzesentwurf vor, der in die Neufassung von § 1626a BGB mündete, und zwar mit folgendem Wortlaut:

§ 1626a

I.

Sind die Eltern bei der Geburt des Kindes nicht miteinander verheiratet, so steht ihnen die elterliche Sorge gemeinsam zu,

1. *wenn sie erklären, dass sie die Sorge gemeinsam übernehmen wollen (Sorgeerklärungen),*

---

25 BVerfG FamRZ 2010, 1403.

26 KG FamRZ 2011, 1659 und OLG Hamm FamRZ 2012, 560. OLG Rostock FamRZ 2011, 1660 und KG FamRZ 2011, 1661.

27 KG FamRZ 2012, 882 (Ls).

28 Stalking-Fall, KG FamRZ 2013, 961.

29 OLG Hamm FamRZ 2011, 1962 (Ls); OLG Köln FamRZ 2012, 1882 (3. Ls).

30 OLG Karlsruhe FamRZ 2020, 1920.

31 OLG Koblenz FamRZ 2014, 319.

32 OLG Hamm FamRZ 2012, 880.

2. wenn sie einander heiraten oder

3. soweit ihnen das Familiengericht die elterliche Sorge gemeinsam überträgt.

II.

Das Familiengericht überträgt gemäß Absatz 1 Nummer 3 auf Antrag eines Elternteils die elterliche Sorge oder einen Teil der elterlichen Sorge beiden Eltern gemeinsam, wenn die Übertragung dem Kindeswohl nicht widerspricht. Trägt der andere Elternteil keine Gründe vor, die der Übertragung der gemeinsamen elterlichen Sorge entgegenstehen können, und sind solche Gründe auch sonst nicht ersichtlich, wird vermutet, dass die gemeinsame elterliche Sorge dem Kindeswohl nicht widerspricht.

Im Übrigen hat die Mutter die elterliche Sorge.

Nach § 155a III FamFG soll – was m. E. die Ausnahme bleiben sollte – ohne Anhörung des Jugendamts und der Eltern im schriftlichen Verfahren entschieden werden. Auch dafür gibt es i. d. R. Vkh.[33]

Das schriftliche Verfahren (vereinfachte Verfahren) ist aber nur in Fällen zulässig, in denen sich die Mutter mit dem Antrag des Vaters sofort ohne Wenn und Aber einverstanden erklärt.[34] Oder wenn keine Gründe geltend gemacht oder bekannt werden, die der gemeinsamen ES entgegenstehen könnten.[35] Wie sich aus dem Bericht der Bundesregierung vom 29. 3. 2018[36] über die Evaluation von § 1626a BGB ergibt, liegt die Zahl der Anträge, die „*im schriftlichen Verfahren ohne Erörterungstermin entschieden werden, ... unter einem Drittel.*" Nach hiesiger Auffassung ist die Quote – unterstellt, dass sie sich im Bereich zwischen einem Viertel und knapp einem Drittel bewegt – schon erstaunlich hoch.

§ 1626a II 2 enthält eine widerlegliche Vermutung zugunsten der gemeinsamen Sorge.[37] Die Sollvorschrift greift nicht, wenn dem Gericht Gründe bekannt werden, die der gemeinsamen ES entgegenstehen.[38]

Hier lässt sich folgende (hier nicht geteilte) Meinung vertreten: Elterliche Gleichberechtigung sieht anders aus. Wer erst die Scherereien und Kosten eines Gerichtsverfahrens auf sich nehmen muss, bevor er an der elterlichen Sorge beteiligt wird, hat

---

33 OLG Thüringen FamRZ 2016, 73.

34 Wenn der andere Elternteil widerspricht, muss das Gericht einen Erörterungstermin ansetzen, § 155a IV 1 BGB. Geschieht das nicht, kann das Beschwerdegericht auch ohne Antrag den Fall an das FamG zurückverweisen, OLG Karlsruhe FamRZ 2022, 1053.

35 So *Bahrenfuss/Schlemm*, FamFG, Rz. 8 zu § 155a FamFG. Ich halte das für recht waghalsig, denn es ist generell nie auszuschließen, dass es gewichtige Gründe gibt, die ohne mündliche Verhandlung nicht ans Licht kommen (z. B. aufgrund von Schlamperei oder weil die Mutter eingeschüchtert ist).

36 Veröffentlicht in FamRZ 2018, 748.

37 OLG Brandenburg FamRZ 2016, 240. Wenn sich nicht feststellen lässt, ob die gemeinsame ES dem Kindeswohl eher entspricht als die Alleinsorge der Mutter, kommt es folgerichtig zur gemeinsamen ES, s. OLG Karlsruhe FamRZ 2018, 920.

38 OLG Bremen FamRZ 2015, 2170, mit krit. Anm. von *Keuter*, der den Gerichten empfiehlt, sich auf ein schriftliches Verfahren nach § 155a FamFG gar nicht erst einzulassen.

natürlich ganz andere Startchancen als die Mutter, die im Zweifel das alleinige Sorgerecht behält.[39]

Andererseits können Väter so zeigen, dass es ihnen ernst ist.

Natürlich ist ein Antrag nach § 1626a II für Väter kein Selbstgänger, wie die seit der Novelle ergangene Judikatur zeigt:

Das OLG Schleswig[40] hat den Antrag eines Vaters wegen erheblicher Kommunikationsstörungen zwischen den Eltern zurückgewiesen, das KG[41] wegen beleidigenden Stalkings des Vaters zulasten der Mutter.

Wenn eine Mutter nach Sorgeerklärung eines Tages doch wieder die Alleinsorge wünscht, richtet sich die Entscheidung nach den beiden Alternativen zu § 1671 BGB: Entweder ist der Vater einverstanden oder die Alleinsorge entspricht dem Kindeswohl.[42]

Selbstverständlich kann dem Vater des nichtehelichen Kindes die Mitsorge nach § 1696 auch wieder entzogen werden, wenn die Gründe, die für eine Änderung sprechen, *„die damit verbundenen Nachteile deutlich überwiegen"*.[43]

Das OLG Brandenburg[44] hat klargestellt, dass nicht der Antragsteller darlegen muss, was für ein großartiger Vater er ist, sondern dass die Mutter Anhaltspunkte für eine ungünstige Prognose darlegen muss. Das OLG Naumburg[45] nennt dies die **negative Kindeswohlprüfung.**

Nur in Extremfällen kann die gemeinsame Sorge im Wege der **einstweiligen Anordnung** (§§ 49, 155a FamFG) übertragen werden.[46]

Wird das Kind nach Anhängigkeit des Scheidungsverfahrens der Mutter geboren und hat der biologische Vater die Vaterschaft nach § 1599 II BGB anerkannt, kann bei noch bestehender Ehe der Mutter gleichwohl schon eine Sorgeerklärung abgegeben werden. Diese ist schwebend unwirksam und wird mit Rechtskraft der Scheidung wirksam.[47]

Wenn der Mutter erstinstanzlich die ihr nach § 1626a BGB allein zustehende ES teilweise entzogen wird und sie zwischen den Instanzen den Vater heiratet, so ist auch dieser beschwerdebefugt.[48]

---

39 *Coester* (Abh. in FamRZ 2012, 1337, 1343) weist überzeugend nach, dass etwa 70 % der „nichtehelichen Väter" grundsätzlich sorgegeeignet sind.

40 OLG Schleswig FamRZ 2014, 1374.

41 KG FamRZ 2014, 1375.

42 OLG Köln FamRZ 2010, 906.

43 OLG Frankfurt FamRZ 2014, 317.

44 OLG Brandenburg FamRZ 2015, 760.

45 OLG Naumburg FamRZ 2015, 763.

46 OLG München FamRZ 2016, 245.

47 BGH FamRZ 2004, 802.

48 OLG Koblenz FamRZ 2005, 2079 (Ls).

Der **BGH**[49] hat sich mit der Problematik des neuen Rechts erstmals mit Beschluss vom 15.6.2016 befassen müssen. Er hat dabei folgende Grundsätze aufgestellt:

1. Es gibt kein Regel-Ausnahme-Verhältnis in puncto Alleinsorge / Gemeinsame Sorge.
2. Vorrangiger Maßstab bei der negativen Kindeswohlprüfung ist das Kindeswohl.
3. Die Verweigerungshaltung eines Elternteils ist kein entscheidender Gesichtspunkt.
4. Unbeachtlich sind Umstände, die keinen Bezug zum Fall oder dem Kindeswohl haben.
5. Zwischen den Eltern muss ein Mindestmaß an Übereinstimmung und eine tragfähige soziale Beziehung herrschen.
6. Das Kind muss angehört werden.

Für das Kind ist lt. OLG Hamm[50] in derartigen Fällen i.d.R. ein Verfahrensbeistand nach § 158 FamFG zu bestellen.

Das BVerfG[51] hat insbesondere den 5. Gesichtspunkt in seinem Beschluss vom 13.7.2020 bekräftigt: Eine gemeinsame ES kommt nicht in Betracht, wenn eine Störung auf der Kommunikationsebene der Eltern vorliegt, denn dieses belastet das Kind erheblich.

1.1.2.3 Aufspaltung der elterlichen Sorge

Aber was bedeutet nun die Sorgerechtsregelung inhaltlich? Fest steht, dass die Eltern bis zu einer abweichenden Regelung *gemeinsam* für ihre Kinder zu sorgen haben.

Bis zum 30.6.1998 konnte das Sorgerecht in der Weise geteilt werden, dass ein Elternteil die Personensorge innehatte und der andere die volle oder eingeschränkte Vermögenssorge (§ 1671 IV 2 a.F.). Die Aufspaltung wurde nur ausnahmsweise dann gewählt, wenn die Vermögensinteressen des Kindes es erforderten, d.h. wenn das Kind über ein beträchtliches Vermögen verfügte und die Mutter, der die Personensorge obliegen sollte, weder die Zeit noch die Fähigkeiten hat, das Vermögen zu wahren und zu mehren.

Wenngleich nun eine richterliche Sorgerechtsaufspaltung *a priori* nicht mehr zulässig ist (§ 1671 IV 2 a.F. BGB hat seit dem 1.7.1998 kein Äquivalent), ist damit die Unterscheidung zwischen Personen- und Vermögenssorge keineswegs obsolet geworden. Denn *a posteriori* kann das Sorgerecht durchaus noch gesplittet werden, konkret: Im Rahmen von § 1666f. BGB kann wegen der unveränderten Fortgeltung von § 1626 I 2 BGB (*Die elterliche Sorge umfasst die Sorge für die Person des Kindes (Personensorge) und das Vermögen des Kindes (Vermögenssorge)*) einem Elternteil z.B.

---

49 BGH FamRZ 2016, 1439.

50 OLG Hamm FamRZ 2018, 456.

51 BVerfG FamRZ 2020, 1559 mit Anm. *Oeley* FamRZ 2021, 279.

- die Vermögenssorge entzogen werden[52]
- oder die Gesundheitssorge[53]
- oder auch (beiden Eltern) das ABR oder ein Teilsorgerechtsentzug[54] für die Durchsetzung des Schulbesuchs, wenn sie den häuslichen Unterricht dogmatisieren.[55]
- Auch kann das Recht auf Beantragung von Jugendhilfemaßnahmen pp. und auf Gesundheitssorge entzogen werden, wenn ein Elternteil sich außerstande zeigt, sachgerecht auf die Belange eines geistig behinderten Kindes (hier: IQ von 70 bei einem 16-jährigen Mädchen) zu reagieren.[56]
- Desgleichen kann ein Teilentzug in Gestalt der Bestellung eines Ergänzungspflegers zwecks Entnahme einer Speichelprobe stattfinden.[57]

Eine Aufspaltung des Sorgerechts, also eine Entziehung von Teilrechten der ES, kann aber nicht per gerichtlichem Vergleich vollzogen werden.[58]

---

[52] BayObLG FamRZ 1999, 316 zum Fall der Mutter eines nichtehelichen Kindes. Ebenso OLG Brandenburg FamRZ 2009, 2102 bei einer in finanziellen Dingen unzuverlässigen (insolventen und als Finanzbeamtin entlassenen) Mutter.

[53] OLG Celle FamRZ 2015, 1987. Wenn zunächst das Jugendamt diesen Sorgerechtssektor übernimmt, kann der Vater insoweit die Übertragung auf sich beantragen.

[54] OLG Celle FamRZ 2022, 111. Zu Recht weist das Gericht darauf hin, dass den Kindern durch die durch eine christliche Sekte betriebene häusliche Beschulung nicht nur Entwicklungsmöglichkeiten und Lernchancen genommen werden, sondern auch der Kontakt mit Kindern gleichen Alters außerhalb der Sekte. Ebenso OLG Karlsruhe FamRZ 2022, 1857, 1859 mit der vernichtenden Anmerkung, dass Anhaltspunkte für eine umfassende Bildung der Kinder durch die pfingstkirchlichen Eltern per *homeschooling* nicht ersichtlich seien. Wie sollten Sektierer das auch schaffen?

[55] OLG Nürnberg FamRZ 2016, 564. Ein Ergänzungspfleger bekommt dann für den Schulbesuch das ABR. In Deutschland herrschen Schulpflicht und das Verbot der häuslichen Beschulung. Das stellt auch keinen Verstoß gegen Art. 8 EMRK dar (EuGHMR FamRZ 2020, 33). Beides zielt auf die Integration von Kindern in die Gesellschaft und die Vermeidung von Parallelgesellschaften (so zutreffend EuGHMR FamRZ 2019, 449 mit zustimmender Anm. *Salgo*, S. 451; diese enthält eine zornige Abrechnung mit dem *homeschooling* und legt die nicht achtenswerten Motive der Schulverweigerer bloß, vom symbiotischen Familiensystem über die Absicht, Mädchen in die Betreuung jüngerer Geschwister einzubinden, bis hin zur Verstümmelung von Geschlechtsorganen und Erziehung zur Gewalt aus pseudoreligiösen und/oder rassistischen Gründen). Etwas milder: Anm. *Grohmann*, S. 452.
Das OLG Schleswig (FamRZ 2019, 453) brandmarkt die Schulverweigerung als Kindeswohlgefährdung, räumt aber ein, dass man nicht nach § 1666 BGB gegen die Eltern eines 14-Jährigen vorgehen muss, der die „Kulturtechniken" beherrscht sowie über *angemessenes Grundwissen und angemessene Sozialkompetenz verfügt.* In Ausnahmefällen, in denen keine Gefährdung der Entwicklung des Kindes zu befürchten ist, wird also bei „Heimbeschulung" nicht in das Sorgerecht eingegriffen, so auch OLG Düsseldorf FamRZ 2019, 35 und OLG Hamm FamRZ 2020, 344 (Ls).

[56] BVerfG FamRZ 2021, 1969 mit Anm. *Kischkel*, S. 1978.

[57] BVerfG FamRZ 2020, 1725 m.w.N. insbesondere zur Entbehrlichkeit einer (erneuten) Kindesanhörung.

[58] OLG Schleswig FamRZ 2020, 596.

Exkurs zur Corona-Pandemie:

Maßnahmen nach § 1666 BGB umfassen **nicht** auch die gerichtliche Überprüfung coronabedingter Infektionsschutzmaßnahmen (Maskenpflicht, Distanzgebot, Corona-Testpflicht in Schulen). Denn insoweit besteht keine Zuständigkeit der ordentlichen Gerichtsbarkeit.[59] Zuständig ist ausschließlich die Verwaltungsgerichtsbarkeit.[60] Wenn gleichwohl seitens des Familiengerichts eine einstweilige Anordnung beschlossen wird (unter Ignorierung der Rechtswegrüge des Antragsgegners), ist dagegen die sofortige Beschwerde nach § 17a IV 3 GVG statthaft.[61]

Wenn ein als Anregung zu wertender Antrag von Eltern beim FamG eingeht, kinderschutzrechtliche Maßnahmen gegen die Testpflicht oder die Maskentragepflicht von Schülern zu ergreifen, muss das FamG nicht antragsgemäß tätig werden, muss also kein kinderschutzrechtliches Verfahren einleiten. Ob gegen den Beschluss, kein Kinderschutzverfahren einzuleiten, die Beschwerde zulässig ist, ist umstritten (OLG Frankfurt[62]: ja; OLG Nürnberg[63]: nein).

Wird einem Elternteil die Mitinhaberschaft der ES insgesamt oder bezüglich der Vermögenssorge entzogen, ist dieser nach § 1698 BGB zur **Rechenschaftslegung** verpflichtet. Er muss also darlegen und belegen, was er mit dem Vermögen der Kinder angestellt hat.[64]

Zur **Gesundheitssorge**, also dem „medizinischen Sorgerecht“: Hier lässt sich z.B. das Recht der medizinischen Betreuung aus der Alleinsorge auskoppeln und beiden Eltern übertragen (erforderlich, wenn der sorgeberechtigte Elternteil den Zeugen Jehovas angehört und eine Bluttransfusion kategorisch verweigert).[65] Desgleichen kann bei gemeinsamer ES die Gesundheitssorge einem von beiden übertragen werden, wenn der andere eine Schutzimpfung[66] verweigert. Ein Entzug der Gesundheitssorge bei beiden (taubstummen) Eltern mit dem Ziel, dem ebenfalls taubstummen

---

59 OLG Nürnberg FamRZ 2021, 935; OLG Frankfurt FamRZ 2021, 1383; OLG München FamRZ 2021, 1384. Zuständig ist das Verwaltungsgericht (VerwG Weimar FamRZ 2021, 939; FamG Garmisch-Partenkirchen FamRZ 2021, 945; **BGH FamRZ 2022, 189,** abgesegnet durch **BVerfG FamRZ 2022, 528**). Entsprechende familiengerichtliche Auflagen wurden gleichwohl vom FamG Weimar erlassen (FamRZ 2021, 937), was die Einleitung eines staatsanwaltlichen Ermittlungsverfahrens wegen Rechtsbeugung gegen den Familienrichter zur Folge hatte (Anm. der Redaktion zur vorgenannten Entscheidung, S. 939).

60 Statt Aller: OLG München FamRZ 2021, 1538 und BGH FamRZ 2021, 1884. Eine Verweisung an das VG ist unzulässig, OLG Bamberg FamRZ 2021, 1539 und BGH FamRZ 2022, 103 („*wegen unüberwindbar verschiedener Prozessmaximen*“).

61 OLG Thüringen FamRZ 2021, 1043.

62 OLG Frankfurt FamRZ 2021, 1633.

63 OLG Nürnberg FamRZ 2021, 1635.

64 OLG Hamm FamRZ 2000, 974

65 OLG Saarbrücken FamRZ 1996, 561; **a.A.:** FamG Meschede FamRZ 1997, 958.

66 OLG Thüringen FamRZ 2016, 1175: Entscheidung über die Impfung wurde dem Elternteil übertragen, der die von der Ständigen Impfkommission (STIKO) empfohlenen Impfungen befürwortete (Mutter war Impfgegnerin). Der Versuch eines Vaters, das Gericht zu bewegen, vor Entscheidung nach § 1628 BGB ein Sachverständigengutachten zur Frage der ernsthaften Gefährdung der körperlichen Unversehrtheit des Kindes einzuholen, scheiterte vor

Kind eine Cochlea-Implantation zu ermöglichen, wird von der Lit. überwiegend skeptisch gesehen.[67] Vom FamG Goslar[68] in 2019 ebenfalls: Den (tauben bzw. fast tauben) Eltern darf der einschlägige Teil der ES nicht entzogen werden, da das Verletzungsrisiko bei der Implantation nicht gering ist (fast 10 %).

Varianten der nachträglichen inhaltlichen Aufspaltung des Sorgerechts waren und sind zulässig. Einem Elternteil kann z. B. bei gemeinsamer ES die Alleinsorge für Fragen der **religiösen Ausrichtung**[69] (s. **1.1.5.1**) des Kindes übertragen werden.[70] Das rechtliche Instrument bietet § 1629 II 3 BGB. Auch kann den Eltern das ABR für diejenigen Wochentage genommen und auf das Jugendamt übertragen werden, in denen der Schulbesuch stattfindet.[71]

Aus der elterlichen Sorge können aber neben dem Aufenthaltsbestimmungsrecht auch andere Teilbereiche herausgebrochen und einem Elternteil oder dem Jugendamt[72] (als Pfleger) allein zugewiesen werden, etwa das Recht zur Regelung der mit dem **Schulbesuch** zusammenhängenden Fragen, wenn zwischen Eltern nur dieser Problemkreis umstritten ist[73] oder (bei Übertragung auf das Jugendamt) wenn beide Eltern nichts gegen das ständige Schuleschwänzen ihrer Kinder tun[74] oder – was noch bedenklicher sein dürfte – aus christlich-fundamentalistischen Gründen ihre Kinder vom Besuch der Schule fernhalten, was nebenbei gesagt je nach Bundes-

---

dem OLG Frankfurt (FamRZ 2021, 853): Gemäß des Empfehlungen der STIKO, so das OLG, muss der zuständige Arzt sowieso Kontraindikationen beachten.
ImpfgegnerInnen berufen sich gern auf Körperverletzung, Grundrechtseingriffe, Impfrisiken usw. Mittlerweile hat aber der EuGHMR in FamRZ 2021, 853 klargestellt, dass die in Tschechien herrschende Impfpflicht gegen 9 Krankheiten (Corona ist nicht darunter) keineswegs gegen Art. 8 EMRK (Recht auf Achtung des Privatlebens) verstößt. Ähnlich das BVerfG (FamRZ 2022, 1690) zur Verfassungsmäßigkeit der Masern-Schutzimpfung (unter Hervorhebung der Tatsache, dass die Krankheit Spätfolgen haben kann und dass es gegen Masern keine Medikamente gibt): Im Lichte des Kindeswohls sind die Eltern nicht frei, *„sich gegen Standards der medizinischen Vernünftigkeit zu wenden,* “. Kritisch hierzu: Anm. *Coester-Waltjen* FamRZ 2022, 1741.

67 Abh. *Drygalla/Kenzler* FamRZ 2018, 156.

68 FamG Goslar FamRZ 2019, 1331, 1333.

69 So die etwas unglückliche Formulierung des BGH in FamRZ 2005, 1167, 1168. Im Übrigen ist, worauf *Weychardt* in seiner Anm. zu diesem Urteil (FamRZ 2005, 1534) zu Recht hinweist, die Aufspaltung des Sorgerechts sehr halbherzig, denn auch wenn die Mutter die vom BGH offenbar als nachrangig angesehenen religiösen Fragen allein entscheiden darf, kann ihr der – hier: pakistanische – Vater natürlich als Mitinhaber der elterlichen Sorge immer wieder dreinreden, sobald es um Kindesbelange geht, die mit Religion nicht unmittelbar etwas zu tun haben, gleichwohl aber ihre Ursache in religiösen Überzeugungen haben (etwa die Gleichwertigkeit der Geschlechter). Deshalb – so *Weychardt* zutreffend – *„ist bei extremer Kulturverschiedenheit der Eltern ein gemeinsames Sorgerecht sinnlos“.*

70 FamG Monschau FamRZ 2012, 1883. Die besondere Pikanterie des Falles bestand drin, dass beide Eltern konfessionslos waren, der Vater aber die religiöse Erziehung übertragen bekam, weil er bereit war, das Kind am katholischen Religionsunterricht teilnehmen zu lassen.

71 OLG Koblenz FamRZ 2012, 1953.

72 BayVGH FamRZ 2004, 990.

73 OLG Nürnberg FamRZ 1999, 673.

74 OLG Koblenz FamRZ 2006, 57.

land auch strafrechtlich relevant sein kann.[75] Wenn Schulängste des Kindes und Schulverweigerung durch die Mutter einander wechselseitig bedingen, ist erst recht dieser Sorgerechtsteil auszukoppeln in auf einen Dritten (hier: Ergänzungspfleger) zu übertragen.[76]

Auch der Teilbereich „Erwerb der deutschen Staatsangehörigkeit“ kann einem Elternteil allein übertragen werden.[77]

Ferner kann im Wege der **vorläufigen Anordnung** einem Elternteil nach § 1628 BGB die alleinige Entscheidungsbefugnis über eine Anmeldung zum begleiteten Fahren ab 17[78], eine Erbschaftsausschlagung[79], eine Kindstaufe[80] oder eine Schutzimpfung[81] übertragen werden.

Des Weiteren kann im Wege der vorläufigen Anordnung einem Elternteil nach § 1628 BGB (sorgerechtliche Einzelfallentscheidung, mehr dazu unter **1.2.3**) die alleinige Entscheidungsbefugnis über eine Erbschaftsausschlagung[82] oder Kindstaufe[83] übertragen werden – kann, muss aber nicht: Das OLG Oldenburg[84] hat es z. B. abgelehnt, einem moslemischen Vater die Entscheidungsbefugnis über den von ihm angestrebten Austritt des Kindes aus der katholischen Kirche zu übertragen. Mehr dazu unter **1.1.5.1**.

Allerdings lässt sich eine rechtsgeschäftliche Aufspaltung des Sorgerechts auch durch eine umfassende **Vollmacht** bewerkstelligen[85]: Der Vater kann z. B. die betreuende Mutter zur alleinigen Regelung aller Angelegenheiten von erheblicher Bedeutung **bevollmächtigen**[86], desgleichen das Jugendamt.[87]

---

[75] Etwa nach § 182 I des Hessischen Schulgesetzes. Verfassungsrechtliche Bedenken dagegen gibt es nicht, BVerfG FamRZ 2006, 1094 und BVerfG FamRZ 2015, 27.

[76] KG FamRZ 2022, 1623.

[77] OLG Hamm FamRZ 2006, 1058 (beide Eltern gebürtige Türken, Mutter eingebürgert).

[78] FamG Hannover FamRZ 2014, 856.

[79] OLG Hamm FamRZ 2003, 172.

[80] Anm. *Luthin* FamRZ 2005, 1168. Das OLG Düsseldorf hat es allerdings FamRZ 2010, 1255 abgelehnt, die Entscheidung über die Frage der Kindstaufe und Kommunion auf die katholische Mutter (Vater war Moslem) zu übertragen, weil der Sohn so keinen Schaden erleide.

[81] OLG Thüringen FamRZ 2016, 1175; OLG Brandenburg FamRZ 2022, 1852 (Ls m. w. N.), Corona-Schutzimpfung nach Aktualisierung der STIKO-Empfehlung betr. kleine Kinder. Außerdem: OLG Frankfurt FamZ 2021, 1533 (Corona-Schutzimpfung), Letzteres auch im Wege der einstweiligen Anordnung, FamG Hamburg FamRZ 2022, 104 mit Anm. *Rake*, S. 105. Im Eilverfahren klappt es aber dann nicht, wenn ein 14-jähriges Kind vom impfwilligen Elternteil nicht über die Impfnebenwirkungen und -folgen aufgeklärt worden ist und deshalb die Impfung ablehnt (OLG Dresden FamRZ 2022, 528 rechts).

[82] OLG Hamm FamRZ 2003, 172.

[83] Anm. *LuthFamRZ* 2005, 1168. Das OLG Düsseldorf hat es allerdings in FamRZ 2010, 1255 abgelehnt, die Entscheidung über die Frage der Kindstaufe und Kommunion auf die katholische Mutter (Vater war Moslem) zu übertragen, weil der Sohn so keinen Schaden erleide.

[84] OLG Oldenburg FamRZ 2010, 1256.

[85] OLG Karlsruhe FamRZ 2022, 115.

[86] OLG Zweibrücken FamRZ 2003, 241 (dort mit Ausnahme der Vermögenssorge, der Gesundheitsfürsorge und der schulischen Ausbildung des Kindes).

[87] OLG Bremen FamRZ 2018, 689.

1.1.3 Reform 2009 (FamFG)

Zum 1. 9. 2009 ist das Kindschaftsrecht (sicherlich nicht zum letzten Mal) reformiert worden.

Im Wesentlichen sind folgende Änderungen vollzogen worden:

- Die Verfahrensdauer wird verkürzt (§ 155 I FamFG).
- Es wird zeitnah verhandelt: Spätestens einen Monat nach Antragseingang wird der Fall vor Gericht erörtert.
- Das Gericht unternimmt den Versuch einer einvernehmlichen Lösung. Elternvereinbarungen müssen gebilligt werden.
- Das Kind bekommt in schwierigen Fällen einen Verfahrensbeistand beigeordnet (§ 158 I FamFG).[88]
- Pflegeeltern können beteiligt werden.
- Das Gericht kann Ordnungsmittel anstelle von Zwangsgeldern verhängen. Ordnungsgelder haben Sanktionscharakter, d. h. sie können auch nach Zeitablauf, z. B. nach einem vereitelten Besuchswochenende verhängt werden.
- Jeder Umgangsbeschluss und jede vom Gericht gebilligte Einigung muss nach § 89 II FamFG mit einem Hinweis auf die Folgen einer Zuwiderhandlung (Warnhinweis[89]) versehen werden.
- Es wird in schwierigen Konfliktlagen ein Umgangspfleger bestellt.[90]
- In Scheidungsverfahren muss der Antragsteller künftig schon im Antrag angeben, ob er sich mit dem Ehepartner über das Sorge- und Umgangsrecht verständigt hat.
- Das Große Familiengericht wurde eingeführt. Seither werden z. B. auch Prozesse wegen der Aufteilung gesamtschuldnerischen Verbindlichkeiten im Innenverhältnis, wegen ehebedingter Zuwendungen, Ehegatten-Innengesellschaften, Steueraufteilung, Zustimmung zur gemeinsamen Veranlagung usw. innerhalb des Scheidungsverbundes geklärt (§§ 266–268 FamFG).
- Das Vormundschaftsgericht wird aufgelöst. Seine Aufgaben übernehmen das Familiengericht und das Betreuungsgericht.

1.1.4 Beistandschaft

Dem Jugendamt kann von der Mutter die Beistandschaft (§§ 1712 ff. BGB) übertragen werden, und zwar zur Durchsetzung von Kindesunterhaltsansprüchen. Während

---

[88] Grundsätzlich ist der Verfahrensbeistand förmlich zu bestellen. Im Einzelfall kann das aber auch konkludent geschehen, etwa dadurch, dass das Gericht ihn in der Hautsache bestellt und ihm im Eilverfahren (EASO) einen Beschluss zum Hauptverfahren (einstweilige Regelung) zustellt, OLG Frankfurt FamRZ 2021, 48.

[89] S. OLG Frankfurt FamRZ 2010, 917. Der Warnhinweis muss im Beschlusstenor stehen, nicht irgendwo in den Beschlussgründen oder ganz am Ende, OLG Brandenburg FamR 2018, 1690. Wenn er nicht Teil des Tenors ist, darf kein Ordnungsmittel angeordnet werden.

[90] S. hierzu OLG Hamm FamRZ 2010, 1926 (Ls), befürwortet als milderes Mittel ggü. einem teilweisen Sorgerechtsentzug.

der Beistandschaft ist die Vertretung des Kindes durch den betreuenden Elternteil ausgeschlossen. Gesetzlicher Vertreter des Kindes ist vielmehr das Jugendamt.[91]

Die Beistandschaft bleibt auch bestehen, wenn das Kind in die Obhut des anderen – hier: nicht mitsorgeberechtigten – Elternteils wechselt.[92]

A. A.: OLG Celle[93]: Bei gemeinsamer ES müssen beide Eltern die Beistandschaft beantragen. Wenn die ES (oder eine Teil davon, v. a. die Vermögenssorge) einem Elternteil entzogen wird, endet nach § 1715 II BGB auch die Beistandschaft.

1.1.5 Exkurs: Religionszugehörigkeit des Kindes

Besondere Probleme bereiten Anträge auf Übertragung der Entscheidung über die religiöse Ausrichtung des Kindes – gleich, ob im Rahmen von § 1628 BGB oder als „Sorgerechtssplitter".

1.1.5.1 Religiöse Erziehung

Für die **religiöse Erziehung** ist, so das FamG Weilburg[94], nach § 7 des **Gesetzes über die religiöse Kindererziehung** (RKEG) das Vormundschaftsgericht (heute: Familiengericht) zuständig. I. d. R. darf über die religiöse Erziehung auch bei gemeinsamem Sorgerecht der betreuende Elternteil entscheiden.[95] Bei fundamentalen Differenzen (Moslem/Katholikin) muss nach § 1628 BGB verfahren werden.[96]

Das Gesetz stammt aus dem Jahre 1921, ist aber inhaltlich durchaus modern ausgestaltet.[97] Nach § 5 RKEG kann das Kind von seinem 12. Geburtstag an nicht mehr gegen seinen Willen in einem andern Bekenntnis als bisher erzogen werden, und ab dem 14. Geburtstag darf das Kind sich selbst für ein religiöses Bekenntnis entscheiden.

Für das Lebensalter davor gilt Folgendes:

Grundsätzlich kann einem Elternteil bei gemeinsamer ES auch die Alleinsorge für Fragen der *religiösen Ausrichtung*[98] des Kindes übertragen werden. Das rechtliche Instrument bietet § 1629 II 3 BGB.

Das OLG Oldenburg[99] hat es z. B. abgelehnt, einem moslemischen Vater die Entscheidungsbefugnis über den von ihm angestrebten Austritt des Kindes aus der katholischen Kirche zu übertragen.

In einem umgekehrten Fall scheiterte die Mutter: Sie wollte das Recht zur Entscheidung über die Religionszugehörigkeit des Kindes übertragen bekommen (Vater war

---

91 OLG Naumburg FamRZ 2006, 1223.
92 OLG Koblenz FamRZ 2018, 918.
93 OLG Celle FamRZ 2020, 424 mit kritischer Anm. *Knittel*, S. 427.
94 FamG Weilburg FamRZ 2003, 1308.
95 FamG Osnabrück FamRZ 2005, 645 (Ls).
96 Anm. *Luthin* FamRZ 2005, 1168.
97 Zu den Einzelheiten: Abh. *Schwab* FamRZ 2021, 1.
98 So die etwas unglückliche Formulierung des BGH FamRZ 2005, 1167, 1168.
99 OLG Oldenburg FamRZ 2010, 1256.

Moslem). Das knapp dreijährige Kind, so das OLG Karlsruhe[100], musste nicht schon endgültig in eine Religionsgemeinschaft integriert werden, zumal dies das Spannungsverhältnis (Konfrontation des Kindes mit unterschiedlichen religiösen Praktiken) nicht gelöst hätte.

Wieder anders verhält es sich, wenn das neunjährige Kind seinen Willen zur katholischen Taufe und Kommunion selbstbewusst und authentisch äußert. Dann bekommt die katholische Mutter das Zepter (Vater war serbisch-orthodox).[101]

So wurde auch verfahren, als die griechisch-orthodoxe Mutter ihr drittes Kind taufen lassen wollte.[102] Der Vater, dessen Konfession uns die FamRZ nicht verrät, war strikt dagegen; er wollte, dass das 5-jährige Kind nach Eintritt der Religionsmündigkeit selbst entschied. Das OLG Stuttgart[103] stellte darauf ab, dass die beiden älteren Geschwisterkinder ebenfalls griechisch-orthodox getauft worden waren und dass die bisherige Erziehung gemäß diesem Bekenntnis stattgefunden hatte.

Die Stellung eines **Vormunds** des Kindes ist schwach. Er kann über die Religionszugehörigkeit des Kindes selbst dann nicht abweichend entscheiden, wenn der Mutter (hier: mit marokkanischen Wurzeln) das Sorgrecht entzogen worden ist.[104]

Der Wunsch der evangelischen Mutter, das Kind gegen den Willen des moslemischen Vaters taufen zu lassen, reicht für die **Alleinsorge** auf keinen Fall aus, zumal das Kind keine Nachteile dadurch hat, bis zur Religionsmündigkeit (14 Jahre) ungetauft in das kirchliche Leben integriert zu sein.[105]

Prüfmaßstab ist lt. EuGHMR[106] ausschließlich das Kindeswohl im Lichte von Art. 9 EMRK. In der einschlägigen Entscheidung vom 19.5.2022 ging es um ein italienisches Mädchen, dem es unangenehm war, in die religiösen Praktiken ihres Vaters, der zu den Zeugen Jehovas übergelaufen war, einbezogen zu werden, was überdies hinter dem Rücken der katholisch gebliebenen Mutter geschah. Diese erhielt die Entscheidungsbefugnis.

1.1.5.2 Religionsmotivierte Körperverletzungen

Zu den religiös geprägten Eingriffen in die körperliche Integrität des Kindes folgende Anmerkungen:

Eine Meinungsverschiedenheit von erheblicher Bedeutung ist sicherlich die über die Frage der medizinisch nicht indizierten, sondern eindeutig religiös motivierten Beschneidung eines 12-jährigen Jungen. Wem das Gericht die Entscheidungsbefugnis übertragen hätte (Mutter deutsche Christin, Vater strenggläubiger Moslem), liegt

100 OLG Karlsruhe FamRZ 2016, 1376.

101 OLG Stuttgart FamRZ 2016, 1378.

102 OLG Stuttgart FamRZ 2018, 354.

103 OLG Stuttgart FamRZ 2018, 354.

104 OLG Hamm FamRZ 2016, 1380 unter Hinweis auf § 3 RKEG.

105 OLG Schleswig FamRZ 2003, 1948 mit Anm. *Ewers* FamRZ 2004, 394, der sich aus dezidiert christlicher Perspektive empört gegen dagegen wendet, dass das Kind bis zur Religionsmündigkeit ungetauft bleiben könne. Zu ES und Religion s. die grundlegende Abh. von *Schwab* FamRZ 2014, 1.

106 EuGHMR FamRZ 2022, 1111 mit Anm. *Lettmaier*, S. 1113.

auf der Hand. Nur: Wenn der Vater gar nicht erst fragt, lässt sich die Beschneidung nicht rückgängig machen.[107] Das OLG Frankfurt[108] konnte nur noch einen Pkh-Antrag des durch seine Mutter vertretenen Jungen für einen Schmerzensgeldprozess bejahen.

Noch rechtzeitig eingreifen konnte das FamG Düsseldorf[109] mit einer Eilentscheidung nach § 1628 BGB: Der moslemische Vater wollte seine Kinder beschneiden lassen. Zitat aus dem Beschluss: *„Der Vater teilte mit, er wolle seine Kinder hiermit vor dem Fegefeuer bewahren. Im Übrigen habe die Mutter die falsche Religion.“*

Grundsätzlich ist die Beschneidung nach dem am 28.12.2012 in Kraft getretenen § 1631d I BGB zulässig, d.h. vom Sorgerecht umfasst. Wenn ein Elternteil dafür ist, der andere dagegen, muss nach § 1628 BGB abgewogen werden. Das Kind selbst muss gefragt werden, wenn es 10 (!) Jahre alt oder älter ist.[110]

Religiös motivierte Beschneidungen dürfen nicht verwechselt werden mit solchen, die medizinisch indiziert sind (Standardfall: Vorhautverengung). Der insoweit krasseste Eingriff ist die sog. radikale Zirkumzision. Hier müssen lt. OLG Frankfurt[111] drei Beteiligte gefragt werden und einverstanden sein: ein verständiger Minderjähriger und die **beiden** sorgeberechtigten Eltern.

Dieses Judikat steht allerdings im Widerspruch zu einer Entscheidung des OLG Hamm[112], in der einer 16-Jährigen eine Abtreibung ohne Zustimmung auch nur eines Elternteils erlaubt wurde.

Eine gesetzliche Regelung wäre wünschenswert. *Götz*[113] plädiert vernünftigerweise dafür, bis dahin den Co-Konsens von Kind und **beiden** Eltern gelten zu lassen, verbunden mit einer niedrigen Schwelle in den Fällen der Ersetzung der Zustimmung eines sich sträubenden Elternteils.

Indiskutable Verstöße gegen den *ordre public* sind dagegen Genitalverstümmelungen bei Mädchen (s. hierzu auch **2.10.2**). Ein entsprechender Antrag des verstümmelungswilligen Elternteils nach § 1628 BGB wäre ebenso chancenlos wie einer auf Gesundheitssorgeübertragung.

[107] In OLG Hamm FamRZ 2018, 722 wird ein LG-Urteil referiert, in dem ein Vater, der seine Frau nicht gefragt hatte, wegen vorsätzlicher Körperverletzung zu einer Freiheitsstrafe von einem Jahr verurteilt worden ist (ausgesetzt zur Bewährung).

[108] OLG Frankfurt FamRZ 2008, 785. Die Mutter hatte hier übrigens die Alleinsorge, so dass ein Antrag des Vaters nach § 1628 nicht einmal zulässig gewesen wäre.

[109] FamG Düsseldorf FamRZ 2014, 1209.

[110] OLG Hamm FamRZ 2013, 1818.

[111] OLG Frankfurt FamRZ 2020, 336 mit Anm. *Götz*, S. 339.

[112] OLG Hamm FamRZ 2020, 340. Voraussetzung (dort bejaht): Das Mädchen muss nach ihrer geistigen und sittlichen Reife die Tragweite dieses Eingriffs erfallen.

[113] Anm. *Götz* FamRZ 2020, 339, 340.

1.2 Die gemeinsame elterliche Sorge

Die gemeinsame ES nach Trennung und Scheidung ist heute mit einem Anteil von ca. 75 % der statistische Regelfall.[114]

Das gemeinsame Sorgerecht bedeutet natürlich nicht zwingend, dass beide Eltern tatsächlich wie rechtlich Entscheidungsbefugnisse von gleichem Gewicht haben. Der (hauptsächlich) betreuende Elternteil hat naturgemäß auch die Hauptlast der Verantwortung und den Löwenanteil der Macht über das Kind.

Zu den Fällen der alleinigen elterlichen Sorge wegen ständiger und/oder schwerwiegender Konflikte zwischen den Eltern s. **1.4.**

1.2.1 Praxis des gemeinsamen Sorgerechts

Die praktische Durchführung des gemeinsamen Sorgerechts sieht meist so aus:

Die Kinder leben beim einen Elternteil und besuchen gelegentlich den anderen.

Da der andere nur in seltenen Glücksfällen gleich um die Ecke wohnt, bleibt die Hauptbezugsperson eben doch der Elternteil, bei dem die Kinder wohnen. Die Vorstellung, beide Eltern hätten hier kraft gemeinsamen Sorgerechts den gleichen erzieherischen Einfluss auf die Kinder, ist schon von einer geradezu komischen Praxisferne. Wer nicht da ist, hat an der Sorgerechtsfront nichts zu bestellen. Oder meint jemand allen Ernstes, dass der abwesende Vater eigens wegen der Frage antelefoniert wird, ob die Kinder einen bestimmten Film im Fernsehen sehen dürfen oder ins Bett sollen, ob die Heimkehr aus dem Club bis Mitternacht stattzufinden hat, ob neue Basketballschuhe gekauft werden (alles Alltagsfragen), ob die Tochter ihren Klavierunterricht einstellt und ob der Sohn Nachhilfeunterricht in Französisch erhält (keine Alltagsfragen)?

Die erwähnte Praxisferne war auch in den Reformbemühungen des BMJ zu registrieren, die dann schließlich Gesetz wurden: Bekanntlich sieht § 1687 I 2 BGB vor, dass, um eine Beibehaltung der gemeinsamen Sorge nach der Scheidung zu erleichtern, dem Elternteil, bei dem sich das Kind dauerhaft und rechtmäßig aufhält, eine *Alleinentscheidungsbefugnis in Angelegenheiten des täglichen Lebens eingeräumt* wird – als ob der betreuende Elternteil diese Befugnis nicht immer schon tatsächlich gehabt hätte!

Wenn die Entscheidungsnotwendigkeit ebenso eilig wie alltäglich war, entschied natürlich der, der den „Erstzugriff" auf die Kinder hatte, und wenn Entscheidungen von großer Tragweite zu fällen waren und sind (Auslandsaufenthalt[115], Schulwahl,

---

[114] S. Abh. *Motzer* FamRZ 2004, 1145, 1155. In 1999 waren es erst 62,1 %, wenn man einer vom Bundesjustizministerium in Auftrag gegebenen Studie glauben darf (s. Abh. *Kostka* FamRZ 2004, 1924, 1926).

[115] Ein Auslandsaufenthalt ist dann nicht mehr eine Alltagsentscheidung, wenn er über den üblichen risikoarmen Auslandsurlaub hinausgeht, also auf einen Daueraufenthalt im Ausland (meist identisch mit dem Heimatland eines Elternteils) hinauslaufen soll. Wenn die Eltern bei gemeinsamer ES in dieser Frage uneins sind und kein Antrag auf Alleinsorge nach § 1677 BGB gestellt wird, kann das Gericht nur prüfen, ob eine Kindeswohlgefährdung vorliegt und nach § 1666 eine Maßnahme im Vorfeld der Sorgerechtsentziehung

Ferienarbeit, Drogenprobleme), hatte und hat derjenige, der den ständigen Kontakt zu den Kindern hat, die besseren Chancen, sich durchzusetzen.

Der Vater, der das gemeinsame Sorgerecht durchgesetzt hat, die Kinder aber notgedrungen bei seiner Geschiedenen wohnen lässt, soll sich also nicht zu früh freuen. Falls es ihm nur um paritätische Urlaubsansprüche geht, braucht er sich nicht so abzumühen: Einen Anspruch darauf, mit den Kindern einige Wochen Urlaub pro Jahr zu verbringen, hätte er auch als nichtsorgeberechtigter Inhaber des Umgangsrechts.

In der Theorie bleibt es aber dabei: Beide sind gemeinsam für alle Belange des Kindes verantwortlich.[116] Auch hier gab es allerdings schon vor der Reform Vorstöße der Rechtsprechung, eine Art Splitting einzuführen: Das Aufenthaltsbestimmungsrecht kann ausnahmsweise einem Elternteil und das Sorgerecht im Übrigen beiden Eltern gemäß ihrem Vorschlag überantwortet werden.[117]

1.2.2 Alleinentscheidungsbefugnis des betreuenden Elternteils in Alltagsfragen

Im Rahmen der Wahrnehmung der gemeinsamen elterlichen Sorge ist folgende Unterscheidung von Bedeutung, die sich schon bisher in der Lebenswirklichkeit widerspiegelte, aber auch im Gesetzeswortlaut (§ 1687 I 2 BGB) verfestigt hat:

Der betreuende Elternteil (und das ist auch der, der gerade das Umgangsrecht ausübt!) *hat die Befugnis zur alleinigen Entscheidung in Angelegenheiten des täglichen Lebens.* Dies sind, wie Satz 3 der Vorschrift sagt, solche, die häufig vorkommen und die keine schwer abzuändernden Auswirkungen auf die Entwicklung des Kindes haben. Für die Lösung der übrigen Fragen und Probleme des Kindes sind und bleiben beide Eltern zuständig, sofern sie die gemeinsame ES haben (sonst nur der alleinige Sorgerechtsinhaber).

In der forensischen Praxis stellte sich alsbald heraus, dass es eine große Grauzone zwischen den alltäglichen und den existentiellen Fragen gibt. Wie hält man´s z. B. mit der Klassenfahrt?

Von vornherein war klar, dass die Familiengerichte viel Arbeit bekommen würden, weil der Betreuende stets denkt, er könne allein entscheiden, während der Andere glaubt, ein Wörtchen mitreden zu dürfen.

Und schon ging der Streit los:

Als erstes entschied das OLG München[118], dass die Entscheidung über einen Schulwechsel nicht zu den Alltagsfragen zählt. Das FamG Lemgo[119] entschied ebenso.

---

getroffen werden muss, so OLG Karlsruhe FamRZ 2002, 1272. Warum der Senat hier nicht nach § 1628 verfahren hat, bleibt unerfindlich.

[116] Auch hier gibt es Ausnahmen: Ein Elternteil kann z. B. bis zur Bestellung eines Ergänzungspflegers das Kind allein vertreten, wenn es um die Einlegung einer Verfassungsbeschwerde zur Verhinderung einer drohenden Rückführung nach dem HKiEntÜ geht, BVerfG FamRZ 2006, 1261.

[117] KG FamRZ 1994, 313.

[118] OLG München FamRZ 1999, 111, 112.

[119] FamG Lemgo FamRZ 2004, 49 (Umschulung auf die Waldorfschule).

Entsprechendes gilt für die Entscheidung über die Notwendigkeit der Behandlung eines sog. hyperkinetischen Syndroms (Aufmerksamkeits-Defizit-Hyperaktivitäts-Syndrom), auch ADHS genannt).[120]

Auch die Entscheidung über einen zweiwöchigen Ferienaufenthalt der Mutter mit einem dreijährigen Kind in Ägypten betrifft schon wegen der Gesundheitsgefahren, wie das OLG Köln[121] meinte, **keine Angelegenheit des täglichen Lebens**. Entsprechendes gilt in den nachfolgenden Fällen – wobei zur Meidung von Missverständnissen hervorzuheben ist, dass **nur aufgelistet ist, was ein Elternteil nicht allein entscheiden darf**. Wer das Entscheidungsrecht bekommt, ist eine andere Frage.

- Flugreise eines noch nicht zwei Jahre alten Kindes nach Kanada.[122]
- Flugreise in ein am Krieg beteiligtes Land.[123]
- Urlaubsreise in die Türkei nach dem Putsch gegen Erdoğan und der Eskalation im Syrienkonflikt (2016).[124]
- Sprachreise zweier 13 und 14 Jahre alter Kinder nach England im zeitlichen Umfeld des Irakkrieges von 2003.[125]
- Flugreise mit dem Kind nach Nicaragua während der Corona-Pandemie.[126]
- Flugreise des Kindes nach Mallorca während der Corona-Pandemie.[127]
- Flugreise nach Afghanistan.[128]
- Reise in eine Region Nigerias, für die wegen Entführungsgefahr eine Reisewarnung des Auswärtigen Amtes gilt.[129]
- Urlaubsreise eines 11-jährigen Kindes mit dem Vater auf die Philippinen (im Rahmen der Ausübung des Umgangsrechts).[130]
- Reise von Mutter und Kind nach Kasachstan (Herkunftsland der Mutter).[131]
- Reise der Mutter mit kleinen Kindern in Länder eines ihnen jedenfalls nicht umfassend vertrauten Kulturkreises.[132]

---

[120] OLG Bamberg FamRZ 2003, 1403.

[121] OLG Köln FamRZ 1999, 249.

[122] OLG Naumburg FamRZ 2000, 1241 (Ls).

[123] FamG Freising FamRZ 2004, 968 (Ls).

[124] OLG Frankfurt FamRZ 2016, 1595.

[125] FamG Heidenheim FamRZ 2003, 1404.

[126] OLG Frankfurt FamRZ 2020, 761. Die reisewillige Mutter hatte dort behauptet, in „wärmeren Gebieten" bestehe keine Infektionsgefahr.

[127] OLG Braunschweig FamRZ 2020, 1658.

[128] OLG Köln FamRZ 2020, 997. Das Gericht hatte, bevor es das Entscheidungsrecht der Mutter übertrug, freundlicherweise ihren ABR-Antrag in einen Antrag nach § 1628 BGB umgedeutet.

[129] OLG Köln FamRZ 2020, 998. Der Antrag wurde abgewiesen.

[130] FamG Rosenheim FamRZ 2004, 49.

[131] OLG Hamburg FamRZ 2012, 562.

[132] OLG Köln FamRZ 2005, 644. Es handelte sich um eine Flugreise nach „K.". Mehr erfährt der Leser wieder einmal nicht. Ja was nun? Katar? Kirgistan? Kasachstan? Kiribati? Letzteres ausnahmsweise nicht: Die Mutter stammte, wie die FamRZ huldvoll preisgibt, aus dem

- Reise der Mutter mit den Kindern in die Ostukraine.[133]
- Reise der Mutter mit zwei Kindern in die Türkei während einer Phase hoher Inzidenzwerte im Zielgebiet.[134]
- Impfung des Kindes gegen Kinderkrankheiten.[135]
- Wahl der Grundschule.[136]
- Besuch einer weiterführenden Schule.[137]
- Veröffentlichung von Kinderfotos[138] auf einer kommerziellen Internetsite (Bauernhof).[139]
- Freiheitsentziehende Maßnahmen bei einem psychisch schwerkranken Kind.[140]
- Schulische Notbetreuung eines Kindes während der Corona-Pandemie.[141]
- Die Unterbringung des Kindes bei einer Tagesmutter an 3 Tagen pro Woche für je 6 Stunden.[142]
- Corona-Schutzimpfung für ein 12-jähriges Kind.[143]
- Corona-Schutzimpfung für zwei 17- und 15-jährige Kinder.[144]

Unbestritten ist bislang die Feststellung, dass die Übersiedlung des Kindes in den Haushalt des anderen Elternteils keine Alltagsfrage ist. Wenn dieser Haushalts- oder

arabischen Kulturkreis. Eine andere Frage ist die, ob der Vater die Reise blockieren darf. Im vorliegenden Fall gelang das nicht. Die Mutter bekam die Entscheidungsbefugnis übertragen (§§ 1628, 1697a BGB).

[133] OLG Karlsruhe FamRZ 2015, 150. Das alleinige ABR berechtigt naturgemäß zu Urlaubsreisen mit den Kindern; der andere Elternteil muss dann nicht gefragt werden. Daraus folgt auch das alleinige Recht, Kinderreisepässe zu beantragen, so OLG Oldenburg FamRZ 2018, 756.

[134] OLG Koblenz FamRZ 2022, 197. Die Mutter durfte fahren.

[135] KG FamRZ 2006, 142. **A. A.**: FamG Darmstadt FamRZ 2016, 248 (Ls): Der andere braucht nicht gefragt zu werden.

[136] KG FamRZ 2018, 502.

[137] OLG Rostock FamRZ 2007, 1835. Das ist auch im Wege der einstweiligen Anordnung angängig: OLG Hamburg FamRZ 2022, 107.

[138] OLG Düsseldorf FamRZ 2021, 1714.

[139] OLG Oldenburg FamRZ 2018, 1517.

[140] OLG Oldenburg FamRZ 2019, 203, mit Anm. *Birgit Hoffmann*, S. 205. Das Gericht verneint hier ein Vorgehen nach § 1693 BGB (gerichtliche Maßnahmen, wenn die Eltern *verhindert* sind, die elterliche Sorge auszuüben). Eine tragende Rolle spielte in der Entscheidung auch das **Gesetz zur Einführung eines familiengerichtlichen Genehmigungsvorbehalts für freiheitsentziehende Maßnahmen bei Kindern vom 17.7.2017**.

[141] FamG Aachen FamRZ 2020, 1177.

[142] OLG Karlsruhe FamRZ 2020, 1380.

[143] Auch im Wege der einstweiligen Anordnung, FamG Hamburg FamRZ 2022, 104 mit Anm. *Rake*, S. 105.

[144] OLG Rostock FamRZ 2022, 192. Das Gericht hatte im Wege der Einstweiligen Anordnung zu entscheiden und sah durchaus, dass mit der EA-Entscheidung die Hauptsache vorweggenommen wurde, erkannte aber das dringende Bedürfnis für ein sofortiges Tätigwerden. Vorsichtshalber verneinte der Senat die Eilbedürftigkeit einer späteren Booster-Impfung. Das Gericht entschied sich klar dafür, die Entscheidung dem Elternteil zu übertragen, der die Impfung befürwortete. Die Kinder wollten übrigens auch geimpft werden. Die Mutter hielt Corona für eine Art Grippe und bekundete panische Angst vor den Impffolgen.

„Elternteilwechsel" einvernehmlich geschieht, liegt hierin eine stillschweigende gemeinsame Regelung bezüglich des Kindeswohnsitzes.[145] Wenn keine Einigkeit herrscht, kann allerdings auch nicht nach § 1628 BGB verfahren werden; dann ist ein ABR-Antrag vonnöten.[146]

Alltagsfragen sind aber z. B.

- Die Frage, wer das Kind vom Kindergarten, vom Hort oder von der Schule[147] abholt und in den Haushalt des betreuenden Elternteils begleiten darf.[148]
- Die Impfung gegen Schweinegrippe.
- Ein Corona-Schnelltest.[149]
- Die Teilnahme an der Einschulungsfeier des Kindes.[150]
- Fernflugreisen nach Thailand (kein Kriegsgebiet).[151]
- Zweiwöchige Flugreise des Vaters mit dem sechsjährigen Sohn in die USA zu den hochbetagten Großeltern.[152]

In allen nicht „alltäglichen" Fällen muss, wenn beide Eltern Inhaber der ES sind, das Gericht einem von beiden die Entscheidungsbefugnis für den Einzelfall übertragen (§ 1628 BGB).[153]

Das gilt nicht für Prozesse des Kindes gegen einen Elternteil; hier darf also nicht nach § 1628 dem anderen Elternteil das Heft in die Hand gedrückt werden. Es bedarf der Bestellung eines Ergänzungspflegers.[154]

1.2.3 Entscheidungsbefugnis in Einzelfragen

Problematisch ist hier – wie auch in den Fällen der vorübergehenden Übertragung des Aufenthaltsbestimmungsrechts (etwa bei längerer Krankheit des eigentlich oder vorwiegend betreuenden Elternteils) – die Abgrenzung von § 1628 und § 1671 BGB. Während § 1628 bei Meinungsverschiedenheiten[155] das Zepter einem von beiden

[145] OLG Celle FamRZ 2003, 1657.

[146] OLG Köln FamRZ 2012, 563 (Ls).

[147] Die Schule hat derartige Abholregelungen zu beachten und zu respektieren. Umgekehrt kann die Schule nicht auf dem Verwaltungsrechtsweg gezwungen werden, eine Umgangsregelung anderweitig zu handhaben, so OVG Münster FamRZ 2010, 1681.

[148] OLG Bremen FamRZ 2009, 355.

[149] FamG Marl FamRZ 2021, 761. **A. A.:** OLG Bamberg FamRZ 2021, 1537 (Grund: möglicher Ausschluss des Kindes vom Präsenzunterricht als Testfolge).

[150] Die Mutter kann allerdings erfolgreich intervenieren, wenn bei der Feier aufgrund des vorausgegangenen Verhaltens des Vaters handfeste Konflikte zwischen den Eltern mit traumatisierenden Folgen für das Kind ernsthaft zu befürchten sind, OLG Zweibrücken FamRZ 2021, 1803.

[151] KG FamRZ 2017, 1061.

[152] OLG Dresden FamRZ 2021, 1474.

[153] OLG Karlsruhe FamRZ 2008, 1368.

[154] OLG Celle FamRZ 2019, 40.

[155] Diese Meinungsverschiedenheiten müssen allerdings Angelegenheiten von erheblicher Bedeutung betreffen (FamG Lübeck FamRZ 2003, 549: Die Kindstaufe ist eine solche Streit-

Eltern in die Hand drückt[156], regelt § 1671 die Übertragung der Alleinsorge oder eines Teils davon (*sic!*) auf einen von beiden. § 1628 ist auf situative Entscheidungen zu beschränken.[157] Richtschnur ist für das Gericht immer die Frage, welcher Elternteil eher in der Lage ist, eine am Kindeswohl ausgerichtete Entscheidung zu treffen (§ 1697a BGB); das gilt insbesondere für Fragen der Gesundheitssorge (hier: Corona-Schutzimpfung).[158]

Können sich also die Eltern im speziellen Einzelfall[159] nicht einigen, überträgt das Familiengericht einem von ihnen beiden die Entscheidungsbefugnis (§ 1628 I BGB). Im Wege der vorläufigen Anordnung kann z. B. einer Mutter nach § 1628 BGB die alleinige Entscheidungsbefugnis über eine Erbschaftsausschlagung übertragen werden.[160] Oder auch über die Beantragung eines Kinderausweises.[161] Oder über den Schulbesuch[162], wobei es sich auch um den Besuch eines englischen Internats handeln kann.[163]

---

frage, so auch OLG Karlsruhe FamRZ 2019, 1697). Der Tauftermin ist dagegen lt. FamG Lübeck FamRZ 2003, 549 eine Frage des täglichen Lebens im Sinne von § 1687 I 2 BGB, die die Mutter als betreuender Elternteil eigentlich hätte allein entscheiden dürfen; aber das Gericht billigt dem Vater ein Widerspruchsrecht zu, weil er das Kind mitbetreute, so dass der von der Mutter bestimmte Termin am Veto des Vaters scheiterte. Die Entscheidung hat übrigens auch deshalb zu Recht Kritik erfahren. *Söpper* (Anm. in FamRZ 2003, 1035) weist darauf hin, dass, weil dem Vater bezüglich des Tauftermins ein Veto eingeräumt worden ist, eine unauflösliche Pattsituation eintreten kann: Wenn der Termin keine Angelegenheit von besonderer Bedeutung ist, kann nicht einmal die Zuweisung des Entscheidungsrechts auf einen Elternteil nach § 1628 BGB beantragt werden.
Nach Auffassung des OLG Naumburg (FamRZ 2006, 1058) ist auch die Entscheidung über den Nachhilfeunterricht nicht von so erheblicher Bedeutung, dass das Gericht nach § 1628 BGB vorgehen müsste. Das konnte also die Mutter allein entscheiden. Ob der Vater anschließend auf Sonder- oder Mehrbedarf in Anspruch genommen wurde, ist nicht überliefert.
Die Wahl des Kindergartens ist dagegen keine Alltagsentscheidung. Hierüber ist im Streitfall nach § 1628 BGBG zu entscheiden (OLG Frankfurt FamRZ 2009, 894 (Ls)). Das gilt erst recht für einen Kindergartenwechsel. Hier erhält der Elternteil das Entscheidungsrecht nach § 1628, der den Wechsel nicht befürwortet, OLG Hamm FamRZ 2018, 1669.

156 Das Gericht darf nicht anstelle eines Elternteils eine eigene Sachentscheidung treffen, sondern muss sich damit begnügen, einem Elternteil die Entscheidungskompetenz in einer bestimmten Frage zu übertragen, BVerfG FamRZ 2003, 511.

157 OLG Köln FamRZ 2012, 563 (Ls).

158 OLG Brandenburg FamRZ 2022, 1704.

159 OLG Zweibrücken FamRZ 2001, 186.

160 OLG Hamm FamRZ 2003, 172.

161 OLG Karlsruhe FamRZ 2005, 1187. Das Gericht weiter: Eine Eilentscheidung ist in Gestalt einer einstweiligen Anordnung nach § 621g ZPO zulässig. Ein Antrag auf einstweilige Verfügung kann nicht in einen Antrag auf einstweilige Anordnung umgedeutet werden. Hiergegen wendet sich *van Els* in seiner Anm. (FamRZ 2005, 2076); angesichts der verwirrenden Vielfalt von Rechtsschutzverfahren sei es geboten, fehlerhaft gewählte Prozesshandelungen umzudeuten.

162 OLG Schleswig FamRZ 2011, 1304 (Ls). Das Gericht meint hierzu, dass es regelmäßig dem Kindeswohl entspricht, die Entscheidung hier dem Elternteil zu überlassen, bei dem das Kind wohnt.

163 FamG Mainz FamRZ 2021, 1711. Den Ausschlag gab hier der Wille des Elternteils, der sich dem autonomen Willen des 14-jährigen Kindes anschloss.

Der Anrufung des Gerichts müssen Verständigungs- und Einigungsbemühungen vorausgehen. Dazu gehört auch die Ausschöpfung von Beratungsmöglichkeiten durch das Jugendamt nach §§ 16, 17 SGB VIII.[164]

Es muss sich auch um eine Angelegenheit handeln, die für das **Kind** – so der Gesetzeswortlaut – von **erheblicher Bedeutung** ist.

Der Streit darüber, wo das Kind bei Ausübung des Wechselmodells mit Erstwohnsitz angemeldet wird, gehört nicht zu den Streitigkeiten von erheblicher Bedeutung. Das OLG München[165] verwies die Eltern auf einen ABR-Antrag nach § 1671 BGB.[166] Bis dahin hat das Kind einen doppelten Wohnsitz.[167] Die Frage des Erstwohnsitzes ist von großer Bedeutung im Hinblick auf die Steuerklasse, den Kinderfreibetrag und u. U. auf den Kindergeldbezug. Es geht also nicht „ums Prinzip", sondern es ist vernünftig, zwar die Frage des Erstwohnsitzes nicht an die große Glocke des ABR zu hängen, aber nach § 1628 zu verfahren, statt es einem von beiden zu erlauben, mal eben zum Einwohnermeldeamt zu gehen und sich damit das Kindergeld, den Kinderfreibetrag und die Steuerklasse II[168] zu sichern.

Ein Elternstreit hat auch dann keine erhebliche Bedeutung, wenn es bei einer Auseinandersetzung um eine **Kindstaufe** nicht um die Taufe an sich geht, sondern nur um den Tauftermin.[169]

In der Frage, in welche **Grundschule** das Kind eingeschult werden soll, wenn die Eltern ungeachtet diverser Umzüge das Wechselmodell praktizieren, hat das KG[170] zwei Kriterien unter dem Leitstern des Kindeswohls hervorgehoben, nämlich die starken Bindungen des Kindes zum Vater und den Umstand, dass das Wechselmodell zum Scheitern verurteilt gewesen wäre, wenn das Kind bei der Mutter eingeschult worden wäre. Der als zurückhaltend und schlaff beschriebene Vater hätte, so meint der Senat, sich verdrängt gefühlt und hätte die Fahrerei dann nicht mehr auf sich genommen.[171] Er durfte entscheiden. Die Schulen wurden vom KG übrigens als gleichrangig und in ihrem Konzept als gleichartig angesehen.

---

164 OLG Düsseldorf FamRZ 2021, 1387 (Ls).

165 OLG München FamRZ 2008, 1103; ebenso OLG Koblenz FamRZ 2019, 1696.

166 Das ist höchst zweifelhaft insofern, als das paritätische Wechselmodell sich dadurch auszeichnet, dass beide die Aufenthaltsbestimmung abwechselnd ausüben.

167 Das passt allerdings nicht zu dem melderechtlichen Grundsatz, dass man nur einen Hauptwohnsitz haben kann. Hauptwohnung der Kinder ist die, die von ihnen *vorwiegend benutzt* wird. Bei paritätischem Aufenthalt in beiden Wohnungen wie beim Wechselmodell versagt das Melderecht (s. VerwG SchwerFamRZ 2011, 484). Kindergeldrechtlich dürfte dann ein Wahlrecht bestehen: Die Kindergeldstelle darf und muss nach pflichtgemäßem Ermessen entscheiden, wer das Kindergeld bekommt (s. § 66 II 2 EStG). Das OLG Celle (FamRZ 2019, 31) meint hier, dass derjenige Elternteil bezugsberechtigt ist, der *Gewähr dafür bietet, dass das Kindergeld zum Wohle des Kindes verwendet wird.* Wenn das für beide gilt, bleibt m. E. nur noch das Losprinzip.

168 Die bekommt der betreuende Elternteil. Wenn beide betreuen, gibt es die Klasse II nur für eine(n) von beiden.

169 Und die Versagung der Zustimmung zur Taufe, weil der andere Elternteil den Termin nicht mit dem ablehnenden Elternteil abstimmen will, OLG Düsseldorf FamRZ 2021, 1387 (Ls).

170 KG FamRZ 2018, 502.

171 KG FamRZ 2018, 502, 505.

Das OLG Brandenburg[172] hob bei der Grundschulwahl im Wechselmodell folgende Kriterien hervor: Schulkonzept, schulisches Umfeld, Kindeswille.

Wenn das Betreuungsmodell unter den Eltern umstritten ist, erhält der Elternteil die Entscheidungsbefugnis in der Grundschulwahl, der das Kind überwiegend betreut und dessen Wohnort näher an der vorgeschlagenen Schule ist.[173]

Jedenfalls ist dieses Problem über § 1628 BGB zu lösen und nicht über eine Sorgerechtsteilauskoppelung nach § 1671 I.[174]

An dieser Stelle ein prozessualer Hinweis: Wenn ein Ehepartner über § 1628 die Entscheidungsbefugnis über die Schulwahl haben möchte und der andere das ABR, darf das Gericht nicht vorab über die Schulwahlbefugnis entscheiden und das ABR-Verfahren abtrennen, denn das wäre eine unzulässige Teilentscheidung.[175]

Aktuell müssen Gerichte immer wieder über die Frage der Covid-19-Schutzimpfung der Kinder zerstrittener Eltern entscheiden. I. d. R. wird demjenigen die Entscheidungsbefugnis nach § 1628 übertragen, der sich für die Impfung ausspricht.[176] Dabei erstreckt sich die Befugnis nicht nur auf die Erst- und Zweitimpfung, sondern auch auf die Auffrischungsimpfung (Booster-Impfung).[177]

1.2.4 Typologie des gemeinsamen Sorgerechts

Unter **1.2.1** haben wir bereits erörtert, welchen Stellenwert der primäre oder ausschließliche Aufenthalt der Kinder für die praktische Gestaltung der elterlichen Sorge hat. Mit den dortigen Ausführungen sollte aber nicht gesagt werden, dass die beschriebene Konzeption die einzig denkbare und praktikable ist. Denken und verwirklichen lassen sich folgende Modelle:

a)

Domizilmodell (auch Residenzmodell genannt[178]):

Das Kind wohnt bei einem Elternteil, während der andere nur zu Besuch kommt und vielleicht einige Ferienwochen mit dem Kind verbringt. Diese Lösung unterscheidet sich von der einseitigen Sorgerechtsübertragung nur darin, dass der woanders wohnende Elternteil wichtige das Kind betreffende Fragen mitzuentscheiden hat.

---

[172] OLG Brandenburg FamRZ 2019, 1241.

[173] OLG Rostock FamRZ 2020, 102.

[174] OLG Frankfurt FamRZ 2019, 1244.

[175] OLG Frankfurt FamRZ 2022, 699.

[176] OLG Rostock FamRZ 2022, 192.

[177] OLG München FamRZ 2021, 1980. Das OLG Rostock (FamRZ 2022, 192) ist einschränkend der Ansicht, dass über die Booster-Impfung nicht im Eilverfahren entschieden werden darf. Das OLG München (FamRZ 2022, 1200) hält dagegen die Übertragung der Entscheidungsbefugnis im Eilverfahren auch bei Auffrischungs- und Folgeimpfungen für zulässig und begründet (zumal dann, wenn ein 13-Jähriger geimpft werden soll, der sich ausdrücklich dafür ausspricht).

[178] S. z. B. FamG Hannover FamRZ 2001, 846 und 2002, 563.

b)

Spagatmodell:

Das Kind lebt sozusagen mit dem einen Bein in der mütterlichen, mit dem anderen in der väterlichen Wohnung, wohnt und schläft mal hier, mal dort und hat in den Haushalten beider Elternteile eine feste Bleibe mit dem Sockelbedarf an Hausrat (Bett, Schreibtisch, Bücher, Unterhaltungselektronik, Kleidung und Hygienegrundausstattung).

c)

Paritätisches Wechselmodell:

Das Kind lebt abwechselnd eine längere Zeit beim Vater, dann bei der Mutter (Woche für Woche, ganze Monate oder Schuljahre).[179]

d)

Nestmodell:

Das Kind bleibt stets in derselben Wohnung und wird dort abwechselnd von beiden Elternteilen betreut, wobei zumindest ein Elternteil noch seine eigene Wohnung hat.

Es liegt auf der Hand, dass das **Domizilmodell** den Regelfall darstellt.

Die gemeinsame Sorge läuft in etwa drei Viertel aller Fälle darauf hinaus, dass die Mutter die Kinder betreut, während der Vater, wenn er das alleinige Sorgerecht oder das ABR hat, in etwa 10 % aller Fälle die Kinder woanders wohnen lässt, meist bei seinen Eltern oder Geschwistern, nie jedoch bei seiner Ex-Frau.

Das **Wechselmodell** (Näheres unter **2.1.1**) lässt sich aus nahe liegenden Gründen nur verwirklichen, wenn beide Elternteile am Ort wohnen und das Hin- und Herpendeln des Kindes keinen Schulwechsel erforderlich macht. Außerdem setzen schon die Vorhaltekosten (Unterhaltung eines gegebenenfalls nur selten genutzten Kinderzimmers samt Inventar) überdurchschnittlich günstige Einkommensverhältnisse voraus. Ein weiterer Nachteil, genauer: eine Gefahr, besteht darin, dass der dauernde Kontakt des Kindes zu beiden Eltern zu einer dauernden Einbeziehung des Kindes in den Konflikt der Eltern auf der Partnerebene führt, so dass das Wechselmodell überhaupt nur funktionieren kann, wenn unter den Eltern ein niedriges Konfliktpotential herrscht[180], d.h. wenn Kooperations- und Kommunikationsbereitschaft und -fähigkeit gegeben sind.[181]

Bis Anfang 2017 konnte das Wechselmodell familiengerichtlich nicht angeordnet werden, wenn ein Elternteil dem nicht zustimmte.[182] Dann entschied der BGH[183] im Februar 2017: Wenn Kommunikations- und Kooperationsfähigkeit der Eltern gege-

[179] Das Wechselmodell wird von der Rspr. teilweise diskriminiert. So hat z.B. das OLG Brandenburg (FamRZ 2003, 1949, Ls) das Aufenthaltsbestimmungsrecht auf einen Elternteil übertragen, um die Umgangsrechtspraxis nach dem Wechselmodell zu beenden.

[180] So zutreffend OLG München FamRZ 2007, 753.

[181] OLG Nürnberg FamRZ 2011, 1803.

[182] OLG Stuttgart FamRZ 2007, 1266; OLG Hamm FamRZ 2012, 646 (Ls); OLG München FamRZ 2013, 1822; BGH FamRZ 1993, 314; OLG Naumburg FamRZ 2014, 50; KG FamRZ 2014, 50. **A. A.:** FamG Erfurt FamRZ 2013, 1590 m.w.N.

[183] BGH FamRZ 2017, 532.

ben sind (und nur dann), darf das Gericht eine Umgangsregelung im Sinne des Wechselmodells treffen, auch wenn ein Elternteil dies ablehnt. Das Gesetz schließt eine solche Regelung nicht aus. Wie gesagt: Vor diesem Wandel in der Rspr. mussten beide Eltern ihre Bereitschaft zum Wechselmodell erklären.[184] Selbst dann konnte das Gericht noch intervenieren, sofern das Kind durch den ständigen Wechsel belastet wird und keine Stabilität erfahren kann.[185]

Das **Nestmodell** ist in der Praxis nicht nur auf Fälle beschränkt, in denen ein Elternteil einspringt, während der andere berufsbedingt längere Zeit ortsabwesend ist (z. B. ist es in Schauspielerkreisen denkbar, dass der Papa sich in der Wohnung einfindet, solange die Mama auf Tournee ist). Es eignet sich vielmehr auch auf Ehen, in denen beide Eltern Schichtarbeit leisten: Wenn die Mutter Nachtschicht hat, kommt der Vater und kümmert sich um die Kinder.

Tansferleistungsempfänger können nicht darauf hoffen, dass die Kosten für Unterkunft und Heizung in derjenigen Wohnung, in der die Kinder betreut werden, zusätzlich als SGB II-Leistung erstattet werden.[186]

Weitere Modellvarianten sind durchaus denkbar, wenngleich nicht immer praktikabel, und selbstverständlich kann man auch einem **Improvisationsmodell** den Vorzug geben, d. h. zwischen den verschiedenen Konzepten hin und her springen – bis das genervte Kind dann eines Tages der elterlichen Experimentierfreude und damit auch dem scheidungsbedingten Nomadentum ein Ende macht.

1.2.5 Anhörung von Eltern und Kindern

Wenn in einem Scheidungsverfahren ohne Sorgerechtsantrag – also im Regelfall – die Eltern im Rahmen ihrer Anhörung keine oder nur ausweichende Auskünfte geben, muss der Richter die Kinder anhören (Art. 6 II 2 GG, § 1666 BGB)[187], sofern diese mindestens **drei Jahre** alt sind[188] (Einzelheiten unter **1.3.8**).

Die Anwesenheit von Eltern bei der Kindesanhörung ist aus naheliegenden Gründen regelmäßig nicht sachgerecht.[189]

Natürlich muss die Anhörung in kindgerechter Sprache vonstatten gehen.[190]

Die Eltern sind getrennt anzuhören, auch wenn sie nicht Mitinhaber der ES sind (§§ 160, 167 IV FamFG).[191]

---

[184] OLG Hamm FamRZ 2012, 1883; OLG Saarbrücken FamRZ 2015, 62.
A. A.: KG FamRZ 2012, 886. Danach kann ausnahmsweise eine Betreuung nach Wechselmodell angeordnet werden, wenn ein Elternteil dagegen ist, das Kind es aber befürwortet. OLG Braunschweig FamRZ 2015, 61: Wenn das Wechselmodell lange ohne Gerichtsentscheidung praktiziert worden ist und das Kindeswohl eine Fortsetzung nahelegt, kann das Gericht auf Antrag des Vaters das Wechselmodell verfügen.

[185] OLG Koblenz FamRZ 2010, 738.

[186] LSG Niedersachsen-Bremen FamRZ 2017, 1886.

[187] Wegen der Einzelheiten s. Abh. *Bergmann/Gutdeutsch* FamRZ 1999, 422, 426.

[188] OLG Saarbrücken FamRZ 2018, 1001.

[189] BVerfG FamRZ 2019, 1437.

[190] S. hierzu i. E. Abh. von *Ballof* (Dipl.-Psych.) FamRZ 2019, 938.

[191] OLG Naumburg FamRZ 2010, 1351.

Die Anordnung der persönlichen Anhörung des Kindes (§ 159 FamFG) greift nicht in die Rechte eines Elternteils ein und ist deshalb durch ihn nicht anfechtbar.[192]

1.2.6 Vertretungsbefugnis betr. Kindesunterhalt

1.2.6.1 Bei gemeinsamem Sorgerecht und Domizilmodell

Das gemeinsame Sorgerecht hat folgende unterhaltsrechtliche Konsequenzen:

Die übliche Arbeitsteilung (Betreuungsunterhalt/Barunterhalt) ist aufgehoben – jedenfalls dann, wenn die Eltern das Kind **gemeinsam** betreuen und erziehen. In solchen Fällen haften die Eltern anteilig für den Barunterhalt, und zwar nach ihren Erwerbs- und Vermögensverhältnissen.[193] Das Gleiche gilt bei Anwendung des Wechselmodells, wobei die Mehrkosten einzubeziehen sind, die durch das „Hin- und Herpendeln" der Kinder zwischen dem mütterlichen und dem väterlichen Haushalt entstehen.[194] Praktizieren die Eltern **Heimtrennung** und verlangt einer von beiden als deren Vertreter (§ 1629 II 2 BGB) Unterhalt für die Kinder, so muss er beweisen, dass der Schwerpunkt der tatsächlichen Fürsorge bei ihm liegt bzw. lag.[195]

Seit dem 1.7.1998 vertritt beim gemeinsamen Sorgerecht nach Trennung und Scheidung der Elternteil das Kind, der es in seiner *Obhut* hat[196], und zwar

- bis zur Scheidung unzweifelhaft nach § 1629 III in Prozessstandschaft und
- nach der Scheidung nach überwiegender Ansicht in Anwendung von § 1629 II 2 BGB[197] im Namen der Kinder als deren gesetzlicher Vertreter.[198]

Die Gegenansicht wird vertreten vom OLG Zweibrücken.[199] Dieses Gericht ist der Auffassung, dass der Elternteil, der das Kind in seiner Obhut hat, in Prozessstandschaft klagen muss, auch **nach der Scheidung**; eines Ergänzungspflegers bedürfe es nicht.[200]

Wie auch immer: Das Vertretungsrecht des „Obhutselternteils" umfasst **nicht** auch das Recht, für das Kind eine Vereinbarung über die Rückübertragung der Unterhaltsansprüche i. S. v. § 33 IV 1 SGB II zu schließen.[201] D. h.: Wenn die Sozialverwaltung für den Kindesunterhalt „einspringt", gehen die Ansprüche auf den Träger der Sozialhilfe über (gesetzlicher Forderungsübergang nach § 33 I SGB II). Zur gerichtlichen Gel-

---

192 OLG Karlsruhe FamRZ 2004, 712.

193 KG FamRZ 1994, 514.

194 OLG Düsseldorf FamRZ 2001, 1235.

195 OLG Hamburg FamRZ 2001, 1235.

196 OLG Düsseldorf FamRZ 1994, 767, Nr. 443; OLG Frankfurt FamRZ 1995, 754.

197 So, übrigens entgegen dem Leitsatz, OLG Frankfurt FamRZ 1996, 888, auch OLG Hamm FamRZ 1998, 313 (Nr. 196 und 198); **a. A.:** FamG Landstuhl FamRZ 1998, 313.

198 Allerdings kann das Gericht dem Elternteil, der das Kind vertritt, die Vertretung nach § 1629 II 3 BGB entziehen, wenn ein Interessenkonflikt zwischen dem Kind und dem anderen Elternteil besteht. Das ist aber nicht schon dann der Fall, wenn die Kinder wegen der Unterhaltsforderungen in einen Loyalitätskonflikt geraten, OLG Frankfurt FamRZ 2018, 827.

199 OLG Zweibrücken FamRZ 2001, 290.

200 LG München I FamRZ 1999, 875.

201 BGH FamRZ 2020, 991 mit Anm. *Schürmann*, S. 995.

tendmachung können diese Ansprüche aber nach § 33 IV SGB II auf den Elternteil zurückübertragen werden, der die Kinder im Unterhaltsprozess vertreten will. Eben dies dürfen aber Sozialagentur und Mutter nicht allein vereinbaren.

Wenn ein Kind nach der Scheidung geboren wird und deshalb so lange als ehelich gilt, wie die Ehelichkeit nicht erfolgreich angefochten worden ist, gilt Folgendes:

Auch hier sind zwar – mangels einer von der Situation in der Ehe abweichenden Sorgerechtsentscheidung im Scheidungsverfahren! – beide Eltern Inhaber der elterlichen Sorge. Jedoch will das OLG Bamberg[202] hier § 1629 II 2 BGB nicht analog anwenden, also nicht zulassen, dass der betreuende Elternteil in eigenem Namen oder als Vertreter des Kindes gegen den anderen klagt. Konkret: Wenn z. B. die Mutter als betreuender Elternteil Barunterhalt für das Kind geltend machen will, muss sie erst ein Sorgerechtsänderungsverfahren durchstehen.

Wenn gegen einen Dritten prozessiert werden muss, vertreten selbstverständlich *beide* Eltern das Kind als gesetzliche Vertreter.

1.2.6.2 Bei Wechselmodell

Wenn das Wechselmodell praktiziert wird, scheidet die Anwendung von § 1629 II 2 BGB aus[203], weil beide die Obhut innehaben.

Dann gibt es zwei Möglichkeiten:

Entweder wird für das Kind ein Ergänzungspfleger bestellt.[204] Der zusätzlichen Bestellung eines Verfahrensbeistands bedarf es dann m. E. nicht.[205]

Oder der prozesswillige Elternteil führt nach § 1628 BGB die familiengerichtliche Übertragung der Entscheidung zur Geltendmachung von Kindesunterhalt herbei.[206]

1.2.6.3 Bei Alleinsorge und Aufenthalt des Kindes beim anderen Elternteil

Im Falle der **Alleinsorge** bleibt deren Inhaber auch nach einem Obhutswechsel des Kindes allein Prozessführungs- und vertretungsberechtigt.[207] Allerdings entfällt mit dem Obhutswechsel die Barunterhaltspflicht des nunmehr betreuenden Elternteils. Um dem Obhut bietenden Elternteil, der nicht Inhaber der ES ist, die Durchsetzung von Kindesunterhaltsansprüchen zu ermöglichen, wird für das Kind nach richtiger

[202] OLG Bamberg FamRZ 1996, 1091.

[203] OLG München FamRZ 2003, 248. S. hierzu auch die ablehnende Anm. *Vogel* FamRZ 2003, 1316.

[204] So auch OLG Köln FamRZ 2015, 859 unter Ablehnung der Auffassung, dass die Mutter das Kind allein vertreten dürfe, weil sie den überwiegenden Betreuungsanteil habe (dort 57 %).

[205] Umgekehrt: Wenn bereits ein Verfahrensbeistand bestellt ist, braucht man keinen Ergänzungspfleger mehr, so auch BGH FamRZ 2019, 1702, mit ablehnender Anm. von *Keuter*, S. 1705.

[206] Das OLG Frankfurt (FamRZ 2017, 289) favorisiert diese Lösung, weil damit auch das Ob der Einleitung eines Unterhaltsprozesses geklärt wird. Der Ergänzungspfleger kümmert sich ja nur um die Höhe der Forderung und ihre Durchsetzung.

[207] OLG Koblenz FamRZ 2002, 562.

Ansicht des OLG Koblenz[208] ein **Ergänzungspfleger** bestellt. Das OLG Naumburg[209] hält dies für unzulässig, und zwar mit der Begründung, der Barunterhalt hätte im Falle seiner Realisierung sogleich wieder an die Mutter ausgekehrt werden müssen (!).

1.3 Die Alleinsorge

Die Übertragung des Sorgerechts auf einen Elternteil allein setzt (neben der Tatsache, dass das Kind bereits geboren ist[210]) nach § 1671 II BGB voraus, dass

- entweder beide Eltern und das Kind, sofern es mindestens 14 Jahre alt ist, einverstanden sind
- oder dass das alleinige Sorgerecht dem Wohl des Kindes am besten entspricht.

1.3.1 Das Einverständnis von weichendem Elternteil und Kind

Das Einverständnis des weichenden Elternteils ist unproblematisch; es genügt, wenn dieser Elternteil gegenüber dem Gericht in mündlicher Verhandlung erklärt, dass er mit der einseitigen ES zugunsten des anderen Teils einverstanden ist.

Das Einverständnis des weichenden Elternteils ist nicht erforderlich, wenn deren elterliche Sorge wegen Adoptionszustimmung ruht. Das gilt übrigens auch für Fälle der ursprünglichen mütterlichen Alleinsorge.[211]

Nach aktuellem Recht hat der Kindeswille mitentscheidende Bedeutung: Wenn ein Elternteil die AS haben möchte und der andere zustimmt, kann das Kind, sofern es seinen 14. Geburtstag hinter sich hat, sein Veto einlegen (§ 1671 II 1. BGB). Dann bleibt es bei der gemeinsamen ES – es sei denn, man kommt über die Ziff. 2 der Vorschrift (*dem Wohl des Kindes am besten entspricht*) doch wieder zum alleinigen Sorgerecht (s. nächstes Kapitel). Es ist also keineswegs so, dass die AS zum Scheitern verurteilt ist, wenn das Kind „nein" sagt. Die Alleinsorge ist aber bei Elternübereinstimmung kein „Selbstgänger" mehr, wenn das Kind widerspricht.

1.3.2 Gründe für die Alleinsorge

Es geht im Folgenden noch nicht um die Frage, **wer** die Alleinsorge zu bekommen hat (s. dazu **1.4**), sondern darum, in welchen Fällen überhaupt vom Leitbild der gemeinsamen ES abgewichen werden muss.

1.3.2.1 Regel-Ausnahme-Verhältnis

Regelfall bleibt das gemeinsame Sorgerecht.

Die Alleinsorge muss heute – und zwar schon ab Trennung – nur ausgesprochen werden, wenn *„zwischen den Eltern erhebliche Streitigkeiten bestehen und aufgrund*

[208] OLG Koblenz FamRZ 2007, 412.
[209] OLG Naumburg FamRZ 2009, 60.
[210] FamG Lüdenscheid FamRZ 2004, 51: Keine Alleinsorgeentscheidung für eine Leibesfrucht.
[211] BGH FamRZ 2007, 1969.

der mangelnden Kooperationsbereitschaft zu erwarten ist, dass sich diese Konflikte ... fortsetzen und zum Nachteil der Kinder auswirken werden".[212]

Leitschnur ist dabei stets die Frage, welche Auswirkungen die mangelnde Einigungsfähigkeit der Eltern auf die Entwicklung und das Wohl des Kindes hat bzw. haben würde.[213]

Vertiefende Ausführungen hierzu finden sich unter **1.3.2.6.**

1.3.2.2 Mangelnde Kooperationsfähigkeit der Eltern

Bei Elternkonflikten auf **niedrigem** Level oder bei solchen, die mit pädagogischen Belangen nichts zu tun haben, bleibt es beim **gemeinsamen Sorgerecht**. Hierzu folgende Judikatur:

- Die Alleinsorge entspricht nicht schon dann dem Kindeswohl am besten, wenn die Eltern sich zwar über die Belange der Kinder streiten, aber immerhin Einigkeit in Angelegenheiten von erheblicher Bedeutung (§ 1628 BGB) erzielen können.[214]
- Uneinigkeit der Eltern in relativ untergeordneten Angelegenheiten (hier: Vater nimmt den sechsjährigen Sohn am Wochenende mit zum Fußball) reicht nicht aus, vom gemeinsame Sorgerecht abzuweichen[215] – offenbar saß im Senat kein richtiger Fußball-Fan.
- Wenn trotz ständiger Meinungsverschiedenheiten eine Kooperation noch möglich ist und der Streit keine schlimmen Auswirkungen auf die Töchter hat, bleibt es bei der gemeinsamen ES.[216]
- Auch wenn die Eltern *„heillos zerstritten sind"*, wie es im 1. Leitsatz einer Entscheidung es OLG Köln[217] heißt, bleibt es bei der gemeinsamen ES, sofern sich das nicht negativ auf das Kindeswohl auswirkt.
- Gestörte Kommunikationsfähigkeit des Vaters gegenüber der Mutter ist gleichfalls kein Grund, von der gemeinsamen ES abzuweichen[218], zumal dann nicht, wenn das Verhältnis der Kinder zum Vater gut ist und regelmäßige Besuchskontakte stattfinden.[219]
- Die Eltern haben Kommunikationsprobleme, aber der Vater verhält sich eher passiv und die Mutter regelt alles allein.[220]

---

[212] OLG Hamm FamRZ 1999, 38, 39; ebenso KG FamRZ 1999, 737; **a. A.**: FamG Chemnitz FamRZ 1999, 321.

[213] BGH FamRZ 1999, 1646, 1648, mit kritischer Anm. *Bode* FamRZ 2000, 478.

[214] OLG Oldenburg FamRZ 1998, 1464; sinngemäß ebenso OLG Bamberg FamRZ 1999, 803; OLG Karlsruhe FamRZ 2000, 111, 112.

[215] OLG Bamberg FamRZ 1999, 1005, 1006: *„... keineswegs existentielle Frage der Ausübung des Fußballsportes".*

[216] OLG Hamm FamRZ 2006, 1058. Ebenso KG FamRZ 2006, 1626.

[217] OLG Köln FamRZ 2009, 62 (Ls).

[218] OLG Hamm FamRZ 1999, 1600.

[219] OLG Hamm FamRZ 2000, 26.

[220] KG FamRZ 2007, 923 (Ls).

- Die Eltern sind nicht kooperationsbereit und -fähig, jedoch wirkt sich dies nicht negativ auf das Kindeswohl aus.[221] Es bleibt deshalb bei der gemeinsamen ES.
- Die Eltern sind bestrebt, jeglichen Kontakt miteinander nach Möglichkeit zu meiden; es fehlt aber nicht jegliche Konsensfähigkeit in den Belangen der Kinder.[222]
- Die Mutter will aus irrationalen Gründen die Alleinsorge, während der Vater die gemeinsame ES beibehalten will und sich um Deeskalation und um die Schaffung einer Grundlage für künftige Einigungsmöglichkeiten bemüht.[223]
- Die fehlende Kommunikation zwischen den Eltern beruht auf einer *„unverständlichen Verweigerungshaltung“* der Mutter.[224]
- Die Eltern werfen sich wechselseitig mangelnde Konsensfähigkeit vor, sind aber nach Auffassung des Gerichts gar nicht konsensunfähig.[225]
- Die Mutter wirft dem Vater vor, dieser lehne aus persönlichen Gründen Gespräche mit ihr ab. Hier fehlte konkreter Tatsachenvortrag für Bemühungen der Mutter um eine gemeinsame Elternentscheidung und für deren Scheitern wegen der Verweigerungshaltung des Vaters.[226]

Das **alleinige Sorgerecht** wurde – selbstverständlich bei Vorliegen widerstreitender Sorgerechtsanträge – in folgenden Fällen übertragen:

- Das Sorgerecht eines Elternteils ist die beste (oder nach Lage der Dinge die am wenigstens belastende) Lösung, wenn die Praxis des gemeinsamen Sorgerechts sich durch ständigen Streit der Eltern wegen jeder Kleinigkeit auszeichnete und wenn zwischen den Eltern *beiderseits nicht die geringste Kooperationsbereitschaft* besteht, auch nicht in den Belangen der Kinder.[227]
- Das 16-jährige nichteheliche Kind lebt beim Vater. Die Eltern können aus Gründen, die im Wesentlichen bei der Mutter liegen, nicht miteinander reden. Die Mutter hat die alleinige ES (§ 1626a II). Die ES wird der Mutter entzogen und nach § 1666 auf den Vater übertragen.[228]
- Die 11-jährige Tochter bricht ohne erkennbaren Anlass den Kontakt zum Vater ab; Eltern streiten unablässig. Nach 3 Jahren bekommt die Mutter die Alleinsorge.[229]

---

[221] OLG Köln FamRZ 2005, 2087 (Ls).

[222] OLG Köln FamRZ 2000, 499.

[223] OLG Karlsruhe FamRZ 2000, 1041.

[224] OLG Karlsruhe FamRZ 2002, 1209. Es bleibt auch nach einem einmaligen „Aussetzer“ des Vaters in der virulenten Trennungsphase (Gewalt gegen die Mutter) bei der gemeinsamen ES.

[225] OLG Köln FamRZ 2003, 1492.

[226] OLG Hamm FamRZ 2005, 537.

[227] S. z. B. OLG Bamberg FamRZ 1999, 805, OLG Dresden FamRZ 1999, 1156, OLG Düsseldorf FamRZ 1999, 1157 (Nr. 773 und 774), OLG Stuttgart FamRZ 1999, 1596, FamG Solingen FamRZ 1999, 183. Ferner OLG Frankfurt FamRZ 2003, 1491 mit der interessanten Maßgabe, dass die fortan allein sorgeberechtigte Mutter (US-Amerikanerin) das Kind nicht gegen den Willen des Vaters auf Dauer ins Ausland verbringen darf.

[228] FamG Potsdam FamRZ 2006, 500.

[229] KG FamRZ 2005, 1768.

- Unter den Eltern besteht keine Kommunikationsfähigkeit und Kooperationsbereitschaft[230]; sie erheben wechselseitig Vorwürfe.[231] Eine Vertrauensbasis fehlt völlig. Das KG stellt hierzu fest, dass der Gesetzgeber einen *„Zwang zur Kommunikation … ersichtlich nicht gewollt"* hat.[232]
- Wie eben; zwischen den Eltern kann kein tragfähiger Kompromiss in Angelegenheiten von erheblicher Bedeutung mehr erzielt werden.[233]
- Wenn nur ein Elternteil in der Lage ist, die Kinder aus der Einbeziehung in den Partnerschaftskonflikt zu entlassen und eine harmonische Beziehung der Kinder mit dem anderen Elternteil zu fördern, bekommt er die ES.[234]
- Beide Eltern sind kooperationsunfähig. Der Vater ist der Dominierende in der Elternbeziehung. Also muss das Gericht ein *rechtliches Gegengewicht* schaffen, mit dem die Position der Mutter im Elternkonflikt gestärkt wird.[235] Ergo Sorgerechtsübertragung auf die Mutter.
- Auch wenn der Mangel an Kooperationsbereitschaft und -fähigkeit eindeutig und ausschließlich bei der Mutter festzustellen ist, ist ihr das Sorgerecht im Kindeswohlinteresse zu übertragen.[236] Zweifellos eine gefährliche Entscheidung, denn sie könnte als Einladung an interessierte Mütter missverstanden werden, die Verstörte herauszukehren, um den Vater von der Mitverantwortung für das Kind auszuschließen.
- Die betreuende Mutter wehrt sich entschieden gegen die gemeinsame ES.[237]
- Vermögensstraftaten der Mutter reichen für sich gesehen zwar nicht für die alleinige ES des Vaters aus, wohl aber die starke Einengung der wirtschaftlichen Möglichkeiten der Mutter durch die durch die Straftaten verursachten finanziellen Belastungen und die dadurch bestehende Notwendigkeit einer Vollzeitbeschäftigung, unter der die Kinderbetreuung leiden würde.[238]
- Die Eltern bezichtigen einander fortwährend und wechselseitig der Lüge.[239]
- Die Eltern prügeln sich vor dem 3-jährigen Kind.[240]
- Die mangelnde Kooperationsbereitschaft der Mutter ist nachvollziehbar darauf zurückzuführen, dass der Ehemann sie ständig geschlagen und schließlich sogar

---

[230] OLG Celle FamRZ 2003, 1488; OLG Bamberg FamRZ 2022, 1780; OLG Hamm FamRZ 2007, 756 (Alleinsorge an die Mutter). Desgleichen KG FamRZ 2007, 754 (Besonderheiten: Nichteheliches Kind, Sorgeerklärung, Übertragung der ES auf den Vater).

[231] Besonders bedenklich, wenn keine Einigkeit über die Behandlung mit Ritalin bei hyperkinetischem Syndrom zu erzielen ist, OLG Frankfurt FamRZ 2002, 1727.

[232] KG FamRZ 2000, 504 (Nr. 332).

[233] OLG Dresden FamRZ 2007, 923.

[234] OLG Zweibrücken FamRZ 2001, 185 (Ls).

[235] OLG Brandenburg FamRZ 2009, 709.

[236] OLG Dresden FamRZ 2000, 109.

[237] KG FamRZ 1999, 808.

[238] OLG Hamm FamRZ 1999, 1597.

[239] OLG Hamm FamRZ 2007, 757.

[240] OLG Düsseldorf FamRZ 1999, 1598.

versucht hat, sie zu vergewaltigen.[241] Die ES wurde auf die Mutter übertragen; die Verfassungsbeschwerde (!) des Vaters scheiterte.

- Die mangelnde Kommunikationsmöglichkeit der Eltern beruht auf dem hasserfüllten Verhalten des Vaters.[242]

1.3.2.3 Sonstige Gründe für die Alleinsorge

In folgenden Fällen ist aus anderen Gründen die Alleinsorge verfügt worden:

- Die Kinder haben 4 Jahre lang keinen Kontakt zum anderen Elternteil, sind ihm entfremdet und lehnen ihn ab.[243]
- Mutter lehnt Kontakte zum afrikanischen Vater ab, weil dieser ihr Vertrauen missbraucht hat (Verschweigen seiner HIV-Infektion). Sie bekommt die Alleinsorge.[244]
- Unter den Eltern herrscht komplette „Funkstille" – sie reden einfach gar nicht mehr miteinander.[245]
- Die zum Islam übergetretene deutsche Mutter grenzt den Vater bewusst aus, zieht weit fort und erzieht die Kinder (9, 6 und 4 Jahre alt) gegen den Willen des Vaters in streng islamischem Sinne (Kopftuchzwang usw.).[246]
- Ein Elternteil zeigt völliges Desinteresse an seinen Kindern.[247]
- Die in Deutschland lebenden deutschen Kinder sollten von ihrem Vater dem deutschen Kulturkreis entfremdet werden[248]; also Sorgerecht der Mutter.
- Umgekehrt: Deutscher Vater bekommt nach körperlichen Auseinandersetzungen mit der Mutter, die die Kinder zum Teil miterleben mussten, das Sorgerecht, wenn die gleichfalls in Deutschland lebende Mutter aus Kenia stammt, im deutschen Sprach- und Kulturkreis kaum heimisch ist und nur 6 Jahre lang zur Schule gegangen ist (größere erzieherische Kompetenz).[249]
- Der Vater versucht, die Mutter vor den Augen der Kinder zu erwürgen. Die ES wird selbstverständlich auf die Mutter übertragen.[250]
- Vater wohnt in NRW, Mutter in Wales, jeder Elternteil hält den anderen für versorgungsunfähig, die Kinder blieben wegen enger Geschwisterbindung in Deutschland.[251]

---

[241] BVerfG FamRZ 2004, 354.
[242] OLG Hamm FamRZ 2010, 1258.
[243] OLG Hamm FamRZ 2002, 1208.
[244] OLG Frankfurt FamZ 2006, 1627.
[245] OLG München FamRZ 2002, 189.
[246] OLG Celle FamRZ 2004, 1667.
[247] OLG Dresden FamRZ 2002, 973; OLG Köln FamRZ 2011, 490 (Ls).
[248] OLG Frankfurt FamRZ 1999, 182 zu einem Vater, der seine Kinder in islamisch-pakistanischer Tradition erziehen wollte.
[249] OLG Hamm FamRZ 2000, 501; das Gericht musste sich mit dem Vorwurf des Rassismus auseinandersetzen.
[250] OLG Saarbrücken FamRZ 2010, 385.
[251] OLG Hamm FamRZ 1999, 320.

- Der Vater hat seine Tochter im Kleinkindalter sexuell missbraucht.[252] Hier reicht eine Sorgerechtsvollmacht zugunsten der Mutter nicht aus, weil ihr die weitere Kooperation mit dem Täter nicht zuzumuten ist.

1.3.2.4 Ablehnung der AS-Übertragung durch die Gerichte

In folgenden Fällen haben andere Gründe nicht für die AS ausgereicht:

- Eine große räumliche Entfernung der Eltern hindert die gemeinsame ES keineswegs.[253]
- Der Wunsch der evangelischen Mutter, das Kind gegen den Willen des moslemischen Vaters taufen zu lassen, reicht nicht für die Alleinsorge aus, zumal das Kind keine Nachteile dadurch hat, bis zur Religionsmündigkeit (14 Jahre) ungetauft in das kirchliche Leben integriert zu sein.[254]
- Sadomasochistische Praktiken der Mutter sprechen nicht gegen die ES, wenn sie sich nicht auf das Kindeswohl auswirken.[255]
- Dass der Vater aus Angola stammt und Sprachprobleme hat, reicht natürlich ebenfalls nicht, denn – so das Gericht – während die Eltern befreundet waren, scheiterte die Verständigung keineswegs an dem Umstand, dass der Vater nicht genug Deutsch konnte.[256]
- Dass die Mutter den Besuch einer Schule mit drahtlosem Internet-Zugang zulässt, was der Vater wegen der Strahlenbelastung unzumutbar findet, reicht ebenfalls nicht.[257]

1.3.3 Der Glaubenskrieg: Alleinsorge oder gemeinsames Sorgerecht

Unschwer ist erkennbar, dass es in der Rspr. – und selbstverständlich auch in der Literatur – zwei Lager gibt, die sich mittlerweile auf einen Glaubenskrieg zubewegen:

- Die einen halten das gemeinsame Sorgerecht hoch und verfechten es um fast jeden Preis.
- Die anderen sehen in (auch einseitig angezettelten) Elternkonflikten eine Bedrohung des Kindeswohls und plädieren für klare Verhältnisse in Gestalt der Alleinsorge.

---

[252] OLG Köln FamRZ 2022, 1930 unter ausdrücklicher Bezugnahme auf Art. 31 II der Istanbul-Konvention, wonach das Sorgerecht nicht die Sicherheit des Opfers (Ehepartner) und der Kinder gefährden darf.

[253] OLG Naumburg FamRZ 2002, 564; OLG Hamm FamRZ 2002, 565 (dort: Wangerooge / Ruhrgebiet); OLG Köln FamRZ 2003, 1036.

[254] OLG Schleswig FamRZ 2003, 1948 mit Anm. *Ewers* FamRZ 2004, 394, der sich aus dezidiert christlicher Perspektive empört gegen dagegen wendet, dass das Kind bis zur Religionsmündigkeit ungetauft bleiben könne. Zu ES und Religion s. die Abh. von *Schwab* FamRZ 2014, 1.

[255] OLG Hamm FamRZ 2006, 1697. Die Mutter hatte umgekehrt dem Vater vorgehalten, er sei ein depressiver Säufer.

[256] KG FamRZ 2009, 1762.

[257] OLG Bremen FamRZ 2010, 1995 (Ls).

Den **Verfechtern der gemeinsamen ES** ist zugute zu halten, dass sie nicht bereit sind, sich der Willkür eines Elternteils zu beugen (und, ebenso wichtig, die Eltern nicht aus der gemeinsamen Verantwortung entlassen, wenn **beide** nicht zwischen Partnerschaft und Elternschaft unterscheiden können). Ein **Beispiel** ist der Beschluss des KG[258], der im Ergebnis die pure Abwehrhaltung der Mutter belohnte. Dieser wurde von *Liermann*[259] zu Recht kritisiert. Er weist auf die Gefahr hin, dass der Wille eines Beteiligten an die Stelle der Vernunft tritt. In die gleiche Kerbe schlägt *Motzner*[260], indem er ausführt, dass die mangelnde Kooperationsbereitschaft eines Elternteils die Aufhebung der gemeinsamen Sorge nicht rechtfertigen kann. In der Tat würde dies auf eine Prämiierung einer i. d. R. kindeswohlfeindlichen Kommunikationssabotage hinauslaufen. Auch das OLG Frankfurt[261] meint: Alleinsorge nur, wenn dies für das Kindeswohl wirklich unerlässlich ist, und: Ein solcher Ausnahmefall sei bei unbeherrschtem Verhalten und mangelnder Kooperationsbereitschaft eines Elternteils noch nicht gegeben.

Aber soll es deshalb, so wenden die **Anhänger der Alleinsorge** ein, bei der gemeinsamen ES bleiben? Ist das die bessere Lösung für die Kinder?

Schon viele Stimmen sind laut geworden, die die fast um jeden Preis verordnete gemeinsame ES problematisieren und für klare Verhältnisse in Gestalt der Alleinsorge plädieren, z. B. *Born*[262] und *Weil*.[263] Beide sehen eine erschreckende Tendenz mancher Gerichte, die Eltern zum gemeinsamen Sorgerecht zu zwingen.

Letztlich handelt es sich um die schwierige Frage der Grenzziehung: Wann wird das Ausmaß des elterlichen Kooperationsdefizits für das Kind derart eklatant, dass die Entlassung eines Elternteils aus der Mitverantwortung die bessere Lösung ist?

Nach hiesiger Auffassung muss man zwei Unterscheidungen treffen:

In den Fällen unaufhebbarer Elternkonflikte, die einigermaßen gesittet und vernunftgesteuert, wenngleich nicht ohne Temperament ausgetragen werden, kann es bei der gemeinsamen ES bleiben, sofern sozusagen der Fluchtweg in den Kompromiss nicht völlig verbaut ist.

In den Fällen verbal verletzender bis handgreiflicher Konflikte, deren Zeugen die Kinder werden, ebenso in Fällen völliger „Funkstille" unter den Eltern, sollte man wie folgt differenzieren:

Wenn beide gleichermaßen kommunikations- und kooperationsunfähig sind, ist die Alleinsorge unausweichlich. Das Gericht muss dann die schwierige Frage entscheiden, bei wem die Kinder besser aufgehoben sind.

Wenn dagegen nur einer von beiden „spinnt", gebietet i. d. R. das Kindeswohl die Übertragung der Alleinsorge auf den anderen Elternteil.

---

[258] KG FamRZ 1999, 808.

[259] Anm. *Liermann* FamRZ 1999, 809.

[260] Abh. *Motzner* FamRZ 1999, 1101, 1103 m. w. N.

[261] OLG Frankfurt FamRZ 2002, 187.

[262] Anm. *Born* FamRZ 2000, 396, 399 zu BGH FamRZ 1999, 1646.

[263] Anm. *Weil* FamRZ 2002, 188.

Leicht abweichend hiervon verfährt der BGH[264] in seinem Grundsatzbeschluss vom 12.12.2007:

- Zunächst betont der BGH noch einmal seine Auffassung, dass es kein Regel-Ausnahme-Verhältnis zugunsten des Fortbestandes der gemeinsamen ES gebe, d.h. dass das Gesetz zwei gleichrangige Optionen vorgebe.
- Alsdann ist lt. BGH zu prüfen, ob von der Aufrecherhaltung der gemeinsamen ES angesichts bestehender Kommunikationsprobleme oder aus sonstigen Gründen (hier: unbegründeter, gleichwohl aufrecht erhaltener Missbrauchsvorwurf der Mutter und Umgangsbehinderung!) etwas „Gutes zu erwarten" ist. Wenn nein, greift die AS.
- In einem weiteren Schritt ist zu prüfen, wem die Alleinsorge zu übertragen ist. Dabei ist die Lösung zu finden, die dem Kindeswohl am besten dient. Das kann, so der BGH, ungeachtet der von der Mutter demonstrierten Erziehungsdefizite durchaus auch die Mutter selbst sein. Unbegründete Vorwürfe, Umgangssabotage und Hauptschuld an der Zerrüttung der Beziehungen der geschiedenen Eheleute auf der Elternebene sind also nur Indizien, die für die bessere Eignung des anderen Elternteils sprechen. Andere Gesichtspunkte (hier: emotionale Bindung des Kindes an die Mutter, Erziehungskontinuität und Alter des Vaters[265]) können höheres Gewicht haben.[266]

1.3.4 Inhalt und Umfang des alleinigen Sorgerechts

Wer das alleinige Sorgerecht hat, braucht den ehemaligen Partner in keiner Weise mehr an Entscheidungen betr. das Kind zu beteiligen. Der Ex-Partner hat lediglich einen gewissen Spielraum bei den Alltagsentscheidungen während der Ausübung des Umgangsrechts.

Allerdings geht die ES nicht so weit, dass Belange des anderen Elternteils unmittelbar verletzt werden dürfen: Eine allein sorgeberechtigte Mutter darf z.B. nicht die für das Kind erbrachten medizinischen Leistungen direkt mit der vom anderen Elternteil unterhaltenen Krankenversicherung abrechnen.[267]

Die alleinige Entscheidungsbefugnis gilt sogar postmortal:

Stirbt das Kind, so hat der Vater keinen Anspruch auf Erwähnung in der Grabinschrift[268] – eine grausame Entscheidung, zumal der Vater hier von der Mutter noch aufgefordert worden war, die Hälfte der Kosten für das Grabmal zu übernehmen.

---

[264] BGH FamRZ 2008, 592.

[265] Das Alter lässt sich der Entscheidung nicht entnehmen.

[266] *Luthin* (Anm. in FamRZ 2008, 594) hat die Entscheidung gerade deshalb kritisiert. Bindungsintoleranz sei ein gewichtiges Indiz gegen die Erziehungseignung.

[267] FamG Ebersberg FamRZ 2004, 826.

[268] FamG Biedenkopf FamRZ 1999, 736.

1.3.5 Beiderseitige Sorgerechtsentziehung

Wenn es eine Mutter gar zu bunt treibt, also das *„klassische Arsenal umgangsverweigernder Mütter“*[269] zum Einsatz bringt, andererseits aber der Vater die ES verschmäht, bleibt nur noch die Möglichkeit, beiden die ES zu entziehen und auf eine Beruhigung der Gesamtsituation zu hoffen.[270]

1.3.6 Jugendamt

Das Familiengericht wird mit Eltern und Kindern nicht allein gelassen. Umgekehrt auch nicht. Entscheidungshilfen bieten die Jugendämter, die nach dem Gesetz nicht nur die Eltern beraten sollen, sondern auch *„das Familiengericht zu unterstützen und aktiv bei der Vorbereitung einer Sorgerechtsregelung mitzuwirken“* haben.[271]

Das geschieht u. a. durch schriftliche Berichte, denen Besuche des jeweiligen Jugendamtsmitarbeiters (Sozialarbeiters) bei den Eltern und den Kindern vorausgehen.

Das Jugendamt darf seinerseits seine Mitwirkungsbefugnisse nicht voll auf Dritte übertragen, darf aber einen Träger der freien Jugendhilfe (z. B. das DRK) an der Erfüllung dieser Aufgaben beteiligen.[272]

Familiengerichte können keinen unmittelbaren Einfluss auf die Arbeit der Jugendamtsmitarbeiter nehmen. Wenn Kooperationsversuche – etwa in Fällen einer unbewussten oder bewussten einseitigen Parteinahme durch das Jugendamt – nicht fruchten, bleibt dem Gericht nur die **Dienstaufsichtsbeschwerde** als Möglichkeit der Kurskorrektur. Eine von einem Elternteil betriebene Ablehnung von Jugendamtsbediensteten wegen Besorgnis der Befangenheit sieht das Gesetz nicht vor[273] (Gleiches gilt übrigens für Umgangspfleger[274] und Gerichtsvollzieher[275]).

Zuständig sind unabhängig vom Gerichtsort die Jugendämter, in deren Bezirk die Kinder bzw. der Elternteil ohne die Kinder leben.

Oft kommt durch Vermittlung des Jugendamts nach § 17 SGB VIII, wenn beide Eltern im selben Landkreis bzw. in derselben kreisfreien Stadt leben, schon ein gemeinsamer Vorschlag der Eltern zum Sorgerecht und bei dieser Gelegenheit auch gleich zum Umgangsrecht zustande. Wenn nicht, können die Jugendämter dem Gericht immerhin Fakten an die Hand geben, die sie im Rahmen der gehabten Gespräche und ggf. auch aufgrund vorangegangener Betreuungsmaßnahmen ermittelt haben.

---

[269] OLG Düsseldorf FamRZ 2005, 2087, 2088. Zitat: *„Ein Elternteil, der sich jedweder Einigung mit dem ebenfalls sorgeberechtigten anderen Ehegatten von vornherein entzieht und dessen berechtigtes Interesse am Umgang mit den Kindern zur Durchführung eines „Ehekriegs“ nutzt, darf überhaupt keine Wertschätzung erwarten; ... .“*

[270] OLG Düsseldorf FamRZ 2005, 2087, 2089.

[271] So wörtlich OLG Frankfurt FamRZ 1992, 206 unter Berufung auf § 50 KJHG (SGB VIII).

[272] OLG Naumburg FamRZ 203, 468.

[273] Wegen der Einzelheiten s. Abh. *Kaufmann* FamRZ 2001, 7 ff.

[274] OLG Karlsruhe FamRZ 2005, 1571.

[275] BGH FamRZ 2004, 1960.

Auch wenn die Jugendamtsberichte vielfach eher oberflächlich sind[276], darf nicht verkannt werden, dass sie in streitigen Sorgerechtsfällen *die* Entscheidungsgrundlage bilden. Ihre Bedeutung kann gar nicht hoch genug eingeschätzt werden, und ein Elternteil, der sich den Luxus erlaubt, sich mit einer Sozialarbeiterin „anzulegen", ist schlecht beraten.

Manche Gerichte gehen sogar so weit, zu sagen, dass eine gerichtliche Entscheidung erst zu treffen ist, wenn die Hilfen nach § 17 SGB VIII (vormals KJHG) nicht gegriffen haben.[277]

1.3.7 Sachverständige

Wenn das Gericht nach Anhörung von Kindern, Eltern und Jugendamt, notfalls auch einer psychiatrischen Begutachtung eines Elternteils[278], immer noch nicht so recht weiß, wie es entscheiden soll, kann es eine Begutachtung des Kindes durch einen psychologischen oder psychiatrischen Sachverständigen[279] anordnen (§ 163 II FamFG), was aber von der Rspr.[280] nur für zulässig erachtet wird, wenn die Sorgeberechtigten zustimmen. Die Zustimmung kann allerdings im Einzelfall ersetzt werden, s. u.

Diese Anordnung ist freilich auf den ersten Blick eine stumpfe Waffe. Zwar kann das Gericht dem Sachverständigen die Entscheidung der Frage überlassen, welche Bezugspersonen er in die Begutachtung einbezieht.[281] Aber: Wenn etwa der Elternteil, bei dem die Kinder sich aufhalten, dem Sachverständigen den Zutritt verweigert und damit die eigene Begutachtung und die der Kinder vereitelt, hat das Gericht keine gesetzliche Ermächtigung für ein Zwangsmittel[282] (etwa Vorführung von Elternteil und Kindern durch die Polizei oder gewaltsames Eindringen in die Wohnung, in der die Rumpffamilie sich aufhält). Da hilft es auch nicht immer, wenn das OLG Brandenburg[283] die fehlende Zustimmung der Mutter nach § 1666 III BGB durch Gerichtsbeschluss ersetzt. Sie kann ja ihre Obstruktionsstrategie fortsetzen.

Allerdings kann das Gericht dann diesen Teilbereich der elterlichen Sorge (Begutachtung des Kindes nach § 1666 III Ziff.5 BGB) dem sorgeberechtigten Elternteil (Mutter des nichtehelichen Kindes) entziehen und einem Pfleger übertragen.[284]

---

276 Allerdings gibt es Mindeststandards: Das Jugendamt muss sich einen eigenen Eindruck von den örtlichen Verhältnissen und vom häuslichen Umfeld der Kinder und des betreuenden Elternteils gemacht haben (OLG Köln FamRZ 2001, 1535 (Ls)).

277 OLG Zweibrücken FamRZ 2000, 627.

278 Wenn das Verhalten eines Elternteils Veranlassung gibt, eine derartige Untersuchung mit Blick auf die Erziehungseignung durchzuführen, hat dieser Elternteil keinen Anspruch darauf, dass auch der andere im Interesse der Chancen- und Waffengleichheit psychiatriert wird (Bayerischer Verfassungsgerichtshof FamRZ 2001, 425, 427.

279 Als Feierabendlektüre wärmstens empfohlen: *Sophie Seeberg*, Die Schakkeline ist voll hochbegabt, ey!, Aus dem Leben einer Familienpsychologin, München 2013 (TB).

280 OLG Stuttgart FamRZ 2018, 455.

281 OLG Stuttgart FamRZ 2003, 316.

282 Die Anweisung an einen Elternteil, sich beim Gesundheitsamt auf Alkoholismus überprüfen zu lassen, ist mangels Rechtsgrundlage unzulässig, OLG Oldenburg FamRZ 2007, 1574.

283 OLG Brandenburg FamRZ 2008, 2147 (Ls).

284 OLG Rostock FamRZ 2006, 1623.

Mittelbar lässt sich also die Untersuchung des Kindes erzwingen – nicht aber die eines Elternteils.[285] Die Weigerung eines Elternteils, sich psychologisch oder psychiatrisch untersuchen zu lassen, darf auch nicht als Beweisvereitelung gewürdigt werden.[286]

Die Kindesbegutachtung hat aber immer etwas von *ultima ratio*: Wenn der Sachverständige auch ohne eingehende Exploration des Kindes eine *„ausreichende Datengrundlage gewinnen kann"*, wird von einer psychologischen Begutachtung abgesehen.[287]

Anders verhält es sich, wenn von Amts wegen eine Sorgerechtsentziehung – unabhängig vom Scheidungsverfahren – erwogen wird (§§ 1666, 1666a II), etwa wegen des Verdachts des sexuellen Missbrauchs: Hier kann das Gericht die stationäre Begutachtung gegen den Willen der Eltern durchsetzen, notfalls im Wege der befristeten Sorgerechtentziehung zur Durchführung der klinischen Begutachtung.[288] Allerdings darf das Gericht lt. BVerfG[289] keine Psychotherapie bei einem Elternteil anordnen.

Auch die mehrmonatige Unterbringung des Kindes in einer Diagnosegruppe kommt in Betracht[290], allerdings keine Teilnahme an einer videogestützten Interaktionsdiagnostik.[291]

Allemal gilt: An die Qualifikation der Sachverständigen sind hohe Anforderungen zu stellen.[292] Das Gericht muss nicht nur den Sachverständigen konkret benennen, sondern sich auch vergewissern, dass er über die erforderliche Qualifikation verfügt. Wenn es keinen ortsnahen Sachverständigen gibt, der diese Anforderungen erfüllt, muss ein Kundiger in weiter entfernten Großstädten oder Ballungsräumen bestellt werden. Ein Sachverständiger darf auch nicht von sich aus Co-Gutachter heranziehen.[293]

Zurück zum Scheidungsverfahren: Wer sich der Begutachtung nicht stellt, weckt beim Gericht den Eindruck, dass es pädagogische oder emotionale Defizite zu vertuschen gilt. Ob dieser Eindruck zutreffend wäre, mag hier dahingestellt bleiben. Immerhin gibt es durchaus respektable Motive, sich einer Durchforschung der eigenen Persönlichkeit bis tief in die Intimsphäre hinein zu verweigern. Das OLG Nürnberg[294] meint hierzu, dass es keine gesetzliche Grundlage dafür gibt. Dennoch: In der

285 BGH FamRZ 2010, 720.

286 KG FamRZ 2021, 1226.

287 OLG Hamm FamRZ 2021, 109.

288 BayObLG FamRZ 1995, 501.

289 BVerfG FamRZ 2011, 179 (Grund: Keine klare gesetzliche Grundlage für diesen erheblichen Eingriff). Allerdings hat eine der Richterinnen des OLG Frankfurt, deren Entscheidung vom BVerfG aufgehoben worden war, danach klarstellen müssen, dass das OLG nur angeordnet hatte, die Therapie des Kindes fortzusetzen (Anm. *Menz* FamRZ 2011, 452). Die Zulässigkeit einer Psychotherapieauflage für die Eltern wird auch vom OLG Brandenburg verneint (FamRZ 2018, 829).

290 OLG Hamm FamRZ 2004, 483 (Ls).

291 OLG Bremen FamRZ 2010, 821.

292 OLG Saabrücken FamRZ 2019, 606.

293 OLG Schleswig FamRZ 2020, 1359, mit Anm. *Kannegießer*, S. 1367.

294 OLG Nürnberg FamRZ 2014, 677 – mit dem prozessualen Aspekt, dass die Anordnung einer psychiatrischen Untersuchung des Vaters wegen seiner von der Mutter behaupteten Alkoholsucht mit sofortiger Beschwerde anfechtbar ist, trotz § 58 I FamFG.

Regel ist der Wunsch, das Sorgerecht zugesprochen zu bekommen, stärker als rechtspolitische Prinzipientreue, so dass sich eben doch fast jeder Elternteil, der sich Chancen ausrechnet, „durchleuchten" lässt, um nicht den Eindruck zu erwecken, als habe er etwas zu verbergen oder zu vertuschen.

Für die Angehörigen der Psycho-Zunft gilt die strafbewehrte (§ 203 I StGB) ärztliche Schweigepflicht. Wenn der Arzt oder der Diplom-Psychologe die Weiterleitung des Arztberichts untersagt und das Gericht insoweit keine Akteneinsicht gewährt, kann diese Entscheidung nicht angefochten werden.[295]

Ob sich mit Sachverständigengutachten zuverlässige weitergehende Erkenntnisse gewinnen lassen, ist eine andere Frage.[296] Skepsis ist durchaus am Platze. Oft suchen die Richter unbewusst oder bewusst nach einer Möglichkeit, sich um eine eigene Entscheidung zu drücken und sich hinter dem breiten Rücken eines Sachverständigen zu verstecken.

Da ist es schon ehrlicher, wenn sich der Richter die **Diagnostik der emotionalen Beziehungen** selbst aneignet und selbstständig entscheidet. Zwar geht auch der Richter stets von einem weltanschaulichen Vorverständnis aus, aber das legt er dann in seinem Urteil – gewollt oder ungewollt – offen, und zwar auf eine Weise, die von der Terminologie her für Juristen wenigstens nachvollziehbar und deshalb im Beschwerdewege angreifbar ist.

Wenn das Gericht sich aber nun dazu durchringt, ein Sachverständigengutachten in Auftrag zu geben, ist es gleichwohl nicht sklavisch an dessen Ergebnis gebunden. Das Gericht darf vielmehr von den Feststellungen und Wertungen des Gutachtens abweichen, wenn es eine anderweitige zuverlässige Grundlage für seine Entscheidung hat, etwa die Anhörung der Jugendamtsmitarbeiterin.[297]

1.3.8 Anhörung der Kinder

Bezüglich der Anhörung der Kinder hat das Gesetz einer differenzierten Lösung den Vorzug gegeben, und zwar in verständlicher Anlehnung an die aus dem allgemeinen Rechtsgefühl gewonnene kreatürliche Überzeugung, dass man kleine Kinder nicht – in welcher Rolle auch immer – vor den Richter zerren sollte und dass der Kindeswille um so mehr Gewicht haben muss, je älter die Kinder sind. Geregelt ist die Sache in § 159 FamFG, und zwar so:

- Kinder ab 14 Jahren aufwärts werden stets angehört, es sei denn, dass schwerwiegende Gründe dagegen sprechen (§ 159 III FamFG). Ein solcher Grund kann auch gegeben sein, wenn das Beschwerdegericht anderweitig (etwa durch das Protokoll der ersten Instanz) über eine zuverlässige Entscheidungsgrundlage verfügt.[298]

---

295 OLG Karlsruhe FamRZ 2004, 1658.

296 Zu weitgehend ist deshalb die Auffassung des OLG Bamberg (FamRZ 2010, 741), wonach Entscheidungen – außer in ganz einfach gelagerten Fällen – nur noch nach sachverständiger Untersuchung möglich sind; wenn nicht, sei die Entscheidung nicht mehr verfassungskonform.

297 BVerfG FamRZ 2001, 1285, 1286; BVerfG FamRZ 1999, 1417, 1418.

298 BVerfG FamRZ 2006, 605.

- Kinder unter 14 Jahren werden angehört, wenn Neigungen, Bindungen oder der Wille des Kindes für die Entscheidung von Bedeutung sind oder wenn es zur Sachverhaltsfeststellung angezeigt ist, dass sich das Gericht von dem Kind einen unmittelbaren Eindruck verschafft.
- Der Verfahrensbeistand soll ggf. anwesend sein (§ 159 IV 4 FamFG).
- Am 1.7.2021 ist eine novellierte Fassung von § 159 II, III FamFG in Kraft getreten, derzufolge das Gericht auch die **Pflicht zur Verschaffung eines persönlichen Eindrucks** vom Kind hat.[299] Das führt zur Verpflichtung des Gerichts, Kinder ab einem Alter von etwa drei Jahren anzuhören.[300]

Die Corona-Pandemie hindert, wenn das Infektionsrisiko minimiert wird, die Anhörung der Kinder nicht.[301]

Ist der Kindeswille von Belang, sind die Kinder – von Ausnahmen, s. 2. Gruppe, abgesehen – zu hören, auch wenn die Eltern übereinstimmend darum bitten, hiervon abzusehen.[302]

Auch im Rahmen von Eilverfahren (vorläufige Anordnung) zum Aufenthaltsbestimmungsrecht muss eine Anhörung der Kinder stattfinden.[303]

Die Nichtanhörung ist ein schwerer Verfahrensmangel. Sie führt, wenn die Sache in die Beschwerdeinstanz gelangt, auch ohne förmliche Rüge zur Zurückverweisung an die Vorinstanz (Familiengericht).[304]

Um mit dem einfachsten Fall zu beginnen: Kinder, die ihren 14. Geburtstag hinter sich haben, werden praktisch immer angehört (§ 159 I FamFG).[305] Schwerwiegende Gründe, die dagegen sprechen können, sind selten denkbar und denkbar selten (Kathederfall: Das Kind droht, sich etwas anzutun, wenn es um der vermeintlichen Schande der Eltern willen vor Gericht erscheinen müsse). Unterhalb sozusagen der Katastrophenschwelle müssen die Kinder erscheinen, und zwar im eigenen Interesse, denn Kinder ab 14 haben schließlich ein eigenes Widerspruchsrecht (§ 1671 II 1.), und ohne persönliche Anhörung wissen die Kinder das oft nicht einmal, weil die Eltern es ihnen wohlweislich verschweigen (sofern sie es überhaupt selbst wissen).

Ausnahme: Ein 15-jähriger Junge wird in einem Sorgerechtsentzugsverfahren lediglich telefonisch angehört. Das ist zwar ein Rechtsfehler, wird aber im Ergebnis vom BVerfG[306] für irrelevant erklärt, wenn der Entzug des Sorgerechts dem Kindeswohl entspricht.

Heikler sind die Fälle der unter 14 Jahre alten Kinder.

---

[299] Zu den Einzelheiten s. Abh. *Kischkel* FamRZ 2021, 1595, 1596.
[300] OLG Saarbrücken FamRZ 2022, 963.
[301] OLG München FamRZ 2021, 1716.
[302] OLG Zweibrücken FamRZ 1999, 246.
[303] OLG Frankfurt FamRZ 1999, 247; OLG Karlsruhe FamRZ 2000, 511.
[304] OLG Köln FamRZ 2004, 1301.
[305] Unterbleibt dies, handelt es sich um einen schweren Verfahrensfehler, der zur Zurückverweisung führt, OLG Düsseldorf FamRZ 2008, 1363.
[306] BVerfG FamRZ 2022, 694.

Hier muss sich das Gericht zunächst fragen, ob die gesetzlichen Voraussetzungen für die Anhörung erfüllt sind. Das lässt sich nur selten leugnen, denn von den *Neigungen*, den *Bindungen* und dem *Willen* eines vor- oder frühpubertären Kindes sind die Bindungen stets entscheidungserheblich, so dass das Gericht praktisch nur selten darum herumkommt, auch kleine Kinder anzuhören. Zur Altergrenze gleich mehr.

Ein Mindestalter für die Anhörung sieht das Gesetz nicht vor. Eine natürliche und nicht unterschreitbare Grenze dürfte bei ca. 2 Jahren liegen, weil die Kinder vorher gar nicht artikulationsfähig sind. Es hat aber auch keinen Sinn, Zweijährige anzuhören, denn eine vernünftige Erforschung der Bindungen des Kindes zu beiden Elternteilen setzt voraus, dass der Richter sich *allein* mit dem Kind unterhält, und das Mindestalter, das dieser Anforderung gerecht wird, dürfte bei ca. **3 Jahren** (= Mindesteintrittsalter in den Kindergarten) liegen[307]; vorher wollen die Kleinen in der Regel nicht mit dem fremden Onkel Richter allein gelassen werden, auch dann nicht, wenn er – was er regelmäßig tut – seine schwarze Robe auszieht.

Ein vierjähriges Kind muss, wenn das Sorgerecht umstritten ist, angehört werden.[308] Kinder ab sechs Jahren aufwärts sind in aller Regel vom Richter anzuhören[309]; die Nichtanhörung ist ein schwerer Verfahrensmangel, der zur Zurückverweisung an die erste Instanz führt.

Auch hier gilt die bereits erwähnte Katastrophenschwelle: Wenn keine Beeinträchtigung des Gesundheitszustandes zu befürchten ist, muss die Anhörung stattfinden, und hier neigen die Gerichte völlig zu Recht auch dazu, sich über die dramatisierenden Äußerungen von Angehörigen der Psycho-Zunft hinwegzusetzen. Leseprobe aus einer Entscheidung des OLG Köln[310]:

> *„... die negativen Befürchtungen ... scheinen vielmehr auf einer Fehleinschätzung der richterlichen Tätigkeit, die sich ggf. auf das Kind übertragen könnte, zu beruhen. Die richterliche Anhörung dürfte keinen Regressionsdruck ausüben, wenn das Kind in der richtigen Art und Weise vorbereitet ist, was von der Bf. und dem von ihr beauftragten Therapeuten, der das Kind seit mehreren Jahren behandelt, erwartet werden darf. Denn die Anhörung dient lediglich der unparteiischen richterlichen Überzeugungsbildung ...“*

Anhörung impliziert die Aufnahme sprachlicher Äußerungen der Kinder auf Fragen des Gerichts. Die Beobachtung des Kindes durch eine Einwegscheibe ist also keine Anhörung.[311] Zugelassen als Mittel der Anhörung ist aber der sog. soziometrische Test, hier besonders das von *J. L. Moreno* entwickelte „Soziale Atom“, mit Hilfe dessen vom kleinen Kind die Person bestimmt werden kann, mit der es mit welchem Grad an Nähe zusammen sein will.[312]

Auch im **Beschwerdeverfahren** sind die Kinder, wenn keine schwerwiegende Gründe nach § 159 FamFG vorliegen, die dagegen sprechen, abermals zu hören – es sei denn,

---

[307] OLG Frankfurt FamRZ 1997, 571; OLG Brandenburg FamRZ 2003, 624.

[308] OLG Köln FamRZ 1999, 1517.

[309] OLG Hamm FamRZ 1996, 421; OLG Hamm FamRZ 1997, 1550.

[310] OLG Köln FamRZ 1997, 1549.

[311] OLG Karlsruhe FamRZ 1994, 915.

[312] OLG Karlsruhe FamRZ 1995, 1001.

dass angesichts des kurzen Zeitablaufs nach der ersten Anhörung vor dem Familiengericht nicht damit zu rechnen ist, dass sie sich abweichend äußern.[313] Stützt sich die Beschwerde darauf, dass sie erstinstanzlich nicht angehört worden sind, ist es vielfach sachgerecht[314], die Entscheidung aufzuheben und die Sache an das Familiengericht zurückzuverweisen, wo die Anhörung dann nachzuholen ist.

Die Anhörung durch den Richter setzt ein hohes Maß an psychologischem Feingefühl voraus. Der Richter wird möglichst auf indirektivem Wege herauszubekommen versuchen, ob das Kind eher der Mutter als dem Vater zuneigt (je kleiner die Kinder sind, desto deutlicher ist die Tendenz zur Mutter, denn diese ist in den ersten Jahren fast immer die Hauptbezugsperson). Wer die Kinder plump fragt, ob sie zu Papa oder zu Mama wollen, bekommt sowieso fast immer etwas sehr Anrührendes zu hören, was aber leider nicht weiterhilft, nämlich dass die Eltern sich wieder vertragen sollen.

Von der Anhörung der Kinder ist ein Protokoll (Sitzungsniederschrift) oder ein Aktenvermerk zu fertigen[315], der das Anhörungsergebnis aussagekräftig wiedergibt. Ob das ausreicht, den Kindern eine abermalige Anhörung in der zweiten Instanz zu ersparen, ist umstritten.[316]

Für Anhörungen von Eltern und Kindern im Rahmen der Anordnung des persönlichen Erscheinens im Gerichtstermin hat das Gericht notfalls Zwangsmittel parat: Es kann die polizeiliche Vorführung anordnen, wenn ein Elternteil das Gericht mehrfach „versetzt".

1.3.9 Anhörung der Eltern

Im Sorgerechtsverfahren ist die **Anhörung** der Eltern **Pflicht** (§§ 155 III, 160 I FamFG).[317] Das bedeutet zweierlei: Zum einen muss das Gericht die Eltern anhören, zum anderen müssen die Eltern sich der Anhörung stellen. Das dient der Sicherstellung des rechtlichen Gehörs, das immerhin Verfassungsrang hat (Art. 103 I GG), aber natürlich auch der Sachaufklärung. Der Richter will sich ja auch ein Bild von den Eltern machen, die künftig die elterliche Sorge allein ausüben wollen. Ein Richter, der die Parteien – also die Eltern – ohne die beteiligten Anwälte lädt, handelt sich allerdings den begründeten Vorwurf der Befangenheit ein.[318]

Nur dann, wenn ein Elternteil ohnehin nicht Mitinhaber der ES ist, d.h. wenn er Vater eines nichtehelichen Kindes ist, kann das Gericht davon absehen, den nicht

---

[313] OLG Koblenz FamRZ 2001, 515.

[314] OLG Karlsruhe FamRZ 1994, 393.

[315] OLG Saarbrücken FamRZ 2006, 557 (Ls).

[316] Bejahend: OLG Karlsruhe FamRZ 1997, 688 mit sehr kritischer Anm. von *Ewers*, der die Auffassung vertritt, dass sich die Anfertigung eines Protokolls nicht mit der Vertraulichkeit der Anhörung verträgt und dass außerdem die zweite Instanz sich selbst einen unmittelbaren Eindruck von den Kindern verschaffen muss, und zwar mit einem Sachverstand, der je nach Einzelfall das richtige Vorgehen gewährleistet; ähnlich Abh. *Schulte-Kellinghaus* FamRZ 1997, 1295.

[317] In § 160 I FamFG steht zwar *soll*, jedoch heißt dies, dass i.d.R. angehört werden *muss* und dass davon nur aus schwerwiegende Gründen abgewichen werden darf, so OLG Bamberg FamRZ 2022, 652.

[318] OLG Brandenburg FamRZ 1997, 428.

sorgeberechtigten Elternteil zu hören, wenn *von der Anhörung eine Aufklärung nicht erwartet werden kann* (§ 160 II 2 FamFG).

Die Anhörungspflicht gilt auch für die Beschwerdeinstanz. Wenn also ein Elternteil mit der Sorgerechtsregelung nicht einverstanden ist und Beschwerde einlegt, müssen die Eltern vor dem Oberlandesgericht abermals gehört werden. Eine erneute Anhörung in der Beschwerdeinstanz kann aber unterbleiben, wenn alle (hier: für die Entziehung der Personensorge) maßgeblichen Gesichtspunkte erschöpfend aufgeklärt sind.[319]

Allgemein gilt: Eine eigentlich gebotene Anhörung darf, egal in welcher Instanz, nur aus *schwerwiegenden Gründen* unterbleiben. Beispiel: Der Vater des Kindes hat bereits eine sehr gründliche Trennung vollzogen, indem er in sein Heimatland Ghana oder Bolivien zurückgekehrt ist. Ihn in solchen Fällen noch einmal „heranzupfeifen" oder auch nur im Wege der Rechtshilfe vernehmen zu lassen, scheitert oft daran, dass er einfach nicht reagiert und/oder dass die zuständigen Behörden seines Heimatlandes das Rechtshilfeersuchen jahrelang unerledigt liegen lassen. Eine derartige Verfahrensverzögerung ist dem anderen Partner nicht zuzumuten.

1.3.10 Vollmacht

Sowohl die Alleinsorge wie auch die Übertragung der ES vom einen – hier: heroinabhängigen – auf den anderen Elternteil können vielfach durch eine **Vollmacht** betreffend Teilbereiche der ES oder die gesamten Umfang der ES[320] vermieden werden.[321] Vollmachtnehmer ist z. B. das Jugendamt.[322] Wenn es aber an der nötigen Kommunikations- und Kooperationsfähigkeit der Eltern mangelt, muss eben doch einem von beiden die AS oder das ABR übertragen werden, auch wenn der andere eine **Sorgerechtsvollmacht** anbietet (**str.**).[323]

Wenn Vollmacht oder Ermächtigung bereits erteilt ist, kann es aber i. d. R. beim gemeinsamen Sorgerecht bleiben. Die Übertragung der Alleinsorge auf den Vollmachtnehmer wäre dann unverhältnismäßig.[324]

Vollmachten können selbstverständlich **widerrufen** werden, auch konkludent, wie das OLG Dresden[325] zu folgendem Fall feststellt: Die Eltern hatten die gemeinsame ES; der Vater erteilte der Mutter Sorgerechtsvollmacht. Dadurch wurde der besehende Streit nicht entschärft. Im Gegenteil: Er eskalierte weiter. Der Vater äußerte u. a., er werde sich *eine Knarre kaufen und werde die Frau hinrichten. Irgendjemand*

---

[319] VerfGH Berlin FamRZ 2001, 848.

[320] OLG Frankfurt FamRZ 2022, 1860 (Ls).

[321] Einzelheiten in BGH FamRZ 2020, 1171 mit Anm. *Amend-Traut*, S. 1175. Ferner OLG Brandenburg FamRZ 2022, 1202.

[322] OLG Bremen FamRZ 2018, 689.

[323] OLG Düsseldorf FamRZ 2018, 693. Ob eine Sorgerechtsvollmacht als milderes Mittel eine Sorgerechtsübertragung überflüssig macht, ist umstritten, s. OLG Frankfurt FamRZ 2018, 1679 (im dortigen Eilverfahren offen gelassen unter Verweis auf das noch nicht entschiedene Hauptsacheverfahren).

[324] OLG Frankfurt FamRZ 2019, 1144 m. w. N.

[325] OLG Dresden FamRZ 2022, 1201 mit Anm. *Hammer*, S. 1202.

müsse der Kindesmisshandlung (für die es keine Anhaltspunkte gab) *nachgehen.* Das Gericht wertete dies als konkludenten Vollmachtwiderruf und übertrug im zweiten Akt nach § 1671 I BGB die Alleinsorge auf die Mutter.

1.4 Kriterien der Alleinsorge bei beiderseitiger Erziehungsfähigkeit

Wenn sich die Eltern nicht auf einen gemeinsamen Vorschlag zur elterlichen Sorge einigen können – sei es in Form des einseitigen, sei es in Form des gemeinsamen Sorgerechts – und einer von beiden einen Antrag auf alleiniges Sorgerecht stellt, muss der Richter zu seinem Leidwesen eine streitige Entscheidung treffen. Er muss das Kind also in die Obhut *eines* Elternteils geben und die Bindungen des anderen Elternteils zum Kind fast vollständig kappen. Dem ausscheidenden Elternteil bleibt nur das dünne Band des Umgangsrechts. Denn wenn einer die Alleinsorge hat, bedeutet das für den anderen einen **kompletten Sorgerechtsentzug.**[326]

Leitstern ist dabei ausschließlich das **Kindeswohl.** Die Entscheidung hat also keine Bestrafungs- und Belohnungsfunktion für die Eltern.[327] Bei einer nachhaltig zerrütteten Elternbeziehung verlangt das Kindeswohl eine Auflösung der gemeinsamen ES.[328]

Nach welchen Kriterien muss der Richter entscheiden? Welche Gesichtspunkte sind maßgeblich und welche können vernachlässigt werden? Welche Gewichtung haben die entscheidungserheblichen Kriterien untereinander?

Ich will im Folgenden die wichtigsten Aspekte besprechen, und zwar nach dem Ordnungsschema der abnehmenden Relevanz.[329]

Einige Vorbemerkungen sind unerlässlich:

Der Leser wird vielleicht bei der Erörterung der entscheidungserheblichen Kriterien die **Berufstätigkeit** der Eltern vermissen. Das liegt daran, dass nach hiesiger Auffassung und auch nach der Auffassung der neueren Rechtsprechung[330] und Literatur die Berufstätigkeit kein entscheidender Gesichtspunkt mehr ist.

Die elterliche Sorge ist nicht deckungsgleich mit der Alltagsbetreuung von der Frühstückszubereitung bis zum Ins-Bett-Bringen. Wichtiger sind die Gesprächskontakte, die Vermittlung von Werten und Überzeugungen, der elterliche Trost, wenn das Kind traurig ist, die gemeinsamen Unternehmungen und auch die gemeinsame Arbeit. Wer die Wäsche wäscht, zum Bäcker geht, Essen kocht und das Zähneputzen überwacht, ist minder wichtig. Um dem Kind das Gefühl von Geborgenheit zu vermitteln, ist es nicht nötig, dass ein Elternteil diese Arbeiten übernimmt, und spätestens vom dritten Lebensjahr an ist es auch nicht mehr erforderlich, dass ein Elternteil vollständig auf Erwerbstätigkeit verzichtet, zumal ein derartiger „Verzicht“ nicht identisch ist

---

[326] So zutreffend OLG Saarbrücken FamRZ 2015, 2180 (Ls).

[327] OLG Frankfurt FamRZ 2009, 433.

[328] OLG Schleswig FamRZ 2016, 1945 (Ls).

[329] Die Ausführungen in diesem Kapitel sind maßgeblich beeinflusst durch *Ernst Ell*, Psychologische Kriterien bei der Sorgerechtsregelung und die Diagnostik der emotionalen Beziehungen, Weinheim 1990.

[330] Statt aller: OLG Brandenburg FamRZ 2016, 1945 (linke Spalte, LS).

mit ganztägiger Anwesenheit in der Wohnung. Die ganztägige physische Anwesenheit von Müttern, die diese Notwendigkeit oft für sich ins Feld führen, ist auch keineswegs identisch mit der unbedingten Bereitschaft, sich ganztägig dem Kind zu widmen.

Eine zeitweilige berufsbedingte Abwesenheit hindert also das Entstehen und die Aufrechterhaltung einer echten Eltern-Kind-Beziehung keineswegs.

Zur Frage, welches Kriterium den Ausschlag gibt, wenn die Eltern unter jedem erörterten Aspekt die gleiche Erziehungseignung aufweisen, nur Folgendes:

In derartigen Fällen müssen auch **Hilfskriterien** berücksichtigt werden, etwa die Bindung zwischen Großeltern und Eltern und ihr Verhältnis zum anderen Elternteil. Das OLG Hamm[331] hat z.B. entschieden, dass die Mutter den Vorzug verdient, wenn die dominanten Großeltern väterlicherseits die frühere Schwiegertochter vehement ablehnen und deshalb deren Ausgrenzung im Verhältnis zu den Kindern befürchtet werden muss.

1.4.1 Ernstlichkeit des Elternwillens

An erster Stelle steht die Frage, ob beide Eltern das Sorgerecht für das Kind ernsthaft wollen. Das ist nämlich nicht so selbstverständlich, wie es sich anhört.

Die Gründe für reine Lippenbekenntnisse sind vielfältig. Mütter und Väter befürchten oft die Minderung ihres Ansehens sowohl bei den Kindern wie auch in der Öffentlichkeit, wenn ruchbar wird, dass sie nicht „um ihre Kinder gekämpft" haben. Auf diese Weise wird mancher Wochendendpapa plötzlich zum Denkmal des liebenden Vaters und manche Rabenmutter zur Bilderbuchglucke. Auf Zeit, versteht sich. Ist die Entscheidung erst einmal gefallen, verflüchtigt sich das zur Schau getragene Interesse am Kind.

Mütter versuchen oft, die Kinder unter ihre Fittiche zu bringen, um nicht hinaus ins feindliche Leben zu müssen und um Betreuungsunterhalt fordern zu können. Was nicht immer heißt, dass sie das Haus nicht verlassen wollen.

Es gibt aber auch Väter, die die Kinder bei sich haben wollen, um keinen Barunterhalt leisten zu müssen. Diese Väter können freilich nicht rechnen.

Ist im Einzelfall kein **unechter Sorgerechtsbewerber** aus dem Rennen zu werfen, wird es schwierig.

1.4.2 Praktizierte Liebe zum Kind (Elterlichkeit)

Die Frage lautet: Wer hat sich um das Kind, seit es auf der Welt ist, liebevoller gekümmert als der andere? Wer war dem Kind der bessere Elternteil? Wer hat mehr Opfer an Freiheit, Freizeit, Selbstverwirklichung und Geld gebracht? Oder[332]: Welcher Elternteil ist für die Kinder die stabilere, verlässlichere Bezugsperson?

Elterliche Liebe, die nach außen hin sichtbar und für das Kind spürbar wird, ist der sicherste Garant für die Entwicklung einer Persönlichkeit, die im Einklang mit sich

---

[331] OLG Hamm FamRZ 1996, 1096.

[332] So OLG Frankfurt FamRZ 1994, 920.

und der Welt steht und fähig ist, die empfangene Zuneigung weiterzugeben oder sogar zurückzugeben.

Folgende Detailfragen können helfen, den oft dunklen und mutwillig verdunkelten Sachverhalt aufzuhellen:

- Hat ein Elternteil das Kind nicht gewollt?
- Haben beide Eltern sich, soweit sie nicht durch Berufstätigkeit daran gehindert waren, vom Zeiteinsatz her und von der Intensität der Betreuung her (es macht ja einen Unterschied, ob man im Kinderzimmer Zeitung liest oder mit dem Kind spielt) gleichermaßen um den Nachwuchs gekümmert?
- Wer hat mehr Geduld und Verständnis bewiesen?
- Wer hat die Kinder zu Bett gebracht? Was hat der andere derweil gemacht?
- Wer hat den Kindern bei den Schularbeiten geholfen?
- Wer hat die Freizeitaktivitäten der Kinder intensiver betreut? Wer hat aktiv an ihnen mitgewirkt (z. B. mit den Kindern Sport getrieben)?
- Wer hat sich abends und nachts öfter verdrückt?
- Wer hat mehr materielle Opfer gebracht?
- Wer hat das bessere Betreuungskonzept?[333]

Der Katalog lässt sich selbstverständlich erweitern.

Wichtig ist allemal, wie die Eltern sich vor der Trennung gegenüber ihren Kindern verhalten haben. Das tatsächliche Verhalten ist entschieden aussagekräftiger als oft wiederholte Beteuerungen zu künftigen Lebens- und Verhaltensänderungen à la „Künftig werde ich nur noch für meine Kinder da sein".

1.4.3 Bindungen des Kindes an die Eltern

Hinsichtlich der Kriterien für die Sorgerechtsübertragung hat sich der Gesetzgeber in § 1671 II wenigstens ein bisschen aus der Deckung getraut, indem er ausführt: *Hierbei sind die Bindungen des Kindes, besonders an seine Eltern und Geschwister, zu berücksichtigen.*

Im psychologischen Sinn ist der Bindungsbegriff etwas weiter gefasst als im Gesetz. Jeder Mensch ist von Geburt an mit zwei grundlegenden Verhaltenssystemen ausgestattet, dem **Bindungsverhaltenssystem** und dem **Explorationsverhaltenssystem.** Ersteres beschreibt die eindeutig hierarchisch geordneten Bindungsbeziehungen des Kindes (i. d. R. steht die Mutter unaustauschbar an erster Stelle). Letzteres ist jede Form der Auseinandersetzung mit der Umwelt und damit die verhaltensbiologische Grundlage von Lernen.[334]

Naturgemäß ist die innere Bindung an die Eltern, zumal bei kleinen Kindern, wichtiger als die an die Geschwister. Daneben gibt es andere berücksichtigungswürdige

---

[333] OLG Frankfurt FamRZ 2022, 1532, 1534 mit Anm. *Völker*, S. 1535: Die Mutter ließ sich das ABR mit dem zentralen Argument übertragen, sie könne zeitlich mehr Betreuungsarbeit leisten. Auf diese Weise wurde auch – wohlgemerkt: in seinem Sorgerechtsstreit! – das außergerichtlich vereinbarte Wechselmodell gekippt.

[334] Abh. *Becker-Stoll* FamRZ 2010, 77, 78 unter Bezugnahme auf *John Bowlby.*

Bindungen, etwa die an im Hause wohnende Großeltern, Onkel, Tanten, Vettern und Cousinen. Großeltern übernehmen oft elterliche Funktionen, z. B. dann, wenn beide Elternteile voll erwerbstätig sind.

Der Begriff „Bindungen“ in § 1671 II BGB ist im **alltagssprachlichen** Sinne zu verstehen; gemeint ist also das Bewusstsein einer wechselseitigen Zuneigung und Vertrautheit. Das Kind weiß: Ich habe Papa und Mama lieb und weiß, dass sie mich auch lieb haben. Es geht also hier um eine normale, gesunde Bindung, die für eine kritische Sicht elterlichen Verhaltens noch Raum lässt, und nicht etwa um eine neurotische Gebundenheit, die keine Chance mehr lässt für die Entfaltung anderweitiger Bindungen.

Eine stärkere innere Bindung des Kindes zu einem Elternteil ist nicht immer dessen Verdienst. Also kommt das Kind zu dem Elternteil, bei dem es sich geborgener fühlt und dem es mehr zuneigt. Tatsächlich? Wie steht es denn mit der Elterlichkeit, die wir oben im vorangegangenen Kapitel erörtert haben? Was, wenn der Vater mehr elterliche Liebe als die Mutter aufbringt und dennoch die Bindung des Kindes an die Mutter stärker ist?

Dieser Widerspruch kann nur durch die übrigen Entscheidungskriterien gelöst werden.

1.4.4 Selbstbestimmungsrecht des Kindes

Der Kindeswille überschneidet sich weitgehend mit dem Bindungsmerkmal: Das Kind tendiert zu dem Elternteil, zu dem es die stärkere innere Bindung hat. Der vom Kind geäußerte Wille ist also äußerer Ausdruck der zu den Eltern entwickelten Bindungen.

Rechtlich gesehen ist der Kindeswille nicht nur eine Art Bindungskontrolle, sondern auch und vor allem Ausfluss des *Selbstbestimmungsrechts*.

Das Gewicht des Kindeswillens hängt deshalb entscheidend vom Alter des Kindes ab.

Schon im Anhörungsverfahren wird differenziert: Ist das Kind unter 14 Jahre alt, muss es nur angehört werden, wenn der Kindeswille ausschlaggebend ist oder wenn die Anhörung aus sonstigen Gründen *angezeigt* ist (§ 159 II FamFG). Ist es dagegen älter, muss es allemal angehört werden (§ 159 I FamFG).

Diese Unterscheidung hat ihre materiellrechtliche Entsprechung: Ist das Kind unter 14, hat es kein eigenes Vorschlagsrecht, ist es älter, kann es einen dem übereinstimmenden Elternvorschlag gleichgewichtigen **Widerspruch** (§ 1671 II 1. BGB) entgegensetzen.

Die Gerichte ziehen beim 14. Geburtstag allgemein die Grenze, von der an gegen den Willen des Kindes nur noch in gut begründeten Ausnahmefällen entschieden wird. Das geschieht in Anlehnung an das relative Vetorecht des Kindes nach § 1671 II 1. BGB. Die Gerichte wissen auch: Spricht man ein vierzehnjähriges Mädchen oder einen gleichaltrigen Jungen dem ungeliebten oder weniger geliebten Elternteil zu, so steht das Kind einige Tage später beim anderen Elternteil vor der Tür. Allerdings können in Ausnahmefällen die wohlverstandenen Kindesinteressen durchaus dem geäußerten Kindeswillen einer 13-Jährigen entgegenstehen und erstere Vorrang genießen.[335]

---

[335] OLG Köln FamRZ 2020, 35.

Je jünger die Kinder sind, desto mehr wächst die Gefahr, dass ihre Haltung fremdbestimmt (also nicht autonom) ist. So hat sich z. B. das OLG Braunschweig[336] über den Willen zweier 9 und 13 Jahre alter Mädchen hinweggesetzt, die sich schriftlich von der Mutter losgesagt hatten. Das Gericht hegte den Verdacht, dass der Vater den Töchtern sozusagen die Feder geführt hatte. Ebenso das FamG St. Goar[337] im Falle zweier 8- und 12-jährigen Kinder, die z. B. in wenig kindgerechter Weise geäußert hatten, die Mutter wolle sie *„durch Geschenke kaufen"*: Wegen negativer Beeinflussung der Kinder durch den Vater wurde dessen Abänderungsantrag (§ 1696 BGB, der Vater wollte die Alleinsorge haben, die bis dahin und auch weiterhin die Mutter innehatte) zurückgewiesen. Das OLG Brandenburg[338] übertrug das ABR für 8-jährige Drillinge gegen den Willen der Kinder auf die Mutter.

Das BVerfG[339] hob nach Verfassungsbeschwerde einen OLG-Beschluss (offenbar aus Rostock) auf, in dem das OLG gegen den Willen eines 12-Jährigen die ES auf den Vater übertragen hatte. Hier baut das BVerfG hohe Hürden auf: Auch wenn die Äußerungen des Kindes manipuliert sind, muss absolut klar sein, dass die Äußerungen des Kindes die wirklichen Bindungsverhältnisse nicht zutreffend bezeichnen. Das gilt umso mehr dann, wenn das Gericht sich über zwei Sachverständigengutachten hinwegsetzt.

Ähnlich das OLG Hamburg[340] am 26. 10. 2001: Dort wurde die ES für ein 11-jähriges Mädchen der Mutter übertragen, wobei das Gericht durchaus sah, dass das Kind von der Mutter beeinflusst worden war; indes diagnostizierte der Senat, dass die Äußerungen der Kleinen – nach vierjähriger Sendepause zwischen ihr und dem Vater – die wirklichen Bindungsverhältnisse zutreffend wiedergaben.

Und auch wenn keine Beeinflussung des Kindeswillens vorliegt: Der **Loyalitätskonflikt** bleibt allemal bestehen, und hier entscheidet ein Kind vielfach gegen seine wahren Interessen.[341]

In **Eilverfahren** kann es angezeigt sein, dem von negativer Beeinflussung geprägten Willen eines 12-Jährigen zu folgen, wenn die Alternative das Kindeswohl gefährden würde.[342] Die Entscheidung gegen den Kindeswillen muss dann dem Hauptsacheverfahren vorbehalten bleiben.

Schließlich:

Das Kindeswohl ist nicht immer identisch mit dem Kindeswillen. Das gilt umso mehr, je jünger die Kinder sind.[343] Verständige Außenstehende wissen besser, was mittelfristig für das Kind gut ist, als das kleine Kind selbst.

---

336 OLG Braunschweig FamRZ 2001, 1637.

337 FamG St. Goar FamRZ 2001, 1722, 1723.

338 OLG Brandenburg FamRZ 2008, 1472 (personale und örtliche Kontinuität).

339 BVerfG FamRZ 2021, 1201.

340 OLG Hamburg FamRZ 2002, 566.

341 OLG Brandenburg FamRZ 2003, 1953, 1954.

342 OLG Koblenz FamRZ 2018, 831 (Ls). Das Kind wehrte sich dort vehement gegen eine Rückkehr, nachdem es den Obhutswechsel selbst erzwungen hatte.

343 Allerdings haben sich die Gerichte auch schon mit guten Gründen über den Willen eines 16-jährigen Kindes (zum Umgangsrecht) hinweggesetzt, s. OLG Frankfurt FamRZ 2003, 1314 mit Anm. *Klenner* (daselbst) und *Spangenberg* FamRZ 2004, 132.

1.4.5 Bindungen an die Geschwister

Geschwister im Sinne dieses Kapitels sind Kinder, die dieselben Eltern haben. Nicht blutsverwandte „Stiefgeschwister" (hier: Vater will sein Kind aus geschiedener erster Ehe u.a. mit dem Kind seiner Lebensgefährtin aus deren Erstbeziehung aufziehen) zählen nicht dazu[344], schon deshalb nicht, weil seit Jahren bestehende Bindungen geschützt werden sollen, nicht solche, die ein Elternteil erst knüpfen will oder knüpfen zu wollen vorgibt.

Obwohl die Geschwisterbindung im Gegensatz zu anderen wichtigen Kriterien im Gesetz (§ 1671 II a.F.) ausdrücklich erwähnt war (heute schweigt das Gesetz hierzu insgesamt), wird ihre Bedeutung oft unterschätzt.

Das Gebot, die Geschwisterbindung zu beachten, folgt aus dem Prinzip der sozialen Kontinuität, dessen Grundgedanke lautet: Wenn schon die Ehe gescheitert und die Familie damit zerschlagen ist, soll wenigstens die Rumpffamilie beisammen bleiben und das übrige familiäre und außerfamiliäre Netz nicht zerrissen werden. Besonderes Gewicht hat die Geschwisterbindung in Fällen, in denen die Elternbeziehung völlig zerrüttet ist.[345]

Nach Möglichkeit soll also über die Geschwister sozusagen im Gebinde entschieden werden.[346] Das gilt auch für Halbgeschwister, die eine intensive Bindung aufweisen.[347]

Ausnahme: Die Geschwister hatten schon bisher ständig tiefgreifende Auseinandersetzungen, etwa infolge von völliger Charakterverschiedenheit (wie Hund und Katze, Kain und Abel, Karl und Franz Moor). Oder eins von beiden Kindern ist „Mamakind", das andere „Papakind".[348]

Je älter die Kinder sind und je größer der Altersunterschied zwischen ihnen, desto geringer ist auch der Stellenwert der Geschwisterbindung.[349]

Harmlose Streitigkeiten unter Geschwistern sind unschädlich, ja sogar nützlich. Durch sie lernen die Kinder, geschützt durch die elterliche Interventionsbereitschaft, ihren Platz innerhalb der Gruppe zu erkämpfen und zu verteidigen. Sie lernen, Konflikte auf wenig sozialschädliche Weise auszutragen oder ganz zu vermeiden. Wenn das zumindest eine(r) von mehreren Brüdern oder Schwestern nicht lernt oder das Erlernte nicht anzuwenden gedenkt, kann eine Scheidung ein willkommener Anlass sein, den Dauerkonflikt durch Trennung zu entschärfen.

Bei alledem ist nicht das Wohl der manchmal vielköpfigen Familie insgesamt zu betrachten; vielmehr ist der Fall aus der Perspektive eines jeden Kindes zu würdigen.[350]

---

344 OLG Celle FamRZ 2005, 52.

345 OLG Dresden FamRZ 2003, 397 und 2003, 1489.

346 OLG Naumburg FamRZ 2000, 1595: Übertragung der Alleinsorge für beide Kinder auf den Vater.

347 FamG Fürstenfeldbruck FamRZ 2002, 117 (Aufhebung der gemeinsamen ES wegen mangelnder Kooperationsfähigkeit der Eltern).

348 OLG Celle FamRZ 2007, 1838.

349 OLG Zweibrücken FamRZ 2001, 184.

350 Zur Bedeutung der Geschwisterbindung aus der Perspektive des Kindes s. Abh. *Spangenberg/Spangenberg* FamRZ 2002, 1007.

Sind aber Kinder durch die elterlichen Auseinandersetzungen stark verunsichert und befinden sie sich deshalb in schweren Loyalitätskonflikten, kommt ihrem Wunsch, zusammen zu bleiben, erhöhte Bedeutung zu.[351] Ebenso OLG Hamm[352]: Bei enger Geschwisterbindung kommt eine Trennung der Geschwister auch dann nicht in Betracht, wenn ein Kind enge Bindungen an den Elternteil hat, der das Sorgerecht nicht bekommt.

Auch der EuGHMR[353] betont die Bedeutung der Geschwisterbindung und spricht sich sehr deutlich gegen eine Regelung aus, kraft derer die ES für das eine Kind der Vater und die für das andere der Mutter übertragen wird, **ohne** dass ein wechselseitiger Umgang stattfindet. Dadurch könnten die Kinder einander entfremdet werden. Zum allermindesten muss deshalb, so der EuGHMR, dafür gesorgt werden, dass die Kinder einander regelmäßig sehen (Recht des Kindes auf Schutz des Familienlebens nach Art. 8 EMRK).

Die Bedeutung der Geschwisterbindung kann also sehr weitreichend sein. Das OLG Bamberg[354] übertrug die elterliche Sorge dem Vater, obwohl es die Mutter für den geeigneteren Elternteil hielt. Die beiden älteren von vier Geschwistern hatten sich vehement gegen die Mutter ausgesprochen. Das Gericht kam zu dem Ergebnis, dass eine Aufteilung der elterlichen Sorge (die älteren zum Vater, die jüngeren zur Mutter) für die Kinder mit ihrer sehr festen Geschwisterbindung eine größere Beeinträchtigung bedeutet hätte als der dauernde Aufenthalt aller Kinder beim Vater, zu dem sich der Senat schließlich durchrang.

Zielkonflikte ergeben sich, wenn z. B. Kind A eine starke Bindung zur Mutter hat und Kind B eine ebenso heftige Bindung zum Vater. Ein klassisches Dilemma. Entweder muss A bzw. B auf das Geschwisterkind oder auf den vertrauteren Elternteil verzichten. Hier muss das Gericht abwägen, welcher Verzicht den schwereren Schaden verursachen würde. Im Regelfall hat die Elternbindung mehr Gewicht als die emotionale Bindung an Bruder oder Schwester.

1.4.6 Kontinuität

Das Kontinuitätsprinzip klang schon mehrfach an, und zwar bei der Besprechung der Bindungen des Kindes an Verwandte, namentlich Großeltern und Geschwister (Einleitung zu **1.4**).

Es lässt sich zergliedern in

- familiäre Kontinuität (Fortdauer der ständigen Kontakte zu einem Elternteil und den übrigen Familienmitgliedern),
- soziale Kontinuität (Aufrechterhaltung der Kontate zu Freunden, Spiel-, Sport- und Klassenkameraden, LehrerInnen usw.) sowie
- lokale Kontinuität oder Umgebungskontinuität[355](das Kind zieht nicht um, bleibt also in seiner gewohnten und vertrauten Umgebung).

[351] OLG Hamm FamRZ 1997, 957 und 2000, 1039.

[352] OLG Hamm FamRZ 1999, 320.

[353] EuGHMR FamRZ 2010, 1046 (Ls).

[354] OLG Bamberg FamRZ 1998, 498.

[355] KG FamRZ 2001, 185 (Ls).

Das Kontinuitätsprinzip hat in der **Trennungszeit** Vorrang vor den emotionalen Bindungen zwischen Eltern und Kindern.[356] Deshalb hat z. B. das OLG Köln[357] das Aufenthaltsbestimmungsrecht dem bis dahin betreuenden Vater zugesprochen, ob wohl dieser auf die Mithilfe seiner Eltern angewiesen war.

Wir sprechen hier und im Folgenden, wenn von Kontinuität die Rede ist, stets die **positive Kontinuität** an. Eine negative Kontinuität (**Beispiele:** Ständig wehklagende Mutter, alkoholabhängiger Vater, verhaltensgestörter Bruder, pflegebedürftige Oma, trostlose Wohnverhältnisse, rohe Spielkameraden, beschwerlicher Schulweg) ist in keinem Fall schützenswert.

Jeder Eingriff in die Kontinuität ist eine *zusätzliche* Belastung für das Kind.[358] Man darf nie die Tatsache aus den Augen lassen, dass die Zerrüttung der elterlichen Ehe mitsamt der sich anschließende Verkümmerung der personalen Beziehungen zu Vater oder Mutter im Sinne eines bloßen Besuchsrechts schon dramatisch genug ist. Zusätzliche Eingriffe sind nach Möglichkeit zu vermeiden.

Daraus folgt: Ein Kind, das schon während funktionierender Ehe vorwiegend und nach der Trennung ganz von der Mutter versorgt, betreut und erzogen worden ist, soll auch – bei sonst gleicher Eignung der Eltern[359] – bei der Mutter bleiben (familiäre Kontinuität[360]), zumal dann, wenn auch seine Geschwister dort bleiben wollen und sollen und wenn die Sorgerechtsübertragung auf den Vater einen Umzug in eine andere Stadt erforderlich machen würde (soziale und lokale Kontinuität). Das gilt auch dann, wenn der Vater einen wichtigen Betreuungsanteil hat.[361]

Eine abweichende Entscheidung ist nur sinnvoll, wenn das Kind gleichwohl zum Vater will und dieser schon bisher das erforderliche Mindestmaß an Elterlichkeit bewiesen hat.

Das Kontinuitätsprinzip kann Vorrang vor dem Willen eines Sechsjährigen[362] und vor Bindungsgesichtspunkten haben. Dazu OLG Hamm[363]:

> *„Dem Senat sind zahlreiche psychologische Gutachten bekannt, die dem Bedürfnis nach Kontinuität der Daseinsbedingungen jedenfalls nach Abschluss des Kleinkindalters erheblich höheres Gewicht beimessen als dem vom AmtsG in den Vordergrund gestellten Kriterium der primären Bindung der Kinder, wenn nur das Vertrauen zu der neuen Bezugsperson tragfähig ist …“*

Auch das Kontinuitätsprinzip wird durch das Alter der Kinder relativiert: Einem einjährigen Kind ist ein Umzug ebenso zuzumuten wie der „Verlust“ eines zweijährigen Geschwisterkindes, da es davon sowieso nichts merkt. Hauptsache, die Mama (oder die anderweitige Hauptbezugsperson) bleibt.

---

356 OLG Hamm FamRZ 1996, 562.

357 OLG Köln FamRZ 2003, 1950, 1951.

358 Das OLG Bamberg (FamRZ 2022, 1780) betont in Punkto Kontinuität die Stabilisierungsfunktion von § 1696 BGB.

359 OLG Hamm FamRZ 2009, 1757.

360 S. OLG Düsseldorf FamRZ 1995, 1511.

361 OLG Nürnberg FamRZ 1996, 563.

362 BVerfG FamRZ 2015, 210.

363 OLG Hamm FamRZ 1994, 918, 919.

Einem sechzehnjährigen Jungen wird der Abschied von seiner zehnjährigen Schwester, von Großvater, Freunden und Klassenkameraden leichter fallen als seiner Schwester selbst. Im Übrigen weckt Diskontinuität bei Kindern, die auf die Volljährigkeit zugehen, soziale Intelligenz, Neugierde und ungeahnte Interessen. Sie schützt gegen Provinzialismus und stärkt die Lebenstüchtigkeit.

Nach hiesiger Auffassung ist das Kontinuitätsprinzip ein Hilfskriterium, das gegenüber der Elterlichkeit und den persönlichen Bindungen nachrangig ist. Ausschlaggebende Bedeutung sollte es in solchen Fällen haben, in denen die Eltern annähernd die gleiche Erziehungseignung haben.[364]

Der Stellenwert des Kontinuitätsprinzips und seiner Ausformungen schwankt aber in der Rspr. von Fall zu Fall beträchtlich.

Hervorzuheben und äußerst kritikwürdig ist hier die Entscheidung des OLG Brandenburg[365] vom 15.4.2020: Die Mutter (Japanerin; der Vater Deutscher) hatte die 5- und 6-jährigen Söhne widerrechtlich nach Japan verbracht. Nach rechtskräftiger Entscheidung eines japanischen Gerichts hätten sie gem. Art 12 HKiEntÜ nach Deutschland zurückgebracht werden müssen. Das geschah aber nicht. Gleichsam zur Belohnung übertrug ihr das OLG Brandenburg die Alleinsorge. Dabei stellte das Gericht fest, dass beide Eltern in puncto Betreuungs- und Förderkompetenz gleichauf lägen, dass die Mutter *mittlerweile* (!) bezüglich der Bindungen einen Vorrang genieße, dass die Bindungstoleranz für den Vater spräche und dass das Kontinuitätsprinzip den Ausschlag für die Mutter geben müsse – wohlgemerkt: nachdem sie sich die Kontinuität durch den Umzug nach Japan erschlichen hatte. Wenn man diesen Umstand ausblendet und sich auf das Kindeswohl fokussiert, bleibt die schwierige Frage zu klären, ob es dem Wohl des Kindes auf Dauer förderlich ist, in der Obhut einer Mutter zu bleiben, die sich treuwidrig verhalten hat.

1.4.7 Förderung

Das Förderungsprinzip wird oft in einem sehr weiten Sinne verstanden, nämlich dahingehend, dass demjenigen Elternteil der Vorzug zu geben ist, der nach erzieherischen Fähigkeiten[366], Zuwendungsbereitschaft, Intelligenz, geistiger Wachheit und Reflexionsbereitschaft, Alter, Gesundheitszustand, beruflicher Inanspruchnahme, psychischer Stabilität, moralischer Integrität, weltanschaulicher und religiöser Toleranz[367] sowie Einkommens- und Vermögensverhältnissen mitsamt dem sozialen Umfeld eher in der Lage ist, die Fähigkeiten des Kindes und seine Persönlichkeit insgesamt zur Entfaltung zu bringen.

Die beiden zuerst genannten Gesichtspunkte haben wir im Zusammenhang mit der „Ernstlichkeit des Erziehungswillens“ und „Elterlichkeit“ bereits erörtert, die physische und psychische Gesundheit wird unter **1.4.9** besprochen und der zuletzt genannte Aspekt der ökonomischen Basis im Kapitel „Lebensverhältnisse“ (**1.4.10**).

---

[364] So auch OLG Brandenburg FamRZ 2001, 1021.

[365] OLG Brandenburg FamRZ 2020, 1726 mit krit. Anm. *Hüßtege* FamRZ 2020, 1839.

[366] In diesem Sinne erörtert das OLG Brandenburg das Förderungsprinzip in einem Fall, in dem es um die Sauberkeit der Wohnung und des Kindes ging (FamRZ 2003, 1949).

[367] Religiöse Toleranz hat Vorrang vor Fundamentalismus, s. OLG Nürnberg FamRZ 2001, 1639.

Die anderen Merkmale lassen sich wie folgt klassifizieren:
- Intelligenz und
- Moralisches Niveau.

Von **intelligenten Eltern** ist zu erwarten, dass sie die Begabungen des Kindes fördern, mit ihnen, wenn nötig, die Schularbeiten besprechen, geistige Auseinandersetzungen pflegen und schulische Fortschritte sicherstellen. Es liegt auf der Hand, dass der intelligentere Partner eher in der Lage ist, den Kindern eine gute berufliche und schulische Förderung angedeihen zu lassen, als der schlichter gewirkte. Die Fähigkeit, den Aufbau der Persönlichkeit des Kindes zu stützen, ist dabei wichtiger als die von der Mutter vermittelte Zweisprachigkeit.[368] Ist umgekehrt die Mutter von bescheidenerem intellektuellem Zuschnitt, aber eher in der Lage, die emotionale Entwicklung der Kinder im Gefühl der Geborgenheit voran zu bringen, d.h. hat sie mehr **Herzenswärme**, so gebührt ihr der Vorrang.[369]

Wenn eine Mutter von minderer Intelligenz ist und sich leicht von Dritten beeinflussen lässt (und überdies das väterliche Umgangsrecht beeinträchtigt), verdient der Vater beim ABR den Vorzug, auch wenn er Landwirt in Polen ist und die Kinder kein Polnisch können.[370]

Schließlich zum **moralischen Koordinatensystem**: Selbstverständlich müssen Eltern nicht die ethisch-moralischen Großentwürfe der europäischen Philosophiegeschichte von der nikomachischen Ethik bis zur Fairnesstheorie von *John Rawls* als Handlungsanweisung für die Kindererziehung kennen. Es genügt insoweit die Goldene Regel (*Was du nicht willst, dass man dir tu, das füg auch keinem andern zu*). Die Kenntnis der Bergpredigt und des Kategorischen Imperativs von Immanuel Kant können auch nicht schaden. Kurzum: Aufgabe der Eltern ist es, diese hehren Grundsätze bei ihren Kindern in gelebte Praxis umzusetzen damit diese hilfsbereit, großzügig, altruistisch, freundlich, höflich, friedfertig und versöhnungsbereit werden. Achtung und Toleranz sollten sich mit selbstverantwortlichem Handeln verschwistern.

Daraus folgt umgekehrt: Wenn ein Elternteil seinen kleinen Kindern das Gefühl vermittelt, dass sich alles um sie dreht, und ihnen beibringt, rücksichtslos ihre Interessen durchzusetzen, z.B. andere Kinder zu belügen, zu schlagen und zu bestehlen, ist er nicht erziehungsfähig.

1.4.8 Erziehungsfähigkeit

Ein repressiver Erziehungsstil ist ein dicker Minusstrich bei der Sorgerechtsübertragung. Das gilt sowohl dann, wenn die **schwarze Pädagogik** religiös oder weltanschaulich begründet wird, wie auch dann, wenn sie Folge einer eigensüchtigen oder herzlosen Gesinnung ist (oder wenn beides zusammentrifft).

---

[368] OLG Karlsruhe (18. Sen.) FamRZ 2001, 1634. Übrigens war dort das Kontinuitätsprinzip letztlich ausschlaggebend. Dasselbe Gericht (2. Sen.) gibt FamRZ 2001, 1636 (Ls) dem Förderprinzip den Vorrang vor dem Kontinuitätsprinzip.

[369] OLG Bamberg FamRZ 1998, 1462.

[370] OLG Brandenburg FamRZ 2015, 1304. Kinder lernen in fremder Umgebung schnell eine neue Sprache, obwohl sie hier für den Zungenbrecher „*W Szczebrzeszynie chrząszcz brzmi w trzcinie*" wohl ein paar Monate brauchen werden.

Von **Zeugen Jehovas**, die den genervten Mitmenschen erzählen, die Evolutionstheorie sei Teufelswerk, Gott habe die Menschheit vor 6.000 Jahren mit einem einzigen Geniestreich erschaffen und eine Bluttransfusion bei kranken oder verunglückten Patienten könne keinesfalls hingenommen werden[371], ist eine angemessene Förderung des Kindes nicht zu erwarten.

Das OLG Frankfurt[372] schrieb einer Mutter, die sich zu den Zeugen Jehovas bekannte und außerdem durch einen repressiven Erziehungsstil aufgefallen war, Folgendes in Stammbuch:

> *„... aber die Stigmatisierung von Kindern wird vom Senat kraft seines Wächteramtes (Art. 6 GG) nicht hingenommen. Es geht hier auch nicht darum, wie die Mutter vortragen lässt, dass ihre Religionsfreiheit durch den Senat beschnitten werde, im Gegenteil: Sie beschneidet die grundgesetzlich garantierte Freiheit der Kinder, später über die rechte Religion oder Nicht-Religion selbst befinden zu können, was diese aber nicht mehr können, wenn sie aufgrund fundamentalistischer Auffassungen und Erziehungsmethoden langfristig psychisch beeinträchtigt werden. ...*
>
> *Es mag dahinstehen, ob in dieser Feststellung* (dass es nicht geduldet werden könne, wenn Kindern Ängste vor dem Weltuntergang eingeflößt werden, d. Verf.) *inzidenter eine unzulässige Religionskritik liegt. Das Verhalten der Mutter kann aber nicht deshalb tabuisiert sein, weil es sich auf eine religiöse Überzeugung stützt, während man einer anderen Mutter ihren repressiven Erziehungsstil vorhalten dürfte, nur weil er auf einem anderen Argumentationsmuster basiert."*

Um Missverständnissen vorzubeugen: Selbstverständlich sind Zeugen Jehovas nicht generell und zwingend unqualifiziert.[373] Wenn sie die Kinder nicht *„zu einer fanatischen, intoleranten Haltung gegenüber anderen Glaubensrichtungen erziehen oder auf andere dem Kindeswohl widersprechende Weise in eine starke Abhängigkeit von ihrer Glaubensgemeinschaft bringen"*, so steht allein die Mitgliedschaft der Sorgerechtsübertragung nicht entgegen.[374] Das hat auch der Europäische Gerichtshof für Menschenrechte so gesehen.[375] Wenn die durch die Sektenzugehörigkeit bedingten Einschränkungen (z. B. kein Weihnachten, keine Kirmes) ohne nachteiligen Einfluss auf die Entwicklung des Kindes bleiben, kann die Mutter gleichfalls geeignet sein.[376]

---

[371] Was die Rspr. von diesem Verbot hält, ergibt sich sehr sinnfällig aus dem Nichtannahmebeschluss des BVerfG vom 2. 8. 2001 (FamRZ 2002, 312) gegen die Entscheidung des BayObLG (FamRZ 1993, 720), zum Betreuer der kranken Sektiererin dessen Ehemann zu bestimmen, der sich natürlich prompt für die medizinisch unausweichliche Transfusion entschied (mit krit. Anm. *Bienwald*, S. 314). Wenn eine Ehefrau die Transfusion ablehnt und der Mann deshalb stirbt, haben die Hinterbliebenen keinen Anspruch auf Hinterbliebenenleistungen aus der gesetzlichen Unfallversicherung, BVerfG FamRZ 2006, 764.

[372] OLG Frankfurt FamRZ 1994, 920, 921.

[373] OLG Köln FamRZ 2000, 1390, allerdings unter Versagung eines erzieherischen „Freibriefs"; ferner FamG Helmstedt FamRZ 2007, 1837.

[374] So OLG Stuttgart FamRZ 1995, 1290; ähnlich OLG Saarbrücken FamRZ 1996, 561, OLG Hamburg FamRZ 1996, 684 und FamG Ravensburg FamRZ 2004, 133.

[375] EuGHMR FamRZ 2004, 765 (Ls).

[376] OLG Düsseldorf FamRZ 1995, 1511, 1512; FamG Göttingen FamRZ 2003, 112; FamG Osnabrück FamRZ 2005, 645 (Ls).

Eindeutig verhält sich die Sache bei der Glaubensgemeinschaft **Zwölf Stämme**, zu deren religiöser Überzeugung die Notwendigkeit gehört, ihre Kinder mit Ruten zu züchtigen, und zwar im Alter von 2 bis ca. 13 Jahren.[377] Solchen Eltern kann und muss das ABR wegen Kindeswohlgefährdung entzogen werden.[378]

1.4.9 Gesundheitszustand der Eltern

Ein Mindestmaß an **physischer Gesundheit** ist Voraussetzung für die Förderung eines Kindes wie für eine erfolgreiche Sorgerechtsausübung allgemein. Ein Krankenhausaufenthalt, der sich auf unabsehbare Zeit erstreckt, verunmöglicht die Pflege und Erziehung eines Kindes. Das Gebundensein an einen Rollstuhl spricht dagegen nicht zwingend gegen die Alleinsorge. Allerdings wird dieser Elternteil nicht ohne Hilfspersonal auskommen können.

Sind beide Eltern krank, neigt die Rspr. dazu, die ES beiden zu belassen, um die mit der Erziehung verbundene Belastung so weit wie möglich zu verteilen.[379]

Die besonders schrecklichen, tödlichen Krankheiten in ihren Endstadien (multiple Sklerose, AIDS und einige Krebsarten) lassen die Sorgerechtsübertragung einleuchtenderweise nicht mehr ratsam erscheinen. Noch mehr gilt das für das Zusammenwirken von ansteckenden Krankheiten und schweren Suchtformen: Wer z. B. heroinsüchtig und HIV-infiziert ist, beschwört auch die Gefahr herauf, dass insbesondere kleine Kinder sich an herumliegenden Spritzen infizieren.

Schwere **psychische Krankheiten** schließen die Förderungsmöglichkeit und meist auch die Sorgerechtsübertragung ebenfalls aus, es sei denn, die Kinder werden dadurch nicht gefährdet.[380] Schizophrenie und Psychosen[381], zumal verbunden mit

---

[377] Die Vertreter der Sekte sind in der Verhandlung auf die Vorwürfe nicht explizit eingegangen, sondern haben Bibelzitate vorgebracht, die die Misshandlungen angeblich rechtfertigen. Diese hören erst mit der *Bar Mizwa* (bei Jungen) bzw. mit der *Bat Mizwa* (bei Mädchen, s. EuGHMR 2019, 594, 596 und 2019, 975) auf. Die Begrifflichkeit lädt zu dem Missverständnis ein, dass es sich bei den Zwölf Stämmen um eine ultraorthodoxe jüdische Sekte handelt. Es ist aber eindeutig eine fundamentalistische christliche Glaubensgemeinschaft.

[378] OLG Nürnberg FamRZ 2015, 1908. Der EuGHMR (FamRZ 2018, 689) hat die Sorgerechtsentziehung durch Urteil vom 22. 3. 2018 gebilligt und auch bestätigt, dass das OLG nicht verpflichtet war, im Eilverfahren ein psychologisches Sachverständigengutachten einzuholen. Dasselbe Gericht (EuGHMR 2019, 594) hat festgestellt, dass nicht nur Züchtigungen mittels Ruten verbotene Misshandlungen darstellen, sondern auch andere erniedrigende Behandlungen. Zu diesen zählt der EuGHMR offenbar (und zu Recht) auch das sog. Pucken, d. h. Fixieren von bis zu ca. 3 Jahre alten Kindern in festen Tüchern. Damit soll jeder Bewegungsdrang unterdrückt werden.

[379] OLG Zweibrücken FamRZ 2001, 185 (Ls).

[380] OLG Stuttgart FamRZ 2010, 1090; dort wurde aber die Gefahr für die Kinder ausdrücklich bejaht, mit der Folge, dass die ES auf einen Pfleger übertragen wurde.

[381] Hierzu BVerfG FamRZ 2022, 1776: Eltern lebten unverheiratet in einer gewaltgeprägten Beziehung zusammen, beide drogenabhängig, Mutter psychotisch, Vater arbeits- und dann wohnungslos. Dass es einer Verfassungsbeschwerde bedurfte, um zu erreichen, dass das Kind bei den Pflegeeltern verblieb, ist m. E. beschämend.

fremd-aggressiven Reaktionen, die in Schüben kommen[382], auch Verfolgungswahn, können eine ernste Gefahr für Kinder darstellen. Allerdings muss man sich hüten, die Hürden zu hoch anzusetzen. Leichte neurotische Fehlentwicklungen sind ebenso unbedenklich wie die unvollkommene seelische Verarbeitung von Trennung und Scheidung. Der schlimmer leidende Partner würde sonst doppelt bestraft, und das womöglich auch noch zu Lasten des Kindes.

Eine vorzügliche Übersicht zur Beeinträchtigung der Erziehungsfähigkeit durch psychische Erkrankungen bietet der Aufsatz von *Salzgeber pp.*[383]

Suchtkrankheiten sind naturgemäß gleichfalls keine Trümpfe im Sorgerechtsstreit. Schwere Suchterkrankungen führen zur Alleinsorge des anderen Elternteils.[384] Alkoholiker sind nicht geeignet, ein Kind zu erziehen; eine Aufhebung der gemeinsamen ES liegt in solchen Fällen nahe.[385] Methadonabhängigkeit der Mutter und der Verdacht, dass dem Kind Methadonprodukte verabreicht werden, müssen allerdings bewiesen bzw. durch Nachweise erhärtet werden. Der bloße Verdacht reicht also nicht aus.[386]

1.4.10 Die Lebensverhältnisse

Gemeint ist hier zweierlei: die wirtschaftlichen Verhältnisse und das soziale Milieu.

Zum ersten Aspekt folgendes: Grundsätzlich bedeuten günstige wirtschaftliche Verhältnisse einen Vorteil bei der Sorgerechtsgestaltung, weil sie die Möglichkeiten von Förderungsmaßnahmen eröffnen, die sonst nicht gegeben wären. Das reicht vom teuren Musikunterricht bis zum Sprachkurs im Ausland. Doch Vorsicht! Zum einen bietet Reichtum noch nicht die Gewähr, dass man etwas Vernünftiges damit anstellt, und zum anderen partizipieren bei einigermaßen geschickten Unterhaltsregelungen das Kind und der weniger bemittelte Ex-Ehepartner ebenso am Geldsegen des Gutverdienenden wie dieser selbst, und zwar ganz unabhängig davon, wer die elterliche Sorge ausübt. Wenn Väter also erzählen, sie könnten ihren Kindern mehr bieten als die jeweilige Mutter, so heißt das im Klartext, dass sie nicht genug Unterhalt zahlen. Geben sie genug her, ist der Vorsprung dahin – und damit auch das Argument von den gegenüber der Mutter glänzenderen wirtschaftlichen Verhältnissen.

Wenn jemand einen „Milieu-Vorsprung" ins Feld führt, besteht gleichfalls Grund zu großer Skepsis. Vordergründig mag es für einen Jugendlichen angenehm sein, als Sohn eines Chefarztes oder Managers von Hausangestellten versorgt zu werden, die ihm womöglich noch das Aufräumen des eigenen Zimmers abnehmen. Aber darauf kommt es nicht an, wenn die Kinder bei der Mutter, die vielleicht – soziologisch gesehen – durch die Scheidung in die untere Mittelschicht abgesackt ist, das finden, was in den vorangegangenen Kapiteln als wesentlich herausgearbeitet worden ist, also etwa Elterlichkeit, starke innere Bindungen, Geschwisterlichkeit und positive Kontinuität.

---

382 BayObLG FamRZ 1997, 956.

383 Abh. *Salzwedel* FamRZ 1995, 1311 ff.

384 OLG Frankfurt FamRZ 2020, 1187.

385 OLG Brandenburg FamRZ 2002, 120.

386 OLG Saarbrücken FamRZ 2021, 598.

1.4.11 Bindungstoleranz

Von Bedeutung ist schließlich auch die Bindungstoleranz der Eltern[387], d.h. deren Fähigkeit und Bereitschaft, Kontakte des Kindes zum andern Elternteil (*et vice versa*) zu dulden und im Sinn der Wohlverhaltensklausel (§ 1684 II) zu fördern. Bei im Wesentlichen gleicher Eignung beider Eltern kann die Bindungstoleranz ausschlaggebend sein.[388]

Eine meist vom PAS begleitete Bindungsintoleranz kann in krassen Fällen zum Sorgerechtsverlust führen (s. **2.6.2**).

Das Gleiche kann geschehen, wenn die Mutter den Vater ständig vor dem Kind schlechtmacht und ihn insbesondere für psychisch krank erklärt.[389]

Umgekehrt gilt naturgemäß das Gleiche.[390]

Allerdings müssen die Gerichte sehr vorsichtig mit der Feststellung der Bindungsintoleranz sein. Den Kindeswillen für fremdbestimmt zu erklären und auf die Beeinflussung einer unter PAS leidenden, bindungsintoleranten Mutter zurückzuführen, sollte ggf. das Ergebnis der Feststellungen eines/einer Sachverständigen sein, nicht das Resultat richterlicher Spekulationen und Fehlinterpretationen.[391]

1.5 Die mildere Lösung: Übertragung des Aufenthaltsbestimmungsrechts

Den Mittelweg[392] in Gestalt der Übertragung des **Aufenthaltsbestimmungsrechts** beschreitet folgender Teil der Rspr.:

- OLG Brandenburg[393]: Wenn in absehbarer Zeit keine sorgerechtsrelevanten Entscheidungen anstehen und die Eltern gegenwärtig nicht in der Lage sind, über Kindesbelange sinnvoll miteinander zu sprechen, wird das ABR einem von ihnen übertragen.
- BVerfG[394]: Die Mutter ist Alkoholikerin und wechselt ständig den Wohnort. Der Vater bekommt das ABR.
- OLG Köln[395]: Kommunikationsprobleme unter den Eltern; das ABR wird auf die Mutter übertragen, weil der Vater seine Vermögensverhältnisse verschleiert hat, um keine Kindesunterhalt zahlen zu müssen.

---

387 OLG Hamm FamRZ 2000, 1039.

388 OLG Brandenburg FamRZ 2008, 1474; der Mutter wurde dort noch ein leichter Vorsprung in puncto Elterlichkeit bescheinigt. OLG Köln FamRZ 2018, 1515: Mutter betrieb Umgangsverweigerung, ergo Übertragung der Alleinsorge auf den Vater.

389 OLG Brandenburg FamRZ 2009, 17558: Übertragung der ES auf den Vater.

390 OLG Köln FamRZ 2009, 1762: Der Vater hatte gegenüber dem Jugendamt geäußert, es wäre ihm am liebsten, wenn sich die Mutter aus dem Leben der Kinder verabschiede.

391 BVerfG FamRZ 2009, 1389 (Stattgabe einer Verfassungsbeschwerde der Mutter).

392 In der Alternative zwischen Beibehaltung der gemeinsamen ES und der Übertragung der Alleinsorge auf den anderen Elternteil.

393 OLG Brandenburg FamRZ 2003, 1949 (Ls).

394 BVerfG FamRZ 2007, 1626.

395 OLG Köln FamRZ 2008, 636.

- OLG Brandenburg[396]: Wenn die Mutter, bei der das knapp zweijährige Kind lebt, wieder berufstätig werden will, der Vater aber die Betreuung des Kindes in einer Kinderkrippe ablehnt, bekommt die Mutter das ABR.
- OLG Oldenburg[397]: Wenn die Mutter psychisch krank ist und der Vater wegen manifester Bindungsintoleranz erziehungsunfähig, kann das ABR im Eilverfahren (vor Fertigstellung psychiatrischer und psychologischer Gutachten) auf die Mutter übertragen werden.

Sehr befremdlich: Nach OLG Celle[398] kann das ABR auf Antrag eines Elternteils gegen den Willen des anderen (!) auf letzteren übertragen werden.

1.5.1 Einzelheiten

Der Inhaber des dauerhaften (also nicht auf Umgangszeiten beschränkten) Aufenthaltsbestimmungsrechts hat weitgehende Befugnisse, im Kern natürlich das Recht zu bestimmen, dass das Kind bei ihm lebt. Er kann aber auch mit den Kindern Urlaubsreisen in tendenziell gefährliche Länder antreten.[399] Daraus folgt auch das alleinige Recht, Kinderreisepässe zu beantragen.[400]

Das „kleine Sorgerecht" kann eingeschränkt, insbesondere räumlich beschränkt werden (etwa dadurch, dass das Gericht verfügt, dass die Inhaberin des Aufenthaltsbestimmungsrechts ohne Zustimmung des Vaters nicht aus dem Großraum X wegziehen darf, was sich naturgemäß besonders bei ausländischen Müttern anbietet). Wenn diese Begrenzung aufgehoben werden soll, ist das Elternrecht des anderen Elternteils zu berücksichtigen.[401]

Das Aufenthaltsbestimmungsrecht kann wieder entzogen werden, auch durch vorläufige Anordnung,

- wenn Kleinkinder misshandlungstypische Verletzungen aufweisen[402] und
- wenn die Mutter in einem seelischen Ausnahmezustand droht, das Kind beim nächsten Selbstmordversuch „mitzunehmen".[403]

Die Erfahrungen mit der Judikatur nach dem 1.7.1998 zeigen, dass der traditionelle Streit um das Trennungssorgerecht sich mit all seinen Entscheidungskriterien weitgehend verlagert hat auf den Streit über das Aufenthaltsbestimmungsrecht.

So hebt z.B. das OLG Köln[404] den aus dem Sorgerechtsstreit bekannten Grundsatz hervor, dass die personelle Kontinuität bei kleinen Kindern wichtiger ist als die Ortskontinuität. Das OLG Schleswig[405] betont den – sozusagen von mütterlicher Einfluss-

---

[396] OLG Brandenburg FamRZ 2009, 1759.
[397] OLG Oldenburg FamRZ 2020, 926.
[398] OLG Celle FamRZ 2011, 488.
[399] OLG Karlsruhe FamRZ 2015, 150: Ost-Ukraine.
[400] OLG Oldenburg FamRZ 2018, 756.
[401] BVerfG FamRZ 2003, 1731.
[402] BayObLG FamRZ 1999, 178.
[403] BayObLG FamRZ 1999, 318.
[404] OLG Köln FamRZ 1999, 181.
[405] OLG Schleswig FamRZ 2003, 1494.

nahme gereinigten – Kindeswillen. Das KG[406] erklärt den Willen zweier 15 und 16 Jahre alter Kinder, den schon knapp zweijährigen Aufenthalt in einer Wohngruppe fortzusetzen, für ausschlaggebend bei der Frage, der überforderten Mutter das ABR zu entziehen.

Beim ABR-Streit um ein schwerstbehindertes Kind verdient derjenige Elternteil den Vorzug, der das Kind in seinen Haushalt aufnehmen will, statt es einem Pflegeheim zu überantworten.[407]

1.5.2 Der Kindeswille

Bei der Übertragung des kleinen Sorgerechts wird der Kindeswille in der gleichen Weise berücksichtigt wie bei der Frage der Alleinsorge und der Aussetzung des Umgangsrechts (s. **2.5.5**). Parameter sind hier das Alter des Kindes und der Grad der Fremdbestimmtheit der kindlichen Willensbekundung. Wenn der Kindeswille nicht oder nur zum Teil autonom gebildet ist, ist der Wechsel in den Haushalt dessen, der das die Kinder (hier: 10 und 11 Jahre alt) beeinflusst, nicht angezeigt.[408] Der autonom geäußerte Wunsch eines 9-jährigen Kindes nach einem Wechsel zum anderen Elternteil kann aber nach § 1696 I BGB zur ABR-Übertragung auf den Wunschelternteil führen.[409]

Der Kindeswille muss bekanntlich nicht deckungsgleich mit dem Kindeswohl sein. Der Wille eines 12-jährigen Kindes muss aber als beachtlicher Faktor bei der Entscheidung Gehör finden[410], wobei es naturgemäß wieder auf den Grad der Autonomie des Kindeswillens ankommt.

Je jünger also die Kinder sind, desto geringer ist das Gewicht des von ihnen geäußerten Willens. Dennoch ist auch bei kleinen – hier: 6-jährigen – Kindern der Kindeswille unter den Aspekten Autonomie, Stabilität, Intensität und Zielorientiertheit zu prüfen.[411]

1.5.3 ABR für Teilbereiche

Das ABR kann auch für Teilbereiche übertragen werden, z. B. durch Einrichtung einer Umgangspflegschaft (s. **2.6.2.2**) oder für den Bereich der Gutachtenerstattung betreffend ein nach Ansicht der neurotischen Mutter hochbegabtes Kind, das verhaltensauffällig, gewalttätig und nach Ansicht der Lehrer unbeschulbar war.[412]

---

[406] KG FamRZ 2004, 483.
[407] OLG Brandenburg FamRZ 2019, 1251.
[408] BGH FamRZ 2020, 252.
[409] OLG Frankfurt FamRZ 2022, 1037.
[410] OLG Köln FamRZ 2005, 1274 (Ls).
[411] OLG Thüringen FamRZ 2011, 1070.
[412] OLG Hamm FamRZ 2014, 1379. Jede Grundschullehrerein kann bestätigen, dass derartige Kinder von den Müttern in aller Regel für hochbegabt erklärt werden (Begründungsmuster: Mein Kind fühlt sich unterfordert, langweilt sich deshalb und macht Unfug; die Lehrerin ist schuld). Das gilt auch dann, wenn das Kind eindeutig unterbegabt ist.

1.6 Sorgerechtsänderungen

Wenn einmal über die elterliche Sorge entschieden ist oder wenn auch nach Trennung und Scheidung am Sorgerecht nicht herumgefummelt worden ist, können sich weder das Kind noch die sorgeberechtigten Eltern in der Gewissheit sonnen, dass es unwiderruflich dabei bleibt.

Es gibt viele Gründe, die zu einem Ende des Sorgerechts führen können. Einige sind „gängig" und auch Laien geläufig; andere greifen nur in Ausnahmefällen ein.

In allen Fällen können wir uns kurz fassen.

1.6.1 Volljährigkeit

Die elterliche Sorge endet mit der Mündigkeit (Volljährigkeit) des Kindes. Diese tritt mit der Vollendung des 18. Lebensjahres, also mit dem 18. Geburtstag ein. Ab 18 braucht sich also niemand mehr etwas „sagen zu lassen". Das Kind ist sich fortan selbst verantwortlich – selbstverständlich im Rahmen seiner wirtschaftlichen Möglichkeiten, und die werden während der Ausbildungsdauer ganz entscheidend durch den Mangel an eigenen Einkünften und die fortwirkende Unterhaltspflicht der Eltern mitgeprägt.

Während über das „Ob" der Unterhaltspflicht kein Zweifel besteht, haben die Eltern bezüglich des „Wie" ein Bestimmungsrecht.[413]

Die Mündigkeitsschwelle ist erst durch das Gesetz zur Neuregelung des Volljährigkeitsalters mit Wirkung vom 1.1.1975 „auf 18" herabgesetzt worden. Bis 1974 war man erst mit 21 volljährig.

1.6.2 Adoption

Wer im Scheidungsverfahren die Mitinhaberschaft an der ES nicht preisgegeben oder gar die alleinige ES erkämpft hat, wird selten dazu neigen, das Kind zur Adoption freizugeben.

Deshalb hierzu nur wenige Anmerkungen:

Wer (vor dem Notar) die Einwilligung zur Adoption seines Kindes durch einen Dritten erklärt, und zwar für sich als bisher sorgeberechtigten Elternteil wie auch als gesetzlicher Vertreter des Kindes, bringt damit sein Sorgerecht zum Ruhen. Endgültig endet es mit dem Adoptionsbeschluss des Familiengerichts.

Unterhaltsrechtlich ist Folgendes zu beachten: Wer ein Kind adoptiert, ist ihm gegenüber unterhaltspflichtig, sobald das Kind bei ihm wohnt und die Eltern der Annahme durch die Adoptiveltern in notarieller Form zugestimmt haben.[414] Bis dahin schulden also die leiblichen Eltern den Kindesunterhalt.

Der andere geschiedene Ehegatte muss übrigens auch einwilligen (§ 1747), d.h. er ist, obwohl er nicht das Sorgerecht hat, in der Adoptionsfrage keineswegs rechtlos. Seine

---

[413] Zu den Einzelheiten siehe *Duderstadt*, Erwachsenenunterhalt, 4. Aufl., Neuwied 2008, S. 125 ff.

[414] OLG München FamRZ 2018, 433.

Einwilligung kann nur ersetzt werden, wenn er seine Pflichten gegenüber dem Kind gröblich verletzt hat, wenn er Gleichgültigkeit gegenüber dem Kind gezeigt hat oder wenn die Vereitelung der Adoption durch den Vater dem Kind zu einem unverhältnismäßigen Nachteil (strenge Voraussetzungen!) gereichen würde (§ 1748 I). Das Gleiche gilt bei nichtehelichen Kindern (§ 1748 IV). Das BVerfG[415] vertritt hierzu die Auffassung, dass die Einwilligung nur ersetzt werden kann, wenn der Vater das Scheitern des Verhältnisses zur Mutter zu verantworten hat.

Mit vollzogener Annahme an Kindes Statt scheidet das Kind vollständig aus dem gesamten Geflecht der rechtlichen Bindungen zur Ursprungsfamilie aus.

Weit häufiger als die beschriebene Art der Adoption ist die durch den neuen Ehepartner des allein sorgeberechtigten Elternteils. Hier endet das Sorgerecht nicht, sondern wird nur (mit einem neuen Stiefelternteil des Kindes) geteilt: Meist teilt sich die Mutter künftig die elterliche Sorge mit dem bisherigen Stiefvater des Kindes. Nach der seit dem 1.7.1998 geltenden Rechtslage sind statistisch die Fälle führend, in denen die Mitsorge vom Vater auf den Stiefvater übergeht .

Dieser musste aber (Rechtslage bis März 2020) mit der Mutter verheiratet sein. Das BVerfG[416] hat noch mit Beschluss vom 26.3.2019 verfügt, dass der Ausschluss der Stiefkindadoption in nichtehelichen Lebensgemeinschaften nicht gegen Art. 3 GG verstoße, weil die Ehelichkeit der Elternbeziehung ein positiver Stabilitätsindikator sei. Am 31.3.2020 trat dann aber § 1766a BGB in Kraft, demzufolge nun die Stiefkindadoption in **verfestigten nichtehelichen Lebensgemeinschaften** zulässig ist – vorausgesetzt, dass keiner von beiden anderweitig verheiratet oder verpartnert ist (woraus sich mittelbar ergibt, dass die Stiefkindadoption auch bei homosexuellen Partnerschaften möglich ist).[417]

Wenn ein Lebenspartner der geschiedenen Mutter eines volljährigen, verheirateten Kindes, dessen Vater verstorben ist, dieses Kind adoptiert und das Kind keinen Ehenamen hat (also den Ehenamen der Mutter behalten hat), können die drei Beteiligten (Mutter, Kind und Lebenspartner) nach Ansicht des FamG Büdingen[418] entscheiden, dass das Kind seinen Geburtsnamen beibehält, obwohl es eigentlich nach § 1757 I BGB den Namen des Annehmenden übernehmen müsste.

Besonderheiten gelten für eingetragene **lesbische Lebenspartnerschaften**: Der gängige Weg zur gemeinsamen Elternschaft ist hier die Samenspende („Becherspende“) mit **heterologer Insemination** bei der Mutter *in spe*. Wenn der Spender, wie üblich, anonym bleiben möchte, muss er im Rahmen der Adoption durch die Lebenspartnerin, die das Kind nicht geboren hat, nicht gefragt werden, d.h. es kann von seiner notariellen Zustimmungserklärung bzw. einem sie ersetzenden Urteil abgesehen werden.[419]

Am Rande noch Folgendes:

Die herrschende Meinung unter Kinder- und Jugendpsychologen geht mittlerweile dahin, dass eine **Inkognitoadoption** für das Kind schädlich ist. Die Kinder leiden

---

[415] BVerfG FamRZ 2006, 1355.

[416] BVerfG FamRZ 2019, 1061.

[417] Zu den Einzelheiten s. Abh. *Helms* FamRZ 2020, 645.

[418] FamG Büdingen FamRZ 2020, 2014.

[419] OLG Bamberg FamRZ 2017, 1236.

dann unter ihrer doppelten Identität. Ihre Schwierigkeiten können nur dadurch gemildert werden, dass man sie über Vergangenheit und Herkunftsfamilie aufklärt. Das hat sich herumgesprochen. In der Abh. von *Frank*[420] wird die Leiterin einer Adoptionsvermittlungsstelle mit den Worten zitiert, sie werde kein Kind an Adoptiveltern vermitteln, die auf einer Inkognitoadoption bestehen, obwohl eine andere Lösung möglich ist.

Das Verfahren richtet sich nach §§ 186–199 FamFG.

Einer **Volljährigenadoption** begegnet die Rspr. mit allergrößtem Misstrauen, weil meist erbschaftssteuerliche Erwägungen oder andere sachfremde Motive im Vordergrund stehen. Sie wird deshalb i. d. R. abgelehnt.[421]

1.6.3 Tod eines Sorgeberechtigten

Wenn die Eltern das gemeinsame Sorgerecht innehaben, steht es dem überlebenden Ehegatten automatisch allein zu – so, als wäre die Ehe nie geschieden worden (§ 1680 I).

Wer nicht Mitinhaber der ES ist, bleibt eine Art Sorgerechtsreservist. Das gilt auch für Väter nichtehelicher Kinder. Stirbt der allein sorgeberechtigte Elternteil, hat das Familiengericht dem verbleibenden Elternteil die Sorge zu übertragen[422] – es sei denn, dass dies dem Wohl des Kindes widerspricht (§ 1680 II 1 BGB).[423] In diesem seltenen Fall[424] ist ein Vormund[425] oder Pfleger[426] zu bestellen. Einen automatischen Vorrang des überlebenden Elternteils gibt es dabei freilich nicht. Dieser erhält aber die ES, wenn Alternativlösungen noch kindeswohlschädlicher sind.[427] Im Einzelfall

---

420 Abh. *Frank* FamRZ 2007, 1693.

421 Beispiele: OLG München FamRZ 2009, 1335; 2009, 1336 und 2009, 1337.

422 Der Vater kann auch dann schon die Übertragung der Alleinsorge auf sich beantragen, wenn der Mutter (nur) das Aufenthaltsbestimmungsrecht entzogen worden ist (BGH FamRZ 2010, 1242).

423 Die primäre Entscheidungszuständigkeit der leiblichen Eltern steht im Vordergrund; deshalb ist in der Regel das Sorgerecht auf den Vater zu übertragen, BVerfG FamRZ 2006, 385.

424 S. BayObLG FamRZ 2000, 972: Das Gericht übertrug die ES für ein sechzehnjähriges Mädchen nicht dem Vater, sondern bestellte die 28-jährige Schwester zum Vormund, weil die inneren Bindungen zwischen Vater und Tochter völlig abgerissen waren und außerdem Streit zwischen Vater und Töchtern über Unterhalt und die Teilhabe am mütterlichen Erbe bestanden (es ging immerhin um einen siebenstelligen Betrag).

425 Prominenter Fall: Ehemann hatte mit seinen Brüdern (evtl. noch mit einem Schwager) die Mutter umgebracht, die sich von ihm getrennt hatte (sog. Ehrenmord). Die Täterschaft des Vaters war zwar nicht erwiesen, jedoch gehörte er zumindest zum Planungsstab. Allen Ernstes wollte also der Vater über das Kind bestimmen, dem er die Mutter genommen hatte. Das BVerfG (FamRZ 2008, 381) übertrug das Sorgerecht einem außenstehenden Einzelvormund.

426 BGH FamRZ 2011, 552.

427 OLG Bremen FamRZ 2021, 1048. Der Vater hatte dort eine deutlich eingeschränkte Erziehungsfähigkeit. Die Bindung des Kindes war schwach ausgeprägt. Gleichwohl bekam der Vater die ES.

kann das Kindeswohl auch die Anordnung einer Vormundschaft gebieten, die nach dem Tod der Mutter vom Vater und vom Großvater[428] gemeinsam ausgeübt wird.[429]

Die Übertragung auf den Vater muss aber nicht die beste mögliche Lösung darstellen; sie darf nur keine Katastrophe für das Kindeswohl bedeuten.[430]

Wenn die Mutter stirbt und sich erst posthum herausstellt, dass der Witwer keineswegs der biologische Vater des Kindes ist, ist dem leiblichen Vater in analoger Anwendung von § 1680 II 2 BGB das Sorgeecht zu übertragen.[431]

1.6.4 Änderung der Sorgerechtsregelung aus triftigen Gründen (§ 1696)

Wenn die Mutter nicht stirbt, ist es für den Vater sehr schwierig, aus dem Reservistendasein herauszutreten. Das OLG Brandenburg[432] hat in einem Fall, in dem es der Mutter attestiert hatte, aufgrund ihrer *„geistigen Minderbemittlung und eigener psychischer Probleme"* zwar nicht in der Lage zu sein, das Kind selbst zu versorgen, eine Gefährdung des Kindeswohls verneint, weil die Mutter sich selbst an das Jugendamt gewandt hatte und das Kind in eine Pflegefamilie gekommen war. Der ABR-Antrag des Vaters fand kein Gehör.

Wenn das Kind nichtehelich ist und das Gericht nach dem Sorgerechtsentzug zulasten der bis dato nach § 1626a II allein sorgeberechtigten Mutter die elterliche Sorge **nicht** auf den Vater überträgt, kann dieser die ES weder durch Verehelichung mit der Mutter noch durch eine Sorgeerklärung erlangen, sondern nur durch eine familiengerichtliche Entscheidung nach § 1696 BGB.[433] Allerdings wird das Gericht in aller Regel dem Vater die ES übertragen, besonders dann, wenn der Vater in tatsächlicher Hinsicht die ES schon wahrnimmt. Nach Ansicht des BVerfG[434] ist § 1680 II 2 BGB dahingehend auszulegen, dass die Sorgerechtsübertragung dem Kindeswohl dient, es sei denn, konkrete Kindesinteressen sprechen dagegen (z. B. drohende Abschiebung des Vaters). Eine „vaterfreundliche" Auslegung kommt aber nicht in Betracht, wenn der Vater mit der Mutter nie zusammengelebt und keine Vater-Kind-Beziehung zustande gebracht hat.[435]

Auch hat schon einmal ein Gericht dem Stiefvater die Vormundschaft übertragen, da das zwölfjährige Mädchen nicht aus der gewohnten Umgebung herausgenommen werden solle und der Stiefvater *„faktisch die primäre Vaterfigur darstelle"*.[436]

---

428 Werden die Großeltern übergangen (also nicht nur nicht bestellt, sondern nicht einmal angehört), haben sie ein Beschwerderecht gegen den besagten Verfahrensmangel. Versäumen sie dies, lässt sich der Verfahrensverstoß des Gerichts nicht mit einer Verfassungsbeschwerde „reparieren", so sinngemäß BVerfG FamRZ 2009, 291. Wenn das Sorgerecht nach Anhörung auf den Vater überragen wird, haben die Großeltern, die das Kind betreut haben, aber kein Beschwerderecht (BGH FamRZ 2011, 552).

429 FamG Leverkusen FamRZ 2004, 1127.

430 FamG Bremen FamRZ 2009, 1503.

431 FamG Leverkusen FamRZ 2006, 878.

432 OLG Brandenburg FamRZ 2008, 1102.

433 BGH FamRZ 2005, 1469.

434 BVerfG FamRZ 2008, 2185.

435 OLG Nürnberg FamRZ 2010, 994.

436 S. BayObLG FamRZ 1999, 103.

Man sieht an diesen Fällen u. a., dass in Sorgerechtssachen eine materielle Rechtskraft, d. h. die allseitige Bindung an formell rechtskräftige Entscheidungen, grundsätzlich nicht besteht.

Das Familiengericht kann also von sich aus oder auf Antrag (wie auch auf bloße Anregung oder auf Vorschlag etwa des Jugendamts) Sorgerechtsentscheidungen wieder ändern, und zwar auch die Entscheidungen höherer Instanzen. Das ergibt sich aus § 1696: Danach haben das Familiengericht und das Familiengericht *ihre Anordnungen zu ändern, wenn dies aus triftigen, das Wohl des Kindes nachhaltig berührenden Gründen angezeigt ist* (so der Wortlaut der Vorschrift ab 1. 7. 1998).[437] Die Entscheidungen sind nach § 1696 III BGB durch das Gericht in angemessenen Zeitabständen zu überprüfen. Entscheidend ist dabei, ob eine Gefahr für das Kindeswohl noch besteht. Unter diesem Leitstern ist z. B. auch die Tragweite einer Trennung des Kindes von seiner Pflegefamilie zu prüfen.[438]

Entziehungsverfahren nach § 1666 haben Vorrang vor Änderungsverfahren nach § 1696.[439]

Für das Vorliegen der Voraussetzungen einer Änderungsentscheidung bedarf es nicht unbedingt eines erheblichen schuldhaften Fehlverhaltens des sorgeberechtigten Elternteils. Vielmehr ist die Vorschrift dazu da, die Fälle zu regeln, in denen die Voraussetzungen der letzten Sorgerechtsentscheidung des Familiengerichts oder einer höheren Instanz im Nachherein entfallen sind. Das ist etwa dann der Fall, wenn der sorgeberechtigte Elternteil sich im Nachherein als erziehungsungeeignet erweist, indem er das Recht des Kindes auf gewaltfreie Erziehung ständig verletzt.[440] Eine Bindung an den Elternwillen oder -vorschlag ist dabei nicht gegeben. Eine Einigung der Eltern über die Wiederherstellung der gemeinsamen ES (nach vorangegangener Alleinsorge des Vaters) stellt schon für sich einen triftigen Grund für eine Änderung nach § 1696 dar.[441] Die Option der Alleinsorge muss aber stets zu einer tatsächlichen Verbesserung der Situation des Kindes führen. Eine solche Verbesserung ist nicht gegeben, wenn die Alleinsorge nur die strikte Weigerung der Mutter stabilisieren würde, das *„Letztentscheidungsrecht aus der Hand zu geben“*.[442]

Der zuletzt gefällten Entscheidung ist die Grundlage entzogen, wenn neue Umstände hinzutreten, die das Kindeswohl nachhaltig gefährden, etwa wenn die sorgeberechtigte Mutter einen neuen Mann kennen lernt, der mit dem Kind nicht zurecht kommt (beiderseitige tief verwurzelte Abneigung), oder wenn die Mutter beabsichtigt, ihrem Liebhaber in ein nach allgemeiner Ansicht barbarisches Land oder an einen Bürgerkriegsschauplatz zu folgen. Oder auch, wenn die Mutter gleich nach der Sorgerechtsübertragung die Arbeit in einem Nachtclub aufnimmt, das Kind unbeaufsichtigt zu Hause allein lässt und sich hartnäckig weigert, die Personensorge ernst zu nehmen.

---

437 S. i. E.: Abhandlung *Ewers* FamRZ 1999, 477 ff.

438 OLG Stuttgart FamRZ 2005, 1273.

439 BVerfG FamRZ 2009, 1472.

440 OLG Thüringen FamRZ 2005, 52 (dort wurde der Änderungsantrag zurückgewiesen, weil die Vorwürfe unbegründet waren).

441 OLG Dresden FamRZ 2002, 632.

442 OLG Braunschweig FamRZ 2002, 121, 122.

Wenn die Mutter mit dem nächsten Ehegatten in die USA auswandern will, kommt unter Beibehaltung der gemeinsamen ES eine Übertragung des Aufenthaltsbestimmungsrechts auf den Vater infrage.[443]

Dabei erlaubt die Neufassung von § 1671 II BGB (*die Pflicht und das Recht* anstelle von *das Recht und die Pflicht*) eine Sorgerechtsregelung gegen den ausdrücklichen Willen des Elternteils, dem das Gericht das Sorgerecht übertragen will.

So übertrug das OLG Karlsruhe die ES für eine ständig randalierende, knapp 17-jährige Tochter, der die Mutter überhaupt nicht mehr gewachsen war, gegen den Widerstand des geschiedenen Mannes, der sich ursprünglich im Abänderungsverfahren um die ES beworben hatte und dann anderen Sinnes geworden war, auf diesen.[444]

Einer Spanierin, die offensichtlich deshalb in ihr Heimatland zurückkehrte, weil sie den ständigen Streit mit ihrem geschiedenen (deutschen) Mann um die Kinder leid war, wurde ebenfalls die alleinige ES übertragen. Vorher hatte beide Eltern das Sorgerecht.[445]

Der Kindeswille spielt eine beträchtliche Rolle. Eine 17-Jährige, die sich für das alleinige mütterliche Sorgerecht entscheidet, hat i. d. R. Erfolg.[446]

Der § 1696 ist nicht dazu geschaffen worden, eine wohlbegründete Alleinsorgeentscheidung bzw. eine Sorgerechtsübertragung auf einen Dritten nach § 1671 V BGB a. F. zu ändern[447], nur weil das gesetzliche Leitbild seit der Reform die gemeinsame ES ist.[448]

Ein Abänderungsantrag nach § 1696 BGB kann aber gleichwohl zum Ziel haben, die gemeinsame ES wiederherzustellen. Eine diesbezügliche Einigung der Eltern stellt bereits einen Abänderungsgrund nach § 1696 dar.[449]

Kritikwürdig ist die Herabsetzung der Eingriffsschwelle, etwa durch das OLG Hamm[450]: Dort wurde die Alleinsorge in Abänderung der Erstentscheidung auf die Mutter übertragen, nur weil die 13-jährige Tochter, die schon des öfteren ihre Meinung geändert hatte, wieder bei der Mutter leben wollte. Denn grundsätzlich sind die Hürden für eine Abänderungsentscheidung höher als bei der Abwägung im Rahmen der ES-Erstzuweisung.[451]

Ist einmal über das Sorgerecht entschieden worden und ziehen die Eltern dann wieder zusammen, wird die Entscheidung nicht von selbst hinfällig, sondern bedarf der Aufhebung durch das Gericht.[452]

---

[443] OLG Nürnberg FamRZ 2000, 1603.

[444] OLG Karlsruhe FamRZ 1999, 801.

[445] OLG Frankfurt FamRZ 2008, 1470.

[446] OLG Brandenburg FamRZ 2008, 1471.

[447] OLG Hamm FamRZ 2000, 1602.

[448] OLG Karlsruhe FamRZ 2000, 1605.

[449] FamG Würzburg FamRZ 1999, 1448.

[450] OLG Hamm FamRZ 2005, 747 (17.11.2004).

[451] So sinngemäß OLG Koblenz FamRZ 2008, 2301 in einem Fall, in dem sich die Mutter um das ABR bemühte, das bis dahin der Mann hatte. Ihr Antrag wurde zurückgewiesen.

[452] KG FamRZ 1994, 119.

Bei Eilbedürftigkeit und Dringlichkeit (**Beispiel:** Die Mutter hat die Flugtickets bereits gekauft) ist auch eine einstweilige Anordnung zulässig. Die Abänderungsvoraussetzungen und die Dringlichkeit müssen dann glaubhaft gemacht werden.

1.6.5 Einschränkung und Entziehung des Sorgerechts (§ 1666)

Auch wer weder stirbt noch sein Kind zur Adoption freigibt, kann das Sorgerecht verlieren. Hierfür ist aber eine eklatante **Kindeswohlgefährdung** erforderlich. Diese kann sich äußern in erzieherischer Unfähigkeit, Sorgerechtsmissbrauch (etwa ständige Misshandlungen) oder Vernachlässigung, aber auch in der schlichten Unmöglichkeit, die ES in elementaren Bereichen auszuüben, etwa dann, wenn die Mutter eine Haftstrafe antreten muss.[453] Die Eingriffsschwelle ist angesichts des verfassungsmäßig gesicherten Elternrechts stets außerordentlich hoch.[454]

Für nicht klar bewiesene Vorfälle gilt:

An den Grad der Wahrscheinlichkeit der Kindeswohlgefährdung sind umso geringere Anforderungen zu stellen, je größer und gewichtiger der drohende Schaden ist.[455]

Ein wiederholter Läusebefall beim Kind rechtfertigt z.B. den teilweise Entzug der ES nicht.[456] Vielmehr muss eine gegenwärtig vorhandene Gefahr die Erwartung begründen, dass der Eintritt eines Schadens mit ziemlicher Sicherheit zu erwarten ist.[457]

Eindeutiger Fall: Jemenitische Eltern misshandeln ihre 16-jährige Tochter, zwingen ihr ein Kopftuch auf, verbieten Handy und Tragetasche und verhindern Schularbeiten.[458]

1.6.5.1 Das rechtliche Instrumentarium

Das Gericht hat hier ein reiches Instrumentarium im Vorfeld der Sorgerechtsentziehung. Es kann Erziehungsbeistandschaft, freiwillige Erziehungshilfe und schließlich Fürsorgeerziehung anbieten bzw. verfügen.[459] Es kann in Einzelfällen Krisenintervention betreiben, also anstelle der Eltern Entscheidungen treffen (§ 1666 III[460]), was bei

---

[453] VGH Baden-Württemberg FamRZ 2022, 450 mit Anm. *Meysen*, S. 455. Allerdings muss es gute Gründe dafür geben, die Mutter nicht in die Mutter-Kind-Abteilung der Haftanstalt aufzunehmen; in der Entscheidung OLG Stuttgart FamRZ 2022 gab es diese Gründe nicht.

[454] Krasses Beispiel: Eine minderjährige Kosovo-Albanerin soll in Deutschland nach dem Willen der Eltern einen Albaner heiraten, statt mit der ersehnte Ausbildung zur Hotelkauffrau zu beginnen. Folge: Entziehung des Personensorgerechts nach § 1666 BGB (OLG Köln FamRZ 2001, 1087).

[455] OLG Karlsruhe FamRZ 2009, 1599 (hier: Risiko der Genitalverstümmelung in Äthiopien).

[456] OLG Hamm FamRZ 2002, 691.

[457] OLG Celle FamRZ 2003, 1490 (dort verneint).

[458] FamG Korbach FamRZ 2003, 1497.

[459] Allerdings können und müssen öffentliche Hilfen nicht unbegrenzt zur Verfügung gestellt werden (Anwendung des Verhältnismäßigkeitsgrundsatzes bei mehrfachem Scheitern angebotener Unterstützungsmaßnahmen), OLG Brandenburg FamRZ 2004, 720 (Ls).

[460] Beantragt wurde dies z.B. in der Sache OLG Naumburg FamRZ 2004, 1806. Dort musste das Gericht einer minderjährigen Schwangeren bestätigen, dass die elterliche Weigerung, einem Schwangerschaftsabbruch zuzustimmen, keineswegs rechtsmissbräuchlich war, zumal die Eltern sich bereiterklärt hatten, das Kind hilfsweise selbst aufzuziehen.

widerstreitenden Elterninteressen auch immer wieder gern – und oft vergeblich[461] – beantragt wird. Es kann schließlich Auflagen erteilen, etwa die Auflage, einen Betreuungspfleger bestellen zu lassen, der dafür Sorge zu tragen hat, dass die Eltern das Kind nicht gegen seinen Willen der *Organisation Scientology* überantworten.[462] Es kann ferner (auch im Wege einer einstweiligen AO) ein Kontaktverbot gegenüber einem mitsorgeberechtigten Elternteil verhängen (§1666 III 4. BGB).[463]

Das Gericht kann und muss, um die endgültige Trennung von Kindern und Eltern nach Möglichkeit zu vermeiden, die Personensorge zunächst zeitweise entziehen.[464] Oder Teilbereiche der ES entziehen.[465] Es kann das Aufenthaltsbestimmungsrecht entziehen und das Kind einer „Erziehungsfamilie" zuordnen.[466] Es kann, wenn ein Elternteil – hier: die Mutter – verschwunden ist[467] oder in Strafhaft sitzt[468], insoweit das **Ruhen** der elterlichen Sorge anordnen.[469] Und es kann die Erklärungen des sorgeberechtigten Elternteils ersetzen, ihm die Vermögenssorge entziehen, und schließlich das Kind von ihm trennen und einer **Pflegefamilie** geben (§§ 1666, 1666a I).[470] Oder auch die ES ganz entziehen und sie dem Jugendamt als Amtsvormund übertragen.[471] Die komplette Übertragung der ES auf Pflegeeltern kann auch auf der Grundlage der Zustimmung der rechtlichen Eltern geschehen (§ 1630 III BGB).[472]

---

461 S. OLG Brandenburg FamRZ 2002, 1274 (Streit über Umgangsrecht).

462 FamG Tempelhof-Kreuzberg FamRZ 2009, 987.

463 OLG Koblenz FamRZ 2020, 1648. Der Vater hatte auf seinem Handy kinderpornografische Videos.

464 OLG Köln FamRZ 1996, 1027.

465 Beispiel (BVerfG FamRZ 2020, 1565): Einer Mutter wurde die ES zu folgenden Teilbereichen entzogen: SGB-Anträge, schulische Angelegenheiten, Gesundheitsfürsorge. Hintergrund war die mütterliche Weigerung, das Kind in eine Förderschule zu geben.

466 BayObLG FamRZ 1997, 572. Als Voraussetzung für die Entziehung reicht aber die Erkenntnis, dass das Kind bei Pflegeeltern besser aufgehoben ist als bei seiner Mutter, nicht aus, so OLG Frankfurt FamRZ 2003, 1316 (Ls).

467 OLG Naumburg FamRZ 2002, 258. Die Besonderheit bestand darin, dass die Eltern nicht verheiratet waren und die Mutter den Vater mit dem Kind sitzen ließ.

468 OLG Dresden FamRZ 2003, 1038 (Bestellung eines Vormundes anstelle einer Sorgerechtsentziehung). Strafhaft an sich rechtfertigt keine Entziehung der ES, so zutreffend OLG Naumburg FamRZ 2003, 1947, i. d. R. auch nicht das Ruhen der ES (OLG Frankfurt FamRZ 2007, 753). Anders, wenn der Vater im ferneren Ausland (hier: Ukraine) inhaftiert ist (OLG Brandenburg FamRZ 2009, 237).

469 Die ES kann nach BGH FamRZ 2005, 29 auch zum Ruhen gebracht werden, wenn ein im Ausland lebender Vater (hier: illegal in Großbritannien befindlicher Türke) sich weigert, Erklärungen abzugeben, die seinen Kindern den Aufenthalt und den Schulbesuch in Deutschland ermöglichen.

470 Klassischer Fall: Vernachlässigung des Kindes infolge mangelnder Erziehungs- und Förderungskompetenz; das Kind kommt nach Entziehung des Aufenthaltsbestimmungsrechts in eine Pflegefamilie (s. z. B. BayObLG FamRZ 2001, 562).

471 OLG Köln FamRZ 2009, 129; BVerfG FamRZ 2020, 1562 (dort verneint bei der Mutter eines gewalttätigen kleinen Kindes, weil im Rahmen eines Eilverfahrens die dem Fachgericht zumutbare Sachverhaltsklärung nicht betrieben worden war). Interessantes Detail: Das FamG hatte zuvor ausgeführt, die Gewalttätigkeiten seien *Hilferufe eines sich in großer seelischer Not befindlichen Kindes.* Die seelische Not der von ihm gepeinigten Kinder blieb unerwähnt.

472 OLG Düsseldorf FamRZ 2020, 1180 (Ls).

1.6.5.2 Das Kind in der Pflegefamilie

§ 1666a BGB ist durch das am 12.4.2002 in Kraft getretene **Kinderrechteverbesserungsgesetz**[473] weiter ausgebaut worden.[474]

Das Kind kann durch gerichtliche Anordnung einer Pflegefamilie übergeben werden, wenn das Kind lebensbedrohlich verletzt worden ist (hier: Schütteltrauma), und zwar unter gleichzeitigem Entzug der ES. Später kann die ES auf die Mutter zurückübertragen werden, auch unter gleichzeitiger Verbleibensanordnung.[475]

1.6.5.2.1 Verbleibensanordnung und Pflegeeltern

Verlangen die leiblichen Eltern, die ja Inhaber der elterlichen Sorge bleiben, das Kind von der Pflegefamilie heraus oder sind nicht bereit, sich mit dem Verbleib des Kindes in der Pflegefamilie einverstanden zu erklären[476], kann das Familiengericht[477] eine sog. Verbleibensanordnung nach § 1632 IV BGB treffen.[478] Der an das Kindeswohl anzulegende Maßstab entspricht dem des § 1666 BGB.[479] Das Kindeswohl muss also schon ernsthaft gefährdet sein.[480] Es ist also eine Güterabwägung anzustellen: Einerseits ist das verfassungsrechtlich geschützte Elternrecht zu würdigen, andererseits das Kindeswohl; dabei darf die Risikogrenze nicht überschritten werden.[481]

Den Antrag auf Herausgabe – der dann ggf. in eine Verbleibensanordnung mündet – können nicht nur die Eltern stellen, sondern auch der Vormund des Kindes.[482]

Die Verbleibensanordnung stellt ein milderes Mittel i. S. v. § 1666a BGB dar als der Sorgerechtsentzug.[483]

---

473 Abgedruckt FamRZ 2002, 803.

474 S. Abh. *Janzen* FamRZ 2002, 785. Zentraler Punkt ist die Ermöglichung der *Wegweisung* (mit kurzem „e"!) eines Elternteils oder eines Dritten bei missbräuchlicher Ausübung der ES, bei Gewaltanwendung gegen Kinder oder bei sonstigem Versagen.

475 OLG Köln FamRZ 2009, 989.

476 S. OLG Celle FamRZ 2007, 659 (Ls).

477 Zuständig ist nicht das Vormundschaftsgericht, sondern das FamG, KG FamRZ 2006, 278.

478 OLG Hamm FamRZ 1998, 447. Zu den Voraussetzungen s. BayObLG FamRZ 2000, 633 und FamRZ 2001, 563. S. a. OLG Hamm FamRZ 2006, 1476. Durch das Kinder- und Jugendstärkungsgesetz (KJSG) vom 3. 6. 2021, im Wesentlichen in Kraft getreten am 10. 6. 2021, und das Gesetz zur reform des Vormundshafts- und Betreuungsrechts vom 4. 5. 2021, das am 1. 1. 2023 in Kraft treten wird, wird u. a. die Möglichkeit einer **Dauerverbleibensanordnung** geschaffen sowie die Chance erhöht, dass die Pflegeperson Vormund wird, s. Abh. *Veit* FamRZ 2021, 1501.

479 OLG Frankfurt FamRZ 2009, 1499.

480 Beantragt der rechtlich Vater die Rückführung von der Pflegefamilie in seinen Haushalt, gelingt das nur, wenn die negativen Folgen einer Traumatisierung des Kindes gering sind, BVerfG FamRZ 2022, 1616.

481 OLG Hamm FamRZ 2013, 1228: Die Mutter trockene Alkoholikerin, das Kind schwer geschädigt durch den Alkoholmissbrauch während der Schwangerschaft. Die Mutter unterlag.

482 OLG Brandenburg FamRZ 2022, 603.

483 OLG Hamm FamRZ 2010, 2083.

Die Voraussetzungen sind jedenfalls dann gegeben, wenn das (hier mittlerweile 18 Monate alte) Kind von den ersten Lebenstagen an von den Pflegeeltern betreut worden ist und zu ihnen eine primäre Bindung aufgebaut hat. Das gilt auch dann, wenn die Erziehungseignung der leiblichen Mutter mittlerweile unbestritten gegeben ist.[484] Die Verbleibensanordnung kann mit einer Umgangsregelung für die leibliche Mutter kombiniert werden.[485] Die Verbleibensanordnung hat zunächst Vorrang vor weitergehenden Beschränkungen der ES (etwa der Übertragung des Aufenthaltsbestimmungsrechts[486]), d.h. sie muss zunächst als milderes Mittel geprüft werden, und hat vor allem den Sinn, eine Herausgabe des Kindes zur Unzeit zu verhindern.[487] Deshalb besteht schon im Vorfeld eines elterlichen Herausgabeverlangens, nämlich dann, wenn mit einiger Wahrscheinlichkeit mit einem solchen gerechnet werden kann, ein Rechtsschutzbedürfnis für eine Verbleibensanordnung.[488]

Wichtiger Gesichtspunkt bei der Verbleibensanordnung ist auch der, dass ein drohender abermaliger Wechsel des Zuhauses das Kindeswohl beeinträchtigt.[489]

Zwischen Herausnahme des Kindes aus dem Haushalt der Pflegeeltern und der Einleitung des Verfahrens auf Verbleibensordnung muss ein unmittelbarer zeitlicher Zusammenhang bestehen.[490]

Verbleibensanordnungen wurden auch in Fällen mit Auslandsbezug ausgesprochen (**Beispiel**: Afghanisches Mädchen mit schweren Kriegsverletzungen kommt zur Behandlung nach Deutschland, passt sich schnell an und bleibt in deutscher Familienpflege[491]).

Eltern und Kind sind i.d.R. vor der Entscheidung nach § 160 FamFG persönlich anzuhören.[492]

---

[484] OLG Frankfurt FamRZ 2004, 720. Ebenso OLG Karlsruhe FamRZ 2004, 722 zu einem 11-jährigen Kind.

[485] OLG Brandenburg FamRZ 2009, 61.

[486] OLG Koblenz FamRZ 2005, 1923.

[487] KG FamRZ 2005, 1923 (Ls).

[488] OLG Brandenburg FamRZ 2006, 1132.

[489] BVerfG FamRZ 2010, 353. Das kindeswohlschädliche Hin und Her hat das BVerfG auch in folgendem Fall hervorgehoben: Ein 6-jähriger Junge wurde aus der Adoptionspflege seiner Pflegeeltern herausgenommen, nachdem der Pflegevater u.a. wegen Verbreitung kinderpornografischer Videos zu einer Bewährungsstrafe verurteilt worden war. Das OLG ordnete die Rückführung des Jungen in den Haushalt der Pflegemutter an, nachdem diese sich von ihrem Mann getrennt hatte. Dagegen legte das Kind, vertreten durch den Amtsvormund, Verfassungsbeschwerde ein und beantragte eine einstweilige AO mit dem Ziel, in der Wohngruppe der Jugendhilfeeinrichtung bleiben zu dürfen, in der es sich nach dem Verlassen der Pflegeeltern befand. Dazu das BVerfG FamRZ 2020, 1645: Die AO hat Erfolg; das Kind bleibt, wo es ist. Denn wenn es zur Pflegemutter zurück müsste und die Verfassungsbeschwerde später Erfolg hätte, müsste es wieder in die Jugendhilfeeinrichtung oder in eine neue Pflegefamilie.

[490] BGH FamRZ 2017, 208.

[491] OLG Hamm FamRZ 2004, 1396.

[492] OLG Brandenburg FamRZ 2000, 1296 (Ls). Damals galten noch die inhaltsgleichen §§ 50a I, 50b I FGG.

Stets sind das Elternrecht, die Grundrechtsposition des Kindes und das Grundrecht der Pflegefamilie gegeneinander abzuwägen.[493]

Ist ein Kind erst einmal in einer Pflegefamilie, bleibt es statistisch in zwei Drittel aller Fälle bis zur Volljährigkeit dabei, weil die Unterbrechung der Bindungen zu den Pflegeeltern (auch bei wiedergewonnener Erziehungsfähigkeit der Mutter!) i.d.R. dem Kindeswunsch und dem Kindeswohl widerspricht.[494] Wenn also zu befürchten ist, dass die Trennung von den Pflegeeltern beim Kind physische oder psychische Schädigungen nach sich zieht, kommt eine **Rückführung** des Kindes nicht in Betracht.[495]

Das gilt umso mehr, wenn nicht die Mutter, sondern die Großmutter, die sich um die elterliche Sorge bewirbt, nachdem ihrer drogensüchtigen Tochter – Mutter des Kindes – die ES entzogen worden ist, die Herausgabe des Kindes verlangt.[496] Großeltern können nur auf eine Verbleibensanordnung hoffen, wenn das Kind längere Zeit in ihrem Haushalt gewohnt hat.[497]

Eine Großmutter, die zugleich Vormünderin des Kindes ist, kann den Vorrang vor den Pflegeeltern genießen und im Ergebnis das Kind von den Pflegeeltern herausverlangen.[498]

Vielfach kommt aber auch – selbst bei schwerwiegendem vorausgegangenem Versagen der Eltern – eine behutsame Rückführung des Kindes aus der Pflegefamilie (§ 1630 III) in den elterlichen Haushalt in Betracht.[499]

Pflegepersonen haben weitreichende Rechte: Sie vertreten die Sorgeberechtigten in allen Angelegenheiten des täglichen Lebens, können im Einzelfall aber auch die volle Personensorge[500] oder die Vermögenssorge übertragen bekommen (§ 1630 II BGB).[501] Sie haben Anspruch auf eine Aufwandsentschädigung.[502]

Der geschilderten Generaltendenz in der Rspr. läuft ein Beschluss des OLG Hamm[503] vom 21.10.2009 zuwider: Dort wurde eine Verbleibensanordnung der Pflegeeltern zurückgewiesen, obwohl das OLG selbst einräumte, dass das Kind *„keine Bindungen zu seinen leiblichen Eltern hatte"*. Das Gericht stützte sich auf einen Sachverständigen, der ausgeführt hatte, dass laut verschiedenen Untersuchungen *„zwischen 25 % und 30 % der betroffenen Kinder trotz mehrfacher Risikofaktoren keine psychischen Störungen entwickeln, d. h. sich resilient verhalten"*.

Die Entscheidung des OLG Hamm[504] ist von *Heilmann*[505] scharf kritisiert worden.

---

493 OLG Hamm FamRZ 2007, 659.

494 OLG Frankfurt FamRZ 2002, 1277.

495 OLG Frankfurt FamRZ 2011, 382 (Ls).

496 OLG Hamm FamRZ 2003, 1858.

497 FamG Dortmund FamRZ 2017, 538.

498 Erfolgreiche Verfassungsbeschwerde der Großmutter in BVerfG FamRZ 2004, 771.

499 OLG Celle FamRZ 2003, 549.

500 KG FamRZ 2006, 1291.

501 Ist die Personensorge nicht übertragen, darf die Pflegeperson keine Eingliederungshilfe nach §§ 39, 40 BSHG beantragen.

502 OLG Stuttgart FamRZ 2006, 1290.

503 OLG Hamm FamRZ 2010, 40.

504 OLG Hamm FamRZ 2010, 40.

505 Anm. *Heilmann* FamRZ 2010, 41.

Die **Pflegeeltern** sind im Falle der Ablehnung der Verbleibensanordnung beschwerdebefugt[506], und zwar auch dann, wenn das Gericht nur eine vorläufige Wegnahme im Wege der einstweiligen Anordnung beschlossen hat.[507] Allerdings haben sie

- kein Beschwerderecht gegen Entscheidungen zur ES, die das Pflegekind betreffen[508],
- auch kein Beschwerderecht gegen Entscheidungen, die das elterliche Umgangsrecht betreffen (**str.**![509]), und
- keine Beschwerdebefugnis gegen Entscheidungen des Familiengerichts über die Auswahl eines Ergänzungspflegers[510],

wie auch ein Vater, der nie Mitinhaber der ES war, kein Beschwerderecht in Verfahren hat, in denen es darum geht, dass der Mutter das Sorgerecht entzogen werden soll.[511]

Die **Mutter**, der die ES entzogen worden ist und die sich gegen eine Verbleibensanordnung wehrt, ist dagegen nicht beschwerdeberechtigt nach § 59 I FamFG.[512] Die Großmutter auch nicht.[513] Beschwerdeberechtigt sind nur der Vormund des Kindes und das Jugendamt (§ 162 III 2 FamFG).

Wenn ein Kind zu Pflegeeltern kommt, bedeutet das nicht automatisch den Kontaktabbruch mit den leiblichen Eltern. Der Wegfall aller Umgangskontakte ist nur dann kein Verstoß gegen das Elternrecht, wenn jeglicher Umgangskontakt das Kindeswohl gefährden würde.[514] Dann kann auch das Sorgerecht den Eltern ganz entzogen werden.[515]

1.6.5.2.2 Adoptionspflege

Die Pflege kann auch Vorstufe zur Kindesannahme sein (**Adoptionspflege**). Wenn etwa eine Mutter das Kind zur Adoption freigibt und der unerwartet auftauchende Vater des (nichtehelichen) Kindes sich um das Sorgerecht (und vorläufig um das Umgangsrecht) bewirbt, kommt es naturgemäß zum Machtkampf zwischen den Adoptionswilligen und dem Vater.

---

506 OLG Frankfurt FamRZ 2022, 1119.

507 OLG Köln FamRZ 2000, 635; BayObLG FamRZ 2000, 1235. Die Beschwerde ist auch zulässig, wenn sie sich um einen Streit zwischen zwei Pflegefamilien handelt (OLG Rostock FamRZ 2001, 1633).

508 BGH FamRZ 2004, 102.

509 BGH FamRZ 2005, 975; OLG Rostock FamRZ 2009, 1767. **A. A.:** Wenn der Umgangsbeschluss unmittelbar in die Rechte der Pflegeeltern eingreift, weil er ihnen eine Verpflichtung auferlegt, haben sie eine Beschwerdebefugnis, OLG Hamburg FamRZ 2009, 1001.

510 OLG Zweibrücken FamRZ 2020, 500; BGH FamRZ 2020, 498 m. w. N.

511 BGH FamRZ 2009, 220; OLG Celle FamRZ 2011, 121.

512 OLG Hamm FamRZ 2011, 1666.

513 OLG Nürnberg FamRZ 2022, 1381 (rechte Spalte).

514 OLG Hamm FamRZ 2004, 1310.

515 OLG Hamm FamRZ 2010, 1747.

1.6.5.2.3 Der Fall Görgülü

In der Pflegeelternproblematik hat der Fall Görgülü Furore gemacht. Er ist ein Paradebeispiel dafür, dass sich bisweilen hochqualifizierte Juristen in einem unwürdigen Gezänk verstricken und dabei das Schicksal des Kindes aus den Augen verlieren. An die Stelle kindeswohlorientierter Rechtsanwendung tritt hier schiere Rechthaberei.

Das OLG Naumburg hatte gegen die Entscheidung des FamG das Kind bei den Pflegeeltern belassen, wobei die Besonderheit darin bestand, dass das Gericht zwar dem türkischen Vater (Herrn *Görgülü*), der keine Schule besucht hatte und keine Berufsausbildung vorweisen konnte, zwar eine Erziehungseignung attestierte (zumal er mittlerweile mit einer Deutschen verheiratet war, die schon zwei Kinder erzogen hatte), dass aber andererseits das Kind schon eine tiefe emotionale Bindung zu seinen Pflegeeltern aufgebaut hatte.[516] Hiergegen wandte sich der Vater mit seiner Menschenrechtsbeschwerde. Der EuGHMR gab ihm insofern recht, als er ein großzügiges Umgangsrecht bejahte[517] und nebenher auch noch Deutschland als Vertragsstaat anwies, die Menschenrechtsverletzung zulasten des Vaters zu beenden. Dass die Entscheidung auch die Rüge enthielt, das OLG habe seine Kritik an der ständigen Rspr. des EuGHMR *„mit unangebrachter Polemik"*[518] vorgetragen, beflügelte das OLG Naumburg[519] möglicherweise noch, einige Monate später (9.7.2004), die Bindung deutscher Gerichte an die EuGHMR-Entscheidung zu bestreiten. Die Übertragung der Alleinsorge nach § 1696 BGB auf den Vater wurde dort brüsk zurückgewiesen. **Der Machtkampf unter den Pflegewilligen hatte sich hier endgültig auf die Gerichte übertragen.** Er wurde dort vom OLG Naumburg[520] mit herben Worten fortgeführt (*„... als die darob auch in Kollision mit Art. 53 EMRK geratene Rechtsprechung des EuGHMR mit ihrer hochgradig ideologisch vorbesetzten Interpretation des ... Anspruchs des ne. Vaters ..."* usw.). In einem weiteres Beschluss (30.6.2004) hatte das OLG Naumburg[521] schon die einstweilige Anordnung aufgehoben, die dem Vater das Umgangsrecht gewährte, nicht ohne zu betonen, dass die Entscheidungen des EuGHMR unmittelbar nur die Bundesrepublik als Völkerrechtsobjekt, nicht aber deren Organe oder Behörden *„und namentlich nicht die Gerichte"* binde.

Danach befasste sich das BVerfG[522] mit dem Fall (aufgrund einer Verfassungsbeschwerde des Vaters) und schrieb dem EuGHMR ins Stammbuch, die Konvention sei *„im Rahmen methodisch vertretbarer Gesetzesauslegung"* zu berücksichtigen. Eine schematische Vollstreckung einer Entscheidung des Gerichtshofs, aber auch eine fehlende Auseinandersetzung mit einer Entscheidung des Gerichtshofs könne gegen Grundrechte in Verbindung mit dem Rechtsstaatsprinzip verstoßen. Im Ergebnis gab das BVerfG dem EuGHMR recht und rügte das OLG Naumburg wegen Verstoßes gegen Art. 6 GG. i. V. m. dem Rechtsstaatsprinzip. Der Verfassungsbeschwerde wurde

---

[516] So EuGHMR FamRZ 2004, 1456, 1457.

[517] EuGHMR FamRZ 2004, 1456.

[518] EuGHMR FamRZ 2004, 1456, 1463.

[519] OLG Naumburg FamRZ 2004, 1507.

[520] OLG Naumburg FamRZ 2004, 1507, 1509.

[521] OLG Naumburg FamRZ 2004, 1510, mit krit. Anm. *Gießler* FamRZ 2005, 815.

[522] BVerfG FamRZ 2004, 1857.

stattgegeben, der Vater bekam das Umgangsrecht mit seinem nichtehelichen Sohn[523] grundsätzlich zugesprochen. Das BVerfG verwies den Fall an einen anderen Senat des OLG Naumburg zurück, der die Beschwerden gegen die vom FamG erlassene einstweilige Anordnung für unzulässig erklärte.

Auf zur nächsten Runde:

Der Vater beantragte eine weitere einstweilige Anordnung. Diese, so sein Vortrag, sei klarstellend geboten, weil Pflegeeltern und Amtsvormund den Umgangskontakt weiterhin vereitelten. Das FamG verfügte einen Umgangskontakt an jedem Samstag für 2 Stunden. Amtsvormund und Verfahrensbeistand legten Beschwerde ein. Das OLG setzte die Vollziehung des familiengerichtlichen Beschlusses aus. Der Vater legte abermals Verfassungsbeschwerde ein. Das BVerfG gab dem Vater Recht und wusch dem OLG Naumburg abermals gehörig den Kopf.[524] Der Strauß der Vorwürfe sah folgendermaßen aus: Sachfremde Erwägungen, Umgehung der Vorschriften, denen zufolge die Beschwerde unzulässig war (§ 621g i.V.m. § 620c 2 ZPO), Verstoß gegen Art. 6 GG, Verkennung er Bindungswirkung der EuGHMR-Entscheidung, unsinnige Bejahung der Kindeswohlgefährdung.

Am 5.4.2005 kam es zu einer weiteren Entscheidung des BVerfG[525], und zwar über die Verfassungsbeschwerde des Vaters gegen die Sorgerechtsentscheidung des OLG Naumburg. Das BVerfG gab der Verfassungsbeschwerde statt und hielt damit die Tür für eine Übertragung der Alleinsorge auf den Vater des nichtehelichen (!) Kindes, d.h. auf den in Konkurrenz mit den Pflegeeltern befindlichen Vater offen.

Man sieht: Am Ende gab es doch noch einen Schulterschluss von EuGHMR und BVerfG.

Nachdem das OLG Naumburg die Übertragung der ES auf den Vater durch Beschluss vom 15.12.2006 endgültig abgelehnt hatte, verlagerten sich die Bemühungen von Vater Görgülü schließlich auf ein großzügig ausgestaltetes Umgangsrecht. Dieses wurde ihm gewährt (alle 2 Wochen am Samstag von 11 bis 18 Uhr, außerdem an einem speziellen Wochenende und in der ersten Hälfte aller mehr als 2 Wochen dauernden Ferien[526]). Da ihm das nicht reichte, erhob er erneut Verfassungsbeschwerde. Diese wurde nicht angenommen.[527]

Offenbar waren Amtsvormund, Pfleger, Pflegeeltern und Vater noch immer nicht des Haders müde. Mit BGH-Beschluss vom 26.9.2007[528] wurde klargestellt, dass der Alleinsorgeantrag des Vaters nicht mehr der Zustimmung der Mutter bedarf, nachdem diese der Adoption zugestimmt hat. Damit war der Sorgerechtsübertragung auf Vater Görgülü der Boden bereitet, was z.B. *Gisela Zenz*[529] zu einer recht drastischen Kritik veranlasste („*... ist die Entscheidung eine existenzielle Katastrophe für den*

[523] BVerfG FamRZ 2004, 1857, 1858.
[524] BVerfG FamRZ 2005, 173.
[525] BVerfG FamRZ 2005, 783.
[526] OLG Naumburg FamRZ 2007, 665 (mit befremdlicher Ausführlichkeit, knapp 8 Seiten!); BVerfG FamRZ 2007, 531, 532.
[527] BVerfG FamRZ 2007, 531.
[528] BGH FamRZ 2007, 1969.
[529] Abh. FamRZ 2007, 2060.

Jungen, eine unmenschliche Zumutung für seine (Pflege-)Eltern und den Adoptivbruder, eine fachlich und moralisch unhaltbare Anforderung an die Amtsvormundschaft" usw. usf.). Richtig an der Kritik ist die Hervorhebung des Kindeswohls, das von *Zenz* allerdings anders interpretiert wird als vom BGH. Dass es für Sachverständige und Gerichte so schwierig sein soll, zu klären, ob das bedauernswerte Kind zu den Pflegeeltern oder zum leiblichen Vater die *primäre soziale Bindung* hat, muss bei Außenstehenden Kopfschütteln hervorrufen.

Durch EA vom 11.2.2008 übertrug das FamG Wittenberg[530] dem Vater dann die Alleinsorge. Anschließend gab die genervte Mutter das Kind zur Adoption frei. Um die Frage, ob bei ruhender elterlicher Sorge der Mutter und Alleinsorgeantrag des Vaters (!) letzterer der Zustimmung der Mutter bedarf, musste sich noch einmal der BGH[531] kümmern, der die Frage dann verneinte, worauf das FamG Wittenberg endlich die Alleinsorge auf den Vater übertragen durfte. Dass dadurch nun Rechtsfrieden eingetreten ist, mag man kaum noch glauben. Der Adoptionsbeschluss stand ja noch aus.

1.6.5.3 Aushöhlung der elterlichen Sorge

Allgemein lässt sich sagen, dass die Rspr. sich mit der Entziehung des Sorgerechts sehr schwer tut. Man versucht sie nach Möglichkeit zu vermeiden.

Vorab ist zu beachten:

Das Gericht kann nur von einer Situation ausgehen, die sich aus einer gerichtlichen **Entscheidung** bzw. aus einer vor Gericht getroffenen **Elternvereinbarung** ergibt**, die familiengerichtlich genehmigt** ist. Diese und nur diese kann geändert werden. Keine Änderung kann eine Einigung zwischen den Eltern erfahren, die nicht gerichtlich „abgesegnet" ist.[532]

Die **weitgehende Aushöhlung der ES** wird als Mittel der Wahl angesehen.

Signifikantes Beispiel ist die Entscheidung des OLG Naumburg[533] vom 30.10.2001: Die Mutter, die knapp 3 Jahre zuvor versucht hatte, ihre Tochter gleich nach der Geburt umzubringen (was nur zufällig nicht gelang), traf auf ein Gericht, das sich mit einer Verbleibensanordnung bei der Pflegefamilie und der Übertragung der Gesundheitsfürsorge[534] auf die Pflegeeltern begnügte.

Eine teilweise Entziehung der ES (hier: **Entziehung des Aufenthaltsbestimmungsrechts**[535], der Entscheidungsbefugnisse in schulischen Angelegenheiten und in Fragen der Heilfürsorge) kommt in Betracht, wenn der Vater sich allen familiären Problemen (etwa der tödlichen Krankheit seiner Frau) entzogen hat und die Kinder

---

530 FamG Wittenberg FamRZ 2008, 777.

531 BGH FamRZ 2008, 2189 (Ls).

532 OLG Thüringen FamRZ 2008, 806.

533 OLG Naumburg FamRZ 2002, 1274.

534 Zur Gesundheitsfürsorge gehört auch das Recht auf Einsichtnahme in ärztliche Behandlungsakten nach § 810 BGB, so AG Saarbrücken FamRZ 2005, 797.

535 Auch durch vorläufige Anordnung möglich. An diese sind besonders hohe Anforderungen zu stellen (hier: Beharrliche Vereitelung des väterlichen Umgangsrechts); vorläufige Ermittlungsergebnisse müssen die Sofortmaßnahme zwingend gebieten, OLG Thüringen FamRZ 2006, 280.

jeglichen Kontakt zu ihm ablehnen.[536] Das gleiche Mittel kommt in Betracht, wenn der dringende Verdacht der Kindesmisshandlung besteht.[537]

Ähnlich das OLG Hamm[538]: Mutter ist alkoholabhängig, Vater hat keine Impulskontrolle. Entzogen wurden ABR, Gesundheitsfürsorge und das Recht zur Beantragung von Hilfen nach §§ 27 ff. SGB VIII.

Die Entziehung des ABR und des Rechts zur Regelung von Schulangelegenheiten bei gleichzeitiger Pflegereinsetzung ist dann angemessen, wenn die Eltern die Beschulung ihrer Kinder kategorisch verweigern und selbst Hausunterricht erteilen wollen.[539] Der Teilsorgeentzug mit Einsetzung eines Ergänzungspflegers wird auch dann vollzogen, wenn die Eltern Bildungsbürger sind, die sich anheischig machen, die Kinder selbst zum Abitur zu führen, übrigens mit der Begründung, die Anforderungen an Schulabschlüsse seien geradezu *ein Witz*.[540]

Dagegen kommt ein teilweiser Entzug in Gestalt des Ausschlusses der gesetzlichen Vertretung im Abstammungsprozess[541] nicht in Betracht. Denn nach §§ 372a, 386 bis 390 ZPO kann ein Zwischenstreit[542] über die Rechtmäßigkeit der Weigerung stattfinden.[543]

Das ABR ist auch schon einmal in einem Fall entzogen worden (Übertragung auf das Jugendamt), in dem jeder verständige Betrachter dem vollständigen Entzug den Vorzug gegeben hätte (Beule am Kopf und Brüche an den Beinen eines Säuglings).[544]

Die ES bleibt, worauf *Hoffmann*[545] in seiner Urteilsanmerkung zutreffend hinweist, eine „heilige Kuh", allerdings, wie man ergänzen muss, eine, die wenig Milch gibt, denn an tatsächlichen Befugnissen blieben der Mutter in dem von *Hoffmann* besprochenen Beschluss nur die Entscheidungen über schulische Belange, Vermögen und religiöse Erziehung, also Teilbereiche, die ohnehin im Streitfall auf die Pflegeeltern übertragen werden würden und müssten.

Ein Sorgerechtsentzug in Bezug auf schulische Belange ist das probate Mittel, wenn die Eltern die Kinder nicht zur Schule schicken, weil sie einer christlichen Sekte

---

536 OLG Köln FamRZ 2004, 827.

537 OLG Koblenz FamRZ 2009, 987. Wenn sich der Verdacht allerdings ausräumen lässt und eine fahrlässige Fehldiagnose eines Rechtsmediziners vorliegt, ist dieser schmerzensgeldpflichtig (LG München I FamRZ 2009, 1629: 20.000 €).

538 OLG Hamm FamRZ 2010, 1742.

539 BGH FamRZ 2008, 45. Der Fall hat vor allem deshalb Furore gemacht, weil das FamG mit dem von ihm eingesetzten Pfleger sozusagen den Bock zum Gärtner gemacht hatte: Er hatte den (baptistischen) Eltern geholfen, die Kinder nach Österreich zu verbringen, wo sie wohl heute noch ihren Hausunterricht genießen.

540 OLG Celle FamRZ 2021, 427, 429. Allerdings hatte in der Erziehungspraxis hier das *unschooling* mehr Gewicht als das *homeschooling*. Überdies waren die Kinder völlig isoliert: Außerhalb der Kernfamilie gab es keine Sozialkontakte.

541 Wegen der Weigerung der Mutter, an einer Blutgruppenuntersuchung der Kinder mitzuwirken.

542 *Kern/Diehm/Förster*, ZPO, Rz. 1 zu § 389 ZPO.

543 OLG Karlsruhe FamRZ 2007, 738.

544 OLG Celle FamRZ 2007, 1265.

545 Anm. *Hoffmann* FamRZ 2002, 1276, 1277.

angehören.[546] Eine Sorgerechtsbeschränkung kommt allerdings nicht infrage, wenn schon eine vollziehbare Ausreisepflicht der Familie besteht.[547]

Tritt durch Dritte eine schwerwiegende Kindeswohlgefährdung ein, für die ein Elternteil einzustehen hat, wird der Dritte erst Verfahrensbeteiligter, wenn er angehört wird oder wenn gegen ihn Maßnahmen nach § 1666 IV ergriffen werden. Akteneinsicht erhält er nur, wenn dies nicht mit dem Kindeswohl kollidiert.[548]

Ggü. dem Sorgerechtsentzug mildere Mittel sind auch Weisungen. In Betracht kommt insbesondere eine **Wegweisung** des Vaters aus der Wohnung, wenn er nachweislich pädophil ist und die Neigung in der Vergangenheit schon gerichtsnotorisch ausgelebt hat.

1.6.5.4 Sorgerechtsentzug als ultima ratio

Schlussendlich kann das Gericht die gesamte Personensorge auch entziehen, und zwar (in Beachtung des Übermaßverbots[549] nach § 1666a I) gemäß § 1666a II, *wenn andere Maßnahmen erfolglos geblieben sind oder wenn anzunehmen ist, dass sie zur Abwendung der Gefahr nicht ausreichen.*

Das kann auch darauf hinauslaufen, dass der Mutter die ES für ein Kind entzogen und für ein anderes unter Auflagen belassen wird.[550]

Die Schwere des Eingriffs in das Elternrecht korrespondiert mit der in aller Regel anzuordnenden **vorläufigen Aussetzung der Vollziehung** bei Einlegung der Beschwerde.[551]

Nach rechtskräftigem Sorgerechtsentzug haben die Eltern gegen die gerichtliche Genehmigung einer freiheitsentziehenden Unterbringung des Kindes kein Beschwerderecht.[552]

1.6.5.4.1 Kindesmisshandlung

Anders in einem Fall, in dem das OLG Hamm[553] den psychisch gestörten Eltern schließlich das Sorgerecht für alle 4 Kinder entziehen musste, weil beide ihre Kinder misshandelt hatten (u. a. hatten sie die Hand eins Kindes *„aus erzieherischen Gründen“* in kochendes Wasser gesteckt). Interessanterweise hatte die Mutter aus einer früheren Beziehung 3 Kinder, der Vater 5 Kinder. Alle 8 Kinder lebten in Pflegefamilien. Für die 4 gemeinsamen Kinder galt fortan das Gleiche.

---

546 OLG Brandenburg und OLG Hamm, jeweils FamRZ 2006, 358 (Ls).

547 OLG Hamburg FamRZ 2020, 922.

548 OLG Köln FamRZ 2001, 37.

549 OLG Saarbrücken FamRZ 2008, 711.

550 OLG Frankfurt FamRZ 2011, 489.

551 BVerfG FamRZ 2010, 528.

552 OLG Hamm FamRZ 2007, 1577. **A. A.:** OLG Karlsruhe FamRZ 2008, 428, das das Beschwerderecht (übrigens nach § 621e ZPO) selbst dann bejaht, wenn den Eltern die ES bereits rechtskräftig entzogen ist!

553 OLG Hamm FamRZ 2010, 1091.

Entzogen wurde das Sorgerecht vorwiegend in **Misshandlungsfällen**, beispielsweise in einem Fall, in dem der Vater durch eine *„übermäßige körperliche Züchtigung"* seiner fünfzehnjährigen Tochter aufgefallen war und sie darüber hinaus psychisch unter Druck gesetzt hatte, um sie zur Rückkehr nach Hause (aus einem Heim) zu bewegen.[554] Bei übermäßigen Züchtigungen kann auch – als kaum weniger einschneidendes Mittel – das Aufenthaltsbestimmungsrecht entzogen werden.[555]

Was eine „übermäßige Züchtigung" ist, muss im Übrigen nach Inkrafttreten (1. 1. 2001) des Gesetzes zur Ächtung der Gewalt in der Erziehung und zur Änderung des Kindesunterhaltsrechts vom 2. 11. 2000 gesehen werden. Denn durch Art. 1 Ziff. 3 dieses Gesetzes ist § 1631 II BGB geändert worden. Er lautet seither:

Kinder haben ein Recht auf gewaltfreie Erziehung. Körperliche Bestrafungen, seelische Verletzungen und andere entwürdigende Maßnahmen sind unzulässig.[556]

1.6.5.4.2 Sexueller Missbrauch

Entscheidungen hierüber dürfen nicht „auf Verdacht" getroffen werden. Die tatsächlichen Umstände, aus denen sich die Gefährdung des Kindeswohls ergibt (etwa sexueller Missbrauch[557] oder fortschreitende seelisch-geistige Verwahrlosung[558] infolge Überforderung der schon mit einer Schar älterer Kinder gesegneten Eltern[559]), müssen zwar nicht klar erwiesen sein[560], jedoch muss, jedenfalls was den sexuellen Missbrauch anlangt, eine erhebliche künftige Schadenseintrittswahrscheinlichkeit vorhanden sein. Über den Grad der Wahrscheinlichkeit[561] sind sich die Gerichte uneins. Laut OLG Karlsruhe[562] reicht es für den Entzug aus, wenn sie sich der 50 %-Marke nähert. Der BGH[563] verlangt in der Rechtsbeschwerdeinstanz zu der Karlsruher Entscheidung – seltsam laienhaft formuliert – eine *ziemliche Sicherheit* und verfügt, dass konkrete Anhaltspunkte gegeben sein müssen; eine nur abstrakte Gefährdung reiche nicht aus.

---

554 BayObLG FamRZ 1993, 229.

555 BayObLG FamRZ 1994, 975.

556 Vom 14. Geburtstag an sind Kinder auch verfahrensfähig, d. h. sie können einen Rechtsanwalt beauftragen (OLG Hamburg FamRZ 2018, 843; hier: Abwehr eines von Amts wegen eingeleiteten Umgangsverbots).

557 Zum Missbrauchsbegriff s. OLG Thüringen FamRZ 2003, 1319 (väterliche Pobisse (!), vom Vater selbst als Bestrafung der Kinder bezeichnet, werden dort unter den Missbrauchsbegriff subsumiert).

558 BVerfG FamRZ 2012, 1127.

559 OLG Köln FamRZ 2008, 1553 (Ls), ebenso OLG Brandenburg FamRZ 2009, 993 (im Haushalt waren 9 verwahrloste mj. Kinder + einige der 5 volljährigen Kinder aus 3 Ehen; ES-Entzug trotz momentaner Zustimmung zur Fremdunterbringung).

560 So noch LG Köln FamRZ 1992, 712.

561 Nicht nur Familienrechtler fragen sich, wie Sachverständige den Wahrscheinlichkeitsgrad zuverlässig ermitteln wollen.

562 OLG Karlsruhe FamRZ 2018, 1830. Die Mutter hatte sich dort mit einem Mann zusammengetan, der schon einschlägig strafrechtlich verurteilt worden war.

563 BGH FamRZ 2019, 598 unter Bezugnahme auf BGH FamRZ 2017, 212. Die Anm. von *Hammer* folgt, S. 604.

Noch zurückhaltender beim Sorgerechtsentzug ist das BVerfG[564]:

Einer Mutter und dem mit ihr phasenweise zusammenlebenden, des Kindesmissbrauchs verdächtigen Vater kann (bei positiv wahrgenommenem Mutter-Kind-Verhältnis) die ES nur entzogen werden, wenn der Verbleib des Kindes im mütterlichen Haushalt mit *„schwerstwiegenden Gefahren"* verbunden ist. Dabei sind alle Erkenntnisquellen auszuschöpfen.

1.6.5.4.3 Emotionale Verwahrlosung von Kindern

Entzogen wurde die ES auch einem Elternpaar, das sich unablässig stritt und seine Konfliktbereitschaft vor den Kindern auslebte.[565] Aufgrund des *„Aufsichbezogenseins"* der Eltern gerieten die Kinder ins emotionale Abseits.

Auch Psychoterror kann zur Sorgerechtsentziehung führen:

Wenn der Vater kein Verständnis für die Trauer seiner Söhne über den Tod der Mutter aufbringt und die Mutter der Kinder weiter schlecht macht, und wenn ferner die Söhne klar äußern, nicht mit dem Vater zusammenleben zu wollen, wird das Sorgerecht entzogen.[566]

Das elterliche Fehlverhalten muss ein solches Maß erreicht haben, dass das Kind im Falle des Verbleibens in der Familie in seinem körperlichen, geistigen oder seelischen Wohl nachhaltig gefährdet wäre.[567] Voraussetzung für die Entziehung ist entweder ein bereits eingetretener Schaden oder die gesicherte Prognose, dass es zu einer erheblichen Schädigung des Kindeswohls kommen wird, wenn nicht interveniert wird.[568]

Ist ein Elternteil erziehungsunfähig und tritt eine nachhaltig ambivalente Haltung gegenüber einer gebotenen Fremdunterbringung der Kinder hinzu, muss die ES entzogen werden.[569]

Eine Mutter, die keinen emotionalen Zugang zu den Kindern findet und sich nicht um deren schulische Belange kümmert, kann gleichfalls das Sorgerecht verlieren.[570] An ihre Stelle kann der nichteheliche Vater treten.[571]

1.6.5.4.4 Psychische Störung bei einem Elternteil

Aber es gibt auch weithin unbekannte Misshandlungsvarianten, etwa das sog. **Münchhausen-by-proxy-Syndrom:** Es zeichnet sich dadurch aus, dass die Mutter (i. d. R. um Aufmerksamkeit zu erregen und im Mittelpunkt zu stehen) dem Kind eine

---

[564] BVerfG FamRZ 2021, 104 mit Anm. *Hammer*, S. 108.

[565] OLG Köln FamRZ 2011, 1307 (Ls).

[566] OLG Hamm FamRZ 2010, 1745.

[567] OLG Köln FamRZ 2006, 877 (Ls).

[568] OLG Saarbrücken FamRZ 2010, 310 (Ls).

[569] OLG Hamm FamRZ 2010, 309.

[570] FamG München FamRZ 2002, 690; ähnlich OLG Hamm FamRZ 2002, 692 zu einem hochgradig gestörten Kind.

[571] FamG München FamRZ 2002, 690.

Krankheit andichtet oder gar heraufbeschwört, um dann eine medizinische Behandlung zu verlangen.[572] Regelfolge ist hier der Sorgerechtsentzug.[573]

Entzogen wurde die ES auch im Falle des **psychosozialen Minderwuchses**[574] des Kindes im Verlauf des von der uneinsichtigen Mutter geduldeten Daueraufenthalts bei seiner kaltherzigen Tante (Schwägerin der Mutter).[575]

Die ES kann auch entzogen werden, wenn die Mutter den Realitätsbezug in Bezug auf das Kind völlig verloren hat. Farbiges Beispiel, entschieden vom OLG Koblenz[576]:

Die Mutter verlangt allumfassende Anpassung der Umwelt an die Hochbegabung ihres Sprösslings. Dieser aber ist mit seinen 10 Jahren bereits ein gewaltgeneigter Soziopath, der die Frage des Senats nach seinem Lieblingsfach mit *„die Pause"* beantwortet und als Freizeitaktivität *„drei Lieblingsserien auf Super RTL"* angibt.[577]

Die Sorgerechtsentziehung setzt kein Verschulden des erziehungsunfähigen Elternteils voraus (OLG Hamm[578]): Leidet etwa die Mutter an Schizophrenie und wachsen die Kinder in einer *„sexualisierten Atmosphäre"* auf, die den konkreten Verdacht sexuellen Missbrauchs der (geistig behinderten) Kinder nahe legt, muss das Sorgerecht verschuldensunabhängig entzogen werden.[579] Auch „nur" schubweise auftretende psychische Erkrankungen (hier: psychotische Schübe) können die Entziehung der Personensorge rechtfertigen.[580] Desgleichen ist die ES zu entziehen, wenn die Mutter auf einen Rollstuhl abgewiesen und dem Alkohol verfallen ist, vorausgesetzt, das (hier achtjährige) Kind wird durch die Erkrankungen der Mutter traumatisiert.[581]

1.6.5.4.5 Tötung eines Elternteils

Schon gewalttätige Auseinandersetzungen unter den Kindeseltern können zum Entzug der ES führen.[582]

Umso mehr gilt das natürlich für Tötungsdelikte:

Hat der Vater (hier: im Rahmen eines vorgetäuschten Raubüberfalls auf seine Familie) die Mutter getötet, kann die Entziehung des Sorgerechts nicht mit der Begründung abgelehnt werden, dass das Strafverfahren noch nicht rechtskräftig abgeschlossen sei.[583]

---

572 OLG Celle FamRZ 2006, 1478.

573 OLG Dresden FamRZ 2008, 712.

574 Erstaunlich für medizinische Laien: Die Ausschüttung der vom Körper des Kindes produzierbaren Wachstumshormone kann unter bestimmten familiären Rahmenbedingungen gehemmt sein.

575 OLG Stuttgart FamRZ 2002, 1279.

576 OLG Koblenz FamRZ 2007, 1680.

577 Auch hier noch einmal als Literaturempfehlung: *Sophie Seeberg*, Die Schakkeline ist voll hochbegabt, ey!, Aus dem Leben einer Familienpsychologin, München 2013 (TB).

578 OLG Hamm FamRZ 2009, 1753.

579 BayObLG FamRZ 1996, 1031.

580 OLG München FamRZ 2004, 1597.

581 OLG Frankfurt FamRZ 2003, 1317 mit Anm. *Doukkani-Bördner* FamRZ 2003, 1318.

582 OLG Köln FamRZ 2007, 1682 (Ls).

583 OLG Hamm FamRZ 1996, 1029.

Wer seine Frau ermordet, kann nicht Inhaber der ES bleiben. Das OLG Brandenburg[584] hat in einem derartigen Fall den Antrag des Mörders zurückgewiesen, die ES lediglich ruhen zu lassen (§ 1674), weil der Nichtentzug die Traumaverarbeitung bei den zur Tatzeit 1, 10 und 11 Jahre alten Kindern beeinträchtigt hätte.

1.6.5.4.6 Kindeswille

Der **Kindeswille** ist beim Sorgerechtsentzug mit zu berücksichtigen, d. h. ein 13-jähriger Junge, der bei seinen Großeltern aufwächst und dort gut integriert ist, soll nicht fürchten müssen, dass er, wie es von der Mutter geplant war und bei Fortdauer der mütterlichen ES auch durchführbar gewesen wäre, in eine vollstationäre Einrichtung kommt.[585]

1.6.5.4.7 Rückübertragung des Sorgerechts

Die ES kann auf die Eltern **zurückübertragen** werden, wenn sich ihr gefährdendes Verhalten gebessert hat.[586] Desgleichen kann der Sorgeentzug aufgehoben werden, wenn die Eltern Erziehungskompetenzen hinzugewonnen haben und nicht mehr überfordert sind.[587]

1.6.5.4.8 Entscheidungen gegen den Sorgerechtsentzug

Zu beachten ist, dass gerade die Rspr. des EuGHMR im Hinblick auf den (auch vorläufigen) Sorgerechtsentzug außerordentlich restriktiv ist. Ein Neugeborenes darf danach *„nur aus außergewöhnlich zwingenden Gründen ohne Anhörung der Eltern und gegen den Willen der Mutter aus deren Obhut genommen werden"*.[588] Das Erziehungsversagen der Mutter im Hinblick auf zahlreiche zuvor geborene Kinder rechtfertigt diese *„drakonische Maßnahme"*[589] nicht.

Auch das BVerfG[590] hat immer die Auffassung vertreten, dass ein Sorgerechtsentzug nur unter strengen Voraussetzungen (akute Kindeswohlgefährdung) möglich ist.

Noch einmal: Der Entzug setzt voraus, dass kein anderes Mittel zur Erhaltung des Kindeswohls mehr greift.[591] Man kann den Eltern das Sorgerecht z. B. nicht schon dann nehmen, wenn sie bei Pflegeeltern besser aufgehoben wären.[592]

---

[584] OLG Brandenburg FamRZ 2020, 2010.

[585] OLG Frankfurt FamRZ 2009, 990.

[586] OLG Brandenburg FamRZ 2008, 713 (es ging um Ordnung und Sauberkeit im häuslichen Umfeld).

[587] OLG Frankfurt FamRZ 2018, 1675. In dem dortigen Fall blieb weiter ungeklärt, woher das im Elternhaushalt erlittene Schütteltrauma des Kindes stammte.

[588] EuGHMR FamRZ 2005, 585.

[589] So EuGHMR FamRZ 2005, 585, 589.

[590] BVerfG FamRZ 2014, 907.

[591] BVerfG FamRZ 2010, 713.

[592] OLG Brandenburg FamRZ 2009, 994.

Die Kindeswohlgefährdung muss auch nachhaltig sein.[593] Verletzungen bei einem Säugling, deren Zustandekommen die Eltern nicht erklären können, müssen nicht zwingend auf vorsätzliche Körperverletzungshandlungen zurückzuführen sein, sondern können auch Folge *„eines unsachgemäßen, nicht kleinkindgerechten Umgangs mit dem Kind in seinen ersten Lebenswochen gewesen sein"*.[594] Ergo keine ES-Entziehung.

Ebenfalls keine Entziehung gab es in folgendem Fall: Eine deutsche IS-Kämpferin war mit ihren vier Kindern aus Syrien zurückgekehrt und hier verhaftet worden (Väter tot oder unbekannten Aufenthalts). Das Gericht[595] beließ es bei der ES der Rückkehrerin, und zwar mit der kritikwürdigen Begründung, es sei ein starkes Zeichen für ihre Läuterung, dass sie die Kinder für die Dauer der Haft ihrer keineswegs islamistisch gesonnenen Mutter überantworten wolle. Diese, also die Großmutter der Kinder, hatte aber ihrerseits einen Betreuer, war nicht in der Lage, ein eigenständiges Leben zu führen, und litt unter psychiatrischen Störungen.

Das Verhältnismäßigkeitsprinzip, die Option der Kontakte zwischen Eltern und Kindern mit Blick auf spätere Wiederzusammenführung[596] und der Grundrechtsschutz der Eltern müssen gewährleistet bleiben. Letzterer gilt nicht nur für das Elternrecht (Art. 6 GG), sondern auch für das Recht auf rechtliches Gehör (Art. 103 I GG), selbst im Eilverfahren.[597]

1.6.5.4.9 Vorratsentscheidung

Der Entzug kann nach Ansicht des OLG Hamm[598] sogar schon vorgeburtlich geschehen, wenn die Erfahrungen des Jugendamts mit den Eltern und ihren Interaktionen mit zuvor geborenen Kindern Anlasse dazu geben. Es handelt sich dann um eine „Vorratsentscheidung", die mit der Geburt wirksam wird.

1.6.5.5 Nach dem Entzug der elterlichen Sorge: Wohin damit?

Das Sorgerecht geht nicht ohne weiteres auf den ggf. verbleibenden Elternteil über, sondern nur dann, wenn es dem Wohl des Kindes nicht widerspricht.[599] Das muss das Familiengericht überprüfen. Kommt es zu dem Ergebnis, dass das Kind beim „Sorgerechtsreservisten" (s. **1.6.3**) einigermaßen gut aufgehoben wäre, wird kein Vormund bestellt; die Vormundsbestellung ist nur eine Art Katastrophenvorbehalt (§ 1680 II), nicht Ausdruck der besseren Lösung.[600] Der nicht mit der Mutter zusam-

593 BVerfG FamRZ 2008, 492: Nicht jedes Versagen und nicht jede Nachlässigkeit berechtigen den Staat, die Eltern – so wörtlich – *„auszuschalten"*.

594 OLG Karlsruhe FamRZ 2007, 576.

595 OLG Frankfurt FamRZ 2020, 1651.

596 EuGHMR FamRZ 2002, 1393; OLG Hamm FamRZ 2004, 1664.

597 BVerfG FamRZ 2002, 1021.

598 OLG Hamm FamRZ 2020, 1355. **A. A.:** OLG Frankfurt FamRZ 2018, 190.

599 Entgegen dem Gesetzeswortlaut und der h. M. meint das FamG Leverkusen (FamRZ 2005, 231 mit krit. Anm. *van Els*), dass es keinen automatischen Vorrang des überlebenden Elternteils gibt.

600 FamG Bremen FamRZ 2009, 1503.

menlebende Vater verdient auch dann den Vorrang vor dem Jugendamt als Vormund, wenn der Verdacht der Scheinehe besteht.[601] Das gilt erst recht dann, wenn er als Verheirateter sowieso Mitinhaber der ES ist. Ist er es nicht, hat er freilich gegen seine Nichtberücksichtigung nach der m.E. falschen Auffassung des OLG Düsseldorf[602] nicht einmal ein Beschwerderecht.

Eine Vormundschaft kann auch eingeschränkt werden, etwa durch die Bestellung eines Ergänzungspflegers, der die Aufgabe hat, das Umgangsrecht der Mutter mit dem durch Großeltern als Vormünder betreuten Kind durchzusetzen.[603]

Im Spannungsfeld zwischen Elternrecht und Kindeswohl überwiegt letzteres, wenn das Sorgerecht als *ultima ratio* entzogen werden muss, wobei dann ggf. auch der Grundrechtsposition der Pflegefamilie aus Art. 6 I und III GG Rechnung zu tragen ist.[604]

Das Familiengericht hat die Chance, bei völlig desolaten Familienverhältnissen die Scheidung oder Trennung zum Anlass zu nehmen, von sich aus die elterliche Sorge *gleich* einem Vormund oder Pfleger zu übertragen (§§ 1671 V, 1672).

Leben die Eltern getrennt, kommt in erster Linie der andere Elternteil als künftiger Inhaber der Alleinsorge in Betracht (§ 1680 III). Das gilt auch dann, wenn die Eltern nicht miteinander verheiratet sind (§ 1626a, 1680 II 2, III).

Zur Sorgerechtsentziehung wegen Bindungsintoleranz s. **2.6.2.**

1.7 Kindesherausgabe

1.7.1 Herausgabe bei Alleinsorge

Wer das **alleinige Sorgerecht** oder das alleinige **ABR**[605] innehat, hat auch einen gesetzlich verbrieften Anspruch auf Herausgabe des Kindes, gleichgültig, ob das Kind sich beim anderen Elternteil oder bei einem Dritten aufhält. Die Personensorge umfasst nämlich, wie es in § 1632 I heißt, *das Recht, die Herausgabe des Kindes von jedem zu verlangen, der es den Eltern oder einem Elternteil widerrechtlich vorenthält.* Wenn es irgendein Dritter ist, der das Kind bei sich behalten will, verschafft einem das Familiengericht den Herausgabetitel, mit dem man dann notfalls den Gerichtsvollzieher beauftragt, der seinerseits die Polizei zur Hilfe holen kann.

Verlangt werden kann von den Eltern auch die Herausgabe des Kindes von einer Pflegeperson an die Großeltern, nicht nur an die Eltern selbst.[606]

Hält sich das Kind dagegen beim anderen Elternteil auf, entscheidet das Familiengericht in einem förmlichen Verfahren nach § 99 FamFG über die Herausgabe. Wenn schon ein Scheidungsverfahren läuft, ist auch das Eilverfahren zulässig (einstweilige

[601] OLG Hamm FamRZ 2009, 1752 (Verdacht der Eheschließung zur Verbesserung des ausländerrechtlichen Status´).

[602] OLG Düsseldorf FamRZ 2009, 1756.

[603] OLG Frankfurt FamRZ 2000, 1240.

[604] BVerfG FamRZ 2000, 1489.

[605] OLG Koblenz FamRZ 2019, 1793.

[606] OLG Karlsruhe FamRZ 2005, 1501.

Anordnung nach § 49 ff. FamFG). Einstweilige und vorläufige Anordnungen auf Kindesherausgabe setzen voraus, dass *„zum Schutz des Kindes und zur Abwehr einer akuten Gefährdung ein dringendes, bis zur endgültigen Sachentscheidung nicht aufschiebbares Bedürfnis für ein unverzügliches Einschreiten besteht"*.[607]

Eine einstweilige Anordnung auf Kindesherausgabe kann auch ergehen, wenn der andere Elternteil, der das Kind „einbehält", bereits in einem Parallelverfahren die Änderung der elterlichen Sorge beantragt hat.[608] Voraussetzung für die Entscheidung im Eilverfahren ist natürlich wieder, dass eine nachhaltige Beeinträchtigung des Kindeswohls zu befürchten ist.

Wenn das Kind vor der Entscheidung des Familiengerichts zum anderen Elternteil zurückkehrt, ist von Amts wegen die Erledigung der Hauptsache festzustellen.[609]

Der Herausgabeanspruch ist auch begründet, wenn er der Realisierung des Aufenthaltsbestimmungsrechts gilt. Eine Kindeswegnahme unter Anwendung von Gewalt als *ultima ratio* ist verfassungsrechtlich unbedenklich, wenn die Mutter lt. BVerfG[610] *„nahezu alles unternommen hat, um ein ordnungsgemäßes fachgerichtliches Verfahren unmöglich zu machen"*.

Das Herausgabeverlangen kann in Ausnahmefällen gegen das Kindeswohl verstoßen und deshalb unbegründet sein. Das OLG Brandenburg[611] hat dies anhand eines Falles entschieden, in dem ein 11-jähriger Junge von einem Besuch bei der Mutter nicht in den Haushalt des Vaters zurückkehren wollte, der Inhaber des ABR war. Dabei hatte die Mutter ihn sogar zum Vater zurückgefahren. Der Junge weigerte sich aber, die väterliche Wohnung zu betreten, und war auch in der Folgezeit nicht davon abzubringen. Der Vater, so sagte der Junge, habe ihn angeschrien, sich abfällig über die Mutter geäußert und ein neues Kind in die Welt gesetzt, um das sich nun alles drehe.

Er durfte bei der Mutter bleiben.

1.7.2 Herausgabe bei gemeinsamer ES?

Der gesetzliche Regelfall (gemeinsame ES) warf ursprünglich Probleme auf, worauf schon die Abhandlung *Gutdeutsch/Rieck*[612] zutreffend hinwies: Der Gesetzestext (... *verlangen, der es den Eltern oder einem Elternteil widerrechtlich vorenthält*) insinuiert die Auslegung, dass entweder zwei Sorgerechtsinhaber das Kind von einem Dritten herausverlangen oder dass einer, nämlich der Inhaber der ES, es vom anderen herausverlangt. Wenn ein Elternteil dem anderen das Kind vorenthält und sich darauf beruft, dass er schließlich (auch) die ES innehabe, greift der Herausgabeanspruch des Sorge- gegen den Umgangsberechtigten nach § 1632 I BGB eigentlich nicht mehr: Herausgabe kann nach § 1632 nur verlangt werden, wenn der die Herausgabe Begehrende alleiniger Inhaber der elterlichen Sorge ist.[613]

---

[607] OLG Düsseldorf FamRZ 1994, 1541.
[608] OLG Zweibrücken FamRZ 2005, 745.
[609] OLG Brandenburg FamRZ 2004, 711.
[610] BVerfG FamRZ 2006, 537, 538.
[611] OLG Brandenburg FamRZ 2007, 1350.
[612] Abh. *Gutdeutsch/Rieck* FamRZ 1998, 1488, 1489.
[613] OLG Nürnberg FamRZ 2000, 369.

Diese Gesetzes- und Rechtsschutzlücke ist, obwohl das Problem bekannt war, im Rahmen der Reformen von 1998 und 2009 erstaunlicherweise nicht gestopft worden. Im Einzelfall mag man sich mit einer analogen Anwendung von Art. 13 Ib Haager Kindesentführungsübereinkommen (HKiEntÜ) beholfen haben, das eigentlich nur für Fälle mit Auslandsbeteiligung gilt, aber das entspricht nicht der h.M. Letztere gesteht dem Anspruchsteller zu, dass anstelle der Alleinsorge das **ABR ausreicht**[614], also eine Situation, in der zwar beide Elternteile die ES haben, aber nur einer das ABR.

Heute gilt: Entweder sind beide Sorgerechtsinhaber; dann können sie die Kindesherausgabe von einem Dritten verlangen. Oder eine(r) hat die Alleinsorge oder bei gemeinsamer ES das ABR; dann kann er die Herausgabe vom anderen verlangen.

Wenn aber beide die uneingeschränkte ES haben, kann nicht einer vom anderen die Kindesherausgabe verlangen.[615]

1.7.3 Vollzugsfähige Entscheidung

Die Entscheidung auf der Erkenntnisebene muss eine Verpflichtung des anderen Elternteils enthalten, etwa dergestalt, dass er/sie das Kind herauszugeben hat.[616] Es muss also eine vollzugsfähige gerichtliche Verfügung vorliegen.[617] Es genügt also nicht, wenn sich die Herausgabeverpflichtung direkt aus dem Gesetz ergibt, etwa aus § 1632 I BGB.[618] Darüber hinaus muss ein schuldhafter Verstoß gegen die Umgangsrechtsregelung in dem erörterten Sinne substantiiert dargelegt werden.[619] Allgemeines Wehklagen über die Pflichtvergessenheit des Sorgeberechtigten reicht also nicht aus.

1.8 Prozessrecht

1.8.1 Zuständigkeiten

Örtlich zuständig für die Regelung der elterlichen Sorge ist das Gericht, in dessen Bezirk die Kinder ihren Wohnsitz haben (§ 152 II FamFG). Dieser *gewöhnliche Aufenthalt* darf nicht von geringer Dauer oder vorübergehend sein.[620] Wenn ein Elternteil – gegen den Willen des anderen mit den gemeinsamen Kindern trotz gemeinsamer ES – fortzieht und beim Gericht des neuen Wohnorts eine Sorgerechtsregelung beantragt, ist das Gericht des alten Wohnorts zuständig, sofern der andere Elternteil dort ebenfalls eine Sorgerechtsregelung beantragt hat, die trotz späteren Eingangs eher zugestellt worden ist.[621] Wenn beide Eltern Inhaber der ES sind und getrennt (in unterschiedlichen Gerichtsbezirken) leben, haben die Kinder einen **doppelten Wohn-**

---

614 *Grüneberg/Götz*, Rz. 3 zu § 1632 BGB; *Staudinger/Salgo*, Rz. 9, 10 zu § 1632 BGB; *Schwab*, Familienrecht, Rz. 846.

615 OLG Naumburg FamRZ 2018, 694.

616 OLG Köln FamRZ 1999, 172.

617 OLG Zweibrücken FamRZ 1999, 173.

618 OLG Brandenburg FamRZ 2001, 1315.

619 OLG Bamberg FamRZ 2000, 489.

620 OLG Hamm FamRZ 2011, 395.

621 OLG Bamberg FamRZ 2001, 777.

sitz.[622] Jeder Elternteil kann also, wenn er das Gericht anruft, zwischen einem der beiden Wohnsitze wählen. Daran ändert auch die Übertragung des Aufenthaltsbestimmungsrechts auf einen von beiden nichts.[623]

Wenn der Aufenthalt des Kindes unbekannt ist, besteht eine **Auffangzuständigkeit** am Wohnort des Auskunftsberechtigten (§§ 152 II, III FamFG).[624]

Bei Unterkommen von Kind und Mutter in einem Frauenhaus ist nur und erst dann das Familiengericht des Bezirks zuständig, in dem das Frauenhaus liegt, wenn die Mutter sich am alten Wohnort polizeilich abgemeldet und am neuen angemeldet hat.[625] Sind die Kinder in der Obhut der Großeltern, so begründen die Eltern damit keinen vom Elternwohnsitz abweichenden eigenen Kindeswohnsitz, sondern haben nur von ihrem Aufenthaltsbestimmungsrecht Gebrauch macht.[626] Das Gleiche gilt, wenn das Kind eines sorgeberechtigten U-Häftlings für zwei Wochen zu dessen Bruder gebracht wird[627]. Wenn beide Eltern die ES haben und die Mutter das Aufenthaltsbestimmungsrecht, bleibt es gleichwohl dabei, dass das Kind einen von beiden Elternteilen abgeleiteten doppelten Wohnsitz hat[628]; dann ist das Gericht zuständig, in dessen Bezirk *das Bedürfnis der Fürsorge bekannt wird* (§ 152 III FamFG).

Haben Kinder, für die über die ES entschieden werden soll, unterschiedliche Wohnorte, so ist i. d. R. der Gerichtsstand des jüngsten Kindes maßgeblich. Aus schwerwiegenden Gründen kann aber diese Zuständigkeitsregel durchbrochen werden.[629]

Gerichtsstandsvereinbarungen sind unzulässig.[630]

Die Regel, dass dann, wenn während der Dauer eines Sorgerechtsverfahrens die Scheidung eingeleitet wird, das erstgenannte Verfahren in den Zuständigkeitssog des Scheidungsverfahrens gerät, ergibt sich aus § 152 I FamFG.

Da ein isoliertes Verfahren wegen des Sorgerechts auch vor Anhängigmachung des Scheidungsverfahrens durchgeführt werden darf[631], dürfen beide Verfahren **vor dem Gericht des Scheidungsverfahrens parallel laufen.** Es ist also zu unterscheiden zwischen der Frage der örtlichen Zuständigkeit und der daran anknüpfenden Frage, ob die Kindschaftssache in den Scheidungsverbund aufgenommen wird. Letzteres kann nur auf Antrag geschehen (§ 137 III FamFG).

Wird ***nach*** der Scheidung ein Abänderungsverfahren nach § 1696 III durchgeführt, so folgt die örtliche Zuständigkeit nicht mehr der des Scheidungsverfahrens, sondern dem Wohnsitz des Kindes (§ 152 II FamFG).

Das nach dieser Vorschrift zuständige Gericht kann das Verfahren an das Gericht des früheren gewöhnlichen Aufenthaltsorts des Kindes verweisen (§ 154 FamFG), wenn

---

[622] So schon BGH FamRZ 1967, 606.
[623] OLG Karlsruhe FamRZ 2006, 486.
[624] OLG Karlsruhe FamRZ 2011, 1888.
[625] OLG Karlsruhe FamRZ 1995, 1210; OLG Hamm FamRZ 1997, 1294.
[626] OLG Frankfurt FamRZ 1996, 1351.
[627] BayObLG FamRZ 1997, 833.
[628] OLG Stuttgart FamRZ 2003, 395.
[629] OLG Hamm FamRZ 2007, 918.
[630] OLG Hamm FamRZ 1997, 1295.
[631] Die Sachentscheidung im isolierten Verfahren gilt unabhängig vom Scheidungsprozess fort.

der Wohnortwechsel auf einer Eigenmächtigkeit des betreuenden Elternteils beruht (Umzug ohne Zustimmung des anderen Elternteils).

Vom Wohnsitz ist der vorübergehende Aufenthalt des Kindes zu unterscheiden.[632] Der Wohnsitz ist identisch mit dem „gewöhnlichen Aufenthalt"; dieser kann auch ein Heim sein, sofern die Rückkehr zum sorgeberechtigten Elternteil nicht beabsichtigt ist.[633] Er kann auch der Wohnort des Kindsvaters sein, wenn die Mutter mit dem Aufenthalt des Kindes beim Vater einverstanden ist.[634]

Beispiel: Sorgeberechtigte Mutter des ne. Kindes wohnt in A (gesetzlicher Wohnsitz des Kindes), Vater in B. B ist der „gewillkürte Wohnsitz". Zuständig ist das Amtsgericht, in dessen Bezirk B liegt.

Wenn die ES vorläufig dem Vater übertragen worden ist, bleibt gleichwohl der Wohnsitz der Mutter maßgeblich.[635]

Wenn eine Vorinstanz fälschlich ihre örtliche Zuständigkeit bejaht hat, ist die Sachentscheidung gleichwohl nicht aufzuheben, wenn das unzuständige Gericht zum Bezirk des Beschwerdegerichts (OLG) gehört.[636]

1.8.2 Sorgerechtsprozesse

Wenn es um die Alleinsorge geht, kann diese nur auf den antragstellenden, nicht auf den anderen Elternteil übertragen werden[637] – es sei denn, dieser hat einen Gegenantrag gestellt.

Wenn die Ehescheidung anhängig ist, darf über die ES nach der Scheidung nur im Scheidungsverbund, nicht im isolierten Verfahren entschieden werden; letzteres wäre unzulässig[638] – es sei denn, das Verfahren ist bereits rechtshängig, wenn das Scheidungsverfahren beginnt, s. **1.8.1**.

Ist die Scheidung samt Sorgerechtssache (als Verbundsache) in der Beschwerde, kommt ein Versäumnisbeschluss vor dem OLG nicht in Betracht.[639]

Da die elterliche Sorge mit dem Eintritt der Volljährigkeit des Kindes endet (dies gilt selbstverständlich auch für die Vermögenssorge), tritt im Verfahren auf Sorgerechtsentziehung mit Volljährigkeit Hauptsachenerledigung ein.[640]

[632] FamG Lindau FamRZ 2007, 1575.
[633] OLG München FamRZ 2006, 1622.
[634] OLG Brandenburg FamRZ 2009, 798.
[635] OLG Thüringen FamRZ 2002, 625.
[636] OLG Köln FamRZ 2007, 1576.
[637] OLG Saarbrücken FamRZ 2011, 120 (Ls).
[638] PKH für ein isoliertes Verfahren wäre wegen Mutwilligkeit zu versagen (OLG Hamm FamRZ 2000, 1092), wobei die Frage offenbleiben kann, ob die Versagung wegen Aussichtslosigkeit hätte stattfinden müssen (so Anm. *Möller* FamRZ 2000, 1092). Denn die Aussichtslosigkeit wegen Unzulässigkeit ist nur eine gesteigerte Form der Mutwilligkeit.
[639] OLG Stuttgart FamRZ 1997, 1486.
[640] Zu Gerichts- und Anwaltskosten in derartigen Fällen s. BayObLG FamRZ 2000, 971.

Neben isolierten oder aus dem Scheidungsverbund heraus gestellten Anträgen auf Übertragung der ES kann ausnahmsweise auch auf **Feststellung der Alleinsorge** prozessiert werden.[641] Folgender Fall lag zugrunde: Während des Trennungsjahrs wurde die Mutter von einem anderen Mann schwanger und gebar ein Kind. Der leibliche Vater erkannte die Vaterschaft sofort an; beide Eltern unterschrieben eine Sorgeerklärung. Der getrenntlebende Ehemann stimmte der Vaterschaftsanerkennung zu. Der Antrag der Frau auf Feststellung der Alleinsorge wurde vom OLG Stuttgart[642] als zulässig (und kursorisch als begründet) angesehen, weil das Kind noch vor Rechtshängigkeit des Scheidungsverfahrens geboren worden war und sowohl Anerkennung als auch Sorgeerklärung schwebend unwirksam gewesen seien.

Wird der Mutter erstinstanzlich die ihr nach § 1626a BGB allein zustehende ES teilweise entzogen und heiratet sie zwischen den Instanzen den Vater, so ist auch dieser beschwerdebefugt.[643]

Eine überlange Verfahrendauer (hier: Ein psychologisches Sachverständigengutachten ist nach 11 Monaten immer noch nicht fertig) rechtfertigte bis November 2011 eine Untätigkeitsbeschwerde nach § 567 ZPO.[644] Wegen des *Gesetzes über den Rechtsschutz bei überlangen Gerichtsverfahren und strafrechtlichen Ermittlungsverfahren* vom 24.11.2011[645], in Kraft getreten am 3.12.2011, ist die Untätigkeitsbeschwerde mittlerweile nach der Rspr.[646] (s. **2.8.3**) unzulässig.[647]

Sorgerechtsverfahren können nach § 21 I FamFG ausgesetzt werden, wenn ein anderes Verfahren (hier: Strafprozess gegen den Vater wegen sexuellem Missbrauch der Tochter) vorgreiflich ist.[648]

In Verfahren wegen Sorgerechtseinschränkung oder -entziehung nach § 1666 BGB ist die Großmutter des Kindes nicht Beteiligte, auch wenn sie das Verfahren wegen Kindeswohlgefährdung selbst durch entsprechenden Antrag in Gang gesetzt hat. Sie ist deshalb auch weder beschwerdeberechtigt noch hat sie Anspruch auf Vkh.[649]

1.8.3 Verfahrensbeistandsbestellung

Dem Kind kann nach § 158 FamFG in Sorge- und Umgangsrechtssachen ein **Verfahrensbeistand**[650] beigeordnet werden[651], insbesondere dann, wenn das Kindesinteresse in erheblichem Gegensatz zum Interesse eines seiner gesetzlichen Vertreter (oder beider Eltern) steht.[652] Das kann im Einzelfall selbst in Verfahren nach § 1666 BGB

[641] OLG Stuttgart FamRZ 2008, 539.
[642] OLG Stuttgart FamRZ 2008, 539.
[643] OLG Koblenz FamRZ 2005, 2079 (Ls).
[644] KG FamRZ 2005, 729.
[645] BGBl. I 2011, 2302.
[646] BGH FamRZ 2014, 1285.
[647] So auch OLG Bremen FamRZ 2013, 570, bezogen auf ein Umgangsverfahren.
[648] OLG Braunschweig FamRZ 2018, 1157.
[649] OLG Zweibrücken FamRZ 2007, 302.
[650] Früher: Verfahrensbeistand nach § 50 FGG. Grundsätzlich hierzu: Abh. *Hannemann/Kunkel* FamRZ 2004, 1833 und Abh. *Menne* FamRZ 2005, 1035.
[651] Zu seinem Aufgabenkreis im Einzelnen s. OLG Dresden FamRZ 2003, 877.
[652] Zu den Voraussetzungen i. E. s. OLG Dresden FamRZ 2000, 1296.

erforderlich sein, in denen die Interessen des Kindes bereits durch das Jugendamt vertreten werden, das seinerseits eine Prozessbevollmächtigte beauftragt hat, denn das Jugendamt kann letzterer Weisungen erteilen, die nicht immer zwangsläufig dem Kindeswohl entsprechen.[653]

Selbstverständlich kann die Bestellung eine Verfahrensbeistands auch im **Umgangsstreit** (neben einem Umgangspfleger, der ja vor allem das praktische Problem der Streitvermeidung in Übergabesituationen zu bewältigen hat) angezeigt sein, insbesondere, wenn die Mutter den Umgangsantrag des Vaters ablehnt, obwohl (oder weil) das Kind den Vater noch nie gesehen hat.[654] Ein Beistand **muss** bestellt werden, wenn ein Ausschluss des Umgangsrechts in Betracht kommt (§ 158 II 2. FamFG).[655]

Vom Verfahrenbeistand zu unterscheiden ist der **Pfleger,** den das FamFG nur für Betreuungs- und Unterbringungssachen vorsieht (§ 104 FamFG und § 340 FamFG). Ferner kennt das BGB den **Umgangspfleger** nach § 1684 III 2 BGB und den **Ergänzungspfleger** nach § 1909. Eine Pflegerbestellung kommt z.B. in Betracht, wenn es um die Genehmigung eines von den Eltern für das Kind abgeschlossenen Grundstückskaufvertrages geht.[656] Vor Inkrafttreten des FamFG konnten Ergänzungspfleger für den Aufgabenkreis bestellt werden, den heute der Verfahrensbeistand innehat. Erforderlich war die Pflegerbestellung nach OLG Stuttgart[657] etwa dann, wenn der Familienrichter zu den Kindern, die sich in einer *„verschlossenen Gemütsverfassung"* befinden, keinen Zugang fand.

Dass der Gesetzgeber ein eigenes Antragsrecht des Kindes auf Bestellung eines Verfahrensbeistands nicht vorgesehen hat, steht der Verfassungsmäßigkeit dieses Rechtsinstituts und dem ausreichenden Schutz des Kindes nicht entgegen.[658] Mehr noch: Es kann eine Beeinträchtigung des verfassungsmäßig geschützten Kindeswohls bedeuten, wenn die Bestellung des Verfahrensbeistands unterbleibt.[659]

Umgekehrt bedarf es nach einer Entscheidung des BVerfG[660]aus dem Jahre 2003 nicht der Bestellung eines Ergänzungspflegers (heute: Verfahrensbeistands), wenn zwischen Kind und sorgeberechtigter Mutter kein Interessenkonflikt besteht und das (hier 12-jährige) Kind bei der Mutter bleiben will.

Der **Verfahrensbeistand** ist **„Sprachrohr"** des Kindes, sein subjektiver Interessenvertreter[661], nicht also jemand, der die dem objektiven Kindeswohl am besten dienende Entscheidung zu erforschen hat.[662] Er hat damit die Stellung eines Prozessbevoll-

---

[653] OLG Köln FamRZ 2001, 845 und OLG Celle FamRZ 2002, 1356; s. a. OLG Hamm FamRZ 2001, 850.

[654] OLG Naumburg FamRZ 2009, 1417.

[655] Siehe auch OLG Saarbrücken FamRZ 2022, 471.

[656] BayObLG FamRZ 2005, 828.

[657] OLG Stuttgart FamRZ 2006, 1857.

[658] BVerfG FamRZ 2004, 86.

[659] VerfG Brandenburg FamRZ 2010, 471.

[660] BVerfG FamRZ 2003, 921.

[661] OLG Dresden FamRZ 2002, 1211; OLG Düsseldorf FamRZ 2003, 167.

[662] OLG Dresden FamRZ 2002, 968.

mächtigten des Kindes[663], allerdings mit begrenztem Mandat.[664] Der Beistand kann auch für mehrere Kinder bestellt werden, wenn zwischen ihnen kein Interessenkonflikt besteht.[665]

Dagegen ist die Bevollmächtigung eines Rechtsanwalts durch ein unter 14 Jahr altes Kind per Verfahrensbeistand nach §§ 106,107 BGB unwirksam.[666] Auch sind die Kinder nicht aktivlegitimiert für die Vergütung des Pflegers, so dass letzterer für Kinder auch nicht Verfassungsbeschwerde wegen dieser Kosten einlegen kann.[667]

Ohnehin bedarf es nicht der Mandatierung eines Rechtsanwalts für das Kind, auch nicht durch die Eltern, wenn das Familiengericht schon einen Verfahrenbeistand bestellt hat. Deshalb ist der Antrag eines Elternteils (bei gemeinsamer ES), ihm die Entscheidungsbefugnis für die Mandatierung nach § 1628 zu übertragen, lt. BGH[668] chancenlos.

Weitergehend meint das OLG Koblenz[669] gegen OLG Dresden[670], dass ein minderjähriges Kind in Verfahren auf Kindesherausgabe kein materielles Recht geltend machen kann und deshalb – auch nach dem 14. Geburtstag – nicht verfahrensfähig ist, mit der Folge, dass es auch keinen Anwalt als Verfahrensbevollmächtigte mandatieren kann.

Da die Wahrnehmung der Kindesinteressen ohne Befassung mit dem Umfeld des Kindes kaum denkbar ist, darf der Verfahrensbeistand auch Gespräche mit dessen Bezugspersonen führen.[671] Im Rahmen der Erforschung der Kindesinteressen ist es in der Regel sogar erforderlich, Gespräche mit Eltern und anderen Bezugspersonen zu führen.[672] Den Familienmitgliedern ist ein „Antrittsbesuch“ abzustatten.

Ein Unterlassen kann Amtshaftungsansprüche gegen den Träger des Jugendamtes (wenn das Jugendamt Verfahrensbeistand ist) auslösen, etwa dann, wenn die Pflegeeltern das Kind misshandelt und nicht hinreichend ernährt haben.[673] Dagegen besteht kein Schadensersatzanspruch, wenn die Pflegemutter das Kind fahrlässig von der Wickelauflage fallen lässt.[674]

Das OLG Brandenburg ist demgegenüber der Meinung, dass der Verfahrensbeistand, wenn er über eigene Büroräume verfügt, aus Kostengründen das Kind dort anzuhören hat.[675]

---

[663] OLG Rostock FamRZ 2002, 969.

[664] Er ist z. B. nicht berechtigt, an Hilfeplangesprächen nach § 36 SGB VIII teilzunehmen, so VerwG Gelsenkirchen FamRZ 2002, 1352.

[665] OLG Brandenburg FamRZ 2011, 1872 (Ls).

[666] OLG Hamm FamRZ 2002, 1127.

[667] BVerfG FamRZ 2004, 1267.

[668] BGH FamRZ 2018, 1512.

[669] OLG Koblenz FamRZ 2019, 706.

[670] OLG Dresden FamRZ 2019, 707, allerdings in einem Auskunftsverfahren nach § 1686 BGB, mit ablehnender Anm. *Hammer*, S. 708.

[671] OLG Stuttgart FamRZ 2003, 322.

[672] OLG Stuttgart FamRZ 2003, 934.

[673] BGH FamRZ 2005, 93.

[674] BGH FamRZ 2006, 544.

[675] OLG Brandenburg FamRZ 2006, 1777.

Die Bestellung eines Verfahrensbeistands kann auch rückgängig gemacht werden. Jeder Beteiligte kann eine Überprüfung beim Familiengericht *anregen.*[676] Das Gericht muss dann überprüfen, ob eine Gefährdung der Kindesinteressen nach § 158 IV 2, Ziff. 2 FamFG vorliegt.

1.8.4 Rechtsmittel gegen Hauptsacheentscheidungen

Gegen isolierte Sorgerechtsentscheidungen ist die Beschwerde zulässig (zuständig: das OLG, in Bayern das BayObLG). Die Beschwerde ist befristet (**1 Monat**), § 63 I FamFG. Zulässig ist sie nur gegen Endentscheidungen.[677]

Neu geschaffen durch das FamFG ist das Rechtsmittel der **Anschlussbeschwerde** (§ 66 FamFG)und der **Anschlussrechtsbeschwerde** (§ 73 FamFG). Sie gibt einem Beschwerdeberechtigten Gelegenheit, sich der Beschwerde eines anderen Beteiligten anzuschließen.[678]

Der Vater eines nichtehelichen Kindes ist zwar befugt, den Antrag auf Entziehung der ES zulasten der Mutter zu stellen; er hat jedoch kein Beschwerderecht, wenn der Antrag abgelehnt wird.[679]

Gegen Verbundentscheidungen zum Sorgerecht findet ebenfalls die Beschwerde beim OLG statt. Beschwerdeentscheidungen müssen nicht verkündet werden. Sie sind bereits „in der Welt", wenn sie einem der Beteiligten formlos – auch telefonisch – mitgeteilt werden, können somit danach vom Gericht auch nicht mehr abgeändert werden.[680]

Wenn das Sorgerecht nicht erstinstanzlich im Verbund anhängig war, kann es nicht mehr in den Beschwerderechtszug eingebracht werden. Der Antragsteller muss dann den Weg des isolierten Verfahrens beschreiten.[681]

Die Anordnung, ein **kinderpsychologisches Gutachten** einzuholen, kann mit Beschwerde angefochten werden, weil die psychologische Begutachtung nur mit Zustimmung des Sorgeberechtigten durchgeführt werden darf[682], wobei allerdings dessen Zustimmung in Härtefällen nach § 1666 BGB vom Familiengericht ersetzt werden kann.[683] Sodann ist für die Begutachtung dem Sorgeberechtigten das ABR zu entziehen und auf einen Verfahrenspfleger zu übertragen.[684]

---

676 KG FamRZ 2022, 212.
677 BGH FamRZ 2005, 1240.
678 Einzelheiten bei *Maurer* FamRZ 2009, 465, 467.
679 OLG Hamm FamRZ 2006, 1467; ebenso OLG Saarbrücken FamRZ 2008, 1366.
680 BGH FamRZ 2000, 813.
681 OLG Hamburg FamRZ 2000, 842.
682 OLG Frankfurt FamRZ 2001, 638: Es sind deshalb keine vorbereitenden Zwangsmaßnahmen zulässig.
683 OLG Zweibrücken FamRZ 1999, 521.
684 OLG Rostock FamRZ 2011, 1873.

In FamFG-Verfahren ist die Beweisanordnung grundsätzlich unanfechtbar.[685] Allerdings ist eine Zwangsgeldandrohung für den Fall, dass der betreuende Elternteil einem gerichtlich bestellten Sachverständigen den Kontakt mit dem Kind verweigert, unzulässig.[686]

Eine außerordentliche Beschwerde ist zulässig, wenn ein Beschluss ergeht, der die Ablehnung einer Sachentscheidung bedeutet, obwohl Entscheidungsreife vorliegt.[687]

Außerhalb von Ehe- und Familienstreitsachen herrscht ein **gelockerter Begründungszwang** (§ 65 I FamFG): Die Beschwerde soll, muss aber nicht begründet werden.[688]

Gegen die Beschwerdeentscheidung kann nach § 70 FamFG **Rechtsbeschwerde** erhoben werden. Sie muss aber vom Beschwerdegericht zugelassen werden. Zuzulassen ist sie nach § 70 II FamFG nur,

- wenn die Rechtssache grundsätzliche Bedeutung hat oder
- wenn die zur Rechtsfortbildung oder zur Sicherung einer einheitlichen Rspr. erforderlich ist.

Nach § 72 FamFG ist die Rechtsbeschwerde (wie die Revision) nur zulässig, wenn vorgetragen wird, dass die angefochtene Entscheidung **Rechtsverletzungen** enthält.

Die Zulässigkeit der **Sprungsrechtsbeschwerde** ergibt sich aus § 75 FamFG.

1.8.5 Eilverfahren

Vorbemerkung:

Es gibt nach Inkrafttreten des KindRG nur noch ein „ordentliches" Sorgerechtsverfahren, nämlich das auf Übertragung der *Sorge nach der Trennung der Eltern* (§ 1671 BGB). Die Entscheidung wirkt über die Scheidungsrechtskraft hinaus.

1.8.5.1 Die einstweilige Anordnung

Daneben gibt es das sogenannte Eilverfahren.

Einstweilige Anordnungen (§§ 49 ff. FamFG) können als summarische Eilverfahren Regelungen treffen, z. B. zum Aufenthaltsbestimmungsrecht[689], auch zum Entzug desselben.[690] Das gilt auch für Entscheidungen zugunsten des Wechselmodells.[691] Einstweilige Anordnungen können auch vom BVerfG (im Verfassungsbeschwerde-

---

[685] OLG Koblenz FamRZ 2000, 1233.

[686] OLG Koblenz FamRZ 2000, 1233.

[687] OLG Köln FamRZ 2002, 563.

[688] Abh. *Maurer* FamRZ 2009, 465, 474.

[689] OLG München FamRZ 1999, 111; OLG Köln FamRZ 2005, 1583 (Ls); OLG Karlsruhe FamRZ 2008, 633.

[690] OLG Hamm FamRZ 2006, 1478 (depressive Mutter mit aggressiven Gefühlsdurchbrüchen). FamG Saarbrücken FamRZ 2003, 1859: Mutter ist schwer depressiv, Kinder gehen nicht zur Schule.

[691] OLG Brandenburg FamRZ 2019, 1252.

verfahren) erlassen werden.[692] Sie sind seit dem 1.9.2009 **hauptsacheunabhängig** (§ 51 FamFG). Den Parteien steht es dann frei, ein Hauptsacheverfahren einzuleiten. Eine Verbindung des Eilverfahrens mit dem Hauptsacheverfahren ist nicht zulässig.[693] Die Verselbständigung der einstweiligen Anordnung wird auch dadurch sinnfällig, dass das Rechtsschutzbedürfnis für ein Hauptsacheverfahren auf Sorgerechtsübertragung nicht schon durch eine vorausgegangene Anordnung entfällt.[694]

Eine Eilbedürftigkeit (Dringlichkeit im Sinne des Kindeswohls) muss auf jeden Fall gegeben sein.[695] Daran fehlt es, wenn die gesamte ES übertragen werden soll.[696] Salopp gesagt: Dann kann es ja nicht so eilig sein. Logischerweise können Gegenstand von Eilverfahren ABR-Anträge oder inhaltliche Teilbereiche der ES sein.

Man sollte sich vergegenwärtigen, dass Anordnungen vielfach endgültigen Charakter haben: Wenn schon, wie das OLG Hamm[697] festgestellt hat, i.d.R. ein abermaliger Ortwechsel als Ergebnis der Beschwerde gegen die einstweilige Anordnung nicht dem Kindswohl entspräche, dann gilt das umso mehr für die Hauptsacheentscheidung, die meist noch viel länger auf sich warten lässt.

Wird ein Antrag auf Erlass einer einstweiligen Anordnung ohne mündliche Verhandlung zurückgewiesen, besteht nach § 54 II FamFG die Möglichkeit, eine mündliche Verhandlung herbeizuführen, in der das Gericht dann erneut zu beschließen hat. Eine Verfassungsbeschwerde gegen die Erstentscheidung ist mangels Erschöpfung des Rechtsweges unzulässig.[698]

Der Antrag auf EA kann auch zum Ziel haben, die gemeinsame ES wieder herzustellen.[699]

Auch in Fällen, in denen bei gemeinsamer ES das Familiengericht einem von beiden Eltern die Einzelfallentscheidung nach § 1628 BGB überträgt, ist eine Eilentscheidung ist in Gestalt einer einstweiligen Anordnung zulässig.[700] Ein Antrag auf einstweilige Verfügung kann **nicht** in einen Antrag auf einstweilige Anordnung **umgedeutet** werden. Hiergegen wendet sich *van Els*[701]: Angesichts der verwirrenden Vielfalt von Rechtsschutzverfahren sei es geboten, fehlerhaft gewählte Prozesshandlungen umzudeuten. Dem ist zuzustimmen.

Nur in Ausnahmefällen kommt die vorläufige Übertragung der ES in Betracht. Derartige Verfahren können nur auf Antrag eines Elternteils, nicht auch von Amts wegen

---

[692] BVerfG FamRZ 2009, 676.

[693] OLG Stuttgart FamRZ 2010, 1678.

[694] OLG Nürnberg FamRZ 2010, 1679.

[695] Beispiel: Die Eltern praktizieren das Wechselmodell, streiten sich aber entsetzlich vor den Augen der Kinder, OLG Köln FamRZ 20143, 47 (Ls).

[696] OLG Nürnberg FamRZ 2011, 131.

[697] OLG Hamm FamRZ 2009, 432.

[698] BVerfG FamRZ 2005, 966.

[699] OLG Hamm FamRZ 2011, 120, wo es um Probleme mit einem Sohn ging, der Austauschschüler in Kanada war. Der Vater kannte sich dort aus; die Mutter hatte aber die AS.

[700] OLG Karlsruhe FamRZ 2005, 1187.

[701] Anm. *van Els* FamRZ 2005, 2076.

durchgeführt werden[702], was allerdings von Amts wegen eingeleitete Sorgerechts(entzugs)verfahren und vorläufige Regelungen des Jugendamts nicht hindert.[703]

Die Entscheidung im Eilverfahren hat Gültigkeit bis zur Entscheidung in der Hauptsache. Der Antrag kann auf die Trennungszeit beschränkt sein[704], obwohl eine auf die Dauer des Getrenntlebens beschränkte Sonderregelung nach der Neufassung von § 1671 jedenfalls im Hauptsacheverfahren nicht mehr zulässig ist. Die Rspr. ändert einmal getroffene vorläufige Anordnungen nur ungern wieder ab; dieses entspräche – so OLG Brandenburg[705] – nicht dem Kindeswohl, da den Kindern ein mehrfacher Wechsel zwischen den Eltern nicht zuzumuten ist. Außerdem muss naturgemäß ein **dringendes Bedürfnis für ein unverzügliches Einschreiten** gegeben sein[706] – aus objektiver Sicht, denn subjektiv hält jeder Elternteil seinen Fall für auf der Stelle klärungsbedürftig. Eine solche Eilbedürftigkeit ist nicht gegeben, wenn die Eltern 1 ½ Jahre lang erfolgreich das Wechselmodell praktiziert haben und einer von beiden plötzlich behauptet, das Kind brauche einen festen Lebensmittelpunkt.[707] Sie ist aber z. B. gegeben, wenn das Kind von seiner Hauptbezugsperson getrennt ist und darunter leidet (eigenmächtige Mitnahme des Kindes durch einen Elternteil).[708]

Sobald die Entscheidung in der Hauptsache vorliegt, tritt die vorläufige Anordnung außer Kraft.[709] Wenn zu dem Zeitpunkt, da die Eilentscheidung ergehen soll, bereits alle Erkenntnisse vorliegen, die eine Entscheidung zur Hauptsache ermöglichen, darf erst gar keine Anordnung mehr erlassen werden.[710]

Die nacheheliche elterliche Sorge kann vorläufig (für die Dauer des Scheidungsverfahrens, s. § 56 I FamFG) in einer einstweiligen Anordnung nach § 49 I FamFG geregelt werden, für die gleichfalls die FamFG-Vorschriften gelten, was in erster Linie bedeutet: Das Gericht kann und muss von Amts wegen ermitteln, ist also bei der Entscheidungsfindung nicht beschränkt auf die von den Prozessparteien beigebrachten Beweismittel.

Das Familiengericht muss nach § 52 I FamFG das Hauptsacheverfahren einleiten, wenn eine der Parteien dies nach Erlass der Eilentscheidung beantragt.

OLG Hamm[711]: Bei scheidungsunabhängigen Änderungen des Sorgerechts oder auch „nur" des Aufenthaltsbestimmungsrechts ist die *vorläufige Anordnung* zulässig. Bei greifbarer Gesetzeswidrigkeit ist die dagegen gerichtete Beschwerde zulässig.

Die Terminologie ist uneinheitlich. Um eine klare Linie zu schaffen, sollte man die gesetzlich normierten Fälle des FamFG-Eilverfahrens „einstweilige Anordnungen" und die von der Rechtsprechung entwickelten „vorläufige Anordnungen" nennen.

---

702 OLG Brandenburg FamRZ 2001, 1230 (Ls).
703 OLG Hamm FamRZ 2004, 1046.
704 OLG Zweibrücken FamRZ 2000, 963 (Ls).
705 OLG Brandenburg FamRZ 1998, 1249.
706 OLG Bamberg FamRZ 2001, 1310. Es muss außerdem aufgrund glaubhaft gemachter Tatsachen wahrscheinlich sein, dass die Endentscheidung *„in die gleiche Richtung geht"*.
707 FamG Hannover FamRZ 2001, 846.
708 OLG Brandenburg FamRZ 2009, 445.
709 OLG Karlsruhe FamRZ 1998, 568; OLG München FamRZ 1999, 1006.
710 OLG Frankfurt FamRZ 2000, 1037.
711 OLG Hamm FamRZ 1995, 1209.

1.8.5.2 Sofortige Beschwerde gegen die Eilentscheidung

Ein Rechtsmittel (sofortige Beschwerde) ist gegen den Eilbeschluss zum Sorgerecht (wie auch zur Kindesherausgabe, zum Verbleiben des Kindes bei einer Pflegeperson, zum Gewaltschutz und zur Wohnungszuweisung, **nicht dagegen zum Umgangsrecht**) gegeben (§§ 57, 63 II 1. FamFG). Die Frist beträgt **zwei Wochen.** In der Beschwerdeinstanz ist zu beachten, dass es schwerwiegender Gründe bedarf, eine bereits vollzogene einstweilige Anordnung wieder abzuändern.[712] Das Kind soll nicht vor der Entscheidung in der Hauptsache mehrfach „verschubt" werden.

Die Eilentscheidung kann naturgemäß durch die Hauptsacheentscheidung geändert werden; umgekehrt kann letztere nicht durch eine einstweilige Anordnung geändert bzw. außer Kraft gesetzt werden.[713] Wenn in gleicher Sache eine Hauptsacheentscheidung ergangen ist, besteht für einen Rechtsbehelf gegen die einstweilige Anordnung kein Rechtsschutzbedürfnis.[714]

Eine weitere Beschwerde (Rechtsbeschwerde an den BGH) ist nur statthaft, wenn das OLG sie zulässt (§ 70 FamFG).

Allemal können einstweilige Anordnungen in der 1. Instanz auf Antrag wieder aufgehoben werden (§ 54 FamFG). Dabei kann auf Antrag auch vorab die Vollstreckung aufgehoben oder beschränkt werden (§ 55 FamFG).[715]

1.9 Zwangsvollstreckung

Mit dem Herausgabebeschluss (s. **1.7**) hat man noch keinen unmittelbar vollstreckbaren Titel. Falls das Kind nicht freiwillig herausgegeben wird, bedarf es eines weiteren Beschlusses nach § 89 FamFG (s. hierzu **2.6.1**), demzufolge Zwangsgeld und Zwangshaft bis zu 6 Monaten (ohne zuvorige Androhung!) verhängt werden sowie schließlich auch – für den Fall, dass „alle Stricke reißen" – dem berechtigten Elternteil gestattet wird, zur Durchsetzung der Herausgabe Gewalt anzuwenden.

Letzteres ist allerdings, wie das OLG Hamburg[716] klarstellt, keine Einladung zur Selbsthilfe in Gestalt des Faustrechts, sondern die Erlaubnis, dem Gerichtsvollzieher einen Vollstreckungsauftrag zu erteilen. Dieser ist endlich zur Gewaltanwendung (notfalls unter Zuhilfenahme der Polizei) befugt, nicht nur gegenüber dem sich widersetzenden Elternteil, sondern auch gegenüber den Personen, an die das Kind durch den besagten Elternteil „weitergereicht" worden ist[717], auf keinen Fall aber gegenüber dem Kind selbst (§ 90 II FamFG). Das Recht zur Gewaltanwendung gegenüber Kindern ist von der Literatur schon vor Inkrafttreten des FamFG zum Teil bestritten worden.[718]

---

[712] OLG Brandenburg FamRZ 2004, 210.

[713] OLG Karlsruhe FamRZ 2004, 1044.

[714] BVerfG FamRZ 2019, 534.

[715] S. hierzu Abh. *van Els* FamRZ 2001, 1706.

[716] OLG Hamburg FamRZ 1994, 1128.

[717] OLG Zweibrücken FamRZ 2004, 1592.

[718] Abh. *Kerstin Diercks* FamRZ 1994, 1226, die alle *damals* infrage kommenden Anspruchsgrundlagen – § 33 II FGG, § 1631 I BGB und § 33 II FGG i. V. m. § 1631 III BGB – verneinte.

Unbedingt ist dabei zu beachten, dass der Gläubiger keine Sprosse auf der juristischen Eskalationsleiter überschlagen darf: Der Herausgabetitel führt nicht unmittelbar zum Recht des Gläubigers, den Gerichtsvollzieher mit der gewaltsamen Herausnahme des Kindes aus der Wohnung des Widerstrebenden zu beauftragen. Denn schon das Betreten der Wohnung ist eine Durchsuchung i. S. v. Art. 13 II GG, die nur durch den Richter[719] nach § 91 I FamFG angeordnet werden kann.[720] Erst recht gilt das für die Gewaltanwendung, für die es nach Ordnungsgeld und Ordnungshaft eines weiteren Beschlusses bedarf.

1.10 Kostenfragen in Sorgerechtsverfahren

Die Kostenproblematik hat mehrere Aspekte:

Zum einen muss auf die – stets wertabhängigen – Kosten der Höhe nach geachtet werden. Zu den Kosten gehören auch die Kosten der Zwangsvollstreckung; zu diesen zählen aber nicht die Kosten einer vom Vater in Eigenregie, wenngleich rechtmäßig durchgezogen Rückführung des Kindes aus dem Ausland (hier: Sardinien[721]).

Alsdann ist die Kostenverteilung von Interesse.

Die Optionen, die geeignet sind, den Beteiligen Anwaltskosten zu ersparen (Vkh und VKV) werden im **Vermögensrecht** unter **5.2.6** und **5.4** besprochen.

1.10.1 Anwaltsgebühren in Sorgerechtssachen

Heute gilt gemäß RVG die Unterscheidung zwischen ordentlicher und freiwilliger Gerichtsbarkeit nicht mehr.

In isolierten Sorgerechtsprozessen ist auf der Grundlage des am 1. 1. 2021 in Kraft getretenen *Kostenänderungsgesetzes 2021* und des neuen Gegenstandswerts von **4.000 €** im Falle einer Einigung wie folgt abzurechnen:

1,3 Verfahrengebühr, § 13 RVG, Nr. 3100 VV RVG	361,40 €
1,2 Terminsgebühr, § 13 RVG, Nr. 3104 VV RVG	333,60 €
1,0 Einigungsgebühr, § 13 RVG, Nr. 1003 VV RVG	278,00 €
Auslagen, Nr. 7002 VV RVG	20,00 €
Summe	993,00 €
19 % Mwst.	188,67 €
Ergebnis	**1.181,67 €**

Die auf 0,8 geminderte Gebühr nach Nr. 3101 Nr. 3 VV RGV findet keine Anwendung, wenn das Sorgerechtsverfahren streitig war.[722]

[719] Der für Vollstreckungssachen zuständige Richter des Amtsgerichts, in dessen Bezirk das Kind wohnt, *Horndasch/Viefhues*, FamFG-Kommentar, Rz. 3 zu § 91 FamFG.

[720] BVerfG FamRZ 2000, 411. Die Voraussetzungen entsprechen denen des § 758a ZPO, so *Horndasch/Viefhues*, FamFG-Kommentar, Rz. 3 zu § 91 FamFG.

[721] OLG Bremen FamRZ 2002, 1720.

[722] OLG Nürnberg FamRZ 2005, 741.

Vorprozessual gilt:

Die Beratungsgebühr ist auf 250 € begrenzt, die Erstberatungsgebühr auf 190 €.

Die Mittelgebühr für die vorgerichtliche Tätigkeit nach außen beträgt nicht mehr 1,3, sondern 1,5 (Vorbemerkung 2.3 III VV-RVG).[723]

Eine **Einigungsgebühr** nach Nr. 1000 RVG-VV fällt auch dann an, wenn die Einigung durch Gerichtsbeschluss bestätigt werden muss.[724] Das gilt auch und gerade für **isolierte Sorgerechtsverfahren.**[725] Eine Einigungsgebühr kann auch dadurch ausgelöst werden, dass die Eltern sich nach gegenläufigen Anträgen zum Aufenthaltsbestimmungsrecht darauf verständigen, dass die Kinder zu einem Großelternteil kommen und es bei der unbeschränkten gemeinsamen ES bleibt.[726]

Dies gilt natürlich auch bei einer Einigung im **isolierten Umgangsrechtsprozess**[727].

Voraussetzung ist immer die Mitwirkung an einer Einigung; vollstreckbar muss der Vergleich nicht sein.[728] Eine Einigungsgebühr nach Nr. 1000 RVG-VV fällt auch dann an, wenn die Einigung durch Gerichtsbeschluss bestätigt werden muss.[729] Abgegolten wird jede streitbeendende Einigung, auch eine solche, die (nach Umgangsvereinbarung im Parallelverfahren) den ursprünglichen Sachstand (gemeinsames Sorgerecht) bestätigt.[730]

Eine Einigungsgebühr kann auch dadurch ausgelöst werden, dass die Eltern sich nach gegenläufigen Anträgen zum Aufenthaltsbestimmungsrecht darauf verständigen, dass die Kinder zu einem Großelternteil kommen und es bei der unbeschränkten gemeinsamen ES bleibt.[731] Das Gleiche gilt, wenn im Rahmen eines gerichtlichen Vermittlungsverfahrens nach § 160 FamFG (ehem. § 52a FGG) eine einvernehmliche Regelung zustande kommt.[732]

Weitere Fälle des Entstehens der Einigungsgebühr:

- Die Eltern verständigen sich auf ein Ruhen der Mitsorge des Vaters (bei Hauptantrag auf ES-Übertragung auf die Mutter).[733]
- Die Eltern treffen eine Zwischeneinigung.[734]

---

[723] Wegen der weiteren Einzelheiten die die Abh. *Dürbeck/Schneider* FamRZ 2021, 1341, 1345 (mit zahlreichen Rechenbeispielen) zu empfehlen.

[724] OLG Nürnberg FamRZ 2005, 741; OLG Zweibrücken FamRZ 2006, 219.

[725] OLG Zweibrücken FamRZ 2006, 637; OLG Zweibrücken FamRZ 2007, 231; OLG Braunschweig FamRZ 2008, 1465. **A. A.:** OLG Koblenz FamRZ 2006, 720.

[726] OLG Koblenz FamRZ 2005, 1846.

[727] OLG Stuttgart FamRZ 2008, 2140.

[728] OLG Stuttgart FamRZ 2007, 1832.

[729] OLG Nürnberg FamRZ 2005, 741.

[730] OLG Dresden FamRZ 2008, 1009.

[731] OLG Koblenz FamRZ 2005, 1846.

[732] OLG Brandenburg FamRZ 2006, 1473.

[733] OLG Oldenburg FamRZ 2014, 1938 (Ls).

[734] OLG Oldenburg FamRZ 2014, 1939; OLG Zweibrücken FamRZ 2014, 1939; KG FamRZ 2014, 1940.

Bei überschießendem Vergleich entsteht die volle Einigungsgebühr, allerdings keine Erhöhung der Terminsgebühr, wohl aber die Verfahrensdifferenzgebühr.[735]

Keine Einigungsgebühr entsteht, wenn ein Begehren nicht weiterverfolgt wird.[736]

1.10.2 Kostenentscheidung

Über die Kosten der Sorgerechtsentscheidung wird im **Scheidungsprozess** – wie bei allen Folgesachen – nicht isoliert entschieden; die Kostenquotelung steht in der Schlussentscheidung.

Wer gegen eine im Scheidungsverbund getroffene Sorgerechtsentscheidung Beschwerde einlegt und diese im weiteren Verlauf wieder zurücknimmt, trägt analog § 515 III ZPO die Kosten des Beschwerdeverfahrens.[737]

In **isolierten Sorgerechtsverfahren** trägt in der Regel jeder seine eigenen Anwaltskosten. Wegen der Gerichts- und Sachverständigenkosten bestimmt das Gericht nach billigem Ermessen den Kostenschuldner.[738] Nach § 81 II FamFG können die Kosten ganz oder teilweise einem Beteiligten auferlegt werden,

- wenn dieser durch grobes Verschulden Anlass für das Verfahren gegeben hat,
- wenn sein Antrag von vornherein keine Erfolgsaussicht hatte,
- wenn er gelogen hat,
- wenn er seine Mitwirkungspflichten schuldhaft verletzt hat und
- wenn er einer Beratungsanordnung[739] nach § 156 I FamFG nicht nachgekommen ist.

Wenn einem von beiden Vkh bewilligt worden ist, trägt nicht der andere die gesamten Sachverständigenkosten.[740] Nach Auffassung des OLG München[741] kann das **Beschwerdegericht** im Rahmen der Billigkeitsprüfung auch über die Gerichts- und Sachverständigenkosten dahingehend entscheiden, dass entgegen der Kostenordnung, derzufolge nur einer von ihnen zur Erstattung verpflichtet ist, der andere einen teilweisen oder vollständigen Ausgleich an ersteren zu leisten hat.

In Sorge-, Herausgabe- und Umgangsverfahren kann das Gericht anordnen, dass von der Erhebung einer Gerichtsgebühr abzusehen ist.

Fehlt die Kostenentscheidung, haften die Eltern als Gesamtschuldner[742], im Innenverhältnis also je zur Hälfte. Wenn aber dem anderen Elternteil Vkh ohne Ratenzahlung bewilligt worden ist, muss der andere die gesamten Gerichtskosten incl. Sach-

---

[735] OLG Naumburg FamRZ 2014, 1939 (Ls).

[736] OLG Celle FamRZ 2014, 1938.

[737] OLG Dresden FamRZ 1997, 1019.

[738] S. OLG Celle FamRZ 1996, 1559. I. d. R. ist zu quoteln, was nicht zwingend bedeutet, dass jeder die *Hälfte* der gerichtlichen Auslagen zu tragen hat, so zutreffend FamG Offenbach FamRZ 2002, 1123.

[739] Dazu i. E. OLG Düsseldorf FamRZ 2020, 1368.

[740] OLG Nürnberg FamRZ 2004, 391.

[741] OLG München FamRZ 2002, 409.

[742] OLG Hamm FamRZ 1996, 1557; OLG Koblenz FamRZ 2001, 698.

verständigenkosten tragen und kann auch nicht die Hälfte davon gegen den anderen festsetzen lassen.[743]

Pflegeeltern haben gegen Kostenentscheidungen, die die elterliche Sorge für das Pflegekind betreffen, nicht einmal ein Beschwerderecht.[744] In Rechtsstreitigkeiten über die Verbleibensanordnung können den Pflegeeltern jedenfalls ins der ersten Instanz weder Gerichtskosen noch Auslagen (insbesondere Sachverständigenkosten!) auferlegt werden.[745]

Verfahren, die eine Sorgerechtsänderung betreffen, sind FamFG-Verfahren. Ergeht dort keine Entscheidung in der Hauptsache, ist gegen die Kostenentscheidung die Beschwerde nach §§ 58 ff. FamFG zulässig.[746]

Wird gegen die Sachentscheidung **Beschwerde** eingelegt und entstehen in der Beschwerdeinstanz gerichtliche „Auslagen" in Gestalt eines erheblichen Sachverständigenhonorars (hier: gut 11.500 DM), werden diese Auslagen dem Beschwerdeführer schon dann nicht auferlegt, wenn seine Beschwerde einen Teilerfolg in Form der Einräumung eines Umgangsrechts hatte.[747]

Stets muss man sich vergegenwärtigen, dass die **Kosten des Sachverständigengutachtens** den mit Abstand größten Teil der Gerichtskosten ausmachen. Deshalb ist es auch Aufgabe des Gerichts, die Vorhersehbarkeit und Transparenz dieser Kosten zu gewährleisten. Der Sachverständige hat nach § 407a III 2 ZPO die Obliegenheit, die Überschreitung des Vorschusses anzuzeigen.[748] Der Richter sollte alsdann – jedenfalls im Regelfall – die Zustimmung zur Kostenüberschreitung auf eine bestimmte Obergrenze beschränken.[749]

1.11 Der Vaterschaftstest

Die Frage, wie die „Ehelichkeitsfeststellung" erfolgen darf, ist durch den Gesetzgeber geklärt.

---

743 OLG Koblenz FamRZ 2001, 111.

744 BGH FamRZ 2000, 219.

745 OLG Celle FamRZ 2004, 390.

746 *Horndasch/Viefhus/Reinken*, FamFG-Kommentar, 3. Aufl., Rz. 21 zu § 61 FamFG (Frist: 1 Monat, § 63 I FamFG.

747 OLG Hamm FamRZ 2001, 1474.

748 Das gilt allgemein im Familienrecht. Wenn die Kosten extrem hoch zu werden drohen, muss der Sachverständige z. B. auch in Umgangssachen dem Gericht Bescheid sagen, wenn die Kosten ca. 9.000 € betragen werden, OLG Nürnberg FamRZ 2019, 130.

749 **A. A.**: KG FamRZ 202, 411. Dort wurde die Überschreitung der ursprünglichen Kostengrenze von 9.000 DM auf 17.000 DM gebilligt, obwohl der Sachverständige lediglich angekündigt hatte, mit 9.000 DM nicht auskommen zu können. Zutreffend ist allerdings, dass der Sachverständige seinen Gebührenanspruch behält, wenn offensichtlich ist, dass auch nach erfolgter Anzeige betr. Vorschussüberschreitung seine Tätigkeit vom Gericht nicht eingeschränkt oder beendet worden wäre.

1.11.1 Testung gegen den Willen der Mutter

Das OLG Celle[750] verneinte schon 2004, also vor Inkrafttreten der Reform am 1. 4. 2008 (**11.1.3.**) die Verwertbarkeit einer DNA-Analyse, die ohne Wissen des Kindes zustande gekommen ist (der Vater hatte der Rechtsmedizin dort ein Kaugummi seines Sohnes vorgelegt), wegen Verletzung der informationellen Selbstbestimmung des Kindes. *Huber* hat in seiner Anm. zur vorgenannten Entscheidung des OLG Celle[751] zu Recht darauf hingewiesen, dass ein „heimlicher", gegenüber dem Kind unbemerkt bleibender Test schonender und für den Familienfrieden weniger störend ist als ein gerichtliches Vaterschaftsfeststellungs- oder Ehelichkeitsanfechtungsverfahren, zumal der Verdacht von vier Fünfteln aller zweifelnden Väter sich als unbegründet erweist. In der Tat: Warum soll man da unnötig alle Beteiligten in Unruhe versetzen? Aber er fand kein Gehör.

Die Revision gegen das Urteil des OLG Celle hatte keinen Erfolg. Der BGH[752] erklärte heimlich veranlasste DNA-Vaterschaftsanalysen nicht nur für nicht verwertbar, sondern auch für rechtswidrig. Es räumte dem Persönlichkeitsrecht in Gestalt der informationellen Selbstbestimmung einen höheren Rang ein als dem Interesse des Vaters oder Scheinvaters, außergerichtlich Klarheit über seine Vaterschaft zu gewinnen.[753]

Gern übersehen wird der sorgerechtliche Aspekt väterlicher Alleingänge: Eine Testung ist keine Alltagsentscheidung nach § 1687 I 2 BGB.[754] Beide Eltern müssen sie mittragen.

Wenn das Kind minderjährig ist, kommt es auf die Willensbildung beider Eltern an, sofern beide die elterliche Sorge innehaben. Das OLG Celle[755] meint aber, dass Jugendliche ab 14 Jahre – Verstandesreife und Urteilfähigkeit vorausgesetzt – selbst entscheiden können, ob sie an einem Abstammungsgutachten mitwirken.

Pränatale Vaterschaftstests sind in Deutschland grundsätzlich verboten.[756]

1.11.2 Heimliche DNA-Analyse und Vkh

Das OLG Schleswig[757] hat noch 2005 einen heimlichen DNA-Vaterschaftstest zum Anlass genommen, die Erfolgsaussichten einer anschließenden Vaterschaftsanfech-

[750] OLG Celle FamRZ 2004, 481.

[751] *Huber*, FamRZ 2004, 825, 826.

[752] BGH FamRZ 2005, 340, 341 und FamRZ 2005, 342.

[753] Ebenso BGH FamRZ 2005, 342.

[754] Abh. *Huber* FamRZ 2006, 1425, 1427.

[755] OLG Celle FamZ 2018, 1851.

[756] Ausnahme: § 17 VI GenDG. Danach ist der Test zulässig, wenn die Schwangere Opfer eines Verbrechens nach §§ 176–178 StGB geworden ist. Eine Legalisierung der pränatalen Vaterschaftstests wird in der Abh. von *Dethloff/Lugani/Timmermann* FamRZ 2022, 1073 befürwortet.

[757] OLG Schleswig FamRZ 2005, 1097.

tungsklage[758] im Pkh-Verfahren zu bejahen.[759] Ähnlich das OLG Dresden[760]: Danach ist auch ein heimlich eingeholtes Abstammungsgutachten geeignet, die Schlüssigkeit der – allerdings unverzichtbaren – Anfechtungsklage zu begründen. Aber das ist Rechtsgeschichte: Nach der Reform von 2008 waren solche Entscheidungen nicht mehr zu erwarten.

Gerichtliche Abstammungsgutachten sind aber nach wie vor verwertbar, auch dann, wenn sie letztlich nur eingeholt worden sind, weil das Gericht das zuvor heimlich eingeholte DNA-Gutachten für unverwertbar erklärt hatte. Es gibt also keine „Fernwirkung" des Verwertungsverbots (analog zur strafrechtlichen Problematik der *fruit of the poisonous tree*).[761] Schließlich das OLG Koblenz[762]: Zwar reicht ein heimlich eingeholtes DNA-Gutachten nicht einmal zur schlüssigen Darlegung von Zweifeln an der Vaterschaft (!) aus; wenn jedoch die Mutter in Reaktion auf dieses Gutachten den Mehrverkehr einräumt, reicht das für die schlüssige Darstellung nach § 1600b I aus (!). Im Klartext: Das DNA-Gutachten ist die Frucht vom vergifteten Baum, die darauf basierende Erklärung der Mutter jedoch nicht mehr.

Klar dürfte sein, dass jedenfalls gegen den erklärten Willen des Kindes nichts auszurichten ist. Die Feststellung der Ehelichkeit eines Kindes ist – s. o. – keine alltägliche Frage, über die ein Umgangsberechtigter gegen den Willen des Kindes allein entscheiden darf.

Ein Schmerzensgeldanspruch des Kindes wird durch ein heimliches DNA-Gutachten nicht begründet.[763]

Unabhängig von der Problematik der heimlich eingeholten DNA-Gutachten gibt es keine Vkh, wenn die Vaterschaft durch die Kindesmutter angefochten wird, nachdem diese einem bewusst falschen Vaterschaftsanerkenntnis zugestimmt hatte (Mutwilligkeit der Rechtsverfolgung).[764]

---

[758] Die Vaterschaft kann u. a. vom Ehemann angefochten werden, aber auch vom Kind, vertreten durch die Mutter (§ 1600a BGB). Beklagter ist dann der Ehemann. Der biologische Vater kann sich dem Prozess als Nebenintervenient anschließen und Berufung einlegen (OLG Oldenburg FamRZ 2005, 1841). Er hat ein rechtliches Interesse daran, dass der Ehemann den Prozess gewinnt, d. h. dass letzterer sich als tatsächlicher Vater erweist. Nach einem Referentenentwurf vom 3. 4. 2006 soll auch die „zuständige Behörde" die Vaterschaft anfechten können, wenn der angebliche Vater zuvor nach § 1592 Ziff. 2 BGB anerkannt hat. So soll der **Missbrauchsgefahr** (Verbesserung des ausländerrechtlichen Status' durch Anerkenntnis der Vaterschaft für ein fremdes Kind) begegnet werden, s. Synopse FamRZ 2006, 990.

[759] Ein ähnlich hoher Grad an Schlüssigkeit und damit Erfolgsaussicht (im Rahmen der Pkh-Prüfung) wird erreicht, wenn der vermeintliche Vater, der die Vaterschaft anerkannt hat, eine ärztlich attestierte eingeschränkte Fertilität behauptet und nachweist, dass die Mutter sich geweigert hat, einem an einem außergerichtlichen Vaterschaftstest mitzuwirken, so OLG Dresden FamRZ 2006, 1129.

[760] OLG Dresden FamRZ 2005, 1491.

[761] BGH FamRZ 2006, 686, 687.

[762] OLG Koblenz FamRZ 2006, 808 (Ls); dazu Anm. *Richter* FamRZ 2006, 1220.

[763] FamG Wetter FamRZ 2006, 552.

[764] OLG Köln FamRZ 2006, 1280.

1.11.3 Die Reform der Vaterschaftsfeststellung

Als ein Vater Verfassungsbeschwerde erhob, nachdem ein heimlicher Vaterschaftstest kriminalisiert worden war, stellte das BVerfG[765] am 13.2.2007 zwar erwartungsgemäß fest, dass heimlich eingeholte Abstammungsgutachten gegen das Recht des Kinds auf informationelle Selbstbestimmung (Art. 2 I, Art. 1 I GG) verstoßen, verpflichtete den Gesetzgeber aber im selben Atemzug, bis zum 31.3.2008 *ein rechtsförmiges Verfahren bereitzustellen, in dem die Abstammung eines Kindes von seinem rechtlichen Vater geklärt und nur ihr Bestehen oder Nichtbestehen festgestellt werden kann.*

Sinn dieses **am 1.4.2008** in Kraft getretenen Gesetzes ist der, dem Vater die Wahl zu überlassen, entweder die Beendigung der rechtlichen Vaterschaft (Fristwahrung vorausgesetzt) zu erreichen oder einfach nur Klarheit zu schaffen und damit die Grundlage für weitere Entscheidungen zu bereit zu stellen. Es gibt also seither zwei Verfahren, das **Vaterschaftsklärungsverfahren** und das optional daran anschließende **Anfechtungsverfahren**. Zitat[766]:

> *„Doch kann sich der Wunsch eines rechtlichen Vaters auch allein darauf richten, zu wissen, ob das Kind wirklich von ihm abstammt, ohne zugleich seine rechtliche Vaterschaft aufgeben zu wollen. Dies kann darin begründet liegen, dass er zwar Klarheit über die Abstammung des Kindes haben will, sich aber mit dem Kind persönlich so verbunden fühlt, dass er auch dann, wenn er nicht der Erzeuger des Kindes ist, diesem rechtlicher Vater bleiben möchte. Auch ist möglich, dass der rechtliche Vater zunächst einmal seine Zweifel über die Abstammung des Kindes ausräumen möchte, um sich nach Kenntnis des Ergebnisses einer entsprechenden Begutachtung, sollte diese seine biologische Vaterschaft nicht bestätigen, dann damit auseinanderzusetzen und sich klar darüber zu werden, welche rechtlichen Konsequenzen er daraus ziehen will.“*

Dem ist uneingeschränkt zuzustimmen.

Das gilt auch und insbesondere deshalb, weil rechtliche Väter bis zur Novelle ohne vorgeschaltetes Klärungsverfahren innerhalb der Zweijahresfrist (Anfechtungsfrist nach § 1600b I i.V.m. § 1592 BGB) triftige Anhaltspunkte für das Nichtbestehen der Vaterschaft vortragen mussten. Ein anonymer Telefonanruf, in dem der rechtliche Vater auf den Mangel an Ähnlichkeit mit seinem Kind hingewiesen wird, reicht dafür nicht.[767] Andeutungen und Gerüchte reichen auch nicht.[768]

Die Reform gibt Vätern endlich einen zuverlässigen Hebel in die Hand, ihre Vaterschaft gerichtlich zu klären und anschließend, wenn sie es wünschen, anzufechten.

Ein Scheinvater darf selbst dann die Vaterschaft anfechten, wenn ihm bei Anerkennung der Vaterschaft klar war, dass er nicht der biologische Vater war. Der Einwand unzulässiger Rechtsausübung greift hier nicht.[769]

---

[765] BVerfG FamRZ 2007, 441.

[766] BVerfG FamRZ 2007, 441, 446.

[767] BGH FamRZ 2008, 501.

[768] OLG Brandenburg FamRZ 2018, 517 (Ls).

[769] OLG Düsseldorf FamRZ 2022, 1295.

Um der Vollständigkeit willen sei darauf hingewiesen, dass auch weitere Beteiligte die Vaterschaft anfechten können, nämlich nach § 1600a III auch das Kind (vertreten durch die rechtlichen Eltern, die über das „Ob" der Anfechtung zu entscheiden haben[770], und das Jugendamt als Ergänzungspfleger nach §§ 1795, 1909 BGB für den Prozess). Für den Beginn der Anfechtungsfrist ist die Kenntnis des Ergänzungspflegers maßgeblich.[771]

1.12 Epilog: Mietmutter und Mitmutter, Spender und Spenderin

Als „Nachschlag" zum 1. Kapitel muss noch einmal die Frage aufgeworfen werden, wer eigentlich **Träger der elterlichen Sorge** ist.

Auf den ersten Blick ist sie einfach zu beantworten: Die verheirateten Eltern bzw. die ledige Mutter. Aber wie wird man zu Eltern? Natürlich, so lautet die erstaunte Antwort, durch Zeugung und Geburt.

1.12.1 Leihmütter

Was aber ist mit den **Leihmüttern** (Mietmüttern)? Leihmütterverträge verstoßen gegen den deutschen *ordre public*, sind also sittenwidrig.[772] Außerdem ist die Vermittlung von Leihmüttern nach § 13c Adoptionsvermittlungsgesetz untersagt, also rechtswidrig. Das hindert weder den Leihmutterschaftstourismus[773] noch die Geburt durch Leihmütter im Inland. Der Ehemann stellt sein Sperma zur Verfügung, die Ehefrau spendet ein Ei und die Leihmutter trägt das befruchtete Ei aus. Wer ist die Mutter? Nach deutschem Recht **unanfechtbar** die Frau, die das Kind gebiert (§ 1591 BGB), also auch die Leihmutter. Es gibt keine „gespaltene" Mutterschaft im Sinn von *Die eine gibt das Ei, die andere brütet es aus.*[774] Die Leihmutter kann also, wenn sie sich dazu entschließt, den Säugling behalten. Entgegenstehende Vereinbarungen sind unwirksam.[775] Meist sind Leihmütter aber vertragstreu, vor allem wohl aus finanziellen Erwägungen. Einer Adoption des Kindes durch die Wunschmütter steht dann auch nach deutschem Rechts nichts entgegen.[776]

Das Kind ist, wenn die Frau ledig ist, nichtehelich. Wenn sie verheiratet ist, ist der Ehemann der rechtliche und biologische Vater. Wenn das Sperma von einem anderen Mann stammt und der Ehemann die Ehelichkeit des Kindes nicht anficht[777],

---

770 OLG Nürnberg FamRZ 2018, 356. Ein möglicher Interessenkonflikt reicht nicht aus, den Eltern die Entscheidungsbefugnis nach § 1796 BGB zu entziehen, so OLG Frankfurt FamRZ 2018, 357.

771 OLG Nürnberg FamRZ 2018, 356.

772 Anm. *Frank* FamRZ 2014, 1527.

773 Wenn das Kind gleich nach der Geburt planmäßig nach Deutschland gebracht wird, gilt der Wohnsitz in Deutschland als der gewöhnliche Aufenthalt des Kindes, s. BGH FamRZ 2019, 892 mit Anm. *von Bary*, S. 895.

774 So sinngemäß *Schwab*, Familienrecht, Rz. 710.

775 *Schwab*, Familienrecht, Rz. 710.

776 OLG Frankfurt FamRZ 2019, 899.

777 Wenn er die Vaterschaft erfolgreich anficht, ist der Weg frei für ein Vaterschaftsfeststellungsverfahren und – als *worst case* beim verblüfften Samenspender – für einen Scheinva-

bleibt er der rechtliche Vater. Im ersten Fall (nichteheliches Kind) kann er sich um die Mitsorge bewerben, im zweiten (eheliches Kind) hat er sie genuin. In beiden Fällen hat er eine Unterhaltspflicht und ein Umgangsrecht. Die Eispenderin hat nichts zu sagen.

Das Ergebnis ist unbefriedigend, insbesondere im Hinblick auf

- die Unterhaltspflicht des Samenspenders, der, wenn er von der Unabdingbarkeit seiner Pflicht wüsste, sein Sperma tunlichst behielte, und
- die prekäre Lage der biologischen Mutter, die sich nicht darauf verlassen kann, dass die Leihmutter das Kind herausgibt.

Die Rspr. zeigt Aufweichungstendenzen. So wurde durch den BGH[778] die Entscheidung eines Gerichts in Colorado/USA anerkannt, die einem schon recht betagten Ehepaar die *rechtliche Elternstellung* zugesprochen hatte. Hintergrund: Der Ehemann hatte seinen Samen gespendet; dieser wurde mit einer fremden Eizelle zusammengeführt. Das Ei wurde dann von einer gut bezahlten Leihmutter sozusagen ausgebrütet. Die mit dem Kind nicht genetisch verwandte Ehefrau, die das Kind auch nicht ausgetragen hatte, galt also als rechtliche Mutter – lt. BGH kein Verstoß gegen den *ordre public*!

Ebenso entschied das OVG Münster[779]: Wenn die Wirksamkeit einer Leihmuttervereinbarung in einem rechtsstaatlichen Verfahren (hier: in Kalifornien) bestätigt worden ist und wenn die Leihmutter das Kind in freier Entscheidung ausgetragen und herausgegeben hat, bestehen keine Bedenken gegen die Anerkennung der in Kalifornien getroffenen Vaterschaftsfeststellung (auch hier kein *ordre public*-Verstoß).

Ganz ähnlich die Entscheidung des KG[780] vom 21.1.2020: Hier wurde eine Entscheidung des *Superior Court of California* in Deutschland anerkannt, derzufolge der deutsche Vater, der mit einer US-Amerikanerin einen Leihmuttervertrag geschlossen hatte, zum allein sorgeberechtigten Elternteil erklärt worden war (die Leihmutter war nach Ansicht des amerikanischen Gerichts kein rechtmäßiger Elternteil). Bedenklich: Die Leihmutter wurde an dem Verfahren in Deutschland nicht beteiligt, und außerdem stand nicht einmal fest, ob der Antragsteller tatsächlich biologischer Vater war. Dennoch, so das KG, kein *ordre-public*-Verstoß!

1.12.2 Mitmütter

Auf einem anderen Blatt steht die Problematik der Mitmütter (Co-Mütter):

Wenn zwei Frauen heiraten und eine von beiden Mutter wird, gilt die andere nicht als rechtlicher Elternteil und somit auch nicht als Mitinhaberin der elterlichen Sorge.[781] § 1592 Ziff. 1 BGB, wonach derjenige Vater ist, der zur Zeit der Geburt mit der

---

terregress. Der Samenspender ist aber nur dann im Risiko, wenn er die Becherspende **nicht** in einer *Entnahmeeinrichtung* (s. **1.12.2**) vollzogen hat.

[778] BGH FamRZ 2018, 1846, 1849.

[779] OVG Münster FamRZ 2021, 787.

[780] KG FamRZ 2020, 607 mit Anm. *von Bary*, S. 608. *Von Bary* sieht angesichts der ungeklärten Abstammungsfrage zu Recht das Risiko des Kinderhandels.

[781] OLG Dresden FamRZ 2018, 1165.

Mutter verheiratet war, ist nicht analog anwendbar. Das hat der BGH[782] bestätigt. Eine Frau, die genetisch keinen Beitrag zur Entstehung des Kindes geliefert hat, ist kein biologischer Vater. Deshalb scheidet eine Analogie aus, zumal diese, so der BGH zutreffend, eine planwidrige Regelungslücke voraussetzen würde.[783] Der BGH[784] verweist die mit der biologischen Mutter verheiratete Frau deshalb auf eine eventuelle gesetzliche Neuregelung und die Option der Sukzessivadoption. Die am 31. 3. 2020 in Kraft getretene Stiefkindadoption für verfestigte nichteheliche Lebensgemeinschaften greift hier nicht, weil dort *ein* Partner biologischer Elternteil ist (§ 1766a BGB).

Ob eine gesetzliche Neuregelung zugunsten der Mitmütter kommt, ist fraglich, denn wenn der Gesetzgeber einen *Vater analog* in Gestalt der lesbischen Ehefrau kreiert, stellt sich das Problem, welche Rolle man dem Samenspender zuweist. Denn der ist spätestens dann Vater, wenn er die Vaterschaft anerkennt.[785] Dann hätte das Kind 3 Eltern, und das wäre systemwidrig.

Wenn der Samenspender einen anderen Weg wählt als die Vaterschaftsanerkennung eines Kindes, dessen Mutter mit einer anderen Frau verheiratet ist, nämlich eine gerichtliche Feststellung der Vaterschaft nach § 1600d BGB, wird die Sache noch komplizierter: Hier ist die **Rechtsausübungssperre** nach § 1600d IV BGB zu beachten. Diese besagt, dass der Samenspender nicht als Vater des Kindes festgestellt werden kann, wenn sein Sperma in einer Klinik (sog. *Entnahmeeinrichtung*) entnommen worden ist. Das gilt aber nicht für private Becherspenden. Bei dieser Art der künstlichen Befruchtung bleibt der Weg frei für eine Vaterschaftsfeststellung. Nach OLG Stuttgart[786] bestehen hiergegen keine verfassungsmäßigen Bedenken. Wie auch? Bedenken können allenfalls in den Fällen der Becherspende in der Entnahmeeinrichtung entstehen, denn da sorgt § 1600d IV dafür, dass das Kind nur einen Elternteil hat. Denn die mit der Mutter verheiratete oder verpartnerte Frau ist kein Elternteil und insbesondere kein *Vater analog*, weil sie biologisch zum Kind nichts beigetragen hat.

1.12.3 Eizellspenderinnen

Zurück zur bürgerlichen Standard-Ehe:

Wird der Kinderwunsch einer Ehefrau nicht erfüllt, liegt das entweder an der Dysfunktion der männlichen Samen oder an der der weiblichen Eizellen.

---

[782] BGH FamRZ 2018, 1919.

[783] Ebenso KG FamRZ 2021, 854 und OLG Celle FamRZ 2021, 862. Das KG meint allerdings, dass § 1592 Ziff. 1 BGB verfassungswidrig ist (KG FamRZ 2001, 854, 859).

[784] BGH FamRZ 2018, 1919, 1922.

[785] KG FamRZ 2018, 1925. Der Fall ist in mehrfacher Hinsicht bizarr: Eine lesbische Frau besorgt sich von einem homosexuellen Mann eine Samenspende und gebiert ein Kind. Der Spender ist Russe und wohnt in Russland. Die Mutter ist Russin und lebt in Deutschland. Der Spender erkennt die Vaterschaft an und zahlt ungeachtet eines behaupteten Einkommens von 800 € binnen zweier Jahre insgesamt etwa 56.000 € (!) Kindesunterhalt. Dann gewinnt er den Eindruck, dass die Mutter das Geld für sich verbraucht, und stellt die Zahlungen ein. Die Frau heiratet eine Frau. Der Vater verlangt das Umgangsrecht und bekommt es. Vergeblich wendet die Frau (unsubstantiiert) ein, er sei pädophil.

[786] OLG Stuttgart FamRZ 2022, 1292.

Im ersten Fall kann die legale entgeltliche Samenspende eines anonymen Dritten in einer *Entnahmeeinrichtung* helfen. Das ist für den Spender rechtlich risikolos: Das Kind wird in die Ehe hineingeboren, für den Ehemann gilt die Vaterschaftsvermutung und der Samenspender kann nicht als Vater festgestellt werden (§ 1600d IV BGB).

Problematischer ist die Eispende für die Ehefrau: Eine fremde Frau stellt entgeltlich ihre Eizelle samt Follikel zur Verfügung; diese wird mit dem Sperma des Ehemannes befruchtet und der Ehefrau eingepflanzt. Dieses Verfahren ist nach dem Embryonenschutzgesetz verboten[787], mit der Folge, dass der Reproduktionstourismus blüht (besonders nach Spanien). Unerwünschte familienrechtliche Konsequenzen hat das nicht: Mutter ist, wer das Kind gebiert (§ 1591 BGB), und die rechtliche Vaterschaft ist identisch mit der biologischen.

In beiden Fällen bemühen sich die Vermittler um einen Spender bzw. um eine Spenderin, die ähnliche körperliche Merkmale aufweist wie die Person, der geholfen werden soll.

Was bleibt, ist die Frage, warum die Samenspende legal ist und die Eizellspende illegal. Feministisch gesonnene Wissenschaftlerinnen wie z. B. die Medizinethikerin *Claudia Wiesemann*[788], halten die Unterscheidung für einen Ausfluss des Sexismus. Das schwer bestreitbare Argument, dass die Samenspende keine körperliche Belastung darstellt, während die Eizellspende einen operativen Eingriff voraussetzt, hält *Wiesemann* für vordergründig:

> *„In Deutschland ist es zulässig, dass sich gesunde Menschen gegen Entgelt für Arzneimittelversuche zur Verfügung stellen. Das ist Voraussetzung für die Zulassung jedes neuen Medikaments, und die Risiken, die damit verbunden sind, sind nicht selten größer als bei der Eizellspende."*[789]

Angesichts der Triftigkeit dieses Arguments wird die Eizellspende wohl demnächst legalisiert werden.

787 § 1 I 1. ff. Embryonenschutzgesetz; Sanktion: Freiheitsstrafe bis 3 Jahre.

788 S. Philosophie Magazin 1/2019, S. 32.

789 Philosophie Magazin 1/2019, S. 32.

Zahl mir ein paar Euro mehr
Dann geb ´ ich auch die Kinder wieder her

2 Umgangsrecht

Das Umgangsrecht des nicht oder nicht allein sorgeberechtigten Elternteils mit dem Kind wurde und wird auch „Verkehrsrecht“ oder „Besuchsrecht“ genannt. Der Begriff des *Verkehrsrechts* ist missverständlich, und das *Besuchsrecht* deckt die Rechtsposition des Umgangsberechtigten nicht voll ab. Der Berechtigte darf das Kind nämlich nicht nur besuchen, sondern auch zu sich mit nach Hause nehmen, und er darf in der Regel mit dem Kind auch einige Wochen Urlaub im Jahr verbringen.

Inhalt und Zweck des Umgangsrechts ist der folgende: Wer von der Betreuung des Kindes im Sinne des Domizilmodells ausgeschlossen ist, soll wenigstens die Möglichkeit haben, mit dem Kind gelegentlich zu reden und mit ihm etwas zu unternehmen. Er soll den nicht zu leugnenden verwandtschaftlichen Kontakt aufrechterhalten und seine Vater- oder Mutterliebe durch praktisches Verhalten verwirklichen dürfen. Bei dieser Gelegenheit soll er auch das Recht haben, sich vom Befinden und von der Entwicklung des Kindes zu überzeugen. Umgekehrte Perspektive: Auch das Kind soll die Chance haben, zu dem nicht betreuenden und meist auch seinem Blickfeld entrückten Elternteil Kontakt zu pflegen.

Das Umgangsrecht steht unter dem Schutz des Art. 6 II 1 GG. Einschränkungen bedürfen der Rechtfertigung durch das Kindeswohl.[1]

Zuständig ist ab 1.9.2009 unzweifelhaft das FamG (§ 266 I 5. FamFG: *aus dem Umgangsrecht herrührende Ansprüche*).

Der Verwaltungsrechtsweg ist nur eröffnet, wenn der Jugendhilfeträger nach § 18 S. 3 und 4 SGB VIII verpflichtet werden soll, die Bereitschaft zur Mitwirkung bei der Begleitung des Umgangs zu erklären.[2]

2.1 Allgemeines

Zentrale Vorschrift zum Umgangsrecht ist § 1684 I BGB. Er lautet:

Das Kind hat das Recht auf Umgang mit jedem Elternteil; jeder Elternteil ist zum Umgang mit dem Kind verpflichtet und berechtigt.

2.1.1 Exkurs: Das Wechselmodell

Das Wechselmodell zeichnet sich dadurch aus, dass das Kind von den Eltern abwechselnd betreut wird. Es wird deshalb – etwas hochtrabend – auch „Doppelresidenzmodell“ genannt.

---

[1] BVerfG FamRZ 2006, 605, 606.

[2] OVG Bremen FamRZ 2017, 1936

2.1.1.1 *Paritätisches Wechselmodell*

Das paritätische Wechselmodell zeichnet sich dadurch aus, dass beide Eltern gleich lange oder annähernd gleich lange Betreuungszeiten haben. Wird sozusagen das Umfeld von 50 % verlassen, lebt die Gleichwertungsregel wieder auf: Der weniger Betreuende schuldet den Barunterhalt allein. Beim paritätischen Wechselmodell gilt die Anteilshaftung (wegen der Einzelheiten s. **Unterhaltsrecht, 2.5.2**).

2.1.1.1.1 Einvernehmlich und streitig (Rechtsgeschichte)

Zum **paritätischen Wechselmodell**, das ja das Umgangsrecht im klassischen Sinne überflüssig macht, weil beide Eltern das Kind gleichermaßen betreuen, sind folgende Anmerkungen nötig:

Bis zum Ende Januar 2017 galt:

Das Gericht darf kein Wechselmodell anordnen; dies geht nur einvernehmlich.[3]

Dann entschied der BGH[4] am **1.2.2017**: Wenn Kommunikations- und Kooperationsfähigkeit der Eltern gegeben sind (und nur dann[5]), darf das Gericht eine **Umgangsregelung** im Sinne des Wechselmodells treffen, **auch wenn ein Elternteil dies ablehnt.**[6] Das Wechselmodell gegen den Willen eines Elternteils ist zu befürworten, wenn die Kinder es nachhaltig wünschen.[7] Das Gesetz schließt, so der BGH[8], eine solche Regelung nicht aus. Das BVerfG[9] hat kurz darauf bestätigt, dass die Beschränkung der Anordnung des Wechselmodells auf Kommunikationsfähigkeitsfälle verfassungsgemäß ist. Es bleibt dann auch beim gemeinsamen Sorgerecht und beim gemeinsamen ABR.[10]

In der Lit. gab es schon vor der BGH-Entscheidung vom 1.2.2017 Stimmen, die eine gerichtliche Anordnung des Wechselmodells befürworteten. *Hammer*[11] vertrat die originelle Auffassung, dass dieses Ziel durch Übertragung eines **alternierenden Aufenthaltsbestimmungsrechts** erreicht werden kann.

---

3 OLG Stuttgart FamRZ 2007, 1266; OLG Hamm FamRZ 2012, 646 (Ls); OLG München FamRZ 2013, 1822; BGH FamRZ 1993, 314; OLG Naumburg FamRZ 2014, 50 und FamRZ 2015, 764; KG FamRZ 2014, 50 und FamRZ 2015, 1910; OLG Brandenburg FamRZ 2015, 1818 (Ls); OLG Schleswig FamRZ 2016, 1945 (Ls).
A.A.: FamG Erfurt FamRZ 2013, 1590 m.w.N. und FamG Erfurt FamRZ 2015, 339; FamG Duisburg FamRZ 2015, 1305 (Rückkehr zum Wechselmodell nach zwischenzeitlicher Alleinbetreuung durch die Mutter); OLG Hamburg FamRZ 2016, 912.
Nebenbei: Auch in Österreich kann das Wechselmodell gerichtlich angeordnet werden (Österreichischer Verfassungsgerichtshof FamRZ 2016, 32).

4 BGH FamRZ 2017, 532.

5 Das Wechselmodell kann also schon dann scheitern, wenn beide Eltern eine eingeschränkte Bindungstoleranz aufweisen, OLG Bremen FamRZ 2018, 1908, 1911. Erst recht dann, wenn es bei der Umgangsausübung in der Vergangenheit schon zu schweren Eskalationen mit Polizeieinsätzen gekommen ist, KG FamRZ 2021, 609 mit Anm. *Kischkel*, S. 611.

6 So auch OLG Stuttgart FamRZ 2020, 107 (3-jähriges Kind).

7 OLG Frankfurt FamRZ 2022, 362.

8 BGH FamRZ 2017, 532.

9 BVerfG FamRZ 2018, 593.

10 OLG Frankfurt FamRZ 2019, 976.

11 Abh. *Hammer* FamRZ 2015, 1433, 1443.

In Langfassung[12] stellen sich aktuell die Bedingungen für ein hoheitliches Wechselmodell wie folgt dar:

1. Hinreichende und ungefähr gleiche Erziehungskompetenzen der Eltern.
2. Sichere Bindungen der Kinder an beide Eltern.
3. Gleiche Beiträge der Eltern zur Entwicklungsförderung und Kontinuitätssicherung.
4. Autonom gebildeter, stetiger Kindeswille.[13]
5. Kooperations- und Kommunikationsfähigkeit der Eltern.
6. Keine Erwartung oder Verschärfung des Loyalitätskonflikts des Kindes.

Zu 5.) sagt das OLG Dresden[14] (m. E. zu Recht), dass das Wechselmodell auch bei erheblichen elterlichen Kommunikationsstörungen greift, wenn es dem Willen des (dort 12-jährigen) Kindes entspricht und wenn die **Betreuungsalternativen** weniger günstig für das Kindeswohl sind.

Eine notwendige Ergänzung des Katalogs besteht m. E. darin, dass die Kinder dem Kleinkindalter entwachsen sein müssen, weil Kleinkinder einen „Betreuungsankerplatz" brauchen. Dem folgt im Ergebnis auch das OLG Dresden[15] mit dem zutreffenden Hinweis, dass der Kindeswille eines gerade erst drei Jahre alte gewordenen Kindes maßgeblich mitgeprägt ist vom Loyalitätsdruck der Eltern.

Das Wechselmodell kann auch (gegen den Willen eines Elternteils) angeordnet werden, wenn das Gericht zuvor das ABR auf einen Elternteil angeordnet hat. Letzteres hat keine Bindungswirkung für die Zukunft im Sinne der Unabänderbarkeit bis zur Volljährigkeit.[16]

Eine Alternative zur gerichtlichen Anordnung des Wechselmodells vertritt das OLG Frankfurt[17]: Wenn die Eltern wechselseitig das ABR beantragt haben, kann einem von beiden das ABR zum Zwecke der Herstellung bzw. Fortführung des Wechselmodells übertragen werden, sofern dies dem Kindeswohl am ehesten entspricht. Umgekehrt klappt das nicht: Wenn sich die Eltern auf das Wechselmodell verständigt haben, kann im Einzelfall ein wechselseitiger ABR-Antrag zum Scheitern verurteilt sein.[18]

Dieses Modell hat also eine hohe Stabilität: Wenn es einmal vereinbart oder beschlossen worden ist, braucht ein Abänderungsbegehren triftige, das Kindeswohl nachhaltig berührende Gründe.[19]

---

[12] OLG Brandenburg FamRZ 2021, 34, 35 mit Anm. *Hammer* ab S. 37.

[13] OLG Karlsruhe FamRZ 2021, 688: Je älter die Kinder sind, desto mehr Gewicht hat der Kindeswille. Wenn ein 14-Jähriger sich gegen das Wechselmodell ausspricht, sind dessen Befürworter zum Scheitern verurteilt, s. OLG Brandenburg FamRZ 2022, 1210.

[14] OLG Dresden FamRZ 2022, 1206.

[15] OLG Dresden FamRZ 2022, 1208.

[16] BGH FamRZ 2020, 255.

[17] OLG Frankfurt FamRZ 2021, 1120.

[18] OLG Stuttgart FamRZ 2014, 1715.

[19] KG FamRZ 2019, 363. Die Eltern des (dort: nichtehelichen) Kindes hatten das Wechselmodell von der Geburt an praktiziert.

Zurückhaltung ist aber immer geboten:

Wenn die Eltern sich auf eine Umgangsvereinbarung geeinigt haben, die auf ein nicht paritätisches Wechselmodell hinausläuft, und dieses auch praktiziert haben, gebietet der Kontinuitätsgrundsatz, dass diese Regelung nicht durch ein paritätisches Wechselmodell abgelöst wird.[20]

Ein wichtiges Kriterium ist die geographische Distanz zwischen beiden Elternhäusern. Wenn die Eltern mehr als 100 km voneinander entfernt wohnen, ist das kein Pluspunkt.[21] Wie sollen die Kinder da den Kindergarten- oder Schulbesuch einhalten?[22]

Schwonberg[23] vertritt in seiner Wertung der bisherigen Judikatur zum methodischen Vorgehen die Auffassung, dass eine zweistufige Prüfung durchgeführt werden muss, und zwar wie folgt:

1. Prüfung der Erziehungsfähigkeit beider Eltern.
2. Feststellung der Ungeeignetheit anderer Betreuungsmodelle.[24]

Ohnehin hat auch beim Wechselmodell der Kindeswille einen hohen Stellenwert: In einer Entscheidung des OLG Bamberg[25] gab der Wille zweier 10- und 11-jähriger Kinder den Ausschlag. Die Eltern waren nur begrenzt kooperationsfähig und gehörten unterschiedlichen Religionen an (Mutter Christin, Vater offenbar Jude).

Zum **Melderecht:**

Wenn sich die gemeinsam sorgeberechtigten Eltern beim Wechselmodell nicht darauf verständigen können, wo die Hauptwohnung des Kindes ist, gilt die frühere Ehewohnung als Hauptwohnsitz, sofern ein Elternteil dort noch wohnt.[26] Die Frage ist nach der Praxis mancher Finanzämter und Kindergeldstellen von großer Bedeutung im Hinblick auf Steuerklasse, Kinderfreibetrag und Kindergeldbezug (s. **2.1.1.1.3**).

---

[20] OLG Karlsruhe FamRZ 2020, 1371. Allein ausschlaggebend ist das Kindeswohl, OLG Dresden FamRZ 2021, 1805.

[21] OLG Bremen FamRZ 2018, 1908.

[22] Wenn die Eltern dies organisatorisch bewältigen (hier: bei einem Vorschulkind), kann das Wechselmodell befürwortet werden, so OLG Hamm FamRZ 2018, 1912.

[23] Abh. *Schwonberg* FamRZ 2018, 1298 unter vorrangiger Bezugnahme auf OLG Brandenburg FamRZ 2018, 1321. Ebenso KG FamRZ 2018, 1324.

[24] Die Notwendigkeit der Prüfung von Betreuungsalternativen wird vom OLG Dresden (FamRZ 2022, 1206) zustimmend aufgegriffen.

[25] OLG Bamberg FamRZ 2019, 979.

[26] BVerwG FamRZ 2016, 44. Ebenso OVG Berlin-Brandenburg FamRZ 2018, 311 (Meldeverhältnisse vor dem Umzug des Kindes). Problematisiert und verneint wird dort die Klagebefugnis des Vaters, der die Berichtigung des Melderegisters nach § 9 Bundesmeldegesetz (BMG) eingeklagt hatte. Das OVG meint, dass nur das Kind hätte klagen dürfen, natürlich vertreten durch beide Eltern, was nicht funktioniert hätte, weil die Mutter gegensätzliche Interessen vertrat. Der Vater hätte sich also zunächst nach § 1626 BGB das Recht zur Prozessführung auch im Namen der Mutter übertragen lassen müssen. Einem funktionierenden Wechselmodell kann das alles nur abträglich sein.

Wenn beide die Ehewohnung verlassen haben, hilft m.E. nur ein Antrag nach § 1628 BGB, was aber von der Rspr.[27] bisher mit der Begründung verneint wird, das Kindesinteresse gebiete keine positive Entscheidung.

2.1.1.1.2 Sorge- oder Umgangsrecht?

Ob eine gerichtlich Entscheidung zugunsten des Wechselmodells innerhalb eines Umgangsrechtsverfahrens oder nur im Rahmen eines Sorgerechtsstreits möglich ist, ist in der Rspr. immer noch nicht abschließend geklärt.

a)
Die umgangsrechtliche Regelung wird von folgenden Gerichten vertreten:

Das OLG Frankfurt[28] meint, dass die Sache zum Umgangsrecht gehört.

In einer Entscheidung vom 19.2.2021 vertrat auch das OLG Dresden[29] die Ansicht, dass die Änderung des Wechselmodells nur in einem Umgangsverfahren erreichbar ist.

Der BGH[30] sagt: Wenn das Wechselmodell in einem Umgangsverfahren vereinbart worden ist, kann es auch nur in einem Umgangsverfahren geändert werden.

b)
Die sorgerechtliche Lösung wird von folgenden Gerichten vertreten:

OLG Dresden[31]: Wenn sich die Eltern auf ein Wechselmodell außergerichtlich geeinigt haben und einer von beiden dann eine andere Regelung wünscht, ist nach § 1671 (Sorgerechtsvoll- oder Teilübertragung) zu entscheiden, nicht nach § 1696 (Änderung gerichtlicher (!) Entscheidungen zum Sorge- und Umgangsrecht).

Das OLG Frankfurt[32] ist der Ansicht, dass die Anordnung des paritätischen Wechselmodells **sorgerechtlich**, nicht umgangsrechtlich **geprägt** ist. Entsprechendes gilt für Fälle, in denen ein Ehepartner – wiederum vor dem OLG Frankfurt[33] – über einen ABR-Antrag das außergerichtlich vereinbarte Wechselmodell zu Fall bringen will.

2.1.1.1.3 Vor- und Nachteile

Ob und ggf. wann das Wechselmodell zu favorisieren ist, ist in der Rspr. sowie in der juristischen und in der rechtssoziologischen Fachliteratur hoch umstritten.[34]

---

27 OLG Koblenz FamRZ 2019, 1696.

28 OLG Frankfurt FamRZ 2019, 976; OLG Frankfurt FamRZ 2021, 948 und noch einmal OLG Frankfurt (3. Senat) FamRZ 2022, 614.

29 OLG Dresden FamRZ 2021, 691.

30 BGH FamRZ 2022, 601 mit Anm. *Hammer*, S. 603.

31 OLG Dresden FamRZ 2017, 896.

32 OLG Frankfurt (2. Senat) FamRZ 2020, 1181 und FamRZ 2021, 1120.

33 OLG Frankfurt FamRZ 2022, 1532, 1534 mit Anm. *Völker*, S. 1535.

34 S. Abh. Salzgeber FamRZ 2015, 2018 ff., S. 2024 heißt es ziemlich resigniert: „Einige Studien mögen beweisen, dass das Wechselmodell oder gar das paritätische Wechselmodell immer das Beste für das Kind ist, andere belegen das genaue Gegenteil."

Ausgangspunkt und alles beherrschende Perspektive ist – da sind sich alle einig – das **Kindeswohl**.

Skeptiker meinen, dass dieses Modell nur den Interessen der Eltern entspricht, weil es Verteilungsgerechtigkeit schafft, dem Kindeswohl aber widerspricht, weil die Kinder dann wegen des Fehlens eines Ruhepols, eines Lebensmittelpunkts oder eines „sicheren Hafens" desorientiert sind und dann zu Verhaltensauffälligkeiten neigen. Diese Haltung ist auf dem Wege zu ihrer empirischen Widerlegung: Die breit angelegte Studie „Familienmodelle in Deutschland" (FAMOD)[35] zeigt, dass Wechselmodell-Kinder weniger unter psychischen Problemen und psychosomatischen Beschwerden leiden als Kinder, die nach dem Residenzmodell betreut werden, mit der interessanten Besonderheit, dass bei den psychischen Problemen das asymmetrische Wechselmodell noch besser abschneidet als das paritätische (dort „symmetrisch" genannt).[36]

Die Rspr. ist sich immerhin darin einig, dass das Wechselmodell nur dann dem Kindeswohl entspricht, wenn die Eltern dessen Nachteile durch ein hohes Maß an Kooperation, Kommunikation und Kompromissbereitschaft zu reduzieren vermögen.[37] Diese Voraussetzungen liegen nach OLG Stuttgart[38] vor, wenn die Eltern gleich gute Bindungen zu ihren Kindern haben und der Vater schon vor seinem Antrag 40 % der Betreuung des Kindes übernommen hat.

Sie liegen lt. OLG Brandenburg[39] aber nicht vor, wenn die Eltern nicht einmal eine Dauermediation dazu genutzt haben, sich über den bevorstehenden Schulwechsel des Kindes auszutauschen.

Auf keinen Fall ist das gegen den Willen eines Elternteils installierte Wechselmodell dazu da, Kommunikations- und Kooperationsfähigkeit erst herzustellen.[40] Das Wechselmodell darf also von den Gerichten nicht als Instrument zur Erzeugung von Harmonie auf der Elternebene herangezogen werden.[41]

Einen interessanten und längst fälligen Ansatz bildet das Kriterium des **Wohlbefindens der Eltern** im Wechselmodell. Dieses Kriterium ist schon deshalb zu auszuleuchten, weil die Lebenszufriedenheit von Eltern naturgemäß auf die Kinder abstrahlt. Hierzu haben *Steinbach pp.*[42] in 2022 eine verdienstvolle Studie vorgelegt, die ungeachtet ihrer Schwächen[43] u. a. folgende Erkenntnisse vermittelt:

Die Lebenszufriedenheit von Müttern ist beim Wechselmodell größer als beim Residenzmodell. Dabei scheint das asymmetrische (nicht paritätische) Wechselmodell

---

[35] *Steinbach/Augustijn/Helms/Schneider* FamRZ 2021, 729.

[36] *Steinbach/Augustijn/Helms/Schneider* FamRZ 2021, 729, 737.

[37] Statt aller: OLG Karlsruhe FamRZ 2015, 1736.

[38] OLG Stuttgart FamRZ 2018, 35.

[39] OLG Brandenburg FamRZ 2017, 1757. Ganz ähnlich: OLG Koblenz FamRZ 2018, 507.

[40] OLG Bamberg FamRZ 2018, 438.

[41] OLG Brandenburg FamRZ 2020, 345.

[42] Abh. *Steinbach/Augustijn/Helms/Flindt* FamRZ 2022, 1827.

[43] Beispiele: Durchgängige Hervorhebung sog. *Ankerpersonen*, obwohl das paritätische (dort *symmetrisch* genannt) Wechselmodell sich ja gerade durch einen doppelten Anker auszeichnet; lange Statiken zum psychischen Wohlbefinden von Müttern unter den diversen Betreuungsmodellen, aber komplette Ausblendung des Wohlbefindens von Vätern.

etwas schlechter abzuschneiden als das symmetrische.[44] Beim ökonomischen Wohlbefinden führt dagegen das asymmetrische Modell[45], was keinen Familienrechtler verwundert, denn da gilt immer noch die Gleichwertungsregel und damit eine klare Arbeitsteilung der Eltern: Der Barunterhalt wird allein vom weniger Betreuenden bestritten.

Die Vorteile bestehen, worauf das OLG Dresden[46] zutreffend hingewiesen hat, darin, dass

- das Kind den Alltag mit beiden Eltern erlebt,
- beide Eltern in der Verantwortung für die Kinder bleiben und
- beide Eltern wechselseitig von der Betreuungstätigkeit entlastet werden.

Nachteile bestehen darin, dass

- mit dem Wechsel des Kindes zwischen zwei Haushalten materielle Mehrbelastungen verbunden sind[47],
- die Kindergeldzuordnung schon im Außenverhältnis schwierig ist, weil das Kindergeld nach § 64 II EStG dem Elternteil zu überlassen ist, der das Kind *in seinen Haushalt aufgenommen hat*[48],
- während sie im Innenverhältnis der Eltern noch schwieriger zu beantworten ist, weil bei deutlich auseinanderdriftenden Haftungsanteilen der Eltern durchaus vom Halbteilungsprinzip abgewichen werden kann.[49]

Zu den unterhaltsrechtlichen Aspekten des Wechselmodells s. **Unterhaltsrecht, 2.5.2.**

Problematisch ist die prozessuale Frage, ob das Wechselmodell in einem Umgangsverfahren angeordnet werden kann, wenn der sorgerechtliche Vorprozess das Residenzmodell zur Folge hatte. Das OLG Frankfurt[50] bejaht dies im Leitsatz, betont aber in den Entscheidungsgründen[51], dass eine gerichtliche Umgangsregelung, die zu einem paritätischen Wechselmodell führt, nicht losgelöst von der bereits bestehenden Zuordnung des ABR getroffen werden kann. Will sagen: Wenn das Wechselmodell in Widerspruch zum Domizilmodell gerät (was ja spätestens der Fall ist, wenn die Betreuung paritätisch verläuft), ist eine Änderung der Sorgerechtsfrage nach § 1696 unausweichlich.

2.1.1.1.4 Rückkehr zum Domizilmodell

Nicht selten ist in der Praxis die Abkehr vom Wechselmodell, wenn es sich nicht bewährt hat – sei es, dass die Eltern sich nicht auf eine Unterhaltsregelung einigen können (oder einer von beiden mit der gerichtlichen Unterhaltsregelung nicht ein-

---

44 *Steinbach pp.*, FamRZ 2022, 1827, 1834.

45 *Steinbach pp.*, FamRZ 2022, 1827, 1835.

46 OLG Dresden FamRZ 2005, 125.

47 So zutreffend OLG Celle FamRZ 2008, 2053.

48 OLG Frankfurt FamRZ 2012, 1886.

49 Das Kindergeld lässt sich mit guten Gründen auch nach dem Verhältnis der Haftungsanteile der Eltern verteilen.

50 OLG Frankfurt FamRZ 2019, 206, mit Anm. *Rake* ab S. 213.

51 OLG Frankfurt FamRZ 2019, 206, 209 rechts.

verstanden ist), sei es, dass die anfängliche Harmonie auf der Elternebene zerbricht (wobei sich Konflikte erfahrungsgemäß verschärfen, wenn einer der Eltern eine neue Bindung eingeht).

In solchen Fällen kann das Gericht auf Antrag eine Umgangsregelung nach dem Domizilmodell treffen, also das Wechselmodell (egal, ob es außergerichtlich praktiziert worden ist oder ob es gerichtlich gebilligt oder einseitig gegen den Willen eines Elternteils beschlossen worden ist).[52] Das setzt aber voraus, dass zunächst geklärt wird, wer künftig das ABR hat. Das gemeinsame ABR kann nicht aufrechterhalten werden, da sich die Eltern naturgemäß nach dem Scheitern des Wechselmodells nicht über den Lebensmittelpunkt des Kindes einig sind.[53]

Ein derartiger Antrag ist auch zulässig; er setzt insbesondere kein ABR voraus.[54]

2.1.1.1.5 Ordnungsmittel

Wie beim Umgangrecht kann auch beim Wechselmodell unter den Eltern Streit über die Verletzung von Vereinbarungen betr. Abholen und Zurückbringen der Kinder entstehen.

Hier gilt das, was unter **2.6.1.1** zu den Voraussetzungen für die Anwendung von Ordnungsmitteln ausgeführt ist, entsprechend. Die Regelungen müssen konkret ausgestaltet sein, um vollstreckbar sein zu können.[55]

2.1.1.2 Nichtparitätisches Wechselmodell

Die Gerichte können auch ein **nichtparitätisches Wechselmodell** verfügen.[56]

Das führt allerdings zu fast unlösbaren unterhaltsrechtlichen Problemen. Der BGH[57] vertritt bisher die Auffassung, dass die Anteilshaftung nur greift, wenn paritätisch oder beinahe gleichgewichtig betreut wird und dass die Gleichwertungsregel (einer zahlt den gesamten Unterhalt, der/die andere betreut überwiegend, s. § 1606 III 2) jedenfalls dann gilt, wenn der Vater einen Betreuungsanteil von 34 % hat. Was aber, wenn seine Quote z. B. 42 % beträgt? Von welcher Quote an „kippt“ die Gleichwertungsregel? Hier wird die weitere Entwicklung der Rspr. abzuwarten sein.

2.1.2 Rechtsnatur des Umgangsrechts

Zurück zum Umgangsrecht, das ja als Pflichtrecht ausgestaltet ist (§ 1684 I, s. Einleitung zu **2.1**):

---

52 OLG Brandenburg FamRZ 2021, 34 mit Anm. *Hammer*, S. 37. Der Vater hatte hier schwere Geschütze aufgefahren: Vorwurf des sexuellen Missbrauchs des 7-jährigen Kindes durch den neuen Gefährten der Mutter.

53 OLG Karlsruhe FamRZ 2021, 688: Je älter die Kinder sind, desto mehr Gewicht hat der Kindeswille.

54 OLG Saarbrücken FamRZ 2021, 39.

55 OLG Celle FamRZ 2020, 1370.

56 KG FamRZ 2018, 1322: 8:6 statt 7:7. KG FamRZ 2018, 1329: 9:5 statt (wie vorher) 5:9).

57 BGH FamRZ 2007, 707.

Der Umgangsberechtigte entscheidet während der Zeit, in der er mit dem Kind zusammen ist, über alltägliche Fragen und über den Aufenthalt des Kindes (naturgemäß in einem Radius, der sich mit der Umgangsrechtsdauer in Einklang bringen lässt). Er übt umfassend die Betreuungstätigkeit aus, wenngleich nicht mit einem Entscheidungsspielraum wie der (hier[58] allein) sorgeberechtigte Elternteil. Die konkrete Ausgestaltung ist variabel, d.h. die Stellung des Umgangsberechtigten ist beim Wechselmodell (Doppelresidenzmodell) naturgemäß stärker als beim Domizilmodell.[59]

Der Umgangsberechtigte hat Anspruch darauf, dass der andere Elternteil die Kinder mit den notwendigen Gegenständen (Ersatzkleidung usw.) ausstattet.[60] Aber es gibt Grenzen: Der umgangsberechtigte Vater kann nicht verlangen, dass die Mutter den Kindern 6 vollgepackte Taschen mit Tennisausrüstung mit auf den Weg gibt.[61]

2.1.2.1 Wohlverhaltensklausel

In der **Wohlverhaltensklausel** (§ 1684 II) verbietet das Gesetz ausdrücklich das, was dennoch oft vorkommt und noch öfter unterstellt wird, nämlich die wechselseitige Beeinflussung des Kindes und das Aufhetzen des Kindes gegen den anderen Elternteil. Ein Verstoß gegen die Wohlverhaltensklausel liegt auch vor, wenn die Mutter dem 8-jährigen Kind freistellt, den Umgang zum Vater zu pflegen oder nicht.[62]

Die Erfahrung zeigt, dass sich gerade die betreuenden Elternteile außerordentlich schwer tun, wenn es darum geht, den mitsorgeberechtigten, aber nicht betreuenden Elternteil oder den Unterlegenen im Sorgerechtsstreit in seine Rechte eintreten zu lassen. Gerade sie lassen sich auf Eifersüchteleien und Rivalitätskonflikte mit dem Geschiedenen ein, die dieser gar nicht entfacht hat. Damit die Kinder nicht auf den Vater „hereinfallen" – meist ist es ja der Vater, der nur das Umgangsrecht hat –, wird er erst einmal nach Kräften schlecht gemacht, so als stünde eine Sorgerechtsänderung vor der Tür, wenn den Kindern nicht vor jedem Besuch beim Papa dessen vermeintlich wahres Gesicht gezeigt wird.

Dabei haben die Betreuenden eine unvergleichlich bessere Position, wenn es darum geht, sich die Liebe und Anhänglichkeit der Kinder zu sichern, so dass sie, wenn sie gute Mütter oder Väter sind, überhaupt keine Angst zu haben brauchen, dass ihre Stellung auch nur angekratzt wird.

Die übliche weibliche Schuldzuweisung und zugleich Erklärung für gängige Konflikte lautet:

Der Umgangsberechtigte kann den „Wochenendpapa" spielen, bei dem die Kinder alles dürfen und bei dem sie Großzügigkeit an allen Fronten des Lebens genießen; auf diese Weise werden Bedürfnisse und Ansprüche geweckt, die die sorgeberechtigte Mutter im trüben Alltag nicht einzulösen vermag.

---

[58] OLG Zweibrücken FamRZ 2001, 639.

[59] OLG Zweibrücken FamRZ 2001, 639, 641.

[60] FamG Monschau FamRZ 2004, 287.

[61] KG FamRZ 2017, 1580 (Ls).

[62] OLG Saarbrücken FamRZ 2007, 927.

Übersehen wird dabei gern und oft, dass Kinder zwar ansatzweise bestechlich, aber nicht dumm oder instinktlos sind. Sie merken sehr gut, wer sich dauerhaft um sie kümmert und wer nur die Randfigur ist, die gelegentlich den Freizeitpapa spielen darf.

Aber auch umgekehrt gibt es Fälle gänzlich unakzeptabler Beeinflussung des Kindes durch den umgangsberechtigten Elternteil. Namentlich gilt dies für das Aufhetzen des Kindes gegen den betreuenden Elternteil und für unangemessene Geschenke. Hier spielt etwa die Unsitte mancher Väter, den Kindern ein Handy mit der Auflage zu schenken, ihn anzurufen und für ihn ständig erreichbar zu sein, eine unselige Rolle. *Söpper*[63] meint hierzu mit durchaus triftigen Argumenten, dass der betreuende Elternteil gefragt werden muss, bevor der andere ein derartiges Geschenk macht. Mindestens ebenso bedenklich ist der Vorstoß eines mitsorgeberechtigten Vaters, auf dem Smartphone seiner Tochter eine sog. „FamilyApp“ mit Standortüberwachung zu installieren.[64]

Wessen Interessen werden nun durch das Umgangsrecht in besonderer Weise, d. h. vor allen anderen schützenswerten Interessen, gewahrt?

Die Frage ist von allergrößter Bedeutung, wenn es darum geht, die unterschiedlichen und widerstreitenden Willensäußerungen der Beteiligten (Sorgeberechtigter, Umgangsberechtigter, Kind und sonstige Familienangehörige) richtig zu gewichten.

Um hier Klarheit zu gewinnen, ist ein Rückblick auf das Sorgerecht sinnvoll. Dort lautet die grundsätzliche Fragestellung nicht „Wer bekommt die Kinder?“, sondern, wie wir gesehen haben, „Wen bekommen die Kinder?“. Die elterliche Sorge ist also nur vordergründig ein *Recht* des Elternteils, der sie zugewiesen bekommt, pädagogische Ziele zu verwirklichen oder unterlegene Lebewesen die eigene Macht spüren zu lassen, sondern eine *Pflicht*, das Kind zu betreuen und zu erziehen. Eigentlicher Rechtsinhaber ist das Kind, das einen Anspruch auf Naturalunterhalt, Betreuung, Vertretung, Rat und Hilfe hat. Nicht zufällig ist das *Kindeswohl* der Dreh- und Angelpunkt des Sorgerechts.

2.1.2.2 Umgangspflicht des nichtbetreuenden Elternteils

Bis zum Inkrafttreten des KindRG am 1. 7. 1998 war das Umgangsrecht eine, wie das Gesetz ausdrücklich sagte, *Befugnis*. Man durfte, aber musste es nicht ausüben. Es war also nicht „Pflichtrecht“, sondern pures Recht. Diese Ausgangslage hat sich geändert: Nach § 1684 I ist jeder Elternteil *zum Umgang mit dem Kind* **verpflichtet und berechtigt**. Klingt sehr schön – doch wer ist aktivlegitimiert, d. h. wer kann einen derartigen Antrag stellen?

Dass der betreuende Elternteil nicht in eigenem Namen die Wahrnehmung des Pflichtrechts durch den anderen beantragen darf, ist unbestritten. Das geht gar nicht.[65]

---

63 Abh. *Soepper* FamRZ 2002, 73.

64 OLG Dresden FamRZ 2022, 364. Der Vater scheiterte hier schon deshalb, weil das Smartphone dem Lebensgefährten der Mutter gehörte, der sich das verbat.

65 OLG Karlsruhe FamRZ 2014, 1126.

Ebenso wenig kann der umgangsberechtigte Vater von seinem Kind (hier: seiner 16-jährige Tochter) den Umgang mit ihm verlangen. Das Gericht kann eine 16-Jährige weder überreden noch bedrängen noch gar zum Umgang verurteilen.[66]

Das Kind wird vertreten durch den betreuenden Elternteil oder bei Interessenkonflikt durch einen Ergänzungspfleger. Ob dieser das Umgangsrecht erfolgreich gegen den sich sträubenden Elternteil einklagen kann, wird allgemein verneint.[67] Dazu gleich mehr.

Die **Mindermeinung**, vertreten u. a. durch das das OLG Köln[68], sagt Folgendes:

Sowohl der andere Elternteil[69] als auch das Kind (vertreten durch den betreuenden Elternteil) hat ein gerichtlich durchsetzbares und vollstreckbares Umgangsrecht.

Es hat allerdings auch nach dieser Auffassung in der Ausgestaltung natürliche Grenzen: Ein hoch betagter Vater kann nicht gezwungen werden, seine 13-jährige Tochter im Rahmen des Umgangsrechts auch bei ihm nächtigen zu lassen, wenn gesundheitliche Einschränkungen entgegenstehen.[70]

Desgleichen kann ein Vater, der eine neue Familie hat und sich vehement gegen Umgangskontakte mit seiner 15 ½-jährigen Tochter wehrt, die ihn endlich einmal kennen lernen will, nicht zum Umgang gezwungen werden, denn das würde nicht dem Wohl des Kindes dienen.[71]

Der „Umgangszwang" ist nicht nur materiellrechtlich, sondern auch rechtspolitisch zweifelhaft: Welchem Kind kann damit gedient sein, dass ein verdrossener Vater es abholt, um es vor dem nächsten Fernsehgerät zwischenzulagern?[72]

Das BVerfG[73] musste die Streitfrage vor April 2008 nicht entscheiden, hatte aber in einem Fall, in dem ein FamG den Vater zum Umgang verpflichtet hatte, per einstweiliger Anordnung einen Zwangsgeldbeschluss gekippt, der den Vater zur Umgangsausübung mit seinem (nichtehelichen) Kind zwingen sollte, vor allem wegen der Nachteile, die dem Vater drohten, wenn er Zwangsgelder zahlen müsse und doch am Ende in der Hauptsache (Verpflichtung zur Ausübung des Umgangsrechts) Recht

---

66 OLG Hamburg FamRZ 2008, 1372.

67 Statt aller: OLG Nürnberg FamRZ 2007, 925. Der Verfassungsgerichtshof Berlin verfügt FamRZ 2004, 970, es sei verfassungsrechtlich nicht zu beanstanden, wenn die Fachgerichte das Begehren der Mutter, der Vater möge Umgang mit dem Kind pflegen, bei Vorliegen nachvollziehbarer Gründe zurückweisen (hier: ständige straf- und standesrechtliche Anzeigen der Mutter gegen den Vater nach Wahrnehmung des Umgangsrechts!).

68 OLG Köln FamRZ 2001, 1023 (sowie FamRZ 2002, 979 und FamRZ 2004, 52) unter Berufung auf die einschlägigen Bundesratsprotokolle und Teile der Lehre. Im Ergebnis ebenso (incl. Zwangsgeldoption): OLG Brandenburg FamRZ 2005, 293 und FamG Bochum FamRZ 2007, 494. Einschränkend meint das OLG Nürnberg FamRZ 2002, 413, dass dem Antrag (nur) dann nicht stattzugeben ist, wenn der Umgang nicht dem Interesse des Kindes dienen würde.

69 OLG Frankfurt FamRZ 2014, 576.

70 OLG München FamRZ 2005, 2010.

71 FamG Celle FamRZ 2010, 1681.

72 Gleichwohl gab es für derartige Anträge auch schon Vkh, selbst wenn die genannten Bedenken (Desinteresse des Vaters) vorgetragen wurden (OLG Stuttgart FamRZ 2006, 1060).

73 BVerfG FamRZ 2002, 534.

bekomme. Die Entscheidung[74] ist von der Lit.[75] scharf kritisiert worden, besonders wegen der Auffassung des BVerfG, es träte für das Kind durch den zeitlichen Aufschub keine Veränderung seiner bisherigen personalen Beziehungen ein, sondern es verzögerte sich lediglich seine Option, mit seinem Vater erstmals in Kontakt treten zu können. Zu Recht merken *B. und E. Spangenberg*[76] hierzu an, dass zwei vaterlose Jahre aus der Sicht des Kleinkinds eine halbe Ewigkeit sind, und bedauern, dass das BVerfG dem Vater nicht mit dem nötigen Druck die Möglichkeit geschaffen habe, *„seine Vaterschaft sinnlich zu erleben, sich von dem Charme und der Hilflosigkeit eines Kleinkindes einnehmen zu lassen und Vatergefühle und Verantwortung zu entwickeln."* Ob's geklappt hätte, ist eine andere Frage.

Das BVerfG hatte ferner in seine Beschluss vom 20.5.2003 Gelegenheit, die (auf Betreiben der Mutter!) zwangsweise[77] Durchführung von Umgangskontakten eines Vaters mit dem Kind jedenfalls im Beisein des Sachverständigen für verfassungswidrig zu erklären (Art. 2 I und Art. 1 I GG).[78]

Das bahnbrechende, wenngleich wenig originelle Urteil des BVerfG[79] zu dieser Problematik folgte am **1.4.2008.** Danach ist es verfassungsmäßig nach Art. 6 II 1 GG gerechtfertigt, den Vater zum Umgang mit seinem Kind zu verpflichten, sofern dies dem Kindeswohl dient. Ein Umgang, der – so das BVerfG im zweiten Leitsatz – nur mit **Zwangsmitteln** gegen den ***„umgangsunwilligen Elternteil durchgesetzt werden kann, dient in der Regel nicht dem Kindeswohl"***.[80] Da muss man erst mal drauf kommen!

Dennoch hat das OLG Stuttgart[81] später (am 7.8.2008) den Umgangsantrag eines Kindes gegen einen unwilligen Elternteil für nicht mutwillig erklärt. Noch deutlicher das OLG Frankfurt[82]: Dort wurde der Vater, dessen drei Kinder förmlich nach Kontakten zu Papa *„dürsteten"* (sic!), zum Umgang mit ihnen verpflichtet. Vergeblich hatte dieser behauptet, dass er 120 Wochenstunden arbeiten müsse.[83]

Umgekehrt hat das OLG Frankfurt[84] sieben Jahre zuvor Ordnungsmittel nach § 89 I FamFG gegen einen umgangsunwilligen Vater abgelehnt.

In einer Folgeentscheidung verfügte der BGH[85] unter ausdrücklicher Bezugnahme auf die vorstehende Entscheidung des BVerfG, dass der Anspruch des Kindes in derartigen Fällen vom sorgeberechtigten Elternteil und im Falle eines Interessenkon-

---

[74] BVerfG FamRZ 2002, 534.

[75] Anm. *B. und E. Spangenberg* FamRZ 2002, 877.

[76] Anm. *B. und E. Spangenberg* FamRZ 2002, 877, 878.

[77] Das OLG hatte dem Vater ein Zwangsgeld von 10.000 DM angedroht.

[78] BVerfG FamRZ 2004, 523.

[79] BVerfG FamRZ 2008, 845; ebenso OLG Hamm FamRZ 2018, 111.

[80] Ebenso BVerfG FamRZ 2022, 794 mit dem wenig überraschenden Hinweis, dass Ordnungsmittel in derartigen Fällen ausscheiden.

[81] OLG Stuttgart FamRZ 2009, 354.

[82] OLG Frankfurt FamRZ 2021, 432.

[83] OLG Frankfurt FamRZ 2021, 432, 435. 120 Stunden Arbeit pro Woche sind natürlich schon *prima vista* Blödsinn.

[84] OLG Frankfurt FamRZ 2014, 403.

[85] BGH FamRZ 2008, 1334 mit Anm. *Bienwald* FamRZ 2008, 2020.

flikts von einem **Verfahrensbeistand** geltend zu machen ist, in keinem Fall aber durch den Sorgeberechtigten in eigenem Namen.

Das Recht auf Umgang ist nicht schrankenlos. Wenn es dem Kindeswohl nicht förderlich ist – nun gut, das muss hingenommen werden. Wenn die Ausübung des Umgangsrechts dagegen dem Kindeswohl krass widerspricht, muss das Umgangsrecht weichen. Aber auch *nur dann!* Und, um das gleich an dieser Stelle unmissverständlich anzumerken: Was das Kindeswohl ist, bestimmt nicht der sorgeberechtigte Elternteil, sondern das Gericht nach objektiver Würdigung. (Einzelheiten unter **2.5.3**).

Wenn das Umgangsrecht andere Familienangehörige, vor allem den betreuenden Elternteil, in Konflikte oder gar krankheitsähnliche Zustände versetzt, ist das kein Grund, das Umgangsrecht einzuschränken oder auszusetzen.

2.1.3 Der Kreis der Umgangsberechtigten

2.1.3.1 Grundsätzliches zur Reform von 1998

Durch das am 1. Juli 1998 in Kraft getretene Kindschaftsreformgesetz hat auch das Umgangsrecht beträchtliche Änderungen erfahren.[86]

Diese Feststellung lässt sich am sinnfälligsten mit dem Wortlaut von § 1684 I untermauern (Das Kind hat das Recht auf Umgang mit jedem Elternteil; jeder Elternteil ist zum Umgang mit dem Kind verpflichtet und berechtigt).

Dieser Perspektivwechsel ist von immenser psychologischer Bedeutung. War das Kind vor der Reform Spielball von Elterninteressen (wobei das Kindeswohl lediglich ein schwaches Korrektiv darstellte), so wird ihm seit 1998 selbst das Umgangsrecht zugesprochen, wenngleich es von ihm selbst nicht einklagbar ist.[87]

Der nichtbetreuende Elternteil hat außerdem nicht nur das Recht, sondern auch die Pflicht zum Umgang mit dem Kind.

Im Rahmen des § 18 III SGB VIII haben Kinder, Eltern und andere Umgangsberechtigte (s. u.) Anspruch auf Beratung und Unterstützung bei der Ausübung des Umgangsrechts.

Der sog. **beschützte Umgang** nach § 1684 IV 3 und 4 BGB kann bei Verdacht auf Kindesmisshandlung, -missbrauch und -entziehung nur in Anwesenheit eines mitwirkungsbereiten Dritten (auch z. B. eines Jugendamtsmitarbeiters) stattfinden.

Die Vollstreckung aus einem Umgangsrechtsbeschluss bleibt weiterhin möglich. Die Vorschrift behält ihre Signalwirkung; als Vollstreckungsmittel selbst ist sie untauglich. Dessen eingedenk hat der Gesetzgeber ein **gerichtliches Vermittlungsverfahren** in das FamFG eingebaut (§ 165 FamFG), das auf Antrag stattfindet, wenn ein Elternteil die Durchführung einer gerichtlichen Entscheidung über das Umgangsrecht erschwert oder vereitelt. Es handelt sich um ein selbständiges Verfahren, das nur auf Antrag eines Elternteils eingeleitet werden kann.[88] Voraussetzung ist stets eine vor-

---

86 Eine Zusammenfassung der Rechtslage und der auf dieser Grundlage ergangenen Judikatur liefert die ausgezeichnete Abh. von *Motzer* FamRZ 2000, 925.

87 I. E.: Abh. *Rauscher* FamRZ 1998, 329, 331.

88 KG FamRZ 2003, 1039.

ausgegangene gerichtliche Umgangsverfügung.[89] Die Mitwirkung an einem solchen Vermittlungsverfahren ist Elternpflicht.[90] Eine Anwaltsbeiordnung ist nach Auffassung des OLG Thüringen grundsätzlich nicht geboten[91] (als ob die Anwälte sich darum reißen würden!). Das Verfahren ist erst beendet, wenn das Gericht die Feststellung trifft, dass das Vermittlungsverfahren erfolglos geblieben ist. Androhung und Verhängung von Zwangsgeldern müssen einem anschließenden Verfahren vorbehalten bleiben.[92]

Knapp 15 Jahre nach Inkrafttreten des FamFG lässt sich sagen, dass das Vermittlungsverfahren ein Schattendasein führt.

Den Durchbruch brachte die 1998-er Reform vor allem für die Väter nichtehelicher Kinder. Die „Erzeuger" sind in puncto Umgangsrecht jetzt endlich den Vätern ehelicher Kinder gleichgestellt (s. der eingangs zitierte § 1684 I).[93]

2.1.3.2 Großeltern und Geschwister

In § 1685 BGB ist der Kreis der Umgangsberechtigten beträchtlich erweitert worden, und zwar auf Großeltern, Geschwister, Stiefeltern, Pflegeeltern und andere.

Wenn es dem Kindeswohl dient, d. h. wenn eine gewachsene positive Beziehung vorhanden ist, dürfen also nicht nur die Großeltern, sondern auch Geschwister, Stiefeltern[94] und Pflegeeltern[95] das Kind besuchsweise zu sich nehmen.

Die Eltern bzw. (wenn nur die Kindesmutter die ES innehat) die Mutter sind/ist beizuziehen. Das gilt auch dann, wenn das Kind in einer Pflegefamilie wohnt.[96] Dem Ehemann der Mutter steht bei Umgangsrechtsgewährung an die Großmutter mütterlicherseits des Kindes kein Beschwerderecht zu, wenngleich seine Interessen dadurch mittelbar berührt werden.[97]

Folgende Reihenfolge des Vorgehens ist zu beachten:

Großeltern und andere „Mitglieder" des erweiterten Berechtigtenkreises müssen sich zunächst an die Eltern wenden. Diese müssen, solange die gemeinsame ES besteht, eine einvernehmliche Entscheidung über das Ob und das Wie des Umgangsrechts Dritter herbeiführen. Es handelt sich **nicht** um eine Alltagsentscheidung i. S. v. § 1687 BGB, die von einem Elternteil allein getroffen werden kann. Wenn also die

---

89 S. Abh. *Schael* FamRZ 2005, 1796.

90 OLG Zweibrücken FamRZ 2000, 627.

91 OLG Thüringen FamRZ 2005, 1578.

92 OLG Naumburg FamRZ 2005, 1577.

93 Die gesetzlich zulässige Umgangsrechtssabotage nach dem mittlerweile aufgehobenen § 1711 II – mühsam eingeschränkt durch Richterrecht – gehört der Vergangenheit an.

94 Zum Umgangsrecht des „sozialen Vaters" s. OLG Karlsruhe FamRZ 2002, 1210.

95 S. BVerfG FamRZ 2000, 413. Pflegeeltern haben ein Beschwerderecht gegen eine Versagungsentscheidung (BGH FamRZ 2001, 1449). Lebt das Kind bei den Pflegeeltern, kommt sogar ein befristeter Ausschluss des Umgangsrechts der leiblichen Eltern in Betracht, so OLG Hamm FamRZ 2000, 1108, allerdings nur bei Kindeswohlgefährdung, so OLG Hamm FamRZ 2004, 1310.

96 OLG Hamm FamRZ 2011, 1889.

97 KG FamRZ 2000, 1520.

Eltern uneins sind, muss zunächst gerichtlich geklärt werden, wer in dieser Einzelfrage das Sagen hat (§ 1628 BGB). Erst wenn dieser Elternteil den eigenen Eltern bzw. (Regelfall!) Schwiegereltern das Umgangsrecht verweigert, ist ein Umgangsrechtsantrag der Letzteren zulässig.[98]

Wenn das Umgangsrecht des nichtbetreuenden Vaters mit dem Umgangsinteresse von Großeltern und Tanten konkurriert, genießt der Vater den Vorrang.[99]

Das großelterliche Umgangsrecht darf auch nicht so ausgestaltet werden, dass entweder die Summe aus väterlichem und großelterlichem Umgang zu einer unerträglichen Einschränkung der der mütterlichen Obhut wird, oder dass das Umgangsrecht des Vaters leidet, weil Umgangskonkurrenten hinzugetreten sind. Das OLG Brandenburg[100] hat den großelterlichen Umgang mit einem 8-jährigen Kind auf **ein Wochenende pro Monat** beschränkt.

Bei den Großeltern gibt es folgende Ausnahmen von der Umgangsgewährung:

- Das Verhältnis zwischen Großeltern und der Mutter der Kinder[101] oder beiden Eltern[102] ist zerrüttet.
- Das Verhältnis zwischen Großeltern und *beiden* Eltern ist massiv gestört.[103]
- Eltern und Großeltern sind völlig zerstritten.[104]
- Die Kinder geraten in einen massiven Loyalitätskonflikt mit ihrer Mutter (oder mit beiden Eltern[105]), weil diese den Kontakt zu den eigenen Eltern abgebrochen hat/haben.[106]
- Die Großeltern weigern sich, zwecks Abbaus von Spannungen zwischen ihnen und ihrer Schwiegertochter (der Mutter der Kinder) eine familienpsychologische Beratung anzunehmen.[107]
- Die Großeltern mischen sich in die Erziehung durch die Mutter ein.[108]
- Der allein sorgeberechtigte Vater der Kinder hat ein nachvollziehbares Schwiegermutterproblem.[109]

---

[98] So zutreffend OLG Dresden FamRZ 2005, 1275.

[99] BVerfG FamRZ 2007, 335.

[100] OLG Brandenburg FamRZ 2008, 2303.

[101] OLG Hamm FamRZ 2000, 1110; OLG Karlsruhe FamRZ 2008, 915; OLG Hamm FamRZ 2010, 909.

[102] FamG Kulmbach FamRZ 2007, 850.

[103] FamG Konstanz FamRZ 2004, 290.

[104] BGH FamRZ 2017, 1668.

[105] OLG Braunschweig FamRZ 2021, 1981 (Ls).

[106] OLG Hamm FamRZ 2005, 2012. Ebenso OLG Brandenburg FamRZ 2016, 1092: Eltern dürfen den Kindern sogar den Kontakt zu den Großeltern verbieten, es sei denn, der Umgangskontakt dient erwiesenermaßen dem Kindeswohl.

[107] OLG Hamm FamRZ 2004, 57.

[108] OLG Hamm FamRZ 2003, 953 (dort verneint).

[109] OLG Koblenz FamRZ 2000, 1111.

In krassen Fällen (hier: siebenjährige Funkstille zwischen Großeltern und Enkeln) muss das Gericht sich nicht damit begnügen, den Umgangsantrag der Großeltern zurückzuweisen; es kann vielmehr das Recht konkret **ausschließen.**[110]

Anders als vom BGH[111] wird die Problematik vom KG[112] gewichtet: Danach bestimmt sich dass großelterliche Umgangsrecht ausschließlich danach, ob es dem Kindeswohl **dienlich** ist; ob der Vater das akzeptiert, ist zweitrangig.

Das Umgangsrecht der Großeltern bleibt lt. OLG Köln[113] bestehen, wenn diese sich (nur) gegen die Fremdunterbringung der Kinder aussprechen, nachdem der Mutter das Sorgerecht entzogen worden ist. Das Jugendamt als Vormund der Kinder wollte dies nicht gestatten. Die Großeltern hatten sich dafür ausgesprochen, dass die Kinder entweder zurück zur Mutter oder zu ihnen kämen.

Wenn die Eltern den Großeltern den Umgang verbieten, ist es an den Großeltern, schlüssig dazutun und notfalls zu beweisen, dass der Umgang gleichwohl dem Kindeswohl dient.[114] Das wird i. d. R. schwierig, denn bei einer tiefgreifenden Störung des Verhältnisses zwischen Angehörigen zweier Erwachsenengenerationen werden der Umgang und die Übergabe in einer spannungsgeladenen Atmosphäre stattfinden, die dem Wohl des Kindes abträglich ist.

Das Erziehungsrecht der Eltern hat also bei Meinungsverschiedenheiten mit den Großeltern im Zweifel Vorrang.[115] Beruht das großelterliche Umgangsrecht allerdings auf einer Vereinbarung mit der Mutter, kann diese nicht ohne triftigen Grund davon wieder abrücken[116].

Eine Abstufung oder Rangfolge der Umgangsberechtigten nach § 1685 BGB enthält das Gesetz nicht. Dies kann zu Eifersüchteleien zwischen den Berechtigten – etwa zwischen Stiefeltern und Großeltern – führen.

In puncto **Vormundschaft** haben die Großeltern eine privilegierte Position: Sie genießen bei der Bestellung eines Vormunds für ihre Enkelkinder den Vorrang vor anderen Verwandten[117], wobei der Kindeswille eine wichtige Rolle einnimmt.[118]

Allerdings haben Großeltern im Falle der Nichtbestellung keine Beschwerdebefugnis.[119]

---

110 OLG Saarbrücken FamRZ 2017, 1673. Ebenso: OLG Frankfurt FamRZ 2017, 1675 (Ls).

111 BGH FamRZ 2017, 1668.

112 KG FamRZ 2009, 1229.

113 OLG Köln FamRZ 2013, 1748.

114 OLG Naumburg FamRZ 2008, 915.

115 OLG Hamm FamRZ 2002, 48 und FamRZ 2000, 1601, mit Anm. *Liermann* FamRZ 2001, 704. *Liermann* wendet sich zu Recht gegen die Auffassung des OLG Hamm, dass die Großeltern nachweispflichtig dafür seien, dass der Umgang des Kindes mit ihnen dem Kindeswohl diene: Das FamFG-Verfahren wird von Amts wegen betrieben; also trägt das Gericht die formelle Beweisführungslast (*Liermann* FamRZ 2001, 704, 705).

116 OLG Frankfurt FamRZ 2003, 250.

117 BVerfG FamRZ 2014, 1841.

118 BVerfG FamRZ 2014, 1843.

119 OLG Koblenz FamRZ 2021, 955.

2.1.3.3 Soziale und biologische Eltern

2.1.3.3.1 Soziale Väter und Mütter

Bringt eine Frau Kinder in die NELE ein und scheitert letztere, hatte der Mann als sozusagen verhinderter Stiefvater („**sozialer Vater**") bis April 2004 kein Umgangsrecht, auch nicht über die analoge Anwendung von § 1685 II („Familienpflege").[120] Danach trat eine segensreiche Gesetzesänderung in Kraft[121], der die Rspr. natürlich folgte.[122]

§ 1685 II erhielt folgenden Wortlaut:

> *Gleiches gilt für enge Bezugspersonen des Kindes, wenn diese für das Kind tatsächliche Verantwortung tragen oder getragen haben* ***(sozial-familiäre Beziehung)****. Eine Übernahme tatsächlicher Verantwortung ist in der Regel anzunehmen, wenn die Person mit dem Kind längere Zeit in häuslicher Gemeinschaft zusammengelebt hat.* (Hervorhebung d. Verf.)

Die Vorschrift ist auf Stiefväter wie auf Stiefmütter, egal ob verheiratet oder nicht, gleichermaßen gemünzt. Erfasst werden auch Lebenspartnerinnen, von denen eine während der eingetragenen Lebenspartnerschaft kraft Insemination Mutter geworden ist. Die andere hat dann nach der Trennung ein Umgangsrecht.[123]

Der EuGHMR[124] legt § 1685 II so aus, dass das Tragen tatsächlicher Verantwortung auch dann zu bejahen ist, wenn ein Vater sich ernsthaft darum bemüht hat, aber am Widerstand der Mutter gescheitert ist. Das nützt dem Vater allerdings nicht viel, wenn anschließend das Kindeswohl verneint wird[125], was nahe liegt, wenn der Kontakt zwischen Vater und Kind gar nicht zustande gekommen ist.

Eine vorgeburtliche Bereitschaft zur Verantwortungsübernahme reicht allerdings nicht aus.[126] Desgleichen reicht die Beteuerung einer Tante nicht aus, eine derartige sozial-familiäre Beziehung erst aufbauen zu wollen.[127] Lt. BGH[128] ist es nicht erforderlich, dass die vertiefte Beziehung schon bei Rechtshängigkeit des Vaterschaftsanfechtungsverfahrens besteht; es genügt, wenn sie zum Schluss der letzten Tatsacheninstanz (OLG) besteht.[129] Das OLG Hamm[130] stellt mit erkennbarem Bedauern fest, dass der leibliche Vater nach der geltenden Rechtslage keine Chance hat, rechtlicher Vater zu werden, wenn zwischen dem Kind und dem mit der Mutter verheirateten Scheinvater eine gewachsene Beziehung besteht (§ 1600 II). Das gilt, so das

---

[120] OLG Bamberg FamRZ 1999, 810 mit zustimmender Anm. *Otto* FamRZ 2000, 44.

[121] Wegen der Einzelheiten s. Abh. *Höfelmann* FamRZ 2004, 745, 750. Zu den Anforderungen s. BGH FamRZ 2005, 705: Mehrmonatiges Zusammenleben mit Mutter und Kind reicht aus.

[122] FamG Essen FamRZ 2011, 1803.

[123] OLG Karlsruhe FamRZ 2011, 1155.

[124] EuGHMR FamRZ 2011, 269 und 2011, 1715.

[125] So OLG Bamberg FamRZ 2013, 710.

[126] BVerfG FamRZ 2006, 1661.

[127] OLG Bremen FamRZ 2013, 331.

[128] BGH FamRZ 2021, 1127.

[129] Die Zeit arbeitet also gegen den biologischen Vater: Je länger das Verfahren dauert, desto mehr schwinden seine Chancen.

[130] OLG Hamm FamRZ 2021, 1133.

Gericht, auch dann, wenn er sich schon vor der Geburt und erst recht danach um die Vaterstellung bemüht hat.

Von einer sozial-familiären Beziehung kann keine Rede sein, wenn die Geschwister des Vaters, der seine Frau ermordet hat, Umgang mit den Kindern wünschen, die sie nur vier Monate lang gesehen haben, und zwar noch in Aleppo/Syrien.[131] Onkel und Tante der Kinder (alle lebten mittlerweile in Deutschland, allerdings nicht im selben Ort) gaben überdies ein Motiv an, das ihre Chancen nicht gerade verbessert haben dürfte: Sie wollten eine *Verdeutschung* der arabischen Kinder unbedingt verhindern.

Nach OLG Stuttgart[132] ist es von entscheidender Bedeutung, ob der soziale Vater die tatsächliche Verantwortung noch trägt. Wenn das „Schnee von gestern" ist, hat er mit seinem Wunsch nach Wiederaufleben der personalen Beziehungen keine Chance.

Das OLG Frankfurt[133] hatte über folgenden exotischen Fall zu entscheiden:

In einer lesbischen Beziehung lässt sich eine der Partnerinnen einer Geschlechtsumwandlung unterziehen. Die andere bleibt Frau und wird gemäß gemeinsamem Plan per Fremdinsemination Mutter. Das Kind wird 2014 geboren. Beide verloben sich, wollen also heiraten, doch kommt es in 2017 zur Trennung. Der Mann erlangt mangels Ehe keine rechtliche Vaterstellung, begehrt aber ein Umgangsrecht kraft sozial-familiärer Bindung nach § 1685 II.

Das Gericht verneinte diese Bindung mit der Begründung, die beiden „Eltern" hätten ihren Partnerkonflikt nicht aufgearbeitet. Dadurch sei das Kind in seiner Entwicklung bereits zum Zeitpunkt der Entscheidung beeinträchtigt.

Ganz ähnlich die Entscheidung des EuGHMR[134] vom 12.11.2020: Hier hatte zwei Frauen in PACS[135] zusammengelebt. Eine von beiden wurde einvernehmlich kraft künstlicher Insemination Mutter. Dann kam es zur Trennung. Die andere Frau (sog. intendierte Mutter) begehrte darauf den Umgang mit dem im Jahre 2007 geborenen Kind. Das Gericht hielt den Umgang des fragilen Kindes angesichts des tiefgreifenden Zerwürfnisses zwischen den beiden Frauen für kindeswohlwidrig (Loyalitätskonflikt[136]) und lehnte ihn ab.

Wenn auf der Elternebene keine Konflikte zwischen den beiden „Eltern" bestehen, hat die intendierte Mutter selbstverständlich ein Umgangsrecht nach § 1685 II.[137]

---

[131] OLG Bremen FamRZ 2021, 434. Das Gericht wollte auch keinen – so wörtlich – *Umgangstourismus.*

[132] OLG Stuttgart FamRZ 2008, 629.

[133] OLG Frankfurt FamRZ 2020, 1923.

[134] EuGHMR FamRZ 2021, 194.

[135] PACS ist das Akronym für *Pacte civil de solidarité.* Es handelt sich um die seit dem 1.1.2000 zulässige französische Variante einer Ehe minderen Rechts, die u. a. das Ehegattensplitting ermöglicht. Der übersetzte Gesetzestext ist abgedruckt FamRZ 2000, 531.

[136] Ganz ähnlich wurde in einem anderen Fall einer gescheiterten lesbischen Lebensgemeinschaft entschieden (OLG Karlsruhe FamRZ 2022, 1288): Auch hier war der Kontakt der Kinder zur Nichtmutter zwar grundsätzlich kindeswohldienlich, hätte die Kinder aber in einen schädlichen Loyalitätskonflikt gestürzt.

[137] OLG Braunschweig FamRZ 2021, 195.

2.1.3.3.2 Biologische Väter

Kein Umgangsrecht hatte lange Zeit derjenige leibliche Vater, dessen Vaterschaft durch Gutachten belegt und unbestritten, aber nicht gerichtlich festgestellt worden war[138], es sei denn, es bestand zwischen beiden eine sozial-familiäres Band (s. o. zu **2.1.3.3.1**, § 1685 II).[139]

Durch Beschluss vom 9.4.2003 erweiterte das BVerfG[140] das väterliche Umgangsrecht schon auf diejenigen, die in diesem Sinne Väter sind (das etwas missverständliche Stichwort lautet „**biologische Väter**"). Geklagt hatte ein Vater, der in der Trennungsphase der Mutter mit dieser ein Verhältnis hatte, sie kurz vor der Geburt des in 1989 geborenen Kindes wieder verlassen hatte und anschließend die Beziehung wieder aufgenommen hatte. Die Intensität der Kindesbetreuung durch den Erzeuger in den Jahren danach war zwischen den Parteien umstritten. Die Mutter behauptete, der Vater habe sich nur stundenweise um das Kind gekümmert, während der Vater einen weit höheren Zeitaufwand für sich reklamierte. In 1993 begann die Mutter, den Umgang zwischen Vater und Kind zu behindern. Der Ehemann focht die Ehelichkeit des Kindes nie an, so dass das Kind rechtlich als sein Kind galt.

Das BVerfG[141] entschied dann, dass der Gesetzgeber verpflichtet sei, bis zum 30.4.2004 jedenfalls in den Fällen, in denen zwischen Vater und Kind eine *sozial-familiäre Bindung* besteht, dem biologischen Vater ein Umgangsrecht zu gewährleisten.[142] So geschah es dann (§ 1685 II). Auch der biologische Vater und sein Kind bildeten fortan eine von Art. 6 I GG geschützte Familie.

Diese Rspr. wurde durch den **EuGHMR**[143] bestätigt. Dieses Gericht gestand am 21.12.2010 solchen Vätern („leiblichen" Vätern) ein Umgangsrecht zu (mit dem Kindeswohl als Vorbehalt), noch einmal mit Urteil vom 15.9.2011[144]. Danach hat der leibliche Vater selbst dann ein Umgangs- und Auskunftsrecht, *„wenn er noch keine sozial-familiäre Beziehung zu seinem Kind aufbauen konnte"*.[145] Dasselbe Gericht[146] hat aber ein Umgangsrecht verneint, wenn zwischen dem (mutmaßlichen) leiblichen Vater und den rechtlichen Eltern des Kindes tiefgreifende Konflikte bestehen und die Befürchtung im Raum steht, der biologische Vater werde das Kind (12-jährige Tochter) über seine generische Vaterschaft informieren.

Das geforderte Gesetz (§ 1686a I 1. BGB) ist im Juli 2013 in Kraft getreten. Seither haben leibliche, nichtrechtliche Väter[147] ein Umgangsrecht, wenn sie ernsthaftes

---

138 Beachtenswert, aber leider falsch ist die **a. A.**, vertreten vom FamG Potsdam FamRZ 2003, 1955.

139 OLG Karlsruhe FamRZ 2007, 924.

140 BVerfG FamRZ 2003, 816.

141 BVerfG FamRZ 2003, 816.

142 Bestätigt durch BVerfG FamRZ 2004, 1705.

143 EuGHMR FamRZ 2011, 269.

144 EuGHMR FamRZ 2011, 1641.

145 S. hierzu krit. Anm. von *Helms* FamRZ 2011, 1717.

146 EuGHMR FamRZ 2018, 1423. Noch einmal in Langfassung: FamRZ 2020, 757.

147 Selbstverständlich muss die biologische Vaterschaft feststehen, i. d. R. per Vaterschaftsklärungsverfahren. Hauptanwendungsfall: Der Mann war nicht verheiratet, die Vaterschaft steht fest, die Vaterschaftsanfechtungsfrist ist abgelaufen.

Interesse am Kind gezeigt haben.[148] Das gilt sogar für Putativväter, wenn die Mutter sich weigert, an einem Abstammungsgutachten mitzuwirken.[149]

Allerdings haben diese leiblichen Väter kein Elternumgangsrecht, sondern nur ein nachrangiges nach Maßgabe des § 1685 BGB.[150] Sie stehen also auf der gleichen Rangstelle wie Großeltern.

Wer als Vater sein Kind kurz nach der Geburt zur **Adoption** freigibt, hat kein Umgangsrecht nach § 1686a BGB.[151]

2.1.3.3.3 Samenspender

Auch die biologischen Väter, die eine Becherspende (Heiminsemination) geleistet haben, haben spätestens ab Vaterschaftsanerkennung ein Umgangsrecht.[152] Nach Auffassung des BGH[153] hat der Samenspender sogar dann ein Umgangsrecht, wenn er nicht rechtlicher Vater wird.[154] Voraussetzung ist allerdings, dass er ernsthaftes Interesse am Kind gezeigt hat und dass der Umgang kindeswohldienlich[155] ist.

Fazit:

Nicht nur rechtliche Väter und soziale Väter, sondern auch biologische Väter, die nicht zugleich rechtliche Väter sind, und sogar Samenspender haben ein Umgangsrecht, wenn sie Interesse am Kind zeigen.

2.1.3.3.4 Biologische Mütter, Leihmütter, Tanten und Onkel

Schließlich hat auch die **biologische Mutter**, die ihr Kind zur Adoption freigegeben hat, ebenso wie der **biologische Vater**[156] kein Umgangsrecht und auch kein Auskunftsrecht[157], desgleichen nicht die **„biologische Großmutter"**[158] (Mutter des Mannes, der im biologischen, nicht aber im rechtlichen Sinne Vater ist).

Der Kreis der Umgangsberechtigten wird grundsätzlich durch §§ 1684, 1685 BGB bestimmt, und danach sind nur Eltern, Großeltern und Geschwister anspruchsbe-

---

[148] Abh. *Hoffmann* FamRZ 2013, 1077.

[149] OLG Frankfurt FamRZ 2019, 1254.

[150] OLG Frankfurt FamRZ 2019, 2008; offen gelassen vom BGH in FamR 2021, 1375.

[151] KG FamRZ 2020, 1271. Das Kind war übrigens durch die Lebenspartnerin der Mutter adoptiert worden. Der Vater hatte das Kind jahrelang mehr als 20 Mal *pro anno* besucht, bis die beiden Damen das nicht mehr wünschten.

[152] KG FamRZ 2018, 1925. Ebenso OLG Frankfurt FamRZ 2019, 37.

[153] BGH FamRZ 2021, 1375 mit Anm. *Keuter*, S. 1380, und *Sanders*, S. 1381.

[154] Voraussetzung ist, dass die *Vaterschaft eines anderen Mannes besteht* (§ 1686a I BGB), jedoch ist die Vorschrift analog anwendbar auf Fälle, in denen die Lebenspartnerin oder Ehefrau der Mutter das Kind adoptiert (BGH FamRZ 2021, 1375). Diese ist dann „Vater analog".

[155] In KG FamRZ 2022, 1783, 1787 wurde die Kindeswohldienlichkeit verneint, weil der biologische Vater das Kind andauernd brieflich mit seiner Seelenpein angesichts fehlender Kontakte konfrontierte.

[156] KG FamRZ 2020, 1271.

[157] FamG Reinbek FamRZ 2004, 55; OLG Schleswig FamRZ 2004, 1057; OLG Stuttgart FamRZ 2006, 1865.

[158] OLG Celle FamRZ 2005, 126.

rechtigt. Auch das OLG Zweibrücken[159] hält §§ 1684,1685 zu Recht für analogieunfähig. **Tanten und Onkel** haben deshalb kein eigenes Umgangsrecht. Erst recht nicht ehemalige **Mitglieder einer homosexuellen Partnerschaft** im Hinblick auf die Kinder des Ex-Partners.[160]

Auch eine **Wunschmutter** (intendierte Mutter), deren Ehemann ein Kind gezeugt hat, das von einer Leihmutter im Ausland (hier: Tschechien) ausgetragen wurde und die das Kind eigentlich adoptieren wollte, bevor die Trennung vom Ehemann dazwischen kam, hat kein Umgangsrecht.[161] Die Leihmutter dagegen sehr wohl, denn sie ist die Mutter, weil sie das Kind geboren hat.[162]

Ein **Schlupfloch** gibt es gleichwohl: Da nach § 1626 III 2 BGB dem Kindeswohl auch der Umgang mit Personen förderlich ist, *zu denen das Kind Bindungen besitzt*, können Großeltern selbst dann noch in den Genuss des Umgangs mit dem Enkelkind kommen, wenn die rechtliche Verwandtschaftsstellung durch Stiefkindadoption erloschen ist.[163]

Vorrangig sind selbstverständlich die Eltern (§ 1684 I).

2.1.4 Regelungsbedürfnis und Regelungstypen

Zuständig für Umgangsrechtsverfahren vor Rechtshängigkeit der Scheidung ist das Gericht des Wohnorts der Kinder.[164]

Außer im Falle der *einverständlichen Scheidung mit einverständlichen Folgesachen* bedarf das Umgangsrecht weder einer Vereinbarung zwischen den Eltern (vor Gericht oder vor dem Notar oder durch Vermittlung der beteiligten Anwälte) noch einer gerichtlichen Regelung. Das Umgangsrecht gehört also nicht zu den von Amts wegen zu regelnden Folgesachen.

Man kann das Umgangsrecht vollkommen aus jedem wie auch immer gearteten Gerichtsverfahren herauslassen, d. h. entweder die Art und Weise seiner Ausübung völlig offen lassen oder eine lose Vereinbarung des Inhalts treffen, dass das Recht „nach Absprache" ausgeübt wird. Dieses Einvernehmen läuft darauf hinaus, dass die Kinder mit dem nicht sorgeberechtigten Elternteil telefonieren und sich auf den nächsten Besuch (Datum, Dauer, Ort) einigen, den der Sorgeberechtigte dann im Normalfall absegnet. Sinnvoll ist es natürlich, wenn die Eltern sich grundsätzlich auf einen Rahmen einigen, innerhalb dessen dann – je nach Bedürfnissen der Kinder und Wünschen des Umgangsberechtigten – die Konkretisierungen im Einzelfall stattfinden.

Wenn man sich dagegen genau einigen will oder muss bzw. wenn man sich streitet, stehen folgende Vorgehensweisen zur Verfügung:

---

[159] OLG Zweibrücken FamRZ 1999, 1161.

[160] OLG Hamm FamRZ 2000, 1600.

[161] OLG Nürnberg FamRZ 2021, 1807.

[162] Im vorstehenden Fall stammte die Eizelle von einer Dritten. Zwischen der Leihmutter und dem Kind bestanden persönliche Kontakte.

[163] OLG Rostock FamRZ 2005, 744.

[164] BGH FamRZ 1994, 299.

- Man einigt sich vor dem Notar.
- Man einigt sich im Rahmen eines gerichtlichen Scheidungsfolgenvergleichs (s. § 36 FamFG).
- Man unterbreitet dem Gericht formlos einen gemeinsamen Vorschlag nach § 156 II FamFG, verbunden mit der Bitte, ihn als gerichtliche Regelung nach § 1634 II 1 zu übernehmen (**gerichtlich bewilligter Vergleich**)[165]: Nur dadurch schafft man nämlich die Voraussetzung für gerichtliche Zwangsmaßnahmen.
- Man ist sich nicht einig, stellt widerstreitende Anträge und lässt das Gericht entscheiden.

2.1.5 Das „kleine Umgangsrecht": Der Auskunftsanspruch

Der Mitinhaber und auch der Nichtinhaber der elterlichen Sorge hat bei berechtigtem Interesse auch Anspruch auf Auskunft über die persönlichen Verhältnisse[166] des Kindes (§ 1686 BGB), z.B. über die schulische und ausbildungsmäßige Entwicklung (auch über den unterhaltsrechtlichen Kontext hinaus). Das gilt vor allem bei Umgangseinschränkungen oder -aussetzungen.[167]

Das gleiche Recht auf Auskunft hat auch der leibliche, nicht rechtliche Vater (§ 1686a I 2. BGB).[168]

Den weiteren Umgangsberechtigten steht das Auskunftsrecht (§ 1686) jedoch nicht zu.

Anspruchsgegner des Auskunftsanspruchs kann auch der Umgangsberechtigte sein[169], ferner der Ergänzungspfleger[170] und der Vormund.[171]

Auskunftsgläubiger kann auch das Jugendamt sein.[172]

Dabei ist (wie im Unterhaltsrecht und beim Zugewinnausgleich) zwischen **Auskunft** und **Belegvorlage** zu unterscheiden. Geschuldet wird beides.[173]

Der Umfang ist umstritten. Allemal muss ein **berechtigtes Interesse** vorliegen. Das ist nur der Fall wenn der Elternteil, der den Anspruch geltend macht, keine andere Möglichkeit hat, die begehrten Erkenntnisse zu gewinnen[174], d.h. wenn er aktuell kein Umgangsrecht genießt. Aber es gibt auch inhaltliche Schranken:

---

165 Zu den Einzelheiten s. Abh. *Schlünder* FamRZ 2012, 9. Die gerichtliche Billigung kommt selbstverständlich nur in Betracht, wenn zu diesem Zeitpunkt das Einvernehmen der Eltern noch gegeben ist, OLG Oldenburg FamRZ 2019, 1159.

166 Die Vermögensverhältnisse des Kindes gehören nicht dazu, OLG Frankfurt FamRZ 2019, 362.

167 OLG Brandenburg FamRZ 2016, 1956, 1947.

168 S. hierzu OLG Hamm FamRZ 2018, 512.

169 BGH FamRZ 2017, 378.

170 BGH FamRZ 2017, 1666 (Ergänzungspfleger für die ausgekoppelte Gesundheitsfürsorge war hier das Jugendamt. Der Auskunftsanspruch ist nur zu verneinen, wenn zu befürchten ist, dass die Eltern die Auskunft kindeswohlwidrig nutzen, um die Therapie des Kindes zu stören).

171 OLG Hamm FamRZ 2017, 384 (§ 1686 analog).

172 BGH FamRZ 2017, 378.

173 OLG Brandenburg FamRZ 2016, 1945.

174 OLG Bamberg FamRZ 2022, 966.

So hat etwa das OLG Hamm[175] das Auskunftsbegehren eines Vaters über die vier Jahre zurückliegende psychiatrische Behandlung der im Prozess 16-jährigen Tochter zurückgewiesen. Auch ein väterlicher Anspruch auf Nennung der (geheimen) Telefonnummer der Mutter wurde von der Rspr.[176] verneint, desgleichen der auf Bekanntgabe der Wohnanschrift der Mutter – allerdings in einem Fall, in dem die Mutter um Leben und Gesundheit auch des Kindes fürchtete (der Vater genoss nur den beschützten Umgang).[177] Wenn es dem Kindeswohl nicht entgegensteht, muss die Mutter die Anschrift benennen.[178] Auf keinen Fall geht der Auskunftsanspruch aber so weit, dass die Mutter ein Tagebuch über die Lebensführung der Kinder zu führen hat[179] oder alle 14 Tage einen Bericht vorzulegen hat.[180]

Bejaht wurde dagegen vom OLG Oldenburg[181] der Anspruch des Vaters gegen die Mutter auf Auskunft über den Verbleib eines Sparvermögens des gemeinsamen Sohnes i. H. v. gut 15.000 €. Die Eltern hatten beide die ES.

Ein **Ausschluss des Auskunftsrechts** kommt in folgenden Fällen in Betracht:

- Es besteht die akute Gefahr des Missbrauchs durch den Auskunftsberechtigten.[182]
- Der Auskunftsberechtigte hat das Kind (hier: im Säuglingsalter) lebensgefährlich misshandelt hat; dann entfällt der Anspruch, bis das Kind reif genug ist, über die Weitergabe seiner Daten zu entscheiden.[183]
- Der Vater hat die Mutter mit Messerstichen getötet.[184]
- Das Kind nähert sich bereits der Volljährigkeit: Hier steht das Selbstbestimmungsrecht des Jugendlichen im Vordergrund, so dass die (hier nicht betreuende) Mutter gegen den Willen der Tochter keinen Anspruch auf Vorlage von Schulzeugnissen hat (Einschränkung des Auskunftsanspruchs).[185]

Zum **Prüfschema**:

Stets ist zunächst zu ermitteln, ob überhaupt ein berechtigtes Interesse des Vaters besteht (kein Anspruch, wenn „aus Prinzip" oder im Gängelungsinteresse Auskunft verlangt wird[186]). Nur bei Bejahung ist zu klären, ob die Auskunft dem Kindeswohl widerspricht.[187] Letzteres dürfte allerdings selten der Fall sein. Wie soll es dem Kind

---

175 OLG Hamm FamRZ 1995, 1288.

176 OLG Düsseldorf FamRZ 1997, 46 mit krit. Anm. *Sarres*.

177 KG FamRZ 1999, 876.

178 OLG Stuttgart FamRZ 2006, 1628.

179 OLG Koblenz FamRZ 2002, 980.

180 OLG Brandenburg FamRZ 2008, 638, 639.

181 OLG Oldenburg FamRZ 2018, 757.

182 OLG Hamm FamRZ 2010, 909; dort wurde der Missbrauch verneint (die Gefahr der Veröffentlichung von Fotos für eine Medienkampagne bestand lt. Gericht nicht).

183 OLG Düsseldorf FamRZ 2020, 261.

184 OLG Brandenburg FamRZ 2022, 275.

185 OLG München FamRZ 2022, 1536.

186 OLG Hamm FamRZ 2001, 514: Keine Vorlage von Schul- und Klassenarbeitsheften.

187 OLG Naumburg FamRZ 2001, 513. Ebenso OLG Bamberg FamRZ 2022, 1788 zu einer 17-jährigen Tochter, die sich gegen die Harausgabe eines Passfotos an den Vater sträubte, was die Mutter als Antragsgegnerin und Auskunftsschuldnerin zum Anlass nahm, die Über-

schaden, wenn dem Vater Fotos oder Zeugnisse ausgehändigt werden? Das Kind braucht das ja nicht einmal zu erfahren. Auf den entgegenstehenden Willen des Kindes (hier: einer 15-jährigen Tochter, die jeden Kontakt mit dem Vater ablehnt) kommt es nicht an, sofern das Auskunftsverlangen dem Kindeswohl nicht widerspricht.[188]

Vollstreckbar ist der Anspruch durch Zwangsmittel nach §§ 95 I 3. FamFG, 888 ZPO.[189]

2.2 Einvernehmliche Regelungen

Wir rekapitulieren: Wenn die Eltern dem Familienrichter eine Vereinbarung über das Umgangsrecht präsentieren, verbunden mit der im Vollstreckungsinteresse geäußerten Bitte, sich die Elternvereinbarung als gerichtliche Regelung zu eigen zu machen, so darf das Gericht – wie beim Sorgerecht – nur dann von der ersteren abweichen, wenn sie dem Kindeswohl widerspricht oder wenn das Kind (ab 14) selbst widerspricht.

Das Gericht *muss* die elterliche Vereinbarung als gerichtliche Regelung übernehmen (bestätigen), wenn die soeben erörterten Voraussetzungen gegeben sind.[190] Insbesondere darf das Gericht die Entscheidung nicht mit der Begründung ablehnen, es fehle am Rechtsschutzbedürfnis, denn man sei sich ja schon einig. Die Einigkeit muss nicht von Dauer sein, und dann ist es immer nützlich, wenn man für den Notfall Ordnungsmittel (§§ 89 ff. FamFG) hat, so stumpf diese Waffen auch sein mögen, und diese bekommt man eben nur über eine gerichtliche Regelung.[191]

Auch aus einem gerichtlich gebilligten Umgangsvergleich kann erst vollstreckt werden, wenn der Beschluss samt Vergleich[192] zugestellt worden ist.[193]

Fest steht: Nur ein **gerichtlich gebilligter Vergleich** kann Vollstreckungstitel sein.[194] Der Billigungsbeschluss macht den Vergleich vollstreckbar.[195] **Wichtig:** Die gerichtliche Billigung eines Umgangsvergleichs umfasst nur die eigentliche Umgangsrege-

mittlung eines Passfotos zu verweigern. Das OLG Bamberg hierzu auf S. 1789: *„Das dem Antragsteller aus Art. 6 Abs. 2 S. 1 GG zustehende Elternrecht verdrängt vorliegend das Recht des minderjährign Kindes am eigenen Bild aus Art. 2 Abs. 1 GG.“*

188 OLG Hamm FamRZ 2003, 1583.

189 BGH FamRZ 2017, 918.

190 Bis zur gerichtlichen Billigung können die Eltern aber ihre Vereinbarung einseitig frei widerrufen. Daran ist das Gericht dann gebunden, OLG Düsseldorf FamRZ 2018, 128..

191 BGH FamRZ 2005, 1471.

192 OLG Frankfurt FamRZ 2021, 377.

193 KG FamRZ 2020, 852.

194 Eher müßig ist die Frage, ob eine zwischen den Eltern getroffene Vereinbarung – egal, ob als formlose gemeinsame Erklärung vor Gericht, als Bestandteil einer notariellen Folgenvereinbarung oder als Teil des vom Gericht protokollierten Vergleichs – überhaupt verbindlich ist, solange sie nicht gerichtlich gebilligt ist, oder ob die Beteiligten es sich jederzeit wieder anders überlegen können. Nach hiesiger Auffassung ist eine Verbindlichkeit „bis auf Weiteres“, d. h. bis zur Veränderung der Umstände, die der Einigung zugrunde lagen, gegeben. Aber was hilft´s? Die schönste Bindungswirkung einer Vereinbarung nützt nichts, solange aus ihr nicht vollstreckt werden kann.

195 Zwei Entscheidungen des OLG Brandenburg FamRZ 2021, 627.

lung, nicht auch eine Zusatzvereinbarung zur Teilnahme an einer Erziehungsberatung; letztere ist demnach nicht vollstreckbar.[196]

Fest steht auch: Nur was gerichtlich geregelt ist, kann auch gerichtlich wieder geändert werden (s. § 1696), und auch dies nur aus sehr triftigen Gründen, nicht bei vorübergehenden Problemen.[197]

Ein *Umgangsrechtsverzicht für alle Zukunft* ist unzulässig, sowohl als Vereinbarung wie als gerichtliche Regelung. Zulässig ist nur die zeitlich beschränkte Aussetzung oder die unbeschränkte Aussetzung in den Fällen, in denen die Volljährigkeit nicht mehr weit entfernt ist.

Einigungen könne durch ein güterichterliches Verfahren (§ 278 V ZPO) gefördert werden. In der Lit. werden allerdings Zweifel an der Zuversicht laut, dass damit eine Verfahrensbeschleunigung, Akzeptanz bei den Eltern und Entlastung des Kindes erreicht werden kann.[198]

2.3 Gerichtliche Entscheidung im Umgangsrechtsstreit

Umgangsverfahren sind keine antragsgebundenen Verfahren.[199] Jeder mitsorgeberechtigte Elternteil kann bei Gericht beantragen, eine Regelung für den Umgang des anderen Elternteils zu treffen – ohne Sachantrag.[200] Aber das ist selten.

Wenn zwischen den Eltern keine Einigkeit über das Umgangsrecht erzielbar ist, weder in Form der Einigkeit „ohne Gericht", noch in Gestalt einer gerichtlichen Regelung auf der Grundlage ihres gemeinsamen Vorschlags, muss das Gericht eine streitige Entscheidung fällen. Dabei hat das Gericht die Aufgabe, unter Würdigung dreier möglicher Konflikte (Mutter gegen Kind, Kind gegen Vater und Vater gegen Mutter) eine *gerechte und präzise* Regelung zu treffen.

Die Anrufung des Gerichts ist dabei stets *ultima ratio*: Gespräche zwischen den Eltern und mit dem Jugendamt (§ 18 IV SGB VIII) sollten vorausgehen. Geschieht das nicht, bekommt der Antragsteller wegen Mutwilligkeit keine Vkh (**str.**).[201] Hoffnung des Gerichts: Der mediatorische Effekt jugendamtlicher Beratung beugt der Aufspaltung der Eltern vor.

Sind ergebnislose Gespräche zwischen Eltern und Jugendamt vorausgegangen, ist Vkh mit Beiordnung zu gewähren, denn im Regelfall handelt es sich dann um rechtlich wie tatsächlich schwierige Verfahren.[202]

---

[196] OLG Frankfurt FamRZ 2022, 210.

[197] OLG Naumburg FamRZ 2005, 1771 (Ls). Das OLG Hamburg weist FamRZ 2021, 201 zutreffend darauf hin, dass die Einschränkung der Abänderungsmöglichkeit auch zum Ziel hat, Kinder vor fortwährenden Gerichtsverfahren zu schützen.

[198] S. etwa Anm. *Kischkel* FamRZ 2021, 611, 612.

[199] BGH FamRZ 2017, 532.

[200] OLG Karlsruhe FamRZ 2019, 1794.

[201] Praxis im Bereich der OLGe Celle und Braunschweig; FamG Holzminden FamRZ 1995, 372. **A. A.**: OLG Hamm FamRZ 2007, 1337.

[202] OLG Nürnberg FamRZ 1997, 215; OLG Karlsruhe FamRZ 2005, 2004; OLG Frankfurt FamRZ 2005, 2005.

Das FamFG sieht in § 78 II eine Beiordnung in allen Verfahren ohne Anwaltszwang[203] nur noch in engen Ausnahmefällen vor, d.h. bei Schwierigkeiten der Sach- und Rechtslage, **nicht aber schon zur Herstellung der Waffengleichheit**[204](der Gegner hat einen Anwalt) oder bei besonderer Schwere des Eingriffs in die Rechte des Beteiligten.[205] Die Vorschrift wird aber großzügig ausgelegt.

Stets wird dem Antragsgegner im Rahmen der Vkh ein Anwalt beigeordnet, wenn er sich gegen den Ausschluss des Umgangsrechts wehrt.

In einfachen Fällen halten die Gerichte im Hinblick auf den Untersuchungsgrundsatz in FamFG-Verfahren eine Anwaltsbeiordnung nicht für angezeigt.[206]

Allgemein gilt für gerichtliche Entscheidungen das Gleiche wie beim Sorgerecht:

Für jede Entscheidung muss das Gericht eine eingehende fallbezogene Begründung liefern; eine allgemein gehaltene, floskelartige Begründung steht einer fehlenden Begründung gleich. Das Gericht darf die Umgangsregelung auch nicht mit seiner Spruchpraxis in vergleichbaren Fällen begründen oder sich mit Rspr.-Nachweisen oder Literaturzitaten begnügen.[207] Die Entscheidung ist ggf. aufzuheben.[208] Schwerwiegende Begründungsmängel können zur Rückverweisung führen.[209]

2.3.1 Widerstreitende Interessen von Kind und Umgangsberechtigtem

Anspruchsinhaber ist der nichtsorgeberechtigte bzw. nicht obhutbietende Elternteil. Seine Rechte und Interessen stehen im Vordergrund. Er soll dem Kind seine trotz Scheidung vom Ehepartner unangetastet gebliebene Vater- oder Mutterliebe zeigen dürfen.

Aber natürlich haben die Kinder in der Regel gleichfalls ein Interesse daran, mit diesem Elternteil Kontakt zu pflegen. Das gilt sogar dann, wenn das Verhältnis des Kindes zu diesem Elternteil nicht frei von Spannungen und Störungen ist. Je jünger die Kinder sind, desto wichtiger ist es, dass nicht ein Elternteil ganz aus ihrem Leben verschwindet.

Wenn die Abneigung des Kindes gegen den Umgangsberechtigten die positiven Bindungen überwiegt, gehen gleichwohl die Interessen des letzteren vor, wobei sich allerdings der Umgangsberechtigte fragen lassen muss, ob es unter diesen Umständen sinnvoll ist, auf der Durchsetzung des Umgangsrechts zu bestehen. Wenn das Kind während der Besuchszeit renitent ist, bringt das Umgangsrecht nur Verdruss.

---

[203] Anwaltszwang herrscht nur in Familienstreitsachen (§ 114 I FamFG, Ausnahmen in § 114 IV FamFG), nicht in sonstigen Familiensachen (*Horndasch/Viefhus/Reinken*, FamFG-Kommentar, Rz. 12 zu § 114 FamFG).

[204] OLG Celle FamRZ 2010, 1363. **A.A.:** OLG Köln FamRZ 1997, 1284: Vkh ist immer dann mit Anwaltsbeiordnung zu gewähren ist, wenn auch der Gegner anwaltlich vertreten ist (Waffengleichheit).

[205] Abh. *Götsche* FamRZ 2009, 383, 387.

[206] OLG Oldenburg FamRZ 2002, 106.

[207] BVerfG FamRZ 2007, 1078.

[208] OLG Thüringen FamRZ 1997, 758.

[209] OLG München FamRZ 1999, 520.

Erst dann und nur dann, wenn beim Kind ein **tiefgreifender Widerwille** gegen den Umgangsberechtigten spürbar wird, kommt das Kindeswohl voll zum Tragen. Der Interessenkonflikt wird dann zulasten des Umgangsberechtigten entschieden.

De lege ferenda sollten allerdings aus rechtssoziologischer Sicht die Bedürfnisse der Kinder noch mehr Gewicht bekommen. Aus der Längsschnittuntersuchung von *Wallerstein/Lewis*[210], die die Langzeitwirkungen bei Scheidungswaisen 25 Jahre lang beobachtet haben, ergibt sich, dass Erwachsene im Alter von knapp 30 Jahren zumindest retrospektiv das Zusammensein mit einem ungeliebten Elternteil im Rahmen des Umgangsrechts als eine Qual empfinden. Insbesondere scheint das für pubertierende Mädchen zu gelten:

> *„In Entwicklungsphasen, die eine Herausforderung für die Väter darstellten, verschlechterte sich der Kontakt mitunter erheblich und Besuche verkamen zu einer Veranstaltung voller Verlegenheit und Unbehagen, begleitet von gespanntem Schweigen, Unruhe und totaler Langeweile, so dass die Kinder diesem Kontakt nur noch entfliehen wollten."*[211]

Die zusammenfassenden Bemerkungen der Autorinnen zum Umgangsrecht lassen sich nicht ohne weiteres auf deutsche Verhältnisse übertragen, da bei uns – im Gegensatz jedenfalls zu Kalifornien, wo die Untersuchung angestellt wurde – der Kindeswille durchaus einen beträchtlichen Stellenwert hat. Gleichwohl ist sie bemerkens- und bedenkenswert:

> *„Viele haben sich weder durch ihre Eltern noch durch das Gesetz geschützt gefühlt. Sie fühlten sich übergangen, weil von ihnen erwartet wurde, sich ohne Widerspruch Besuchs- und Sorgerechtsbestimmungen zu fügen, die festgelegt wurden, ohne ihre Bedürfnisse zu berücksichtigen, und die häufig von ihnen als willkürlich und repressiv empfunden wurden. Während der Vorschulzeit mag dies oft kein zentrales Thema gewesen sein. Aber es wurde innerhalb einiger Jahre zu einem ernsten Problem, wenn von den Kindern trotz der entwicklungsbedingten Veränderungen erwartet wurde, dass sie sich weiterhin an die ursprüngliche Abmachung hielten. Jugendliche, deren Leben durch gerichtliche Anordnungen oder elterliche Abmachungen gesteuert wurde, litten unter dem Verlust von Freiheit, über die ihre Altersgenossen selbstverständlich verfügten. Es bedeutete für sie, dass sie weniger Mitspracherecht hatten, weniger über ihre eigenen Zeitpläne verfügen konnten und weniger Einfluss darauf hatten, wann und wo sie ihre Zeit verbringen wollten, speziell ihre kostbaren Ferien."*[212]

Wallerstein/Lewis schließen mit einer Konklusion, die zugleich eine Warnung ist:

> *„Es ist sicherlich eine wichtige Botschaft an uns alle, dass die jungen Menschen dieser Studie, die durch Gerichtsmaßnahmen dazu gezwungen wurden, ihre Eltern nach einem rigide festgelegten Zeitplan zu besuchen, jeden Kontakt mit ihnen zurückwiesen, sobald sie erwachsen wurden."*[213]

---

[210] Abh. *Wallerstein/Lewis* FamRZ 2001, 65.

[211] Abh. *Wallerstein/Lewis* FamRZ 2001, 65, 69.

[212] Abh. *Wallerstein/Lewis* FamRZ 2001, 65, 72.

[213] Abh. *Wallerstein/Lewis* FamRZ 2001, 65, 72.

2.3.2 Konkrete Ausgestaltung des Umgangsrechts

Vier Fragen sind zu klären:

1. Was darf der Umgangsberechtigte entscheiden?
2. Wo wird das Umgangsrecht ausgeübt?
3. Wer außer den Kindern und den Umgangsberechtigten darf dabei sein?
4. Wie oft und wie lange darf das Umgangsrecht ausgeübt werden?

Vorfrage ist natürlich, ob einem Umgangsregelungsantrag überhaupt stattzugeben ist. Weist das Gericht einen derartigen Antrag (hier gestellt vom Vater eines nichtehelichen Kindes) ab, weil die Spannungen unter den Eltern zu groß sind, muss im Beschluss festgehalten werden, für welche Dauer das gelten soll[214], d.h. wann der Vater die Chance hat, mit seinem Begehren Gehör zu finden. Geschieht das nicht, kommt es einem Umgangsrechtsausschluss gleich.

Das Gericht muss auch, wenn es Anträge auf Umgangsregelung ablehnt, eine konkrete anderweitige Regelung treffen.[215]

2.3.2.1 Entscheidungsbefugnisse des Umgangsberechtigten

Solange sich die Kinder beim Umgangsberechtigten befinden, trifft dieser die Alltagsentscheidungen. Werden vom allein sorgeberechtigten Elternteil begründete Bedenken erhoben, entscheidet letzterer (**Beispiel**: Verbot der Mutter gegenüber dem 10-jährigen Kind, während des Aufenthalts beim Vater auf dem Soziussitz seines Motorrades mitzufahren).[216] Haben die Eltern unterschiedliche Muttersprachen, darf es m.E. dem nichtdeutschen Vater nicht verwehrt werden, in seiner Sprache mit dem Kind zu kommunizieren, wenn das Kind zumindest über Grundkenntnisse der „Vatersprache“ verfügt. In einem vom OLG München[217] entschiedenen Fall hatte der spanische Vater beantragt, mit dem Kind spanisch sprechen zu dürfen, was das Gericht dann ablehnte, weil der 6 ½-jährige Sohn, der selbst einräumte, schon mit drei Jahren spanisch gelernt zu haben, die Befürchtung geäußert hatte, nach der Einschulung mit den Sprachen „durcheinander zu kommen“.

Nach hiesiger Auffassung hätte der Vater gut daran getan, gar nicht erst zu fragen, sondern den Sohn unter schwerpunktmäßigem Gebrauch der deutschen Sprache behutsam an eine spanische Konversation heranzuführen.

Der Vorwurf der Mutter, der Vater *„rupfe bei jeder sich bietenden Gelegenheit wahllos Pflanzen aus und unterbreite sie den Kindern als Salat“*, geht nach einer Entscheidung des OLG Düsseldorf[218] in Leere. Wenn der Vater, wie hier, über Fachkenntnisse in Bezug auf Früchte und Kräuter verfüge und sich bemühe, den Kindern die

[214] BVerfG FamRZ 2005, 1815.

[215] OLG Brandenburg FamRZ 2013, 237.

[216] OLG München FamRZ 1998, 974 mit der Einschränkung „Nach der Pubertät kann eine andere Regelung dem Kinderswohl dienen“.

[217] OLG München FamRZ 2002, 979.

[218] OLG Düsseldorf FamRZ 2002, 1582.

Natur zu erklären, sei das Kindeswohl nicht gefährdet. Ein begleiteter Umgang scheide aus.

Außerhalb der geregelten Umgangszeiten darf der Umgangsberechtigte das Kind aber nicht von der Kita, dem Kindergarten oder der Schule abholen. Das ist nämlich eine Alltagsfrage (§ 1687 I BGB), die der überwiegend betreuende Elternteil entscheiden darf, ohne sich mit dem Mitsorgeberechtigten verständigen zu müssen.[219]

2.3.2.2 Ort der Rechtsausübung

Der Berechtigte entscheidet darüber, *wo* er sich mit den Kindern während der Besuchszeiten aufhält. Natürlich darf er aber nicht aus eigener Machtvollkommenheit bestimmen, dass er die Kinder zu Hause besucht. Hier hat der Sorgeberechtigte ein Wörtchen mitzureden. Umgekehrt wird schon eher ein Schuh daraus: Die sorgeberechtigte Mutter kann in Ausnahmefällen, namentlich bei ganz kleinen Kindern[220] und bei Gefährdung der Kinder im Falle unbeaufsichtigter Umgangsausübung (kranke Kinder, häufige Trunkenheitsfahrten des Vaters ohne Führerschein, Gewaltneigung) erwarten, dass der Vater die Kinder zu Hause besucht. Vorübergehend kann auch ein begleiteter Umgang in der Wohnung der Mutter stattfinden, wenn die Mutter und Drittpersonen so lange die Wohnung verlassen.[221]

Zurück zum Normalfall: Der Umgangsberechtigte muss die Kinder nicht zu sich nach Hause bringen, sondern kann natürlich mit ihnen auch Ausflüge unternehmen und/oder sie in der Wohnung seiner Freundin nächtigen lassen (sofern er selbst auch dort schläft). Dazu gleich mehr.

2.3.2.3 Drittkontakte während der Umgangsausübung

Welche **anderen Personen** während der Besuchsphasen noch Kontakt zu den Kindern pflegen, entscheidet der Umgangsberechtigte. Die Anwesenheit bestimmter Dritter kann nur aus Kindeswohlgesichtspunkten vom Gericht ausgeschlossen werden.[222] Das wird aber selten gerechtfertigt sein. So können die sorgeberechtigten Mütter nur in krassen Fällen ausnahmsweise einmal das verhindern, was sie so oft verhindern wollen, nämlich dass die Kinder Kontakt mit der Freundin des Mannes aufnehmen und sie womöglich auch noch lieb gewinnen. Selbst wenn diese Dame das Scheitern der Ehe gefördert hat, ist das kein Grund, ihr die rote Karte zu zeigen. Unabhängig davon sollten Anwälte den Vätern raten, die Kinder behutsam und Schritt für Schritt an die neue Partnerin heranzuführen.

---

[219] OLG Dresden FamRZ 21019, 1334 mit Anm. *Hennemann*, daselbst.

[220] FamG Eschwege FamRZ 2001, 1162.

[221] OLG Frankfurt FamRZ 2022, 1860.

[222] In einem Fall, in dm es außerhalb des Umgangskontextes um die drohende Entziehung der ES nach § 1666 BGB ging, wurde der Mutter vom FamG Freiburg (FamRZ 2018, 510) und anschließend in der Beschwerdeinstanz (OLG Karlsruhe FamRZ 2018, 511) auferlegt, ihren wegen sexuellem Kindesmissbrauch vorbestraften Lebensgefährten nicht mehr in ihre Wohnung zu lassen und Freizeitkontakte zwischen dem Freund und dem Kind zu unterbinden.

Im Übrigen werden die Fälle der Kontaktsperre mit zunehmendem Alter der Kinder noch seltener, als sie es bei kleinen Kindern schon sind.

Von den Sozialkontakten des Vaters ist die Frage zu unterscheiden, ob eine andere Person während der Umgangszeiten **an die Stelle** des Umgangsberechtigten tritt. Wenn das Kind vom Vater zu dessen Mutter oder dessen älterer Schwester (also zur Tante des Kindes) gebracht wird, hat die Mutter ein Mitentscheidungsrecht, denn dies ist keine Alltagsfrage.[223]

Das Gericht kann dem Umgangsberechtigten aber verbieten, dass das Kind in eine väterliche Wohnung verbracht wird, in der sich ein Kampfhund tummelt[224], oder in einen Haushalt mit sieben Schlittenhunden.[225]

2.3.2.4 Anwesenheit des betreuenden Elternteils

Schließlich muss noch der Fall erwähnt werden, dass der sorgeberechtigte Elternteil dabei sein will, wenn das Umgangsrecht ausgeübt wird. Mit einem derartigen Einfall kommt eine Mutter nur durch, wenn das „Umgangsobjekt" ein fremdelndes Kleinkind ist, das der Vater aber ohnehin kaum wird zu sich nehmen wollen. Die Mutter hat also im Regelfall keinen Anspruch darauf, dass das Umgangsrecht in ihrer Anwesenheit ausgeübt wird.[226]

Ausnahmen können (und müssen) ferner gemacht werden, wenn öffentliche Veranstaltungen, die für das Kind von erheblicher Bedeutung sind (Einschulung, Musikaufführungen, Sportwettkämpfe usw.) zufällig in die Umgangszeit fallen. Dann darf sich natürlich der betreuende Elternteil hinzu gesellen.[227]

2.3.2.5 Dauer, Häufigkeit, Bestimmtheit

Natürlich kann nicht für alle Fälle das Gleiche gelten. Je nach Alter der Kinder, Innigkeit des Eltern-Kind-Verhältnisses und Wohnortentfernung zwischen Kindern und Umgangsberechtigtem müssen differenzierte Regelungen getroffen werden. Dennoch haben sich Faustregeln zur Dauer und Häufigkeit der Besuchskontakte herausgebildet.

Wichtigster Entscheidungsmaßstab für die Dauer ist das Alter des Kindes.[228]

In der Praxis hat sich eine Art Grobraster mit unscharfen Konturen herausgebildet, das so aussieht:

- Ein Tag am ersten und dritten oder zweiten und vierten Wochenende pro Monat[229] (je nach Einzelfall mit oder ohne Übernachtung[230]).

---

[223] OLG Thüringen FamRZ 2009, 894 (Ls).

[224] KG FamRZ 2003, 112. Kritisch hierzu Anm. *van Els* FamRZ 2003, 946.

[225] OLG Frankfurt FamRZ 2021, 359 (per Auflage).

[226] OLG Brandenburg FamRZ 2002, 414.

[227] OLG Karlsruhe FamRZ 2021, 1804.

[228] So z. B. FamG Kerpen FamRZ 1994, 1486.

[229] OLG Brandenburg FamRZ 2002, 974: Zwei Wochenenden pro Monat von Freitag um 17 Uhr bis Sonntag um 17 Uhr reichen; ein zusätzlicher Nachmittag pro Woche kommt nicht in Betracht.

[230] S. hierzu **2.3.2.5**.

- Je einer von zwei Doppelfeiertagen (Ostern, Pfingsten, Weihnachten, Jahreswende).
- Mindestens zwei bis drei Wochen Urlaub im Jahr.[231]

Für den Fall, dass ein Besuchswochenende aus triftigen Gründen ausfällt, kann das Gericht in seiner Entscheidung anordnen, dass das nächstfolgende Wochenende an die Stelle des ausgefallenen Termins tritt[232], auch wenn in der Folgewoche abermals der Umgang stattfindet. Auf diese Weise kommen die Beteiligten nicht aus dem Rhythmus.

Weitere Regeln:

Je jünger die Kinder sind, desto sinnvoller ist im Lichte der Erziehungskontinuität eine regelmäßige und periodische Umgangsregelung anstelle selbständig vereinbarter, flexibler Besuchskontakte.[233] Faustregel: Ein Tag pro Woche bei einem Zweijährigen.[234]

Kurze und häufige Kontakte sind bei kleinen Kindern sinnvoller als längere mit weiten zeitlichen Abständen.[235]

Bei kleinen (hier: knapp dreijährigen) Kindern ist Regelmäßigkeit wichtiger als Dauer.[236]

Je weiter der Umgangsberechtigte entfernt wohnt, desto größer müssen die Abstände zwischen den Besuchskontakten ausfallen[237]; allerdings sollen sie nach Möglichkeit dann auch länger dauern.

Ein genereller Ausschluss des Umgangsrechts während der Ferienzeiten kommt ohne triftige Gründe nicht in Betracht.[238]

Entscheidend sind natürlich immer die Umstände des Einzelfalls: So widerspricht es z. B. nicht dem Kindeswohl, wenn der umgangsberechtigte Vater mit dem Sohn für 6 bis 7 Wochen in seine pakistanische Heimat reist[239], solange gesichert ist, dass er auch mit dem Kind zurückkehrt.

Es kann auch dem Kindeswohl entsprechen, dass der Vater zwei 6- und 8-jährige Kinder eine Woche pro Monat zu sich nimmt, auch wenn die Mutter das nicht wünscht.[240]

---

231 Gilt auch für kleine Kinder, auch dann, wenn der Vater mit einem 4 ½-jährigen Kind nach Hause (Italien) fliegen will, OLG Frankfurt FamRZ 2007, 664. Eine Versagung des Ferienumgangs ist schon verfassungsrechtlich (Art. 6 II GG) bedenklich, BVerfG FamRZ 2007, 1078.

232 OLG Saarbrücken FamRZ 2012, 646.

233 OLG Oldenburg FamRZ 2001, 1164.

234 OLG Koblenz FamRZ 2017, 1844.

235 Z. B. FamG Saarbrücken FamRZ 2003, 1200.

236 OLG Köln FamRZ 2010, 998 (Ls).

237 OLG Schleswig FamRZ 2003, 950. Ein zweiwöchiger Umgangsrhythmus ist dann nicht mehr angebracht, OLG Brandenburg FamRZ 2010, 740 (Ls).

238 BVerfG FamRZ 2005, 871. Ein triftiger Grund kann der Umstand sein, dass Vater und Kind einander wegen längerer Unterbrechung der Umgangskontakte sowieso schon entfremdet sind (OLG Köln FamRZ 2005, 1276).

239 FamG Detmold FamRZ 2000, 1605.

240 OLG Karlsruhe FamRZ 2014, 1124.

Knüpft die Umgangsregelung an die Schulferien der Kinder an, zählen die sog. beweglichen Ferientage, die von den Schulleitern, nicht vom Kultusministerium festgelegt werden (z. B. „Faschingsferien"), nicht als sozusagen umgangspflichtige Ferien.[241]

Wenn der Umgangsberechtigte relativ weit entfernt wohnt, liegt es nahe, die beiden „Monatshäppchen" auf *ein* Wochenende zusammenzulegen oder gleich zwei volle Wochenenden zuzubilligen. Die Tendenz der Gerichte geht dahin, auf den Faustregel-Satz eher noch etwas draufzulegen, statt ihn noch zu verringern.

Entsprechendes gilt für die Doppelfeiertage: Wenn der umgangsberechtigte Vater 500 km entfernt wohnt, ist es sinnvoll, ihm das z. B. volle Pfingstprogramm zu lassen und dafür den Weihnachtsbesuch ausfallen zu lassen. Die Bescherung lässt sich notfalls Sylvester nachholen.

Was den **Urlaub** anlangt, darf nicht verkannt werden, dass heute jeder normale Arbeitnehmer ca. sechs Wochen bezahlten Jahresurlaub hat. Den können sich die Eltern teilen.[242]

Jedes periodisch festgelegte Umgangsrecht wird überlagert durch Ferienzeit und Festtage[243], d. h. es darf in diesen Zeiten nicht stur gemäß dem „Wochenendplan" ausgeübt werden. Andernfalls würden dem sorgeberechtigten Elternteil Ferienreisen mit dem Kind verunmöglicht.

Bezeichnenderweise gibt es hierüber auch nur selten richtig erbitterten Streit, denn bei aller aufgesetzten Glucken-Attitüde, die manche Frauen (und bisweilen auch Männer) im Umgangsverfahren an den Tag legen, kann auch ein gegenläufiges und sehr menschliches Interesse nicht fortwährend geleugnet werden, nämlich der Wunsch, gelegentlich einmal Ruhe vor den Kindern zu haben.

Bei alledem muss bedacht werden: Die Ausgestaltung und insbesondere Dauer der Umgangsbefugnis ist in erster Linie daran auszurichten, welche Regelung dem Wohl des Kindes in seiner konkreten Situation gerecht wird.[244] Die Familiengerichte haben nach den konkreten Umständen des Einzelfalls und nicht unter Berufung auf Richtwerte zu entscheiden.

Die Entscheidung hat konkret auszufallen; das Gericht darf sich nicht darauf beschränken, den Antrag auf eine bestimmte gerichtliche Regelung abzulehnen.[245]

Manche Regelungen sind auslegungsbedürftig, aber auch auslegungsfähig: Wenn vereinbart ist, dass der Umgang *nach der Schule* beginnt, bedeutet das: Direkt nach Ende der letzten Schulstunde des Kindes beginnt die Alltagssorge des Umgangsberechtigten.[246]

Eine flexible, gar vom Kindeswillen abhängige Regelung darf das Gericht nicht treffen; sie muss hinreichend **bestimmt** und damit **vollzugsfähig** sein.[247] Zum Beispiel ist

---

[241] OLG Stuttgart FamRZ 2000, 50.

[242] Das OLG Düsseldorf ist für eine hälftige Aufteilung der Schulferien unter den Eltern, FamRZ 2018, 1759, 1760.

[243] OLG Frankfurt FamRZ 1996, 362.

[244] BVerfG FamRZ 1993, 662.

[245] BGH FamRZ 1994, 158; OLG Nürnberg FamRZ 2002, 109.

[246] OLG Brandenburg FamRZ 2020, 1654.

[247] OLG Brandenburg FamRZ 2002, 974; OLG Koblenz FamRZ 2007, 1682.

die Umgangsregelung *Hälfte der Ferienzeit* mangels Bestimmtheit nicht vollstreckbar.[248]

Das gilt auch beim betreuten Umgang: Die genaue Ausgestaltung des Umgangs darf nicht dem mitwirkungsbereiten Dritten (meist einem Mitarbeiter des Jugendamts) überlassen werden.[249]

Das führt zwangsläufig zu einer gewissen **Starrheit** der Umgangsregelung. Das ist aber unvermeidlich. Die Gerichte können unmöglich, wie das OLG Karlsruhe[250] ausgeführt hat, eine flexible Umgangsregelung treffen, die sich an die variierenden und nicht im Einzelnen vorhersehbaren Arbeitszeiten einer Flugbegleiterin anpasst.

Wer das Umgangsrecht innehat, hat für die Dauer seiner Ausübung auch das Aufenthaltsbestimmungsrecht.[251]

2.3.2.6 Übernachtung

Eine Übernachtung kommt auch schon bei Kleinkindern ab zwei Jahren in Betracht[252], selbst dann, wenn sie noch gestillt werden.[253] Allerdings kann, wenn der Kontakt noch neu ist, ein reiner Tagesumgang als Eingewöhnungsphase vorgeschaltet werden.[254]

Die Versagung des Übernachtungsrechts kann eine **Verletzung des Elternrechts** nach Art. 6 II 1 GG darstellen.[255]

Die alte Faustregel, derzufolge Übernachtungen nicht vor der **Einschulung** angeordnet werden sollen (es sei denn, der andere Elternteil ist einverstanden)[256], ist auf dem Rückzug. Denn dass das Unfug ist, haben Rspr. und Lit. langsam begriffen.[257]

Spätestens von der 1. Grundschulklasse an bedarf ein Ausschluss der Übernachtungen einer besonderen Rechtfertigung; im Regelfall entspricht das Verbleiben des Kindes über Nacht dem Kindeswohl.[258]

Übernachtungen können auch bei ungünstigen Verhältnissen (kleine Wohnung, fehlendes Kinderbett, kalter Zigarettenrauch) stattfinden.[259]

---

[248] OLG Brandenburg FamRZ 2021, 217.

[249] OLG Stuttgart FamRZ 2007, 1682.

[250] OLG Karlsruhe FamRZ 2018, 758.

[251] OLG Frankfurt FamRZ 1999, 1008.

[252] OLG Frankfurt FamRZ 2002, 978.

[253] OLG Brandenburg FamRZ 2010, 1352.

[254] OLG Frankfurt FamRZ 2021, 1125.

[255] BVerfG FamRZ 2007, 105 und 2007, 1078.

[256] OLG Köln FamRZ 1990, 654.

[257] Kritisch und ablehnend zur Übernachtungsverweigerung: KG FamRZ 2008, 2302, OLG Zweibrücken FamRZ 2009, 134, OLG Nürnberg FamRZ 2010, 741 (Ls) und *Gerhard pp./Jokisch*, Handbuch des Fachanwalts Familienrecht, 12. Aufl. 2021, Kapitel 4, Rz. 672 (S. 667).

[258] OLG Köln FamRZ 2020, 106.

[259] KG FamRZ 2011, 825. Die Entscheidung ist allerdings zu Recht kritisiert worden, s. Anm. *Ritter* FamRZ 2011, 1408.

2.3.2.7 Einschränkungen der Holschuld

Umgangsrecht ist „Holschuld“: Der berechtigte Elternteil muss das Kind – vorbehaltlich anderweitiger vertraglicher Regelungen[260] – auf seine Kosten holen und zurückbringen, hat also keinen Anspruch darauf, dass das Kind vom Sorgeberechtigten zu ihm gebracht wird. Das gilt jedenfalls dann, wenn der mit Holen und Zurückbringen verbundene Aufwand für den Umgangsberechtigten noch zumutbar ist und das Unterbleiben der Mitwirkung des Sorgeberechtigten nicht zu einer faktischen Vereitelung des Umgangsrechts führt.[261]

Zu weitgehend ist m. E. die Entscheidung des OLG Dresden[262], in der die Mutter verpflichtet wird, das Kind nach Ende des Besuchs- oder Ferienaufenthalts beim umgangsberechtigte Vater wieder abzuholen. Hintergrund war das Bemühen um eine angemessene Lastenverteilung. Allein, diese hätte man m. E. anders erzeugen müssen, nämlich so, wie andere Gerichte das tun: Entweder wird dem Vater gestattet, die Kosten der Umgangswahrnehmung (Reisekosten) von der Unterhaltsverteilungsmasse abzusetzen[263] oder es wird ihm – was meist auf das Gleiche hinausläuft – erlaubt, den Selbstbehalt um die Umgangskosten zu erhöhen[264] (s. **2.3.3.1**).

Dem Vater ist es zwar zumutbar, sich vom Bahnhof aus zu der 500 m entfernten Wohnung der Ex-Ehefrau zu bemühen; die Mutter braucht die Kinder nicht am Bahnhof abzuliefern.[265] Aber: Wenn die elterlichen Wohnorte so weit voneinander entfernt sind, dass die Kinder mit dem **Flugzeug** transportiert werden müssen, hat die Mutter die Kinder zum Flughafen zu bringen, weil sonst das Umgangsrecht faktisch vereitelt wäre.[266] Der Vater ist nicht generell gezwungen, das Kind per Flugzeug am Wohnortflughafen (hier: Bonn) abzuholen, mit ihm zu sich nach Hause (hier: Berlin) zu fliegen und das Kind am Ende des Besuchswochenendes per Flugzeug zurückzubringen, um dann abermals nach Hause zu fliegen. Denn auf diese Weise ginge der größte Teil des Besuchswochenendes aus der Perspektive des Umgangsberechtigten für die Fliegerei drauf. Das siebenjährige Kind ist vielmehr von der Mutter zum Flughafen Bonn zu bringen, der Vater holt es in Berlin ab *et vice versa*. Das KG[267] führt hierzu aus, das Flugpersonal gehe liebevoll mit Kindern um. Aus den gleichen Erwägungen kann ein Elfjähriger zwischen Braunschweig und Bielefeld allein mit der Bahn fahren. Wenn er vom Vater zurückkehrt, muss ihn die Mutter am Heimatbahnhof abholen.[268]

Auch kann es einer Mutter zugemutet werden, die Kinder dem Vater bis zu einer bestimmten Autobahnraststätte entgegenzubringen, insbesondere dann, wenn die

---

260 S. OLG Zweibrücken FamRZ 1998, 1465.

261 Wegen der Einzelheiten s. a. Abh. *Theurer* FamRZ 2004, 1619. Ihrem Ansatz, dass Umgangskosten Mehrbedarf des Kindes darstellen, wird heftig widersprochen von *Söpper* FamRZ 2005, 503.

262 OLG Dresden FamRZ 2005, 927.

263 S. BGH FamRZ 2005, 706.

264 OLG Bamberg FamRZ 2005, 2090.

265 OLG Nürnberg FamRZ 1999, 1008.

266 BVerfG FamRZ 2002, 809.

267 KG FamRZ 2006, 878, 879.

268 FamG Detmold FamRZ 2006, 880.

Mutter selbst durch ihren Aus- oder Umzug im Rahmen der Trennung oder danach eine beträchtliche räumliche Distanz geschaffen hat.[269]

Nicht nur zeitlich-organisatorische Gründe, sondern auch finanzielle Erwägungen können bei der Beteiligung des betreuenden Elterteils im Sinne einer teilweisen Bringschuld eine Rolle spielen:

Das OLG Saarbrücken[270] hat einer Mutter zugemutet, dem Vater mit der zweijährigen Tochter per Bahn auf halbem Wege entgegenzukommen, und zwar mit der treuherzigen Begründung, den Vater bringe die Umgangsausübung an den Rand seiner finanziellen Möglichkeiten, während die Mutter Anspruch auf Erstattung der Fahrtkosten gegen das Jobcenter habe.

2.3.3 Kosten der Umgangsrechtsausübung

2.3.3.1 Familienrechtliche Betrachtung

Lange umstritten war die Frage, ob der umgangsberechtigte Vater der sorgeberechtigten Mutter die Kosten der Ausübung des Umgangsrechts, insbesondere die **Fahrtkosten**, zum Teil von der Mutter erstattet verlangen[271] oder unterhaltsmindernd entgegenhalten kann.

Der BGH[272] hatte zunächst im Einklang mit den meisten OLGen entschieden, dass eine Berücksichtigung von Umgangskosten zulasten des unterhaltsberechtigten Ehegatten (Kürzung der Verteilungsmasse für den nachehelichen Unterhalt um die Fahrtkosten, analog zu den Kosten für die Fahrten zwischen Wohnung und Arbeitsplatz) auf *eng begrenzte Ausnahmefälle beschränkt bleiben muss*, nämlich auf solche Fälle, in denen die Umgangskosten in einem auffälligen Missverhältnis zu den Einkommensverhältnissen des Umgangsberechtigten stehen (lange Reise). Eine Entfernung von 160 km zwischen Kind und Vater (= 200 DM Fahrtkosten im Monat, Vater arbeitslos) hat dem BGH in der genannten Entscheidung nicht ausgereicht, einen solchen Ausnahmefall anzunehmen.

Ein überzeugenderes Abgrenzungskriterium führt das OLG Frankfurt[273] in die Debatte ein:

Umgangskosten können (nur) dann von der Verteilungsmasse abgesetzt werden, wenn der Kindergeldabzug nicht ausreicht, diese Kosten zu decken. Dieses Kriterium hat der BGH[274] – und das war lange fällig – in seinem Urteil vom 23.2.2005 übernommen: Seither können die **Umgangskosten, und zwar nicht nur besonders hohe, wahlweise vom Einkommen abgezogen oder dem Selbstbehalt zugeschlagen werden**, soweit die **Kindergeldhälfte** des Pflichtigen dazu nicht ausreicht und er die Kosten nicht aus den Mitteln bestreiten kann, die über den Selbstbehalt hinausgehen.[275]

---

[269] OLG Schleswig FamRZ 2006, 881.

[270] OLG Saarbrücken FamRZ 2020, 344.

[271] Verneint vom OLG Hamm FamRZ 2004, 560.

[272] BGH FamRZ 1995, 215 und BGH FamRZ 2004, 873.

[273] OLG Frankfurt FamRZ 2004, 1397 (Ls).

[274] BGH FamRZ 2005, 706 (NJW-Spezial 2005, 297). Ebenso OLG Bamberg FamRZ 2005, 2090 (180 km im Zweiwochenturnus bei echtem Mangelfall).

[275] So auch OLG Bremen FamRZ 2008, 1274.

Beispiel:

Der Vater hat einen 9-jährigen Sohn und monatliche Umgangskosten in Form von Bahnfahrten i. H. v. 187 €. Er verdient netto (bereinigt) 1.850 €. Die Hälfte des Kindergeldes sind 125 €. Diese muss er als Teilbetrag für die Umgangskosten einsetzen. Alsdann hat er 2 Wahlmöglichkeiten:

- Er zieht restliche 62 € (187 € ./. 125 €) von der Verteilungsmasse ab, mit der Folge, dass der Elementarunterhalt sich nach 1.788 € bemisst.
  Selbstbehaltskontrolle: 1.788 / 377[276] = 1.411 €; der SB (1.370 €) ist nicht berührt.
- Er erhöht den Selbstbehalt um 62 € auf 1.432 €. Selbstbehaltskontrolle:
  1.850 / 377 = 1.473 €; der SB (1.370 €) bleibt gewahrt.

Unter der ersten Alternative (Restmasse: 1.411 €) bleibt für den NSU (SB 1.510 €) kein Raum.

Unter der zweiten Alternative ebenfalls nicht (1.473 € Restmasse; SB: 1.510 + 62 = 1.572 €).

Die Kosten fallen auch bei gemeinsamem Sorgerecht dem den Umgang begehrenden Elternteil zur Last.[277]

Wenn nun vom Holschuldprinzip abgewichen wird und die **Mutter** im Rahmen der Mitwirkung an der Realisierung des väterlichen Umgangsrechts **Kosten hat** (etwa Kraftstoffkosten, wenn sie das Kind zu einer Autobahnraststätte oder zum Flughafen bringt), liegt m. E. eine pragmatische Lösung dahingehend nahe, dass die Mutter die Kosten selbst trägt[278], weil sie umgekehrt während der Dauer des Umgangs keine Beköstigungskosten für das Kind aufwenden muss.

Wenn das Kind allein dem Vater entgegenfährt, also zu ihm kommt, muss dieser dagegen die **Fahrtkosten des Kindes** (nach dem obigen Muster) übernehmen, weil er sich insoweit die Abholkosten erspart.

Zu den sonstigen Kosten, v. a. den Unterbringungskosten, ist anzumerken, dass diese der Angemessenheitskontrolle unterliegen. Sie sind nur zu berücksichtigen, wenn sie unvermeidbar sind.[279] Das kann der Fall sein, wenn der Vater das Kind an einem weit entfernten Wohnort der Mutter besucht und das Wochenende dort oder in der Nähe verbringt, statt sich und dem Kind zeitaufwendige Fahrten zu seinem eigenen Wohnort zuzumuten. Wenn das Kind allein reisetauglich ist, kommt als Alternative eine Mitwirkung der Mutter (Kind zum Bahnhof bzw. Flughafen bringen[280]) in Betracht, die die Angemessenheit der Drittunterbringung ausschließt.

---

276 Gruppe 1, Altersstufe 2 der DT 2023.

277 OLG Hamm FamRZ 1995, 1432.

278 Entgegen Abh. *Löhnig*, der *de lege lata* in FamRZ 2013, 1866, 1868 eine Kostenhalbierung unter den Eltern vorschlägt.

279 Abh. *Lettmaier/Dürbeck* FamRZ 2019, 81, 83 mit Rspr.-Nachweisen.

280 S. hierzu **2.3.2.6**.

2.3.3.2 *Sozialrechtliche Betrachtung*

Die sozialhilferechtliche Unterstützung des Umgangsrechts (Reisekosten usw.) hat sich an die tatsächliche (interne) Regelung anzuschmiegen, wie sie von den geschiedenen Eheleuten getroffen worden ist (hier: zwei Wochenenden pro Monat), nicht also an eine gerichtliche Regelung, derzufolge nur ein Wochenendbesuch pro Monat durchzusetzen ist. Die Alternativlösung wäre ein Verstoß gegen Art. 6 II 1 GG.[281]

Ähnlich großzügig war das BVerwG[282] jedenfalls noch vor Inkrafttreten des SGB XII: Danach waren alle Umgangskosten gemäß § 21 I BSHG (heute § 31 SGB XII) zu ersetzen, die bei einzelfallangemessener Ausübung des Umgangsrechts im Einverständnis mit dem anderen Elternteil tatsächlich anfielen[283], auch wenn die Ausgestaltung des Umgangsrechts über den zeitlichen „Normaltarif" hinausging. Aus dem zweiten Leitsatz folgendes Zitat:

> *„... bedeutete es eine Außerachtlassung des Art. 6 II S. 1 GG, wenn sozialhilferechtlich nur dasjenige Maß an Umgang im Regelfall ermöglicht wird, welches auch im Streitfall zwangsweise durchgesetzt werden könnte. Um das erforderliche Maß des Umgangs festzustellen, sind vielmehr alle das Eltern-Kind-Verhältnis bestimmenden Umstände zu würdigen ..."*

Dies ist eine verwaltungsrichterliche Rechtsprechung, die auf bedenkliche Weise der familienrechtlichen zuwiderläuft. Es ist schwer vermittelbar, dass der Steuerzahler Besuche zu finanzieren hat, die ein Nichtsozialhilfeberechtigter nur begrenzt von der Verteilungsmasse absetzen darf.

Restriktiver ist die Rspr. des BSG. Das BSG[284] hat jedenfalls mit Urteil vom 7.11.2006 alle Anspruchsgrundlagen nach dem SGB bis auf die Ermessensleistung nach § 73 SGB XII verneint und erkennen lassen, dass es eine restriktive Gewährung derartiger Leistungen für angemessen hält. Im dort entschiedenen Fall hat das BSG beispielhaft erwähnt, dass zwei 12- bzw. 14-jährige Töchter vom Vater nicht mehr per Auto abgeholt werden müssen, sondern dass die Töchter auch weitere Strecken mit öffentlichen Verkehrsmitteln zurücklegen können. Zitat[285]: *„Auch hinsichtlich des Umgangsrechts mit den Kindern ist über § 73 SGB XII keine unbeschränkte Sozialisierung von Scheidungsfolgekosten möglich."*

Die unteren Instanzen sind offenbar anderer Ansicht.

Zum Beispiel das SozG Berlin[286] in 2010: Es gewährte dem Vater neben den Fahrtkosten auch die Unterkunftskosten am entfernt gelegenen Wohnort des Kindes (§ 73 SBG XII) und hatte erkennbar Mühe, dem Vater die gleichfalls eingeforderten Unterhaltungskosten des Kindes während der Umgangsausübung zu versagen.

---

281 BVerfG FamRZ 1995, 86.

282 BVerwG FamRZ 1996, 105 und BGH FamRZ 2004, 873. Auch das VerwG Schleswig (FamRZ 2003, 1047) ist der Ansicht, dass die Umgangskosten dem sozialhilferechtlichen Bedarf hinzu zu rechnen sind.

283 So auch LSG Niedersachsen FamRZ 2005, 1936.

284 BSG FamRZ 2007, 465.

285 BSG FamRZ 2007, 465, 467.

286 SozG Berlin FamRZ 2010, 1019.

Auch das LSG Baden-Württemberg[287] meint unter Bezugnahme auf den zum 3.6.2010 eingeführten **§ 21 VI SGB II**[288], dass Umgangskosten, insbesondere Fahrtkosten, laufenden Bedarf darstellen, wenn sie sich *„in einem Bereich bewegen, der den Einsatz öffentlicher Mittel noch rechtfertigt"*. Das ist, so das Gericht, dann nicht der Fall, wenn ein Bemittelter den Bedarf vermieden hätte.

Das LSG Rheinland-Pfalz[289] billigte einer Mutter eine fünftägige „Umgangsreise" nach Kalifornien aus öffentlichen Mitteln zu. Hätte eine „bemittelte" Mutter eine solche Reise angetreten?

Das SozG Fulda erkennt umgangsberechtigten ALG II-Beziehern einen zusätzlichen Wohnflächenbedarf zu.[290] Hier gibt es jedoch keine klare Linie. Das BSG[291] meint, dass grundsätzlich ein besonderer Unterkunftsbedarf zuerkannt werden kann; es müsse aber in jedem Einzelfall eine konkrete Angemessenheitsprüfung stattfinden.

Fahrt- und Übernachtungskosten stellen einen sozialrechtlichen Mehrbedarf dar. Mehr noch: Hält das Kind sich mehr als 12 Stunden beim umgangsberechtigten Elternteil auf, entsteht eine *„temporäre Bedarfsgemeinschaft"* mit einem um 1/30 des jeweiligen Regelbedarfs erhöhten Bedarf.[292] Für mj. Kinder ergaben sich damit im Jahre 2009 Beträge von täglich 7,16 / 8,37 / 9,57 €.[293]

Mittlerweile ist auch das BSG[294] wieder auf die großzügige Linie eingeschwenkt: Eltern, die ALG II beziehen, haben Anspruch auf Umgangskosten (sozialrechtlicher Mehrbedarf).

Großeltern können keine Umgangskosten als Mehrbedarf nach § 21 VI SGB II bewilligt werden.[295]

2.3.3.3 *Steuerrechtliche Betrachtung*

Steuerlich können die Umgangskosten der Eltern nicht isoliert abgeschrieben werden; sie gelten als durch den Kinderfreibetrag abgegolten.[296] Sie stellen keine außerordentlichen Belastungen i. S. v. § 33 EStG dar.[297]

Aufwendungen von Großeltern für die Umgangsausübung sind **nicht** als außergewöhnliche Belastungen steuermindernd zu berücksichtigen.[298]

[287] LSG Baden-Württ. FamRZ 2010, 1774 (Ls).
[288] S. hierzu Abh. *Lettmaier/Dürbeck* FamRZ 2019, 81, 87.
[289] LSG Rheinland-Pfalz FamRZ 2011, 1098.
[290] SozG Fulda FamRZ 2010, 1020 (Ls).
[291] BSG FamRZ 2020, 378.
[292] BSG FamRZ 2009, 1997.
[293] Wegen weiterer Einzelheiten s. Abh. *Schürmann* FamRZ 2011, 1188, 1194.
[294] BSG FamRZ 2014, 2003.
[295] LSG Sachsen FamRZ 2018, 1283.
[296] BFH FamRZ 1997, 21.
[297] BFH FamRZ 2011, 641 (Ls).
[298] BFH FamRZ 2009, 1139.

2.4 Der beschützte Umgang

Vor Ausschluss und Aussetzung des Umgangsrechts muss der sog. beschützte Umgang in Erwägung gezogen werden (§ 1684 IV 3 und 4 BGB). Er ist allemal auf schwerwiegende Fälle zu beschränken, da er eine erhebliche Zumutung für den umgangsberechtigten Elternteil darstellt.[299]

Fthenakis[300] unterscheidet zwischen 3 Gruppen:

- **Unterstützter Umgang** ist indiziert in Fällen, in denen Eltern-Kind-Beziehungen zwar dysfunktional sind, aber keine unmittelbaren Risiken für das Kind zur Folge haben. Er ist z. B. sinnvoll in Fällen, in denen bislang kein Kontakt bestand und deswegen die elterliche Kompetenz im Umgang mit dem (kleinen) Kind eingeschränkt ist, ferner dann, wenn ein begleiteter Umgang durch den Sorgeberechtigten vehement abgelehnt wird.[301]
- **Begleiteter Umgang** ist in Fällen indiziert, in denen familiäre Probleme vorliegen, von denen das Kind nur indirekt betroffen ist, wie z. B. fehlende elterliche Kommunikations- und Kooperationsbereitschaft oder heftige Auseinandersetzungen der Eltern in den Übergabesituationen.[302] Die Modalitäten sind vom Gericht präzise und erschöpfend zu regeln, damit sie auch vollstreckt werden können.[303]
- **Beaufsichtigter Umgang** ist in Fällen indiziert, in denen eine akute Gefährdung des Kindes durch den umgangsberechtigten Elternteil vermutet oder bestätigt wird, wie z. B. psychische Beeinträchtigung des umgangsberechtigten Elternteils, schwere Alkoholabhängigkeit des Umgangsberechtigten[304], Verdacht auf sexuellen Missbrauch des Kindes oder Entführungsgefahr für das Kind seitens des umgangsberechtigten Elternteils.

Die Indikationen lassen sich wie folgt kategorisieren:

(1) Belastungen zwischen Kind und umgangsberechtigtem Elternteil

- Fehlender Kontakt oder längere Phasen der Kontaktunterbrechung.
- Starke Konflikte zwischen Kind und umgangsberechtigtem Elternteil.

---

[299] So zutreffend OLG München FamRZ 2003, 551 (Vorwurf des Vaters, die umgangsberechtigte Mutter wiegele das Kind gegen ihn auf; der vom Vater beantragte *begleitete* Umgang wurde nicht verfügt).

[300] *Fthenakis,* Vorläufige deutsche Standards zum begleiteten Umgang, Staatsinstitut für Frühpädagogik, München, 1. Aufl., Juli 2001.

[301] FamG Tempelhof-Kreuzberg FamRZ 2003, 948.

[302] Lehnt der Vater den begleiteten Umgang ab, bekommt er gar keinen Umgang, OLG Brandenburg FamRZ 2010, 740 (Ls).

[303] OLG Saarbrücken FamRZ 2010, 1922. Behält sich das Gericht eine spätere Konkretisierung vor, handelt es sich um eine unzulässige Teilentscheidung. Das Gleiche glt, wenn der Umgang ohne Zukunftsperspektive nur für ein halbes Jahr geregelt wird, OLG Hamburg FamRZ 2022, 360. Da Umgangsverfahren Amtsverfahren sind, stellt auch eine übereinstimmende Erledigungserklärung der Parteien eine unzulässig Teilentscheidung dar. An die Stelle einer Erledigungserklärung muss die begründete Feststellung treten, dass es keiner Umgangsregelung (mehr) bedarf, so OLG Köln FamRZ 2022, 369.

[304] OLG Koblenz FamRZ 2007, 926.

- Entfremdung des Kindes vom umgangsberechtigten Elternteil.
- Gefahr psychischer Misshandlung des Kindes durch den umgangsberechtigten Elternteil.
- Gefahr der Vernachlässigung des Kindes durch den umgangsberechtigten Elternteil.
- Verdacht auf sexuellen Missbrauch des Kindes durch den umgangsberechtigten Elternteil.

(2) Problemlagen und besondere Lebensumstände beim umgangsberechtigten Elternteil, sofern daraus Belastungen für die Eltern-Kind-Beziehung oder Gefährdungen des Kindeswohls resultieren

- Unzureichende Erziehungskompetenz.
- Unzuverlässigkeit und persönliche Labilität.
- Psychische Beeinträchtigung.
- Konflikte wegen der sexuellen Orientierung (z. B. Homosexualität).
- Häufig wechselnde Partner.
- Prostitution.
- Mitgliedschaft in einer Sekte.
- Medikamentenabhängigkeit.
- Alkoholabhängigkeit.[305]
- Abhängigkeit von harten Drogen.
- Obdachlosigkeit.
- Verurteilung wegen schwerer Vermögensdelikte.
- Verurteilung wegen Straftaten gegen Personen.
- Inhaftierung.

(3) Problem bei der Durchführung der Umgangskontakte

- Offenkundige psychische Belastung des Kindes durch den Umgang.
- Starke Verhaltensauffälligkeiten beim Kind, die mit dem Wechsel bzw. der Übergabe von einem Elternteil zum anderen einhergingen.
- Konfrontation des Kindes mit sexuellen Handlungen zwischen dem umgangsberechtigten Elternteil und einem Dritten während der Umgangskontakte.
- Fehlende Gewährleitung der Versorgung des Kindes während der Umgangskontakte durch den umgangsberechtigten Elternteil.
- Fehlende Gewährleistung der Sicherheit des Kindes durch den umgangsberechtigten Elternteil z. B. wegen unzureichender Erziehungskompetenz.

(4) Gefahr der Kindesentführung.

Zur Gewährleistung des begleiteten Umgangs kann es angesichts von Dauerkonflikten der Eltern geboten sein, dem Jugendamt das Aufenthaltsbestimmungsrecht zu übertragen.[306]

[305] S. z. B. KG FamRZ 2002, 412.
[306] OLG Frankfurt FamRZ 2004, 1311.

2.5 Ausschluss, Aussetzung und Einschränkung im Kindesinteresse

Zur zeitweiligen oder dauernden Verneinung des Umgangsrechts ist dem Gesetzgeber nicht viel eingefallen. Das gesamte Familienrecht des BGB enthält dazu nur einen einzigen Satz, nämlich § 1684 IV 1: *Das Familiengericht kann das Umgangsrecht oder den Vollzug früherer Entscheidungen über das Umgangsrecht einschränken oder ausschließen, soweit dies zum Wohle des Kindes erforderlich ist.* Nach Art. 8 II der Europäischen Menschenrechtskonvention (EMRK) bedarf es hier einer eingehenden Begründung.[307]

Die Familienrichter würden sich über etwas eingehendere Vorgaben freuen, gibt es doch in etwa jedem vierten Scheidungsverfahren Ärger wegen der (meist von den Müttern gewünschten) Aussetzung des Umgangsrechts. § 1684 IV 2 BGB hilft auch nicht weiter: Er verfügt, dass eine Aussetzung nur in Betracht kommt, wenn andernfalls das Kindeswohl gefährdet wäre. Das ist weder überraschend noch hilfreich.

Überdies hat der EuGHMR[308] am 17.5.2011 beschlossen, dass jeder befristete und jeder unbefristete Ausschluss des Umgangsrechts einer **jährlichen Überprüfung** bedarf.[309] Das gilt nur dann nicht, wenn das Kindeswohl allein durch die Überprüfung des Umgangs gefährdet ist; dann werden die Abstände anders getaktet.

Die Aussetzung ist das mildere Mittel. Ein völliger Ausschluss (s. hierzu die Fälle in **2.5.3**) kommt nur in Betracht, wenn eine sehr hohe Prognosewahrscheinlichkeit besteht, dass die Umgangssausübung auf Dauer zur Gefährdung des Kindeswohls führen würde.[310]

Der pure **Verdacht** eines strafrechtlich relevanten Verhaltens (hier: Vater bricht in die mütterliche Wohnung ein und verprügelt die Mutter, um dann die Kinder mitzunehmen) kann für die Aussetzung des Umgangsrechts ausreichen. Hier kann und muss sich der Familienrichter selbst eine Überzeugung bilden und darf nicht den rechtskräftigen Abschluss des Strafverfahrens abwarten.[311]

2.5.1 Ausschluss im Interesse der Mutter?

Hauptproblem der Ausschlussdiskussion ist in fast jedem Einzelfall die Neigung des obhutsberechtigten Elternteils, eigene Interessen umzudichten in die des Kindes, d.h. Kindesinteressen vorzuschieben, während es in Wahrheit um die eigenen geht. Das ist zwar heuchlerisch, aber nachvollziehbar, weil jede Mutter weiß, dass beim Umgangsrecht das Kindeswohl vor Gericht Gehör findet, das Wohl der Mutter dagegen nicht. An prominenter Stelle der Kommentarliteratur heißt es dazu: *„Der Wunsch der Mutter, den Vater des Kindes aus ihrem Leben zu streichen, ist unbeachtlich, sofern dieser Wunsch nicht auf einem Grund beruht, der als solcher, also*

---

[307] EuGHMR FamRZ 2004, 250.

[308] EuGHMR FamRZ 2011, 1484 (Ls).

[309] Das kann als Konkretisierung von § 166 II FamFG angesehen werden.

[310] OLG Köln FamRZ 2009, 1422.

[311] OG Hamburg FamRZ 2020, 1736.

unabhängig vom Partnerkonflikt, die Maßnahme gegen das Umgangsrecht rechtfertigen würde."[312]

Auch das BVerfG[313] vertritt im Gegensatz zu einige OLGen[314] diese Linie: Dem OLG Rostock[315] wird vom BVerfG aufgrund der Verfassungsbeschwerde des Vaters ins Stammbuch geschrieben, es habe übersehen, dass die Verweigerungshaltung der Mutter das Kindeswohl (auch) gefährden könne. Die ablehnende Haltung der Mutter vermöge des Umgangsrechtsausschluss zulasten des Vaters nicht zu tragen.

Klenner beschreibt in seinem hervorragenden Aufsatz „**Rituale der Umgangsvereitelung**"[316] die von den sorgeberechtigten Elternteilen ins Werk gesetzten „**Ritualbildungen im Gefolge des Mangels an Unrechtsbewußtsein**" und macht zutreffend drei Hauptstrategien aus:

- **„Das Kind soll endlich zur Ruhe kommen"**
- **„ ... aber das Kind will nicht"** (in diversen Varianten) **und**
- **„Der Vater hat das Kind sexuell missbraucht."**

Die ersten beiden Argumentationsmuster sollen hier abgehandelt werden; dem Missbrauchsvorwurf ist ein eigenes Kapitel (**2.5.4**) gewidmet.

Fast immer handelt es sich um ein Konglomerat aus Heuchelei und Verlogenheit, selbstverständlich unter treuherziger Ausblendung der Kindesinteressen.

Die Rechtsprechung ist dem stets entgegengetreten. So hat das OLG Hamm[317] einer Mutter sehr klar gesagt, sie könne sich nicht auf Kontaktverweigerung des unter zehn Jahre alten Kindes berufen, da sie in der Lage sei, den kindlichen Widerstand aufgrund elterlicher Autorität zu überwinden.[318] Überhaupt hat das Recht des Kinds auf Umgang mit dem Vater Vorrang vor den Befindlichkeiten der Mutter.[319]

Auch wenn sich hinter der ablehnenden Haltung der Mutter die unausgesprochene oder expressis verbis geäußerte Absicht verbirgt, das Kind „störungsfrei" in eine neue Kleinfamilie einzugliedern (***„das Kind soll zur Ruhe kommen"***), ist dies kein Grund, das Umgangsrecht auszuschließen, denn letzteres ist gewichtiger als die Partnerschaftsplanung der Mutter.[320] Im Übrigen rührt die Störung der „Ruhe" aus dem Elternkonflikt her, nicht aus der Person des Vaters. Doch ist Ruhe überhaupt ein Idealzustand? Ist er nicht vielfach das Ergebnis der **Resignation** oder des erfolgreichen Bemühens des Kindes, alles, was mit dem anderen Elternteil zu tun hat, unter ein Tabu zu stellen? Hierzu noch einmal *Klenner*[321]: *„Dass es sich dabei um eine trügerische, sogar*

---

312 *Staudinger/Rauscher*, BGB-Kommentar, 13. Bearbeitung (2000), § 1684, Rz. 365.

313 BVerfG FamRZ 2004, 1166.

314 OLG Celle FamRZ 1998, 971; OLG Frankfurt FamRZ 2002, 1582; OLG Koblenz FamRZ 2004, 288; OLG Rostock FamRZ 2004, 968.

315 OLG Rostock FamRZ 2004, 968.

316 Abh. *Klenner* FamRZ 1995, 1529 ff.

317 OLG Hamm FamRZ 1996, 363.

318 Ebenso OLG Hamm FamRZ 2008, 1371: Die Grenze könne bei 9 bis 11 Jahren gezogen werden. Ältere Kinder seien nicht mehr beeinflussbar (!).

319 KG FamRZ 2001, 1163.

320 OLG Brandenburg FamRZ 2000, 1106.

321 Abh. *Klenner* FamRZ 1995, 1529, 1531.

die kindliche Entwicklung gefährdende Ruhe handelt, hat man anderswo längst begriffen."

Soweit mit dem Scheinerfordernis des Zur-Ruhe-Kommens gemeint ist, dass die **Verhaltensauffälligkeiten** des Kindes nach den Besuchen beim Vater aufhören sollen (rückfälliges Einnässen, Alpträume, Aufsässigkeiten, Hyperaktivität), sind sich die Kinderpsychologen darüber einig, dass diese zwangsläufig so lange andauern werden, wie die Besuche des Kindes beim andern Elternteil nicht von allen Beteiligten als ein Stück Normalität begriffen werden. Verhaltensauffälligkeiten sind also ein Resultat des Elternkonflikts, nicht der Umgangsausübung, was sich ja sehr sinnfällig daraus ergibt, dass die beklagten Symptome nicht während der Besuche beim Umgangsberechtigten auftreten, sondern erst nach der Rückkehr zum anderen Elternteil.

Ebenso untauglich ist das Argument ***„Das Kind will den Vater nicht sehen"***. *Ziehm*[322] weist zu Recht darauf hin, dass sich die Mutter eine Äußerung wie *„Ich kann den Alten nicht mehr sehen"* verbitten würde, wenn die Familienmitglieder noch zusammenlebten. Der Unterschied liegt auf der Hand: Wenn die Äußerung des Kindes sich nicht mit den Interessen der Mutter deckt, wird sie keine Mühe haben, alle pädagogischen Register zu ziehen.[323] Wenn das Kind dagegen Sprachrohr der Mutter ist, ist der Ehrgeiz, den eigenen Interessen zuwiderzuhandeln, naturgemäß gering. Insbesondere jüngere Kinder dazu zu bringen, den Besuch beim anderen Elternteil nicht zu wollen, ist überhaupt keine Kunst.[324] ***„Aber ich kann das Kind doch nicht zwingen"***, heißt es dann immer vorwurfsvoll. Na ja. *Ziehm* stellt völlig zutreffend fest, dass keine Mutter in dieser Weise ihre Scheinohnmacht bekunden würde, wenn das Kind sich weigern würde, zur Schule zu gehen.

Was die Sache zusätzlich verkompliziert, ist der Umstand, dass Mütter sich – vordergründig recht eindrucksvoll – darauf berufen können, das Kind weigere sich gegen ihren Willen, mit dem Vater zu gehen (*„Ich hab mit Engelszungen auf den Kleinen eingeredet – aber was soll ich machen? Ich kann ihn doch nicht schlagen!"*). Hier ist das **double bind** am Werk. *Ell*[325] erläutert die Problematik wie folgt:

> *„Der persönliche Umgang wird indirekt auch durch das „double bind" verhindert. Der sorgende Elternteil und das Kind sind auf zwei Ebenen miteinander verbunden und in gegenseitiger Kommunikation auf der bewussten und unbewussten Ebene. Das Unbewusste im Kind weiß genau, was der sorgende Elternteil von ihm erwartet. Ist das double bind am Werk, dann kann der sorgende Elternteil auf der bewussten Ebene erlauben, den anderen zu besuchen; ja er*

---

322 *Klaus-Peter Ziehm*, Familienrichter a. D. beim FamG Holzminden, Abh., n. v.

323 Gleichwohl kapitulieren Gerichte immer wieder vor der Willkür der Mutter oder der scheinbaren Begrenztheit ihrer pädagogischen Mittel, s. OLG Karlsruhe FamRZ 2002, 624 oder FamG Lahr FamRZ 2003, 1861: Der Familienrichter sah dort nach eigenem Bekunden in seinem Urteil keine Möglichkeit mehr, den Umgang ohne Mitarbeit der Mutter herbeizuführen, da das Kind *„letztlich auf alles, was zu einem Umgang mit dem Vater führen könnte, mit den gleichen Symptomen, insbesondere Schreien"*, reagiere. Das Gericht verwarf Zwangsgeld und Sorgerechtsentziehung. Die Rechtsbrecherin hatte gewonnen, alle anderen hatten verloren.

324 OLG Hamm FamRZ 1993, 1233.

325 *Ell*, Psychologische Kriterien bei der Sorgerechtsregelung und die Diagnostik der emotionalen Beziehungen, Weinheim 1990, S. 85.

kann sogar – und das ist dann für Sozialarbeiter und Gutachter eindrucksvoll – das Kind direkt auffordern, mit dem abholenden Elternteil mitzugehen: Das Unbewusste im Kind weiß genau, was der sorgende Elternteil **eigentlich** *will und was er vom Kind tatsächlich erwartet: die Verweigerung."*

Die Rspr. mutet widerspenstigen Müttern zugestandenermaßen viel zu: Die Mutter muss lernen, ihre Haltung aufzugeben, und ihrem Kind erklären, dass sie die Umgangskontakte nunmehr selbst wünscht.[326] Wenn sie sich auf den entgegenstehenden Willen des Kindes beruft, muss sie im Einzelnen darlegen, wie sie auf das Kind eingewirkt hat, um es zum Umgang zu bewegen.[327]

Wenn der Obhutsinhaber es der „freien" Entscheidung des Kindes überlässt, ob es zum anderen Elternteil geht oder nicht, ist ein Ordnungsgeld nach § 89 FamFG fällig.[328]

Diese Rspr. löst allerdings nicht das entscheidende Problem, nämlich die vorausgegangene Übertragung der ablehnenden Haltung des betreuenden Elternteils (in der Regel also der Mutter) auf das Kind selbst. Die Mutter muss also nicht nur zur Einsicht kommen und die Wohlverhaltensklausel beachten[329], sondern muss darüber hinaus auch noch beim Kind Widerstände auflösen, die sie mit großem Aufwand erzeugt hat, was ohne Zweifel eine Glaubwürdigkeitskrise im Verhältnis des Kindes zur Mutter auslösen kann.

2.5.2 PAS und PES

Vielfach hat sich bei den Kindern schon das sog. *Parental Alienation Syndrome* eingestellt, kurz **PA-Syndrom** oder **PAS** genannt. Dieser aus der amerikanischen kinderpsychologischen Forschung[330] entstammende Begriff lässt sich am treffendsten übersetzen mit **„Eltern-Feindbild-Syndrom"**.[331] Das PAS wird durch bewusste Manipulation oder Programmierung eines Kindes durch den betreuenden Elternteil[332] erzeugt (sozusagen als verschärfte Fassung des unbewussten Strangs im *double bind*, s. **2.1.1**). Diese Bemühungen führen in der kindlichen Psyche zu einer Aufspaltung der Eltern in einen guten Elternteil (den, bei dem das Kind lebt) und einen bösen (der das Umgangsrecht auszuüben gedenkt). Beide Haltungen sind ebenso kompromisslos wie unbegründet. In einem derartigen Mutter-Kind-Verhältnis sieht *Gardner* eine *folie à deux*, die seiner Meinung nach in schweren Fällen nur ein Ende nehmen kann, wenn das Kind rigoros aus dem mütterlichen Haushalt herausgenommen wird.[333]

---

326 OLG Braunschweig FamRZ 1999, 185, 186.

327 OLG Saarbrücken FamRZ 2013, 476 (Ls).

328 Früher: Zwangsgeld nach § 33 FGG, OLG Karlsruhe FamRZ 2002, 1125.

329 Ein Antrag auf Unterlassung all dessen, was das Verhältnis des Vaters zum Sohn beeinträchtigt, ist nicht einmal zulässig und erst recht nicht zwangsgeldfähig, OLG Karlsruhe FamRZ 2005, 633.

330 Die Theorie stammt von *Richard Gardner* und wurde von ihm erstmals 1985 präsentiert. Seine Thesen finden sich in *Gardner*, Das elterliche Entfremdungssyndrom, 3. Aufl., Berlin 2010.

331 Hierzu grundlegend: Abh. *Schröder*, FamRZ 2000, 592.

332 Dies ist keineswegs immer die Mutter, s. KG FamRZ 2000, 1606.

333 *Gardner*, Das elterliche Entfremdungssyndrom, Berlin 2010, S. 33, 36 *et passim*.

Die Rspr. lastet die Entstehung des PAS folgerichtig dem betreuenden Elternteil an und versucht, unter Hinweis auf die Wohlverhaltensklausel (ein naives Postulat!) und mangelnde Bindungstoleranz gegenzusteuern – meist vergeblich, denn die Schätzungen zum Prozentsatz der ausgrenzenden Eltern liegen zwischen 73 % und 90 %.[334] Gefordert wird eine psychologische Intervention, um die Eltern in die Lage zu versetzen, zwischen Partnerschaft und Elternschaft zu unterscheiden.[335] Mancher Familienrechtler wird freilich schon den Eindruck gewonnen haben, dass nicht wenige Eltern insoweit therapieresistent sind. Außerdem: „Intervention“ klingt zwar entschlossen und schneidig, aber sie kann in der Psycho-Zunft dauern, und im Umgangsrecht muss es **schnell** gehen, wenn man der Entfremdung zwischen Kind und Umgangsberechtigtem entgegenwirken will. *Gardner* rühmt sich ja in den von ihm begleiteten Fällen auch des schnellen Verschwindens der PAS-Symptome nach Übertragung der ES auf den anderen Elternteil (nach einer vom Gericht angeordneten „Übergangsörtlichkeit“ für das Kind).[336]

Wie sehr *Gardner* mit seiner Theorie polarisiert, ergibt sich sehr sinnfällig aus den einschlägigen – wie üblich anonymen – Internetrezensionen seines Werks. Interessant, wenngleich nicht neu, ist das Grundmuster: Persönliche Interessen Betroffener und ideologisches Vorverständnis von Kinderpsychologen und Juristen stehen erfahrungsbasierter Erkenntnis im Wege.[337]

Nachdem die PAS-Theorie samt dem vorgeschlagenen sofortigen Handeln einen bemerkenswerten Siegeszug durch die – nicht nur amerikanischen und europäischen – Gerichtssäle angetreten hatte, regte sich in der kinderpsychiatrischen For-

334 Abh. *Schröder* FamRZ 2000, 592, 594.

335 Abh. *Schröder* FamRZ 2000, 592, 595.

336 *Gardner*, Das elterliche Entfremdungssyndrom, S. 33.

337 Eine Leserin schreibt ahnungsvoll:
„Wenn man eine Jura-Studentin und dazu eine Feministin ist, hat dieses Buch der Antichrist geschrieben. Für den Rest der Welt erklärt Gardner absolut schlüssig, warum Trennungskinder häufig „polarisiert“ werden und den einst geliebten, aber fernen Elternteil scheinbar ablehnen.“
Dann ein erboster Leser, dessen argumentative Kraft mit seiner grammatikalischen Schwäche korrespondiert:
„Ein wirklich schlechtes Buch, das wissenschaftlichen Standards nicht standhält. Es trägt wenig zur Konfliktlösung bei und entbehrt dem Respekt gegenüber dem Kind, das mit seiner Meinung wenig gehört wird, da es „einer Gehirnwäsche“ unterzogen ist.“
Schließlich ein glühender Gardner-Anhänger, der ebenfalls falls Probleme mit dem Genitivobjekt hat:
„Ich empfehle allen Politikern, Richtern, Gutachtern, Psychologen, Sozialpädagogen und anderen direkt oder indirekt betroffenen Berufen dringend, dieses Buch zu lesen und endlich härter gegen entfremdende Eltern vorzugehen. Die Psychologen und Psychiater werden in einigen Jahren ausgebucht sein und unseren psychisch kranken Kindern, die dann junge Erwachsene sein werden, nicht mehr Herr werden, wenn wir nicht anfangen, diese moderne Form der Kindsmisshandlung zu bekämpfen. Warum meinen bei uns noch immer so viele Psychologen, Sozialpädagogen und andere Sozialberufe, den entfremdenden Eltern Verständnis entgegen bringen zu müssen und keine Grenzen setzen zu können?“

schung der USA und auch unter Fachleuten in Deutschland[338] Widerstand.[339] Verlässliche Untersuchungen hätten gezeigt, dass sich die Ablehnungshaltung der Kinder – von wenigen Ausnahmen abgesehen – von selbst löst, wenn die Kinder heranreifen.[340] Noch vor Volljährigkeit zeigen diese Kinder Reue gegenüber dem Elternteil, den sie zuvor so schlecht behandelt hatten.[341] Kritisiert wird weiter, dass – so die forensischen Erfahrungen – manche Kinder Vätern überantwortet worden seien, die sich als Missbrauchstäter entpuppt hätten, und dass man den angeblich unter PAS leidenden Müttern diese vermeintliche Schimäre nicht abgenommen habe.[342] Alles in allem handele es sich um eine mütterfeindliche und vollkommen unwissenschaftliche Theorie. Der vormalige Präsident der Amerikanischen Psychiatrischen Gesellschaft erklärte: *„PAS als wissenschaftliche Theorie ist von berufenen Forschern des ganzen Landes auf das schärfste kritisiert worden. Allein aufgrund seiner Verdienste beurteilt, sollte Dr. Gardner eine ziemlich traurige Fußnote oder ein Beispiel für dürftige wissenschaftliche Maßstäbe sein."*[343]

Schäder[344] referiert zustimmend die kritische Haltung gegenüber Gardners PAS-Theorie, indem sie ausführt, das Konzept des PAS sei nicht empirisch nachgewiesen und vernachlässige die entwicklungspsychologische Erkenntnis, wonach die Ablehnungshaltung des Kindes eine adäquate Bewältigungsstrategie darstellen kann, um sich vor dem elterlichen Konflikt zu schützen.

Aber brauchen wir einen empirischen Nachweis, wenn wir die begründungsfreie Ablehnung eines Elternteils täglich vorgeführt bekommen? Und würde ein Kind unbewusst auf die *adäquate*(?) *Bewältigungsstrategie* verfallen, wenn es nicht unter dem Einfluss des boykottierenden Elternteils stünde?

Nach hiesiger Ansicht sind *Gardners* Ausführungen weniger kritikwürdig als das, was seine Anhänger in den einschlägigen Interessenverbänden aus seiner Theorie gemacht haben. Bei jedem manifestierten Widerwillen von Müttern und Kindern in Bezug auf väterliche Umgangskontakte „PAS" zu schreien, ist sicherlich ebenso wenig zielführend wie der Versuch aus feministischer Ecke, *Gardner* als mütterfeindlich[345] zu brandmarken oder gar zu unterstellen, er verharmlose oder decke väterlichen Kindesmissbrauch (obwohl er glaubhaft das Gegenteil betont).

---

[338] S. Bericht des Arbeitskreises 9 des 14. Deutschen Familiengerichtstags, FamRZ 2002, 1317: Die Beeinflussung durch einen Elternteil sei weder notwendig noch hinreichend für das „irrationale" Vermeidungsverhalten des Kindes. Ach so, würde jeder ausgegrenzte Vater hier einwenden, die Kinder sind selbst schuld, und Mama kann nichts dafür.

[339] S. hierzu v. a. Abh. *Carol Bruch* FamRZ 2002, 1304.

[340] *Bruch* FamRZ 2002, 1304, 1306.

[341] *Bruch* FamRZ 2002, 1304, 1313. Solche Äußerungen können bei ausgegrenzten Elternteilen nur ein trauriges Lachen hervorrufen. Wenn Kinder die Manipulation durch den betreuenden Elternteil durchschauen, ist es zu vielfach spät, und die Leidensphase des Anderen lässt sich nicht im Nachherein aus der Welt schaffen.

[342] *Bruch* FamRZ 2002, 1304, 1307.

[343] Zitiert bei *Bruch* FamRZ 2002, 1304, 1309. Die Kritik dürfte überzogen sein, s. hierzu die lesenswerte Gegendarstellung von *Gardner* FamRZ 2002, 1689.

[344] Abh. *Schäder* FamRZ 2019, 1672, 1673 u., 1674 o.

[345] Außerhalb seiner Fallstudien spricht *Gardner* nie von Müttern, sondern ausnahmslos von ausgrenzenden, manipulierenden, entfremdenden usw. *Elternteilen*, und er führt in seinen

Der Vorwurf der Ausblendung von väterlichem Fehlverhalten lässt sich auch umkehren: Wie *von Boch-Galhau*[346] in der Einführung zur der 3. Auflage von Gardners Werk zutreffend ausführt, wird die Erzeugung von PAS *„von vielen Autoren als psychische Kindesmißhandlung angesehen"*. Er weist weiter darauf hin, dass die *left behind*-Elternteile durch langfristige Beziehungsabbrüche traumatisiert werden und vielfach ernste psychiatrische oder psychosomatische Störungen erleiden, bis hin zu suizidalen Krisen.[347]

Gleichwohl befindet sich *Gardners* PAS-Theorie im wissenschaftlichen Diskurs nach meinem Eindruck im Niedergang.[348] Das spricht nicht unbedingt gegen die Theorie des im Mai 2003 verstorbenen Wissenschaftlers, und es ist betrüblich. Denn Gardner liefert eine schlüssige Analyse und Erklärung für das Verhalten „verstrahlter" Kinder. Wer Gardner als mütterfeindlich schmäht, mag bitte erklären, warum es Kinder gibt (und jeder Familienrichter und jeder familienrechtlich tätige Anwalt kennt diese Kinder), die gebetsmühlenartig bekunden, sie hassten ihren Vater, sich aber auch bei einfühlsamster Befragung außerstande sehen, diese Haltung zu begründen. Oder die als Begründung anführen, der Papa sei bei ihrer Geburt nicht dabeigewesen, so dass dann auch das schlichteste Gemüt erkennt, woher der Wind weht.

Die neuere Forschung unterscheidet zwischen *alienation* und *enstrangement* **(parental enstrangement syndrome = PES)**, wobei letzteres solche – von *Gardner* fast völlig ausgeblendeten – Schwierigkeiten beschreibt, die in der Beziehung zwischen dem nicht sorgeberechtigten Elternteil und dem Kind liegen oder auf das Verhalten dieses Elternteils zurückzuführen sind.[349] Hier wird in der Tat der Finger auf eine Wunde gelegt. Gardner schreibt zwar: *„Im Fall von echtem Kindesmißbrauch und/ oder Vernachlässigung kann die Feindseligkeit des Kindes begründet sein; in diesem Fall darf das Parental Alienation Syndrome als Erklärung für die feindselige Haltung des Kindes nicht herangezogen werden"*, so dass man erst einmal beruhigt aufatmet, aber dann zeigt sich eine Lücke: Warum bleiben Schläge und verbale Einschüchterungen unerwähnt?

Die aktuelle Forschung empfiehlt eine Therapie für das Kind und den sorgeberechtigten Elternteil, die die Verbindung von schädlichen Elementen befreien soll. Das klingt recht vage, und das ist es auch. Außerdem: Wo sind die Therapieplätze, wie

---

Fallstudien auch mehrere indoktrinierende Väter auf. Statistisch führend sind aber nun einmal die Mütter, weil meist sie es sind, die die Kinder betreuen. Das kann man aber nun *Gardner* nicht vorwerfen.

346 *Von Boch-Galhau* in *Gardner*, Das elterliche Entfremdungssyndrom, S. 10.

347 *Von Boch-Galhau* in *Gardner*, S. 11. Man kann es aber auch hier übertreiben. Gardner führt in seinen Abschlussbemerkungen auf S. 92 Folgendes aus: *„Es ist offensichtlich schmerzlicher und psychologisch vernichtender, ein Kind durch PAS zu verlieren, als durch den Tod."*

348 Hierfür spricht auch folgendes Indiz: Die 3. Auflage seines schmalen Bandes aus dem Jahre 2010 ist so nachhaltig vergriffen, dass nicht einmal Internet-Buchhändler wie *amazon* oder *Buch24* in der Lage sind, ein (mittlerweile) antiquarisches Exemplar zu liefern. Öffentliche Bibliotheken listen gerade noch drei Stellen auf, bei denen man es per Fernleihe erhalten kann. An *Mein Kampf* ist leichter heranzukommen. Gardners Werk scheint auf dem Wege zu den verfemten Büchern zu sein.

349 *Bruch* FamRZ 2002, 1304, 1311.

lange soll das dauern, wie sind die Erfolgsaussichten, wer bezahlt das, und was soll man mit Elternteilen anfangen, die sich der Therapie nicht stellen oder therapieresistent sind?

Ob *Gardner* nun in allen Punkten zu folgen ist oder nicht: Nicht hinwegdiskutieren lässt sich, dass es UmgangsrechtsboykotteurInnen auf der einen und liebevolle Väter auf der anderen Seite gibt, Väter, die ein Recht darauf haben, an der Korrektur der Fehlhaltung mitzuwirken, die das Kind in Bezug auf sie einnimmt, und zwar sofort und in nicht erst nach jahrelang verschleppter Therapie. Denn je länger der Kontakt unterbrochen wird, desto größer wird die Gefahr, dass der „Faden reißt".

Nichts gegen die behutsame Anbahnung von Kontakten, aber was tun, wenn auch diese konterkariert werden? Jede(r) Verschlagene ist umgeben von einem Schwarm Wohlmeinender, gegen die er/sie sich stur durchsetzt. Damit nicht zwei Personen auf der Strecke bleiben, ist bisweilen eine konsequente und schnelle Krisenintervention unausweichlich. Die Therapie-Branche tut sich schwer, derartige Maßnahmen zu befürworten. Da hat *Gardner* Recht, wenn er sagt: „*... auch weisen nach meiner Erfahrung Menschen, die sich der Psychotherapie zuwenden, eine gewisse Passivität in ihrer Persönlichkeitsstruktur auf und fühlen sich bei direkten Ansätzen unwohl.*"[350]

2.5.3 Das Kindeswohl als Prüfstein

Wer einem Kind den Kontakt zum anderen Elternteil verbietet oder verleidet, handelt gegen die Bedürfnisse des Kindes. Dies belegen zahlreiche Untersuchungsergebnisse. Besonders Jungen, denen der Kontakt zum Vater versagt bleibt, zeigen ein ausgeprägt niedriges Selbstwertgefühl.[351]

Ein leiblicher Vater ist schwer zu ersetzen. Gewiss, es mag seltene Fälle geben, in denen der Stiefvater in die Rolle des biologischen Vaters auf Dauer und verlässlich – bis hin zur Adoption – eintritt. Im Regelfall sind die Alternativen zum leiblichen Vater jedoch „Männer auf Zeit", die als Väter auf Zeit in Erscheinung treten. Wenn in solchen Phasen der leibliche Vater, wenn auch als außerfamiliäre, aber Kontinuität garantierende Person endgültig verloren geht, fühlt sich das Kind als Spielball mütterlicher Interessen und wird seine Bereitschaft zu Identifikation zunehmend aufgeben.[352]

---

[350] Ziemlich beleidigt zitiert in der Rezension des Psychologen *Dettenborn* zu *Gardner*, Das Elterliche Entfremdungssyndrom, FamRZ 2002, 1320. Ich habe das Zitat in der 3. Aufl. nicht vorgefunden. *Gardner* führt dort vielmehr auf S. 37 aus: „*Leider zieht die Therapeutenlaufbahn auch zwanghafte Zweifler an, Menschen, denen es schwerfällt, Entscheidungen zu treffen. Sie wenden sich der Psychotherapie zu, da diese das sorgfältige Abwägen aller Faktoren und endlose Diskussionen über das Für und Wider eines Themas erlaubt, bevor etwas unternommen wird.*"

[351] S. z. B. *Fthenakis/Kirchhoff*, Trennung, Scheidung und Wiederheirat, Weinheim 1996, S. 51. Ich verdanke diesen Hinweis wie viele andere in diesem Abschnitt einer leider noch unveröffentlichten Abh. von *Ziehm*, ehem. Familienrichter in Holzminden, der – erkennbar „angefressen" von seinen forensischen Erfahrungen mit Umgangsboykotteuren beiderlei Geschlechts – nach eigenem Bekunden gern ein jedes Umgangsverfahren unter das *Dantes Inferno* entlehnte Leitmotiv „*Voi ch' entrate, lasciate ogni speranza*" gestellt hätte („*Ihr, die ihr hier eintretet, lasset alle Hoffnung fahren*").

[352] *Petri*, Das Drama der Vaterentbehrung, Freiburg 1999, S. 104.

Einig ist man sich, um vorweg kurz auf die Alternative Einschränkung/Ausschließung einzugehen, darüber, dass ein Ausschluss nur in Frage kommt, wenn ein Kind nur noch wenige Jahre von der Volljährigkeit entfernt ist (sehr weitgehend hier OLG Bamberg[353], das das Recht auf Umgang mit zwei 12 und 14 Jahre alten Kindern auf Dauer ausschließt). Oder wenn der Vater sich einer Bluttat gegenüber der Mutter-schuldig gemacht hat.[354] In allen anderen Fällen wird bis auf weiteres oder mit einem zeitlichen Limit[355] ausgesetzt – ganz einfach deshalb, weil man beim Umgangsberechtigten nie die Hoffnung ausschließen kann und soll, dass eine verkorkste Beziehung mit der Zeit heilt.

Es gibt bei der Aussetzung Fallkonstellationen, bei denen ohne weiteres einsehbar ist, dass das Umgangsrecht nicht fortdauern kann. Wenn etwa der Vater – womöglich unter freudiger Mitwirkung des Sohnes – die Besuchstage dazu nützt, mit seinem Sprössling auf Diebestour zu gehen, ist das Umgangsrecht ebenso aussetzungsbedürftig, wie wenn er mit ihm Satansmessen zelebriert, pausenlos Horrorvideos ansieht oder ihn zum Heroinkonsum überredet.[356] Desgleichen ist das Umgangsrecht einzuschränken oder auszuschließen, wenn mit Kindesentführungen zu rechnen ist (Einschränkung: OLG Celle[357]; Ausschluss: OLG Hamm[358]).

Zusammenfassend sagt das OLG Hamm[359] in einer anderen Entscheidung:

> *„Ein völliger Ausschluss des Umgangsrechts ist – ausnahmsweise – nur dann gerechtfertigt, wenn das Kind infolge des Umgangs körperlich oder seelisch konkret gefährdet ist und der Gefährdung nicht durch eine bloße Einschränkung des Umgangsrechts oder dessen sachgerechte Ausgestaltung begegnet werden kann."*

Eine solche Gefährdung kann auch dann gegeben sein, wenn die Begegnung mit dem Vater ein seelisches Trauma mit hoher Wahrscheinlichkeit wieder aufbrechen lässt – so etwa OLG Frankfurt[360] in einem Fall, in dem der Vater in der JVA Kontakt zu seinen vier Kindern wünschte, die Jahre zuvor hatten mit ansehen müssen, wie der Vater einen Zechkumpanen im Wohnzimmer erschoss, wobei die Kleinkinder auch noch mit dem Blut des Erschossenen bespritzt wurden.

Grundsätzlich ist aber eine Strafhaft kein Grund, das Umgangsrecht komplett auszuschließen.[361] Dies gilt auch, wenn der Vater schon wegen Körperverletzung inhaftiert

---

353 OLG Bamberg FamRZ 1994, 1276.

354 S. i.E. Abh. *Kischkel* FamRZ 2022, 837, 843.

355 Der EuGHMR hält zu einer Überprüfung in regelmäßigen Abständen von längstens einem Jahr an (Entsch. v. 19.6.2003, *Nekvedacicius gegen Deutschland*, s. redaktionelle Anm. FamRZ 2004, 1168).

356 Die Erfüllung eines bedenklichen Geburtstagswunsches der 16-jährigen Tochter (T-Shirt mit der Aufschrift „Skingirl") reicht dagegen nicht für ein Umgangsverbot, FamG Bad Säckingen FamRZ 2002, 689.

357 OLG Celle FamRZ 1996, 364. In der Entscheidung geht es übrigens um eine Mutter, die das Umgangsrecht schon einmal zu einem Entführungsversuch genutzt hatte.

358 OLG Hamm FamRZ 1997, 307.

359 OLG Hamm FamRZ 1994, 58.

360 OLG Frankfurt FamRZ 1995, 1431.

361 OLG Hamm FamRZ 2003, 951 (Vater aus dem Kongo, HIV-positiv).

gewesen und gegenüber der Mutter handgreiflich geworden ist.[362] Es muss aber schon familienrechtlich geprüft werden, wie sich das Umgangsrecht und die Gegebenheiten in der JVA (hier: Personalzwänge) miteinander in Einklang bringen lassen.[363]

Das Kindeswohl[364] steht in der Frage des Umgangsrechtsausschlusses stets im Vordergrund. Ein Vater, der die Mutter als Geisel genommen hat, um das Umgangsrecht zu erzwingen, muss nicht unbedingt mit dem Umgangsrechtsausschluss rechnen[365] – im Gegenteil, könnte man ketzerisch hinzufügen, zeigt doch die Entführung der widerspenstigen Mutter, dass es dem Vater ernst ist, wenn es um die Aufrechterhaltung des Kontakts zu seinen Kindern geht.

Wer die körperlichen und seelischen Beschwerden des Kindes verursacht hat, ist jedenfalls bei kleinen Kindern zweitrangig. Selbst wenn die Besuche des Kindes beim Vater gut verlaufen, das Kind aber vor und nach den Besuchskontakten beim Vater traumatisch reagiert, weil es ständig Konflikte zwischen den Eltern im zeitlichen und sachlichen Umfeld des Umgangsrechts erlebt, muss ein zeitlich begrenzter Ausschluss verhängt werden, bis sich das soziale Umfeld des Kindes beruhigt hat.[366]

Erkrankungen, die nicht psychogener Natur sind, also die typischen **Kinderkrankheiten**, hindern die Ausübung des Umgangsrechts nicht, es sei denn, es bestünde Transportunfähigkeit oder der Vater wäre nicht in der Lage, sich angemessen um das kranke Kind zu kümmern.[367]

Ein zeitlich begrenzter Ausschluss kommt auch in Betracht, wenn der Vater von seinem Umgangsrecht lange keinen Gebrauch macht und auf diese Weise Desinteresse an seinem (hier 9-jährigen) Kind bekundet.[368] Anders verhält es sich, wenn der Vater aus achtenswerten Gründen den Kontakt zu den Kindern gemieden hat, etwa um die chaotischen Verhältnisse nach der Trennung nicht weiter zu verschlimmern, und nach einer Beruhigung der Gesamtumstände wieder Verbindung zu den Kindern zu knüpfen sucht. In solchen Fällen ist zunächst eine behutsame Kontaktaufnahme angezeigt.[369]

Am schwierigsten sind die Fälle, in denen ein untadeliger Elternteil Kontakt zu seinem Kind sucht, sein Umgangswunsch aber einseitig bleibt. Wir konnten hier unter **2.3.1** nur einige Orientierungshilfen zur Bewältigung dieses fast unlösbaren Problems geben, übrigens immer in dem Bewusstsein, dass man es mit einer Entscheidung zugunsten des Umgangsberechtigten oft nur auf die **Vollstreckungsebene** verlagert: Was nützt es, wenn man das Umgangsrecht unangetastet lässt, dabei aber in Kauf nimmt, dass der Berechtigte an oder in der Wohnung der Geschiedenen ein weinendes oder schreckensbleiches Kind vorfindet, das dann doch nicht mitkommt?

---

362 OLG Brandenburg FamRZ 2003, 1405.

363 OLG Brandenburg FamRZ 2019, 985.

364 Das FamG Daun definiert das Kindeswohl FamRZ 2008, 1879 unter Bezugnahme auf ein Sachverständigengutachten als (geglückte) **Versorgungs- und Identitätsbeziehung** des Kindes zu seinen Eltern, wobei die Identitätsbeziehung in der Übernahme elterlicher Lebensmodelle oder „Programme“ (und ihrer späteren Auseinandersetzung mit ihnen) besteht.

365 OLG Hamm FamRZ 1997, 1095.

366 OLG Hamm FamRZ 1995, 314; OLG Hamm FamRZ 1999, 326.

367 OLG Brandenburg FamRZ 2003, 111.

368 OLG Düsseldorf FamRZ 1994, 1276.

369 OLG Hamm FamRZ 1996, 424; EuGHMR FamRZ 2008, 1059.

Oder was nützt es dem Vater, wenn die Mutter die zweijährige Tochter im Kinderzimmer einsperrt und sich auch durch Zwangsgelder oder Androhung eines Gerichtsvollzieher-Auftritts nicht beeindrucken lässt?

2.5.4 Verdacht des sexuellen Missbrauchs

Bei dringendem **Missbrauchsverdacht** kann das Umgangsrecht selbstverständlich ausgeschlossen[370] oder ausgesetzt[371] werden.

Das *muss* geschehen, wenn es in der Vergangenheit schon zu sexuellem Missbrauch durch den Vater gekommen ist und das Kind den Umgang verweigert. Die Eingriffsvoraussetzungen nach § 1666 BGB müssen dabei nicht unbedingt erfüllt sein.[372]

Wenn sich der Verdacht des Missbrauchs als unbegründet erweist, bleibt der Umgang selbstverständlich aufrechterhalten. Allerdings kann lt. OLG Frankfurt[373] ein vorübergehender begleiteter Umgang angeordnet werden, um die verkrampfte Haltung der Mutter zu lockern und damit letztlich den Loyalitätskonflikt des Kindes zu entschärfen.

Aber was ist sexueller Missbrauch?

Es genügt ein Verhalten, das im Geltungsbereich des deutschen Rechts als objektiv sexuell übergriffig anzusehen ist – was naturgemäß von den zeitgenössischen Wertvorstellungen in unserem Kulturkreis abhängt und deshalb keineswegs universell ist. Die möglicherweise nicht sexuell geprägte Motivation des Erwachsenen tritt hinter dem objektiven Tatbestand zurück.

Es gibt Grenzfälle und eindeutige Fälle. So wurde das Umgangsrecht eines Vaters mit seinem 8-jährigen Sohn ausgeschlossen, der behauptete, sein Verhalten habe in seinem Heimatland keinen sexuellen Hintergrund[374], was allerdings nicht glaubhaft war: Wie sich aus dem Volltext[375] ergibt, hatte der libanesische Vater, der seinen Sohn ständig umarmt und ihm den Penis stimuliert hatte, dem Gericht weismachen wollen, es sei im arabischen Raum üblich, seinem Sohn in den Schritt zu fassen. Es verdient festgehalten zu werden, dass der Vater zuvor wegen mehrfacher Vergewaltigung der Kindsmutter verurteilt worden war.

Als missbräuchlich wurde auch zu Recht die Anfertigung von Fotos kleiner Mädchen in kinderpornographischer Pose angesehen.[376]

Schwierig ist die Rechtslage zu beurteilen, wenn der Vater z. B. pädophiler Neigungen („nur") dringend verdächtig ist. In einem solchen Fall hatte das OLG Hamm[377]

---

[370] OLG Bamberg FamRZ 1994, 719

[371] OLG Celle FamRZ 1998, 973.

[372] FamG Kerpen FamRZ 1998, 254.

[373] OLG Frankfurt FamRZ 2018, 597.

[374] OLG Hamm FamRZ 2001, 1802 (Ls).

[375] Unter www.nrwe.de veröffentlicht.

[376] OLG Frankfurt FamRZ 2018, 926 (Eilverfahren). Gegen den Mann (Lebensgefährte der Mutter) liefen bereits mehrere Ermittlungsverfahren wegen Verbreitung kinderpornographischer Schriften.

[377] OLG Hamm FamRZ 1993, 1233.

keine Bedenken, die Umgangsbefugnis *„in einem reglementierten Umfeld, das mit fachkundigem Personal ausgestattet ist“*, für zwei mal zwei Stunden monatlich aufrechtzuerhalten. Auch wenn mit künftigem Missbrauch laut Sachverständigengutachten[378] nicht zu rechnen ist, kommt begleiteter Umgang (Besuche in Anwesenheit eines Jugendamtsmitarbeiters) in Betracht. Wenn der Vater ein begleitetes Umgangsrecht ausdrücklich ablehnt, ist das Umgangsrecht auszusetzen.[379] Das setzt aber eine eingehende Überprüfung der Gefährdungslage im Einzelfall voraus.[380] Das OLG Düsseldorf[381] meint, dass bei pädophilen Neigungen ein begleiteter Umgang nicht als Schutz ausreicht[382]; es hat den Umgang für drei Jahre ausgesetzt.

Wenn sich der Verdacht der konkreten Gefährdung durch eine *pädophile Haupt- oder Nebenströmung* beim Vater nicht mit hinreichender Sicherheit feststellen lässt (entgegen der Missbrauchsüberzeugung der Mutter), bleibt der Umgang uneingeschränkt (unbegleitet) bestehen.[383]

Die Einschränkung des Umgangsrechts in derartigen Fällen setzt also zweierlei voraus: Zum einen müssen pädophile Neigungen sicher festgestellt werden, zum anderen muss daraus eine konkrete Gefährdung der Kinder resultieren[384] (was ja nicht zwingend so ist, denn auch Pädophile können ihre Neigungen im Zaum halten).

Wie gesagt: Der Verdacht muss dringend sein, sogar sehr dringend[385]: Der bloße Verdacht des sexuellen Missbrauchs, der sich ja bekanntlich sehr schnell einstellt oder produzieren lässt, rechtfertigt nicht regelmäßig den Ausschluss des Umgangsrechts.[386] Entscheidendes Kriterium ist die Intensität des Tatverdachts.[387] Bloße Befürchtungen der Mutter müssen zurückstehen, wenn der Kontakt zum Vater schon seit fast zwei Jahren nicht mehr besteht, ein Sachverständiger den Missbrauch für die Vergan-

---

[378] Prinzipiell können auch Privatgutachten verwertet werden. Das setzt aber voraus, dass das Gutachten vollständig und unparteiisch ist. Wenn es sich *„tragend auf die Schilderungen der Mutter“* stützt, kann es keine Basis für die Entscheidung des Gerichts liefern, so OLG Köln FamRZ 2017, 1514, 1517. Das OLG Köln (n.v.) musste sich vom EuGHMR (FamRZ 2018, 350) im Falle *Moog vs. Deutschland* darüber belehren lassen, dass immer dann, wenn in einem Umgangsverfahren ein Sachverständiger erforderlich ist, keine ausreichende Beweisgrundlage vorliegt, wenn das Gericht sich auf ein sieben Jahre altes Gutachten zur Haltung des Kindes und auf ein privates ärztliches Gutachten zum psychischen Zustand der Mutter stützt.

[379] OLG Köln FamRZ 2001, 1163; OLG Karlsruhe FamRZ 2006, 1867. Leicht abweichend OLG Brandenburg FamRZ 2022, 358: Das Gericht hat zu beschließen, dass eine Umgangsregelung nicht stattfindet.

[380] BVerfG FamRZ 2005, 1816.

[381] OLG Düsseldorf FamRZ 209, 1685.

[382] Auch wenn der Vater damit einverstanden ist!

[383] OLG Karlsruhe FamRZ 2019, 2009.

[384] BVerfG FamRZ 2008, 494.

[385] Das Gericht hat eine eigene Amtsermittlungspflicht, s. OLG Brandenburg FamRZ 2002, 621 mit Anm. *Vollkommer*, S. 622.

[386] OLG Stuttgart FamRZ 1994, 718. Das OLG Thüringen hat FamRZ 2009, 1771 sogar die Aussetzung eines Sorgerechtsverfahrens im Hinblick auf strafrechtliche Ermittlungen wegen des Verdachts des sexuellen Missbrauchs abgelehnt.

[387] OLG Oldenburg FamRZ 2006, 882.

genheit mit an Sicherheit grenzender Wahrscheinlichkeit ausschließt und die Kinder den eindeutigen Wunsch äußern, Kontakt zum Vater zu pflegen.[388]

Ist der Verdacht weitgehend ausgeräumt, zeigen aber die Kinder und/oder die Mutter eine stark ablehnende Haltung gegen den Vater, ist die zeitlich begrenzte Aussetzung des Umgangsrechts das probate Mittel.[389]

Mütter sind auch, solange beide Eltern das Sorgerecht genießen, daran gehindert, ein Kind auf eigenen Faust medizinisch oder psychologisch untersuchen zu lassen, um den Verdacht des Missbrauchs zu verifizieren; hier müssen beide mitwirken, im Streitfall das Gericht.[390]

Der Vorwurf des sexuellen Missbrauchs hat zurzeit als Modediagnose der Pop-Psychologie nicht mehr Hochkonjunktur, wird aber von Müttern immer noch in zumindest fahrlässiger Weise als Waffe im Sorge- und Umgangsrechtskrieg eingesetzt.

Im Beitrag von *Carl* zum sexuellen Missbrauch[391] wird die Bestandsaufnahme einer amerikanischen Forscherin (*Faller*) wie folgt referiert:

> *„Faller ... betont zu dieser Situation, dass im Gegensatz zur normalen Ehesituation, in der die Ehefrauen häufig viel zu lange nicht gewillt sind, die Augen zu öffnen und die Tatsachen wahrzunehmen, in der Scheidungssituation eher hypersensibel auf jedes Detail gestarrt wird und dem Ex-Ehemann jede nur denkbare Schweinerei, auch der sexuelle Missbrauch an Kindern, zugetraut wird. Überinterpretiert wird dann z.B. der Widerstand gegen Besuche beim Vater, der ja nicht nur von Misshandlungen und Missbrauch herrühren kann, sondern ganz andere Ursachen, auch im emotionalen Scheidungskonflikt haben kann. Anlass für Verdachtsmomente bieten auch Alpträume, Bettnässen etc. vor und nach den Besuchen, die insgesamt sehr unspezifische Zeichen sind.“*

Diesen Ausführungen wird jeder Praktiker des Familienrechts aus eigener Erfahrung zustimmen können.

Bei allem berechtigten Ekel vor dem Verbrechen des sexuellen Missbrauchs darf man auch nicht vergessen, welche Schutzlosigkeit man bei zu Unrecht Verdächtigten erzeugt. Völlig zu Recht heißt es deshalb in der Entscheidung OLG Bamberg[392]:

> *„Die Tatsache, dass gegen einen Elternteil ein Ermittlungsverfahren wegen sexuellen Mißbrauchs anhängig ist, schließt die Gewährung eines Umgangsrechts zwischen ihm und dem Kind nicht zwingend aus.“*

Weiter unten in den Entscheidungsgründen[393]:

---

388 OLG Hamm FamRZ 1998, 256. Oder der Verdacht der Kindesmutter, der von dritter Seite nicht bestätigt wird, OLG Dresden FamRZ 2013, 1747.

389 OLG Celle FamRZ 1998, 971; OLG Rostock FamRZ 2004, 968 (hier stand die ablehnende Haltung der Mutter und die dadurch mittelbar ausgelöste Belastung der Tochter im Vordergrund).

390 FamG Düsseldorf FamRZ 1995, 498.

391 Abh. *Carl* FamRZ 1995, 1183ff.

392 OLG Bamberg FamRZ 1995, 181.

393 OLG Bamberg FamRZ 1995, 181, 182.

„Wenn die Agg. meint, solange gegen einen Elternteil ein Ermittlungsverfahren wegen des Verdachtes des sexuellen Mißbrauches anhängig sei, müsse der Schutz der Kinder immer Vorrang haben und zum Ausschluss des Umgangsrechtes führen, kann dem in dieser Allgemeinheit keinesfalls zugestimmt werden. Andernfalls hätte es nämlich ein Elternteil immer auf recht einfache Weise in der Hand, den anderen Elternteil vom Kontakt mit seinem Kind auszuschließen."

Entscheidungen aus der Mitte der neunziger Jahre lassen erkennen, dass die Rechtsprechung gewisser Hysterikerinnen überdrüssig geworden ist, bei denen die Aufdeckung Vorrang vor der Aufklärung hat („Aufdeckung" unterstellt ja immer schon, dass etwas passiert ist). So heißt es in OLG Frankfurt[394]:

„In anderen Verfahren konnte der erkennende Senat schon die Feststellung machen, dass nicht nur Elternteile, sondern auch sog. Professionelle mit dem Verdacht des sexuellen Mißbrauchs ihrerseits Mißbrauch getrieben haben."

Sehr kritisch setzt sich *Natascha Schulze* (ihrerseits zu Recht kritisiert von *Weychardt*, einem der beteiligten Richter[395]), mit dieser Entscheidung auseinander.[396] Die Urteilskritik gipfelt in folgendem abenteuerlichen Vorschlag:

„Nach einer Trennung oder Scheidung der Eltern soll der Sorgeberechtigte ohne irgendeine Nennung von Gründen allein durch Antrag ein Ruhen des Umgangsrechts für einen begrenzten Zeitraum nach Trennung bewirken können."

Begründung: *„Ein streitiges Umgangsrecht belastet das Kind erheblich."*

Hierzu *Weychardt*[397]:

„Wie würden Sie empfinden, wenn Ihr geschiedener Ehemann das Sorgerecht zugesprochen bekäme (...) und er Sie als Mutter dann zwei Jahre lang ‚draußen vor der Tür' stehen ließe, während drinnen Geburtstag etc. gefeiert wird? Auch in diesem Falle stellen sich anschließend die bekannten Probleme bei der Wiederanbahnung einer unterbrochenen Beziehung."

2.5.5 Der altersabhängige Stellenwert des Kindeswillens

Klar ist:

Der **Kindeswille** muss, um berücksichtigt werden zu können, **autonom, intensiv, stabil, ernsthaft und zielorientiert** sein.[398]

Indes liegt Folgendes auf der Hand:

Je älter ein Kind wird, desto vorbehaltloser gilt der Satz, dass die Ausübung des Umgangsrechts dem Kindeswohl widerspricht, wenn das Kind den Umgang mit dem

---

394 OLG Frankfurt FamRZ 1995, 1432, 1433.

395 Stellungsnahme *Weychardt* FamRZ 1997, 444.

396 Anm. *Schulze* FamRZ 1997, 42.

397 Stellungnahme *Weychardt* FamRZ 1997, 444.

398 OLG Koblenz FamRZ 2014, 2010, 2011. Lit.: Abh. *Schäder* FamRZ 2019, 1120. *Birgit Schäder* weis zu Recht darauf hin, dass das Kind seine Selbstwirksamkeitsüberzeugung (= seine Überzeugung, Probleme aktiv lösen zu können) verliert, wenn sein autonomer Kindeswille missachtet wird.

Elternteil ablehnt. Also: Wenn ein etwa 13-jähriges, bei der Mutter lebendes Kind partout nicht am Wochenende zum Vater will und sich diese ablehnende Haltung erkennbar verfestigt hat (also nicht auf einer vorübergehende Laune beruht), muss das Umgangsrecht auf Dauer ausgesetzt werden.[399] Nach den Gründen für den Kindeswillen wird dabei nicht gefragt. Zu Recht, denn für die Seelenpein eines Dreizehnjährigen ist es ohne Belang, ob die Ablehnung des Vaters das Produkt einer mütterlichen Hetzkampagne, pubertätsbedingter Spannungen, klarer Fehlvorstellungen (15-jährige Tochter hält den Stiefvater für den biologischen Vater[400]) oder eines über lange Jahre gewachsenen Widerwillens ist. Auch der EuGHMR[401] ist der Ansicht, dass keine Umgangsregelung eines in Deutschland lebenden 14-jährigen Mädchens zugunsten der im Ausland (hier: in Zypern) lebenden Mutter erforderlich ist, wenn das Mädchen den Umgang nicht wünscht (kein Verstoß gegen Art. 8 EMRK).

Außerordentlich schwierig ist es, hier eine Altersgrenze zu ziehen. Man kann bekanntlich Kinder nicht über einen Kamm scheren. Die Katastrophe der Geschlechtsreife ereilt sie zwar alle etwa um die gleiche Zeit, aber die seelische Reife beginnt unabhängig davon und hinkt unterschiedlich lange hinterher. Mit anderen Worten: Beim einen beginnt die Pubertät früh und dauert lange, beim anderen fängt sie spät an und dauert weniger lange oder auch nicht. Manche wirken mit 14 wie kleine Erwachsene, manche wie Kinder. Bei den meisten ist das Theater aber schon mit 13 voll im Gange, so dass man zwar noch im rechtlichen, nicht aber mehr im humanbiologischen Sinne von einem Kind sprechen kann: Aus dem Kind ist ein Jugendlicher geworden, und Jugendliche wissen besser als Kinder, ob sie den nicht sorgeberechtigten oder nicht betreuenden Elternteil völlig ablehnen oder nicht.

Als **Orientierungspunkt**, der freilich nicht in allen Fällen gelten kann, soll hier der **13. Geburtstag** angenommen werden.[402]

Bei *vorpubertären Kindern* ist der Wille des Kindes für sich allein gesehen nur einer von mehreren Aspekten, die für die Entscheidung von Bedeutung sind.[403] Neben der vom Kind geäußerten Ablehnung spielen eine Rolle:

- die Interessen des Umgangsberechtigten,
- die Ursache kindlichen Widerwillens[404],
- seine Nachhaltigkeit
- und auch die Frage, ob und inwieweit die Ablehnung Respekt verdient.

---

[399] OLG Köln FamRZ 2010, 998 (Ls). Andernfalls, so das Gericht, droht eine Gefährdung der geistig-seelischen Entwicklung des Kindes.

[400] OLG Bamberg FamRZ 1998, 970.

[401] EuGHMR FamRZ 2019, 1612.

[402] Das OLG Brandenburg lässt dies schon für 12 Jahre alte Kinder gelten (FamRZ 2010, 741 (Ls)). Ähnlich KG FamRZ 2013, 709: Zwei knapp 14 und 12 Jahre alte Kinder lehnen den Vater ab; Folge: Ausschluss des Umgangs. Das Gericht stellte einen **autonomen Kindeswillen** fest.

[403] Das BVerfG (FamRZ 2005, 1057) verwirft in seinem Beschluss vom 8.3.2005 die Auffassung des OLG, dass ein Umgangsausschluss auf den geäußerten Willen eines 8½-jährigen Kindes gestützt werden kann. Der Wille muss im Einklang mit dem Kindeswohl stehen.

[404] Bei PAS kein Ausschluss des Umgangsrechts, sondern ggf. zunächst betreuter oder beschützter Umgang, OLG Zweibrücken FamRZ 2006, 144; s. dazu auch die wolkige Anm. von *Ewers* FamRZ 2006, 1145 (Leseprobe: *„Der Spruch des Sollens ist also um des Wollens wegen zu fordern."*).

Bei ganz kleinen Kindern (etwa bis zum 2. Geburtstag) kann der Kindeswille überhaupt keine Rolle spielen, da Säuglinge und Kleinkinder nicht oder kaum in der Lage sind, ihre Abneigung zu artikulieren oder gar zu begründen. Hier kommt eine Aussetzung in Betracht, wenn das Kind nachweislich unter Trennungsängsten mit Krankheitswert leidet.

Zeigt ein viereinhalbjähriges Kind **neurotische Angstsymptome**, wenn es zum Vater soll, ist das Umgangsrecht auszuschließen – auch dann, wenn die Ablehnung auf mütterliche Beeinflussung zurückgeht.[405] Sind die Kinder dem Kleinkindalter entwachsen, stellt sich allerdings die Frage, ob die Äußerungen des Kindes manipuliert sind oder nicht. Bei offensichtlicher Beeinflussung kann der geäußerte Kindeswille außer acht gelassen werden, wobei die Disqualifizierung des beeinflussten Kindeswillens nur dann gerechtfertigt ist, wenn die Äußerungen des Kindes die wirklichen Bindungsverhältnisse nicht zutreffend wiedergeben.[406]

Aber: Sind die Kinder nicht mehr ganz klein (hier: 8 und 10 Jahre alt) und will das Gericht sich über den Kindeswillen hinwegsetzen, so muss zum allermindesten ein **Verfahrenspfleger** für die Kinder bestellt werden, ggf. auch das Gutachten eines kinderpsychologischen Sachverständigen.[407] Wenn das FamG (hier: in einem Umgangsausschlussverfahren) entscheidet, ohne das Kind angehört und einen Verfahrensbeistand oder -pfleger bestellt zu haben, ist das Verfahren ohne Weiteres vom OLG an das FamG zurück zu verweisen.[408]

Für die Zeit etwa zwischen dem dritten und dem vierzehnten Geburtstag gilt Folgendes:

- Der Richter muss das Kind anhören, wenn Neigungen, Bindungen und Kindeswille entscheidungserheblich sind (§ 159 II FamFG), wovon man regelmäßig ausgehen kann.
- Der Richter muss das Kind kategorisch anhören, wenn es das 14. Lebensjahr vollendet hat (§ 159 I FamFG).
- Die Anhörung des Kindes ist unbedingt erforderlich[409], außer es sprechen schwerwiegende Gründe (§ 159 III FamFG), die im Beschluss niederzulegen sind, dagegen.[410]

---

[405] OLG Hamm FamRZ 1996, 361.

[406] BVerfG FamRZ 2001, 1057.

[407] BVerfG FamRZ 2007, 1797.

[408] OLG Zweibrücken FamRZ 2022, 1117 mit Anm. *Jokisch*, S. 1118.

[409] So OLG Zweibrücken FamRZ 1997, 687. Das gilt auch für die Beschwerdeinstanz, wenn dort eine Erweiterung der Umgangsregelung erwogen wird, OLG Celle FamRZ 2002, 121. Das OLG Braunschweig sieht FamRZ 2019, 119 die Altersgrenze beim 3. Geburtstag. Ohne persönliche Anhörung eines 4-jährigen Kindes darf über das Umgangsrecht seiner Großeltern nicht entschieden werden, so OLG Hamm FamRZ 2009, 996. Ebenso der BGH FamRZ 2019, 115 zu einem 4-jährigen Kind: Von der Anhörung darf nur aus schwerwiegenden Gründe abgesehen werden, d. h. dann, wenn die Anhörung zu einer erheblichen Beeinträchtigung der seelischen oder körperlichen Gesundheit des Kindes führen würde. Kinder müssen auch angehört werden, wenn die Eltern das nicht wünschen, denn die Anhörung hat Verfassungsrang, OLG Oldenburg FamRZ 2010, 44.

[410] So OLG Frankfurt FamRZ 1999, 617.

Das Gericht muss aber auch durch Ausschöpfung sonstiger Erkenntnisquellen (Jugendamt und notfalls Sachverständige) herauszubekommen versuchen, welche Ursache die Ablehnung eines Elternteils hat und wie schwerwiegend der Widerwille ist. In der Regel bietet der entgegenstehende Kindeswille keine konkreten Gefährdungsgründe, die gegen einen Umgang sprechen.[411]

Die Einholung eines kinderpsychologischen Gutachtens macht die Anhörung der Kinder nach § 159 FamFG nicht entbehrlich.[412]

Die Eltern sind nach § 160 FamFG anzuhören.

2.5.6 Einschränkung des Umgangsrechts

Weniger hart als eine temporäre Aussetzung oder gar ein Ausschluss des Umgangsrechts ist die **zeitliche Begrenzung** eines Kontakts. Auch diese darf nach § 1684 III 2 BGB nur vom Gericht verfügt bzw. vom betreuenden Elternteil praktiziert werden, wenn andernfalls das Kindeswohl gefährdet ist.

Eine solche Einschränkung ist schon dann gegeben, wenn die Umgangsregelung für ein 9-jähriges Kind weder Übernachtungen noch Ferienumgänge ermöglicht.[413]

Das Familiengericht kann auch **inhaltliche Beschränkungen** und Auflagen erteilen, insbesondere Pandemieschutzauflagen (§ 1684 III 2, IV BGB).[414] Zu letzteren gehören Masken-, Abstands- und drittkontaktbeschränkende Auflagen.

Außerhalb der Coronapandemie können Auflagen z. B. beinhalten, dass der Vater während des Umgangs

- das Kind nicht auf seinem Motorrad mitnimmt[415]
- nicht in geschlossenen Räumen raucht[416] und
- keinen Kampfhund in der Wohnung hält[417](oder sieben Schlittenhunde[418]).
- Oder auch: Dass die umgangsberechtigte Mutter den Umgang mit ihrem Kind nur in Abwesenheit des aktuellen Ehemannes ausübt, der wegen sexuellen Kindesmissbrauchs rechtskräftig verurteilt worden ist und grenzüberschreitende Verhaltenseisen selbst einräumt.[419]

2.5.7 Einzelfälle

Folgende Fälle lassen sich unterscheiden (wobei jetzt von der gängigsten Konstellation ausgegangen wird, also der, dass **beide Eltern** das **Sorgerecht** innehaben, die Kinder von der Mutter betreut werden und der **Vater** somit grundsätzlich **umgangsberechtigt** ist):

---

[411] OLG Celle FamRZ 1989, 892.

[412] OLG Köln FamRZ 2002, 111 (Ls).Ein Umgangsrechtsausschluss durch das OLG allein aufgrund des Akteninhalts ist verfassungswidrig: BVerfG FamRZ 2007, 1625.

[413] KG FamRZ 2019, 1147.

[414] Zusammenfassend: Abh. *Rake* FamRZ 2021, 1087, 1089.

[415] OLG München FamRZ 1998, 974.

[416] KG FamRZ 2011, 825.

[417] KG FamRZ 2003, 112. Kritisch hierzu Anm. *van Els* FamRZ 2003, 946.

[418] OLG Frankfurt FamRZ 2021, 359 (per Auflage).

[419] BVerfG FamRZ 2021, 1531.

2.5.7.1 Ausschluss des Umgangsrechts

In schwerwiegenden Entfremdungs- oder Konfliktfällen kann das Umgangsrecht unbefristet, d.h. auf Dauer ausgeschlossen werden. Der EuGHMR[420] hat dies grundsätzlich gebilligt. Dazu folgende Judikatur:

- Eine Tochter zeigt Angst, Ekel und Hass, nachdem der Vater aus ihrer Sicht *„zu viel Hinwendung und Liebe"* von ihr verlangt hatte und ihr zu aufdringlich geworden war. Hier schloss das OLG Thüringen[421] das Umgangsrecht des Vaters einer 16-jährigen Tochter auf Dauer aus.
- Die 11-jährige Tochter bricht ohne erkennbaren Anlass den Kontakt zum Vater ab; Eltern streiten unablässig. Nach 3 Jahren bekommt die Mutter die Alleinsorge. Das Gericht[422] verneint PAS. Der Vater gibt sein Umgangsrecht resigniert auf.
- Die 12-jährige Tochter lehnt nach dem Scheidungskrieg ihrer Eltern Kontakte zum Vater eindeutig ab.[423]
- Die 15-jährige Tochter lehnt den Vater rigoros ab: Ausschluss, nicht nur Aussetzung.[424]
- Die ablehnende Haltung eines jüngeren Geschwisterkindes wird sozusagen als Appendix mit berücksichtigt: Lehnen ein 16-jähriges und ein 7-jähriges Kind den schwer erkrankten Vater aus nicht gutzuheißenden Gründen ab, so gilt für beide Kinder, dass jeder erzwungene Kontakt ausscheidet.[425]
- Der Vater ist gewalttätig infolge einer erheblichen Persönlichkeitsstörung.[426]
- Der Vater gehört der rechtsradikalen Szene an; überdies ist die Mutter Aussteigerin und hat ihren Namen und den ihrer Kinder gewechselt, weil sie Racheakte aus der Szene befürchtet. Das BVerfG[427] bejahte hier die mittelbare Gefährdung der Kinder. Das Gleiche gilt nach Aufenthalts- und Namenswechsel der mit dem Tode bedrohten Mutter.[428]
- Das Kind zeigt sich ablehnend, während der Vater aus purer Prinzipienreiterei, d.h. ohne den Wunsch der Wiederherstellung familiärer Bande und ohne echtes Interesse an seinem Sprössling sein Umgangsrecht durchsetzen will: Hier ist der Ausschluss des Umgangsrechts geboten[429] – oder auch seine Aussetzung, z.B. für ein Jahr.[430]
- Zwei Schwestern im Alter von 11 und 12 Jahren zeigen gegen den Vater eine starke innere Abneigung, der nicht sachgerecht verarbeitete Ereignisse zugrunde liegen.[431]

---

[420] EuGHMR FamRZ 2017, 891; Abh. *Petra Volke* FamRZ 2020, 10.
[421] OLG Thüringen FamRZ 1996, 359, 360.
[422] KG FamRZ 2005, 1768.
[423] FamG Düsseldorf FamRZ 2009, 1421.
[424] OLG Hamm FamRZ 2009, 1423 (Ls).
[425] OLG Hamm FamRZ 1997, 307.
[426] OLG Köln FamRZ 2005, 2011 (Ls).
[427] BVerfG FamRZ 2013, 433.
[428] OLG Dresden FamRZ 2014, 577.
[429] OLG Hamm FamRZ 1997, 693; ebenso OLG Hamm FamRZ 2002, 1583.
[430] OLG Bamberg FamRZ 1998, 969.
[431] OLG Hamm FamRZ 2000, 45.

- Es besteht der dingende Verdacht der Kindesentführung durch den Umgangsberechtigten.[432]
- Der Vater macht gegen den erklärten Willen des Kindes Nacktaufnahmen vom Kind.[433]
- Ein 7-jähriges Mädchen behauptet, der Vater habe sie „unten" berührt. Das Gericht glaubt ihr nicht, kann aber nicht klären, ob die Ablehnung fremdbestimmt oder autonom ist.[434]
- Der Vater ist zu einer mehrjährigen Freiheitsstrafe verurteilt und hat den fünfjährigen Sohn nach körperlichen Übergriffen seit vier Jahren nicht gesehen: Seine Verfassungsbeschwerde gegen die Vkh-Versagung für einen Umgangsantrag blieb mangels substantiiert vorgetragener Grundrechtsverstöße erfolglos.[435]
- Der Vater hat seine Tochter sexuell missbraucht. Hier verliert er auch das Umgangsrecht für den etwas älteren Sohn, der nicht informiert ist, aber – so die Gewissheit des Gerichts[436] – bei Umgangsausübung davon erfahren würde.
- Der Vater hat die Mutter wiederholt misshandelt und verletzt; er verbüßt eine mehrjährige Freiheitsstrafe. Im Falle der Umgangsausübung mit den beiden Kindern in der JVA würde die seelische Unversehrtheit der Mutter gefährdet, was wiederum auf die Kinder abstrahlen würde; deshalb kein Umgang.[437]
- Die Kinder werden Zeugen häuslicher Gewalt gegen die Mutter.[438]

2.5.7.2 *Kontaktverbot*

Die Steigerungsform des Umgangsausschlusses ist das Kontaktverbot. Es ist angezeigt, wenn der Vater droht, die Kinder zu entführen oder gar einen Amoklauf zu veranstalten.[439] Anspruchsgrundlage ist § 1684 IV.

2.5.7.3 *Zeitweilige Aussetzung (befristeter Ausschluss) des Umgangsrechts*

Die Unterscheidung zwischen Totalausschluss und befristetem Ausschluss (Aussetzung) sollte man nicht überbewerten, da auch beim unbefristeten Ausschluss nach der Rspr. des EuGHMR[440] eine jährliche Überprüfung notwendig ist, die naturgemäß zu einer zeitlichen Befristung oder einem Umgangsneubeginn führen kann.

In folgenden Fällen wurde auf Aussetzung erkannt:

---

[432] OLG Köln FamRZ 2000, 1108.
[433] OLG Oldenburg FamRZ 2008, 85 (Ls).
[434] OLG Celle FamRZ 2008, 1369.
[435] BVerfG FamRZ 2022, 1286 mit Anm. *Keuter*, S. 1287.
[436] OLG Köln FamRZ 2022, 1933 unter ausdrücklicher Bezugnahme auf Art. 31 II der Istanbul-Konvention, wonach u. a. das Umgangsrecht nicht die Rechte und die Sicherheit der Kinder gefährden darf.
[437] OLG Zweibrücken FamRZ 2022, 1936.
[438] OLG Frankfurt FamRZ 2022, 1939.
[439] OLG Frankfurt FamRZ 2019, 1865.
[440] EuGHMR FamRZ 2011, 1484 (Ls).

- Aussetzung für ein Jahr, wenn die Mutter nicht in der Lage ist, ein Mindestmaß an Vertrauen zum Vater zu entwickeln (vorausgegangene Drogenabhängigkeit des Vaters).[441]
- Ebenfalls ein Jahr: Die Mutter hat große Angst vor einer erneuten **Entführung** des Kindes nach Ägypten. Die Angst überträgt sich auf das Kind.[442]
- Ebenfalls ein Jahr: Der Vater bringt das Kind dauerhaft in einen Loyalitätskonflikt, akzeptiert nicht, dass der Lebensmittelpunkt des Kindes bei der Mutter ist, und macht Maßnahmen der Erziehungsberatung von Bedingungen abhängig.[443]
- 1 ½ Jahre: Der 14-jährige Sohn will seinen Vater nicht sehen.[444]
- Aussetzung für 3 Monate: Vater hat ein ungesteuertes Wutpotential gegen die Mutter.[445]
- Ein neunjähriges Kind lehnt jeglichen Kontakt zum Vater vehement ab. OLG Koblenz[446]: Ausschluss des Umgangsrechts für längere Zeit. Das Gericht warnt vor einer *„Disqualifikation des beeinflussten Kindeswillens"*.[447] Manipulation ist danach unschädlich, wenn das Ergebnis den wirklichen Bindungsverhältnissen entspricht.
- Das Kind hat einen tiefgreifenden Widerwillen gegen den Vater, sei es wegen unbewusster frühkindlicher Konflikte, wegen traumatisierender Erfahrungen[448] oder wegen einer vom Vater ins Werk gesetzten, kontinuierlich gewachsenen **Angstbeziehung**. Hier schlägt der Kindeswille voll auf das Umgangsrecht durch. Es muss also stets ausgesetzt werden, wenn eine gewachsene Angstbeziehung aus der Sphäre des Vaters kommt.[449]
- Das Gleiche gilt, wenn das Kind vor dem Vater Angst hat und behauptet, vom ihm geschlagen und angeschrien worden zu sein, was vom Vater vehement bestritten wird.[450]
- Eine sechsjährige Tochter zeigt vor den väterlichen Umgangskontakten heftigste Abwehrreaktionen. Vater und Mutter dämonisieren einander wechselseitig vor dem Kind. Folge: Aussetzung des Umgangsrechts für 2 Jahre wegen der seelischen Belastung des Kindes infolge des elterlichen Konfliktpotentials.[451]

---

441 OLG Frankfurt FamRZ 2002, 1582.

442 OLG Hamm FamRZ 2010, 1574.

443 OLG Nürnberg FamRZ 2008, 715.

444 OLG Brandenburg FamRZ 2018, 1757. Der Kindeswille war hier autonom. Der Senat merkt resigniert an, dass es keinen Sinn ergäbe, im Erkenntnisverfahren eine Umgangsregelung zu erlassen, die auf der Vollstreckungsebene scheitere.

445 OLG Rostock FamRZ 2010, 997.

446 OLG Koblenz FamRZ 2004, 288.

447 Unter Berufung auf BVerfG FamRZ 2001, 1057.

448 Da zu kann auch die belastenden Erfahrung der Einschaltung der Polizei bei Abholung des damals knapp 10-jährigen Kindes gehören (OLG Brandenburg FamRZ 2002, 975, 977). PAS wurde in der dortigen Entscheidung verneint.

449 OLG Köln FamRZ 2000, 1109 (Ls).

450 OLG Celle FamRZ 1998, 1458.

451 OLG Saarbrücken FamRZ 2007, 495.

- Ein 12-jähriges Mädchen lehnt den Umgang mit dem Vater beharrlich ab.[452]
- Das Kind hat eine schwere emotionale Entwicklungsstörung infolge übergriffigen väterlichen Verhaltens; überdies droht Kindesentführung nach Ägypten. Ergo befristeter Ausschluss; anschließend begleiteter Umgang.[453]
- Mehrjähriger Ausschluss (mit ungewisser Zukunft), nachdem der Vater die Mutter mehrfach schwer misshandelt hatte, worunter mittelbar auch das siebenjährige Kind litt.[454]
- Junge und Mädchen behaupten nach einem Urlaub beim Vater sexuellen Missbrauch. Der Umgang wird durch das FamG dahingehend geregelt, dass er beim Mädchen für die Dauer des Ermittlungsverfahrens gegen den Vater ausgeschlossen und beim Jungen durch einen begleiteten Umgang ersetzt wird. Hierzu das BVerfG[455]: Die Gefährdung hätte näher begründet werden müssen. Allein der Umstand der Zeugenposition eines Kindes im Strafprozess gegen dessen Vater reicht nicht aus, weil das Kind ein Zeugnisverweigerungsrecht hat.

Umgekehrter Fall:

Da Umgangsrecht wird temporär ausgeweitet, d.h. das Kind kommt während der Zeiten, in denen die Kindertagsstätte wegen Corona geschlossen ist und eine Notbetreuung am begründeten Widerstand eines Elternteils (Ansteckungsgefahr!) scheitert, zum umgangsberechtigten Elternteil.[456]

2.5.7.4 *Aufrechterhaltung des Umgangsrechts*

In den nachfolgend erörterten Fällen blieb das Umgangsrecht völlig oder nahezu unangetastet:

- Das Kind hat am Wochenende regelmäßig „was Besseres vor“ und langweilt sich beim Vater. Hier bleibt das Umgangsrecht unangetastet.[457]
- Das Kind will den Vater nicht mehr treffen, ohne dies begründen zu können.[458]
- Ein 13-jähriger Sohn erklärt, er wolle keinen Kontakt zu seinem Vater, weil er ihn nicht brauche.[459]
- Das Kind ist wegen irgendeines Ereignisses erbittert oder vom nicht sorgeberechtigten Elternteil enttäuscht und will deshalb nicht zu ihm. Auch hier besteht keine Veranlassung, das Umgangsrecht auszusetzen (OLG Düsseldorf[460] zum Fall einer Mutter, die Kontakt zu ihren 12- und 15-jährigen Kindern suchte, die ihr vorwarfen, sie lange vor der Scheidung gelegentlich gehauen zu haben).

---

[452] OLG Nürnberg FamRZ 2009, 1687.
[453] OLG Hamm FamRZ 2011, 822.
[454] KG FamRZ 2021, 693.
[455] BVerfG FamRZ 2021, 1709.
[456] FamG München FamRZ 2020, 1178 mit Anm. *Rake*, S. 1179.
[457] Statt aller: OLG Brandenburg FamRZ 2000, 1106.
[458] OLG Köln FamRZ 2000, 1109 (Nr. 863, Ls).
[459] KG FamRZ 2001, 368. Hier findet – zumindest für die Anfangsphase der Wiederannäherung – ein begleiteter Umgang (neutrale Person) statt.
[460] OLG Düsseldorf FamRZ 1994, 1277.

- Die Mutter hetzt das Kind systematisch gegen den Vater auf, also macht ihn schlecht und erhebt gar Vorwürfe gegen das Kind, weil es sich nicht völlig von ihm lossagen will.[461] Das väterliche Umgangsrecht bleibt bestehen. Das gilt auch in den weniger krassen Fällen, in denen die Aversion von Mutter und (hier 11-jähriger) Tochter die Folge einer eindeutigen *„Überinterpretation von Vergangenem"* ist.[462]
- Die Mutter befürchtet offensichtlich grundlos die Entführung des Kindes in die Türkei (Vater macht in Deutschland eine Facharztausbildung).[463]
- Die Mutter wünscht, dass ihr neuer Lebensgefährte die Vaterrolle einnimmt.[464]
- Das Kind äußert Angst vor dem Vater; es wird aber deutlich, dass diese Angst die Folge mütterlicher Beeinflussung ist[465].
- Das Kind bekundet Ablehnung des Vaters, kann diese aber nicht begründen. Hierzu OLG Hamm[466]: *„ ... noch einmal deutlich geworden, dass die Kinder ... einfach gebetsmühlenhaft ständig von neuem wiederholen, ihren Vater nie mehr wiedersehen zu wollen. Sie haben ausdrücklich verneint, irgendeinen Grund für ihre Umgangsverweigerung zu haben; die 11-jährige Tochter hat angeführt, „der" habe ihr zwar nichts getan, sie hasse ihn aber."* Auch hier bleibt die Umgangsbefugnis bestehen. Wem sie nützt, ist eine andere Frage.
- Das Kind mag den Vater wegen bestimmter Eigenschaften oder Eigenarten (Sparsamkeit, Trägheit, Rechthaberei) nicht gerade gern, erträgt ihn aber. Hier bleibt das Umgangsrecht ebenfalls unangetastet.
- Das Kind zeigt eine fremdbestimmte (d.h. von der Mutter verursachte) Ablehnung des Vaters.[467]
- Das Kind ist vom Vater hart angefasst worden – mit entsetzlichen Folgen: Durch kräftiges Schütteln des kleinen Kindes kam es zu Gehirnbluten und schwersten körperlichen und geistigen Behinderungen. Hier ist dem Vater gleichwohl ein begleiteter Umgang zu gewähren.[468]
- Der Vater hat den Sohn schulisch und sportlich gefördert, wird aber vom Sohn wegen sehr abfälliger Äußerungen über die Mutter strikt abgelehnt. Der Vater hat

---

[461] In solchen Fällen ist die Ablehnung des Vaters durch das Kind (so stark sie auch immer sein mag) fremdbestimmt und bleibt rechtlich unberücksichtigt. Der Vater muss gerade durch das Umgangsrecht Gelegenheit haben, das Bild zu korrigieren, das die Mutter dem Kind von ihm vermittelt hat.

[462] OLG Frankfurt FamRZ 1993, 729.

[463] OLG Hamm FamRZ 2002, 1585.

[464] OLG Köln FamRZ 2003, 952.

[465] OLG Düsseldorf FamRZ 2001, 512: Zurückverweisung an das FamG mit der Anweisung, der Mutter Anordnungen zur Inanspruchnahme fachlicher Beratung zwecks Abbaus ihrer Boykotthaltung hinsichtlich des Umgangsrechts zu erteilen.

[466] OLG Hamm FamRZ 1994, 57.

[467] OLG Thüringen FamRZ 2000, 47. Dort wurden übrigens der Mutter, die der Bannstrahl des *„uneinsichtigen Verhalten(s)"* traf, sämtliche Kosten des Beschwerdeverfahrens auferlegt, was in FGG-Verfahren die Ausnahme war.

[468] BayObLG FamRZ 2005, 923.

den Sohn beschimpft, festgehalten, gewürgt und beleidigt.[469] Das OLG Celle[470] meinte, der Sohn müsse seine Blockadehaltung aufgeben und zunächst zur alsbaldigen Wiederannäherung schriftlichen Kontakt mit dem Vater pflegen.

- Das Kind befindet sich von Anfang an in einer Pflegefamilie.[471]
- Der Vater ist krank vor Hass auf die Mutter. Das Gericht reduziert das väterliche Umgangsrecht auf ein Mindestmaß.[472]

2.5.7.5 *Lange Umgangsintervalle*

Wenn die Kinder bei Pflegeeltern leben, weil die Eltern erziehungsunfähig sind, und wenn ferner die Aufrechterhaltung des Umgangskontakts zwischen Eltern und Kindern für letztere eine schwere Belastung darstellt, kann der (begleitete) Umgang auf einen **vierteljährlichen Turnus** beschränkt werden.[473]

2.5.7.6 *Wiederanbahnung des Umgangsrechts*

Wenn es einem Umgangssabotage-Elternteil eine Weile gelungen ist, Kontakte zwischen dem anderen Elternteil und dem Kind zu vereiteln, muss das Umgangsrecht nach gerichtlicher Entscheidung (oder erfolgreicher Vollstreckungsmaßnahme) behutsam, aber auch konsequent wieder angebahnt werden.[474] Die Einrichtung einer Umgangspflegschaft (§ 1684 III 3 BGB) mit Bestellung einer Umgangsbegleiterin kann sinnvoll sein[475] (übrigens auch in Fällen in denen der Umgangsberechtigte gegen seine Wohlverhaltenspflicht verstoßen hat[476]). Nach der Anlaufphase sollen und können die Kontakte ausgeweitet werden.

2.6 Umgangsvereitelung und ihre Folgen

Wenn man die obigen Ausführungen aus der Perspektive der Väter zusammenfasst, deren Umgangsrecht von der Ex-Frau torpediert wird, ergibt sich kein optimistisches Bild.

Die Fälle der Sabotage werden sich naturgemäß nicht nur in Fällen des alleinigen Sorgerechts, sondern auch in den Fällen der Mitsorge und in den Fällen des Aufenthaltsbestimmungsrechts der Mutter fortsetzen.

---

[469] U. a. mit der Aufforderung, er möge sich endlich gegen seine Mutter durchsetzen; er sei schließlich kein kleiner Junge mehr, sondern habe *„inzwischen dicke, haarige Eier"*.

[470] OLG Celle FamRZ 2007, 662, mit Anm. *Fabricius-Brand*, S. 663.

[471] OLG Hamm FamRZ 2011, 826.

[472] FamG Magdeburg FamRZ 2005, 1770 (gut und schön begründet).

[473] OLG Oldenburg FamRZ 2010, 1356.

[474] OLG Koblenz FamRZ 2008, 714.

[475] OLG Koblenz FamRZ 2008, 714.

[476] OLG Hamm FamRZ 2022, 620, mit Anm. *Hammer*, S. 623, **gegen** BGH FamRZ 2019, 199)

2.6.1 Die stumpfen Waffen des Vollstreckungsrechts

Zunächst zur Terminologie:

Das FamFG spricht in § 35 allgemein von Zwangsmitteln. Bei der Vollstreckung von Kindesherausgabe- und Umgangsansprüchen spricht man dagegen von **Ordnungsmitteln** (§ 89 FamFG).

Adressat eines Ordnungsmittels ist der sich gegen die Wahrnehmung des Umgangs durch den Anderen sträubende Elternteil, i.d.R. die betreuende Mutter. Gegen mitwirkungsbereite Dritte, v.a. JugendamtsmitarbeiterInnen, kann aber nicht vollstreckt werden.[477] Anders verhält es sich, wenn das Jugendamt Ergänzungspfleger ist.[478]

Ein Ordnungsmittelbeschluss kann auf Antrag aufgehoben werden, aber nur dann, wenn der Verpflichtete detailliert erläutern kann, warum er aufgrund von neuen Umständen daran gehindert war, das Umgangsrecht des anderen Elternteils zu ermöglichen. Zudem muss der Aufhebungsantrag

- mit einem Antrag auf Aufhebung des Ausgangstitels
- und einem Antrag auf Einstellung der Zwangsvollstreckung nach § 93 I 4. FamFG

kombiniert werden.[479]

Die Mittel zur Durchsetzung des gerichtlich titulierten, d.h. in vollstreckbarer Weise geregelten Umgangsrechts sind recht stumpfe Waffen. Zudem dürfen sie auch nur dann gegen den zögerlichen Elternteil geschwungen werden, wenn der Umgang an der nachhaltig ablehnenden Haltung des Kindes scheitert.[480]

Prozessual richtet sich das Vollstreckungsrecht nach §§ 86 ff. FamFG. Das gilt auch für Altfälle.[481]

2.6.1.1 Voraussetzungen für Vorgehen nach § 89 FamFG

Anders als bei der ES (Anspruch des einen Sorgeberechtigten gegen den anderen Elternteil oder Dritte) gibt es keinen Herausgabeanspruch des Umgangsberechtigten gegen den anderen, sondern nur ein **Ordnungsmittelverfahren** nach § 89 FamFG. In diesem Vollstreckungsverfahren geht es nur um die Frage des Verstoßes gegen die Umgangsrechtsregelung. Ein Vorbringen, das sich gegen den Fortbestand des Umgangsrechts selbst richtet, ist unbeachtlich.[482] Die Rechtmäßigkeit einer Umgangsregelung wird also im Vollstreckungsverfahren nicht mehr überprüft; gleichwohl können einer Vollstreckung Kindeswohlgründe entgegenstehen.[483] Diese

---

[477] BGH FamRZ 2021, 1622 mit Anm. *Rake*, S. 1624.

[478] OLG Schleswig FamRZ 2021, 1643 (dort: 500 € Ordnungsgeld, S. 1645).

[479] OLG Brandenburg FamRZ 2019, 44.

[480] OLG Düsseldorf FamRZ 2009, 1419 – auch wieder zweifelhaft, denn wenn die Haltung des (hier 11-jährigen) Kindes selbstbestimmt ist, liegt eine Änderung der materiellrechtlichen Entscheidung nahe (jetzt § 93 I 4. FamFG).

[481] OLG Stuttgart FamRZ 2010, 1594.

[482] OLG Hamburg FamRZ 1996, 1093; OLG Düsseldorf FamRZ 1993, 1349, 1350; OLG Bamberg FamRZ 2000, 1098 (Ls).

[483] OLG Brandenburg FamRZ 2022, 552.

sind aber nur beachtlich, wenn zugleich ein Abänderungsverfahren eingeleitet wird.[484] Eine isolierte Berücksichtigung im Vollstreckungsverfahren scheidet also aus.

Es handelt sich stets um ein eigenständiges Verfahren, das, wenn ein Ordnungsmittel, überwiegend **Ordnungsgeld**, festgesetzt wird, damit auch endet. Wenn darüber entschieden ist und anschließend ein erneutes Ordnungsmittel beantragt wird, kann das nur im Rahmen eines weiteren Verfahrens geschehen.[485]

Schlimmstenfalls kann **Ordnungshaft** (ohne zuvorige Androhung!) angeordnet werden, entweder sofort (primäre Ordnungshaft) oder nach Nichtbeitreibbarkeit des Ordnungsgeldes (§ 89 I 2 FamFG).

Bezüglich der Vollstreckbarkeitsvoraussetzungen ist zu beachten, dass nur **gerichtliche Entscheidungen** vollstreckungsfähig sind. Eine Vereinbarung der Parteien selbst ist nur vollstreckbar, wenn das Gericht sie billigt[486] oder sie sich in einem Beschluss betr. Ordnungsgeldandrohung zumindest konkludent zu eigen macht.[487] Eine derartige Billigung kann auch in der Feststellung eines Vergleichs durch Beschluss nach (**Beschlussvergleich nach § 278 VI ZPO)** liegen.[488]

Voraussetzung für eine gerichtliche Genehmigung oder Billigung, die nur dann versagt werden darf, wenn sie dem Kindeswohl widerspricht[489], ist im Verbund die Anhängigkeit des Umgangsrechts als Folgesache.[490] Die familienrichterliche Genehmigung der Vereinbarung eröffnet zugleich den Weg in die Anfechtbarkeit der Regelung, denn die Billigung macht die Parteivereinbarung zu einem anfechtbaren Beschluss.[491]

Das OLG Bamberg[492] (ebenso OLG Brandenburg[493], OLG Düsseldorf[494] und OLG Celle[495]) ist der Auffassung, dass nur Regelungen vollstreckungsfähig sind, die klar, eindeutig und detailliert ausgestaltet, kurz: ausreichend bestimmt[496] sind und die, um vollstreckbar zu sein, immer neben der Befugnis für den Umgangsberechtigten auch konkrete Handlungs- oder Unterlassungsverpflichtungen für den anderen Elternteil enthalten müssen. **So auch der BGH**[497] (***„genaue und erschöpfende Bestimmung"***).

Auch hier gilt: Das Recht ist mit den Ausgeschlafenen. Wenn der Umgangsgläubiger erst 15 Monate nach Titulierung und anschließender Obstruktion durch die Mutter

---

[484] OLG Braunschweig FamRZ 2022, 1804 m. w. N.

[485] BVerfG FamRZ 2020, 776.

[486] OLG Köln FamRZ 1998, 961; BGH FamRZ 2019, 1616; OLG Zweibrücken FamRZ 2021, 1564.

[487] OLG Hamm FamRZ 1999, 1095.

[488] OLG Nürnberg FamRZ 2005, 920.

[489] FamG Saarbrücken FamRZ 2003, 1200.

[490] OLG Karlsruhe FamRZ 1999, 325.

[491] OLG Nürnberg FamRZ 2003, 779.

[492] OLG Bamberg FamRZ 1995, 428.

[493] OLG Brandenburg FamRZ 1997, 1548.

[494] OLG Düsseldorf FamRZ 1999, 522.

[495] OLG Celle FamRZ 2006, 556.

[496] OLG Brandenburg FamRZ 2006, 1620 und FamRZ 2008, 1551.

[497] BGH FamRZ 2012, 533.

mit der Einleitung eines Vollstreckungsverfahrens nach § 87 FamFG beginnt, wird der Verstoß nicht mehr geahndet.[498]

Für Vergleiche folgender Hinweis:

Wenn eine Umgangsvereinbarung laut diktiert und genehmigt worden ist, aber auf das Vorspielen derselben verzichtet worden ist, ist der Vergleich unwirksam geschlossen. Wenn er aber gleichwohl gerichtlich gebilligt worden ist, kann aus ihm vollstreckt werden.[499]

2.6.1.2 Keine Ordnungsgeldandrohung

Wichtig:

Bei jedwelchen Verstößen gegen gerichtliche Entscheidungen gibt es im FamFG, d.h. ab 1.9.2009, keine durch deinen Beschluss verkörperte Zwangs- oder Ordnungsgeldandrohung mehr.[500] Bei Verstößen wird sofort ein Ordnungsgeld verhängt. Weiter heißt es in § 35 I 3 und sinngemäß in § 89 I 2 FamFG:

Verspricht die Anordnung eines Ordnungsgeldes keinen Erfolg, soll das Gericht Ordnungshaft anordnen.

Im Umgangstitel muss aber schon ein **Hinweis auf die Folgen einer Zuwiderhandlung** (Warnfunktion!) enthalten sein (§ 89 II FamFG).[501] Diesen Hinweis sollte man tunlichst nicht mit einer Androhung verwechseln, wie das OLG Frankfurt[502] dies leider tut.

Der Hinweis nach § 89 II FamFG muss beim Ordnungsgeld die genaue Höhe, bei der Ordnungshaft das Höchstmaß enthalten (Ordnungsgeld von bis zu 25.000 €, ersatzweise Ordnungshaft von bis zu 6 Monaten).[503] Außerdem muss auf das Erfordernis des Verschuldens hingewiesen werden.[504] All das ist Vollstreckungsvoraussetzung. Allerdings kann das Ordnungsgeld vollstreckt werden, wenn im Hinweis der Sanktionsrahmen des Ordnungsgeldes korrekt bezeichnet wird, die Höchstdauer der Ordnungs*haft* dagegen nicht.[505]

---

[498] OLG Frankfurt FamRZ 2018, 110.

[499] OLG Karlsruhe FamRZ 2019, 1451, 1452.

[500] Nach dem bis 31.8.2009 geltenden Recht musste erst einmal das Zwangsgeld *angedroht* werden (§ 33 III FGG). Die Androhung setzte eine bereits vollzogene Zuwiderhandlung nicht voraus; es genügte, wenn der Sorgeberechtigte keinen Zweifel daran ließ, dass er vorhatte, das Umgangsrecht zu vereiteln. Die Androhung selbst reichte aus; es war also nicht erforderlich, dass zusätzlich ein Vermittlungsverfahren nach § 52a FGG durchgeführt wurde (heute: § 165 FamFG), so OLG Rostock FamRZ 2002, 967.

[501] OLG Zweibrücken FamRZ 2021, 1564.

[502] OLG Frankfurt FamRZ 2021, 218.

[503] OLG Frankfurt FamRZ 2021, 218.

[504] OLG Naumburg FamRZ 2022, 1803.

[505] OLG Hamm FamRZ 2022, 812.

2.6.1.3 Ordnungsgeld- und Ordnungshaftverhängung

Wenn der Sorgeberechtigte sich von dem Umgangsbeschluss nicht beeindrucken lässt und fortfährt, dem anderen das Kind vorzuenthalten, kann ein Ordnungsgeld von **bis zu 25.000 €** (§ 89 III FamFG) festgesetzt werden. Es fällt in aller Regel aber gering aus (OLG Köln[506]: 500 €; OLG Brandenburg: 300 €[507]), besonders dann, wenn der Gegner getrennt vom Ordnungsgeldverfahren Schadensersatz durchgesetzt hat.[508]

Ordnungsgeld (hier: 300 €) kann auch verhängt werden, wenn die Eltern sich nach dem Verstoß geeinigt haben.[509]

Das OLG Saarbrücken[510] hat ein Ordnungsgeld von 400 € und eine Ordnungshaft von 2 Wochen für den Fall der Nichtbeitreibbarkeit gebilligt. Dasselbe Gericht[511] hat am 11.12.2019 eine Ordnungshaft von 5 Tagen verhängt, nachdem die Vorinstanz den Umgangsboykotteur einen Monat in die Arrestzelle hatte schicken wollen.

Drakonisch auch das FamG Frankfurt[512]:

Eine schon einschlägig gerichtsnotorische Mutter hatte geschrieben:

„Die globale Corona Situation verschärft sich drastisch, sodass ich zum Schutze meiner Tochter hiermit bis Ende April alle Umgangstermine absage."

Die Corona-Ausrede[513] verfing beim Gericht nicht. Die Mutter bekam pro vereitelten Termin 5.000 € auferlegt, zusammen 20.000 €.

Zur Ermessensausübung bei der Festsetzung der **Ordnungsgeldhöhe** nennt das OLG Brandenburg[514] folgende Kriterien:

- Art, Umfang und Dauer des Verstoßes.
- Verschuldensgrad.
- Intensität des Verstoßes.
- Auswirkungen des Verstoßes.

---

[506] OLG Köln FamRZ 2015, 163.

[507] OLG Bandenburg FamRZ 2022, 1551. Die Besonderheit des Falles lag darin, dass die Mutter per Beschluss ausnahmsweise verpflichtet war, das Kind im Rahmen des begleiteten Umgangs zum Familienzentrum zu bringen, und sich dann direkt nach der Geburt eines weiteren Kindes (wenig substantiiert begründet durch eine kinderärztliche Empfehlung) darauf berief, sie könne mit dem Neugeborenen nicht je 27 km hin und zurück fahren und zwischendrin noch 2 ½ im Familienzentrum verharren.

[508] OLG Köln FamRZ 2015, 163: Herabsetzung des erstinstanzlich verhängten Ordnungsgeldes auf 500 €, auch wegen Titulierung eines Schadensersatzanspruchs von 1.400 €.

[509] OLG Brandenburg FamRZ 2018, 288.

[510] OLG Saarbrücken FamRZ 2015, 863.

[511] OLG Saarbrücken FamRZ 2020, 701. Das Gericht betont ausdrücklich den spezialpräventiven Aspekt der Maßnahme. Der berufslose Vater hatte sich u. a. auf die angebliche Befangenheit des Vorrichters und die ablehnende Haltung des achtjährigen Sohnes berufen.

[512] FamG Frankfurt a. M. FamRZ 2020, 930.

[513] Die Corona-Pandemie rechtfertigt weder die Aussetzung des Umgangsrechts (OLG Braunschweig FamRZ 2020, 1372) noch die Änderung des Umgangstitels (OLG Schleswig FamRZ 2020, 1373; OLG Frankfurt FamRZ 2021, 198; OLG Nürnberg FamRZ 2021, 283).

[514] OLG Brandenburg FamRZ 2020, 1673.

- Vorteil des Verpflichteten aus der Verletzungshandlung.
- Eingriffstiefe.
- Verhalten des Verpflichteten nach dem Verstoß.
- Ordnungsmittelempfindlichkeit des Adressaten.
- Persönliche und wirtschaftliche Lage des Verpflichteten.

Ordnungshaft kann in 2 Fällen festgesetzt werden:
- Das Ordnungsgeld lässt sich nicht beitreiben.
- Die Anordnung eines Ordnungsgeldes verspricht keinen Erfolg.[515]

Auf jeden Fall muss der Betroffen vor Ordnungshaftverhängung persönlich angehört werden.[516]

Es kommt selten zur Vollstreckung der Ordnungshaft, denn spätestens gegen die Verhängung des Ordnungsgeldes können die obhutbietenden Elternteile einwenden, sie würden das Kind ja gern herausgeben, aber das Kind selbst wolle nicht, und man könne ja schließlich nicht mit Brachialgewalt ein schreiendes Kind auch nur für einen Tag dem ungeliebten Elternteil überantworten. Es mangele also am **Vertretenmüssen**. Wenn das Gericht zu dem Ergebnis kommt, dass der Fall sich so verhält[517], scheiden Zwangsmittel aus. Sehr skeptisch sind die Gerichte, wenn die Mutter einwendet, sie könne ja nichts dafür, dass der Vater das Kind nicht zu sehen bekommen habe; das Kind sei nämlich krank gewesen. Dann ist sie gehalten, ein aussagekräftiges ärztliches Attest vorzulegen. Darin muss der Arzt
- die Diagnose stellen,
- die voraussichtliche Krankheitsdauer mitteilen und
- zur Transportfähigkeit des Kindes Stellung nehmen.[518]

Auch bei behaupteter Ablehnungshaltung des Kindes sind die Gerichte erfreulicherweise recht skeptisch. Überdies muten sie den Eltern zu, am Abbau derartiger Barrieren mitzuwirken. Hierzu BezG Frankfurt/Oder[519] schon 1994: *„Jedenfalls bei einem unter 10 Jahre alten Kind ist regelmäßig anzunehmen, dass der Sorgeberechtigte es bei sachgerechtem Einsatz seiner erzieherischen Fähigkeiten bewegen kann, Kontakt zu dem Nichtsorgeberechtigten zu pflegen.“* Konsequenz: Bestätigung des erstinstanzlich verhängten Zwangsgeldes. Ebenso entschied das OLG Brandenburg[520] in einem fast identischen Fall (Zwangsgeldandrohung gegen den sorgeberechtigten Vater eines 10-jährigen Jungen).

Gar kein Gehör findet eine Mutter, die behauptet, sie sei kurz vor dem Umgangswochenende erkrankt. Krankheit hindert den Umgang des anderen Elternteils grundsätzlich nicht.[521]

---

[515] OLG Celle FamRZ 2022, 1640 in einem extremen Stalking-Fall.
[516] OLG Celle FamRZ 2021, 625 sowie FamRZ 2022, 1640, 1641.
[517] S. z. B. FamG Frankfurt FamRZ 2005, 295.
[518] OLG Schleswig FamRZ 2018, 1946.
[519] BezG Frankfurt FamRZ 1994, 58.
[520] OLG Brandenburg FamRZ 1996, 1092.
[521] OLG Brandenburg FamRZ 2007, 230 (Ls).

Ordnungsmittelverfahren können im Falle von – grundsätzlich vorgreiflichen – Verfahren zur Abänderung der Umgangsregelung ausgesetzt werden.[522]

2.6.1.4 Vollstreckung des Umgangs

Eine weitere Option für Umgangsberechtigte ist die Beantragung eines Gerichtsbeschlusses, auf der Grundlage einer gerichtlichen Umgangsrechtsregelung die Vollstreckung (notfalls mit **Gewalt** unter Zuziehung des örtlich zuständigen Gerichtsvollziehers) zuzulassen. Eine erneute Prüfung des Ausgangstitels findet dann nicht statt[523], es sei denn, dass

- neue, das Kindeswohl nachhaltig berührende Umstände hinzugetreten sind und
- ein Antrag auf Abänderung des Ausgangtitels gestellt worden ist, der sich hierauf stützt, wobei
- die Abänderung auch von Amts wegen erfolgen kann, so dass es ausreicht, wenn eine Einstellung der ZV von Amts wegen geboten ist.[524]

Der ZV kann sich der Sorgeberechtigte, rechtzeitig gewarnt, durch ein verlängertes Wochenende mit dem Kind entziehen. Hinzu kommt, dass nach **§ 90 II FamFG** gegen das **Kind** auf gar keinen Fall Gewalt angewendet werden darf.[525]

2.6.1.5 Gewalt gegen UmgangssaboteurInnen

Ein Antrag auf Gewaltanwendung gegen die Mutter hat seit dem bahnbrechenden Beschluss des OLG Frankfurt[526] vom 3. 9. 2002 erstmals nennenswerte Erfolgschancen:

Das Gericht erklärte Gewaltanwendung bei der Vollstreckung des Umgangsrechts und Ordnungshaft nach § 89 FamFG für zulässig, außerdem auch die Entziehung des Sorgerechts.

Die Mutter hatte dort alle Hilfsangebote weit von sich gewiesen, auch die Behandlung in einer familientherapeutischen Klinik zusammen mit den Kindern. Sie blieb bei ihrer starren Verweigerungshaltung und war nicht einmal bereit, den Auskunftsanspruch des Vaters (Foto, Zeugnis usw.) zu erfüllen.

Nach dem FamFG ist die Gewaltanwendung gegen den störrischen Elternteil ausdrücklich geregelt: Danach kann durch das Gericht **unmittelbarer Zwang** angeordnet werden (§ 90 I FamFG). Das geht aber im konkreten Fall (der umgangsberechtigte Elternteil erscheint zwecks Vollstreckung eines familiengerichtlichen Herausgabebeschlusses mit der Polizei vor der Wohnung) nur nach vorheriger Androhung am Ort

---

[522] OLG Braunschweig FamRZ 2018, 927.

[523] BGH FamRZ 2012, 533.

[524] OLG Hamburg FamRZ 2021, 1406.

[525] Das Verbot der Gewaltanwendung durch die Exekutive darf nicht verwechselt werden mit dem Verbot elterlicher Gewaltanwendung in dem mit Wirkung ab 1. 1. 2001 neugefassten § 1631 II (Gesetz zur Ächtung der Gewalt in der Erziehung): *Kinder haben ein Recht auf gewaltfreie Erziehung. Körperliche Bestrafungen, seelische Verletzungen und andere entwürdigende Maßnahmen sind unzulässig.*

[526] OLG Frankfurt FamRZ 2002, 1585.

des Geschehens. Die Polizei darf also dem Störrischen (hier: dem Vater) nicht sozusagen zur Begrüßung schon einmal Handfesseln anlegen.[527]

Gewalt (unmittelbarer Zwang) gegenüber Kindern ist im Umgangsrecht unzulässig (§ 90 II 1 FamFG).

Selbst wenn das Umgangsrecht nie gerichtlich angefochten wird oder selbst wenn der Vater das von der Mutter eingeleitete Verfahren wegen Umgangsrechtsaussetzung gewinnt, weil das Gericht festgestellt hat, dass die ablehnende Haltung des Kindes auf erfolgreiche mütterliche Beeinflussung zurückgeht, hat er keineswegs die Garantie, sein Kind zu sehen. Vielmehr muss er mit Folgendem rechnen:

- Bestenfalls hat er zwei Tage pro Monat ein verstocktes Kind bei sich.
- Er stellt einen Ordnungsgeldantrag (schuldhaftes Verhalten ist Voraussetzung[528]), weil die Mutter sich weigert, das Kind herauszugeben. Sie lacht ihn aus, weil ihr Einkommen die Pfändungsfreigrenze nicht überschreitet.
- Er beantragt Ordnungshaft, entweder ersatzweise für den Fall der Nichtbeitreibbarkeit des Ordnungsgeldes oder sogleich anstelle desselben. Das Gericht zaudert oder schickt die Mutter für einige Tage in den Arrest. Das Kind ist derweil bei ihrer Mutter.
- Er beantragt einen Gerichtsbeschluss, demzufolge er „notfalls mit Gewalt“ und in Begleitung eines Gerichtsvollziehers in die Wohnung der Mutter eindringen und das Kind zu sich nehmen darf. Der Beschluss ergeht, ist aber nicht vollziehbar: Wenn der Vater mit dem zuständigen Gerichtsvollzieher vor der Wohnung erscheint, sind Mutter und Kind verschwunden. Die Rückkehr erfolgt nach Ablauf des Besuchswochenendes. Hinzu kommt, dass gegen das Kind auf gar keinen Fall Gewalt angewendet werden darf. Wenn also Mutter und Kind bei Erscheinen des Gerichtsvollziehers anwesend sind, so kann die Übergabe an den Vater nur gelingen, wenn das Kind sich freiwillig in dessen Arme begibt (während der Polizeibeamte notfalls die Mutter bändigt). Das wird selten passieren, da es den Müttern meist gelingt, die Kinder rechtzeitig zu konditionieren.
- Er müht sich weiter vergeblich ab, Kontakt um Kind zu bekommen. ***Worst case***: Die Mutter wandert mit ihrem neuen Partner aus, um den Vater endgültig abzuschütteln.

Wohlgemerkt:

Wir sind hier bereits auf der Vollstreckungsebene und dürfen nicht vergessen, welche Register vom mitsorgeberechtigten Elternteil schon auf der Entscheidungsebene gezogen worden sein können.

2.6.2 Sorgerechtsentziehung wegen Bindungsintoleranz

Einem Vater, der in der beschriebenen Weise Steine statt Brot bekommen hat, bleibt (abgesehen von der Unterhaltverwirkung, s. **2.6.3**) nur noch *ein* Mittel, und das ist von Gewicht: Er kann die **Übertragung der elterlichen Sorge**, selbstverständlich auch

527 VerwG Gießen FamRZ 2019, 1328.

528 OLG Celle FamRZ 1998, 1130.

die des **Aufenthaltsbestimmungsrechts**[529], letzteres auch im Wege der vorläufigen Anordnung[530], **auf sich** selbst beantragen, und zwar unter Berufung auf die im Hinblick auf die Verabsolutierung der Beziehung zu *einem* Elternteil offensichtliche mütterliche **Erziehungsunfähigkeit,** die sich in der Erzeugung des PA-Syndroms (s. **2.5.2**) manifestiert.

2.6.2.1 Entziehung

Der Entzug ist in diversen Fällen gelungen[531], und zwar sogar dann, wenn die Eltern nicht miteinander verheiratet gewesen waren.[532] Bahnbrechend ist hier der Beschluss des OLG Frankfurt[533] vom 3.9.2002.

Das Kontinuitätsprinzip und die sonstige Erziehungseignung der Mutter treten – so das OLG Frankfurt[534] – zurück, wenn die Mutter über nahezu zwei Jahre hinweg jeglichen Kontakt des Kindes zum Vater unterbindet. Wie schwerwiegend eine ausgelebte Bindungsintoleranz ist, erschließt sich vor allem, wenn man bedenkt, dass die Rspr. nicht mütterliche Indifferenz in Bezug auf das Verhältnis des Kindes zum Vater erwartet, sondern die *„emotionale Akzeptanz der Liebe zum Vater"*.[535]

Auf der gleichen Linie wie das OLG Frankfurt liegt das OLG Hamm[536], ebenso das OLG München[537], demzufolge eine Sorgerechtsänderung in Betracht kommt, wenn der sorgeberechtigte Elternteil auch durch festgesetzte Zwangsgelder nicht zu veranlassen war, dem anderen Elternteil die Ausübung des Umgangsrechts zu ermöglichen.

Natürlich nicht immer: Falls die Trennung des Kindes von der Mutter die positive Kontinuität (s. **1.4.6**) zerstören würde, gebietet das Kindeswohl die Sorgerechtsübertragung nach der Scheidung auf die Mutter, auch wenn diese schon aus sachlich nicht nachvollziehbaren Gründen versucht hat, die Bindungen des Kindes zum Vater

---

529 FamG Fürstenfeldbruck FamRZ 2002, 118; OLG München FamRZ 2003, 1957; OLG Brandenburg FamRZ 2022, 1706 (Ls), hier mit dem interessanten Hinweis, dass Kinder lügen, um eine elterliche Erwartungshaltung zu bedienen, und dass eine ungeprüfte Übernahme unplausibler Angaben des Kindes auf mangelnde elterliche Feinfühligkeit hinweist.

530 An diese sind besonders hohe Anforderungen zu stellen; vorläufige Ermittlungsergebnisse müssen die Sofortmaßnahme zwingend gebieten, OLG Thüringen FamRZ 2006, 280.

531 Beginnend mit OLG München FamRZ 1991, 1343; ebenso: OLG Köln FamRZ 1998, 1463; KG FamRZ 2008, 2054; OLG Brandenburg FamRZ 2009, 1688; OLG Köln FamRZ 2018, 1515. In OLG Frankfurt FamRZ 2001, 638 wird diese Rechtsfolge als *ultima ratio* (PAS-Fall!) angedroht. Entzug der Personensorge auch in FamG Frankfurt FamRZ 2004, 1595; die von der Mutter erzeugte Situation (Umgangsrechtsverweigerung ohne überzeugende Gründe wider alle Gerichtsbeschlüsse) wird dort als *beispiellos* gegeißelt. Da die von durchgedrehten Elternteilen erzeugte Situation zur Praxis eines jeden Familiengerichts gehört, fragt sich der geneigte Betrachter allerdings, wieso sie beispiellos sein soll.

532 OLG Hamm FamRZ 2000, 1239.

533 OLG Frankfurt FamRZ 2002, 1585.

534 OLG Frankfurt FamRZ 2002, 1585.

535 So wörtlich KG FamRZ 2008, 634, 636.

536 OLG Hamm FamRZ 1992, 466.

537 OLG München FamRZ 1997, 45.

zu zerstören.[538] Das Urteil enthält aber eine dringende Mahnung an die Mutter, nicht ihren eigensüchtigen Motiven zu folgen.

Ähnlich das OLG Celle[539]:

Die Mutter hatte dort nicht nur hartnäckig den Umgang zwischen Kind und Vater verweigert, sondern auch den Vorwurf des sexuellen Missbrauchs aufrechterhalten, obwohl eine eingehende Beweisaufnahme den Verdacht nicht bestätigt hatte. Folge: Sorgerechtsänderung wegen fehlender Erziehungseignung.

Das OLG Köln[540] übertrug in 2017 die Alleinsorge auf den Vater, nachdem die Mutter den Kinder, die anfänglich dem Vater sehr aufgeschlossen gegenüberstanden und sich auf die Besuche (Abholung durch den Umgangspfleger!) freuten, den Kindern Vorwürfe gegen den Vater eingeimpft hatte. Diese Vorwürfe bezogen sich auf angebliche Ereignisse, an die die Kinder angesichts ihres Alters gar keine Erinnerung haben konnten.

Das OLG Dresden[541] sieht einen Sorgerechtsentzug wegen mangelnder Bindungstoleranz auch in einem von Amts wegen eingeleiteten Verfahren vor.

Das BVerfG[542] hat in einem Fall, in dem ein OLG, nachdem die Mutter beim Kind ein Feindbild des Vaters aufgebaut hatte und die Ergänzungspflegerin das Kind in den Haushalt des Vaters überstellt hatte, diese Maßnahme befürwortet hatte, die Verfassungsbeschwerde der Mutter für unzulässig erklärt, aber auch noch einmal klargestellt, dass sich die Gesamtsituation des Kindes nach dem Aufenthaltwechsel zum Vater verbessert hatte.

Falls die Mutter sich weigert, zu Terminen zu erscheinen, und auch an einer Begutachtung der Kinder durch einen ärztlichen, kinderpsychologischen oder –psychiatrischen Sachverständigen nicht mitwirkt, kommt auch eine **befristete Entziehung des Sorgerechts zwecks Begutachtung der Kinder** in Betracht (BayObLG[543]; OLG Hamburg[544]; gebilligt durch BVerfG[545]), desgleichen nach einer hoch umstrittenen Auffassung[546] die Anordnung der Therapie eines Elternteils (Teilnahme der Mutter an einer familientherapeutischen Maßnahme).[547]

Der BGH[548] hat am 17.2.2010 klargestellt, dass in Sorgerechtsentziehungsverfahren jedenfalls die körperliche oder psychiatrisch/psychologische Untersuchung eines

538 OLG Bamberg FamRZ 1997, 102.

539 OLG Celle FamRZ 1998, 1045.

540 OLG Köln FamRZ 2017, 1839.

541 OLG Dresden FamRZ 2003, 397.

542 BVerfG FamRZ 2021, 753, 755.

543 BayObLG FamRZ 1995, 501, 502.

544 OLG Hamburg FamRZ 1996, 422 ff.

545 BVerfG FamRZ 1997, 871, 873.

546 Das OLG Karlsruhe (FamRZ 2004, 56) verneint strikt die Befugnis der Rspr., eine psychologisch-pädagogische Beratung anzuordnen.

547 OLG Stuttgart FamRZ 2001, 932. **A. A.:** OLG Nürnberg FamRZ 2006, 1146 m. w. N.; OLG Koblenz FamRZ 2013, 1823.

548 BGH FamRZ 2010, 720.

Elternteils mangels gesetzlicher Grundlage nicht verlangt werden kann. Ebenso zehn Jahre später das OLG Oldenburg.[549]

Das Maß der Respektierung des Umgangsrechts durch den betreuenden Elternteil ist schon vor der Scheidung und damit auch vor der Entscheidung über die nacheheliche elterliche Sorge von Bedeutung. Das OLG Celle[550] sieht in der **Bindungstoleranz**, d.h. in der Bereitschaft des betreuenden Elternteils, die Bindungen zwischen den Kindern und dem anderen Elternteil zu achten, ein ganz wesentliches Kriterium für die endgültige Entscheidung darüber, wen die Kinder nach der Scheidung als sorgeberechtigten Elternteil vorgesetzt bekommen.

Die erörterten Entscheidungen vermitteln die Bestätigung der tröstlichen Erkenntnis, dass bei dem, der hartnäckig gerichtliche Beschlüsse und geschützte Interessen anderer missachtet, der Schuss auch einmal nach hinten losgehen kann.

2.6.2.2 Umgangspflegschaft und Entzug des Umgangsbestimmungsrechts

Als **mildere Sanktion** kommt auch die Entziehung des Sorgerechts im Hinblick auf das väterliche Umgangsrecht in Betracht (Übertragung dieses Teilbereichs auf das Jugendamt als Pfleger).[551] M. a. W.: Ein Eingriff in das Sorgerecht kann auch in Gestalt einer Umgangspflegschaft zur Durchsetzung der Besuchsregelung erfolgen (Vorstufe zur endgültigen Entziehung als *ultima ratio).*[552] Der Ergänzungspfleger hat dann die Aufgabe, das Kind auch gegen den Widerstand der Mutter – notfalls mit Gewalt – aus der Wohnung zu holen.[553]

Das OLG Brandenburg[554] operiert hier mit einem Entzug des Aufenthaltsbestimmungsrechts für die Dauer der Durchführung des väterlichen Umgangsrechts: Ein **Umgangspfleger** (§ 1684 III 3 BGB) führt den Umgang durch und holt das Kind bei der Mutter ab.[555] Dieser hat weitgehende Befugnisse: Er bestimmt die Umgangsmodalitäten, v.a. den Umgangsort und den Übergabeort, sogar die Nachholtermine.[556] Per gesonderter Anordnung kann er sogar mit der Umgangsbegleitung beauftragt werden[557], also damit, den **begleiteten Umgang** zu managen. Die Corona-Pandemie kann im Einzelfall eine Änderung der Umgangsregelung erforderlich machen: Wenn die Umgangspflegerin infiziert ist, kann das Gericht im Rahmen eines Änderungsverfahrens (auch auf Antrag des Verfahrensbeistands der Kinder!) beschließen, dass sie

---

[549] OLG Oldenburg FamRZ 2021, 1135.

[550] OLG Celle FamRZ 1994, 924.

[551] OLG Rostock FamRZ 2004, 54. Ebenso OLG Frankfurt FamRZ 2009, 354 (Ls) und OLG Köln FamRZ 2010, 1747 (Ls): **Teilentzug** der ES (Entzug der Regelung der Umgangsfragen) und Einsetzung eines **Umgangspflegers** nach § 1684 III 3 BGB. Hierzu s. OLG München FamRZ 2011, 823.

[552] So OLG Köln FamRZ 1998, 1463 und OLG München FamRZ 2007, 1902.

[553] OLG Zweibrücken FamRZ 2007, 1678.

[554] OLG Brandenburg FamRZ 2007, 577. Natürlich hat das nur Sinn, wenn Mutter und Kind zu Hause sind, wenn der Umgangspfleger klingelt.

[555] S. hierzu auch Anm. *Köhler* FamRZ 2019, 118, 119 zu BGH FamRZ 2019, 115.

[556] OLG Hamm FamRZ 2014, 1792; OLG Düsseldorf FamRZ 2020, 178.

[557] OLG Köln FamRZ 2018, 598.

die Übergaben der Kinder per Telefon begleitet.[558] I. d. R. erfordert aber die Pandemie keine Umgangsneuregelung.[559]

Der BGH[560] folgt dieser Linie: Vor Entziehung der ES oder des ABR ist immer die Umgangspflegschaft in Betracht zu ziehen. Diese greift nur dann nicht, wenn **offensichtliche Aussichtslosigkeit** gegeben ist (s. a. nächstes Kapitel).

Zu den Aufgaben des Umgangspflegers kann es, wenn das Gericht es so will, auch gehören, das Kind in eine ambulante oder stationäre **Therapie** zu geben, um die seelischen Barrieren gegen Kontakte mit dem Vater abzubauen.[561] Allerdings kann die Mutter nicht gezwungen werden, an der Therapie teilzunehmen.[562]

Teile der Rspr. und Lit. bringen ferner den **Entzug des Umgangbestimmungsrechts** ins Spiel[563], neuerdings auch das OLG Celle.[564] Im Kern bedeutet dies, dass der sabotierende Elternteil in allen Belangen des Umgangsrechts des anderen Elternteils und auch des eigenen nichts mehr zu sagen hat.

Wenn man aber die weiten Befugnisse des Umgangspflegers betrachtet, drängt sich, worauf *Schäder*[565] zutreffend hinweist, die Frage auf, welchen Mehrwert ein derartiger Entzug haben kann.

Gegen die Bestellung eines Umgangspflegers besteht in einstweiligen Anordnungsverfahren kein Beschwerderecht (§ 57 FamFG), wohl aber dann, wenn der Umgangspfleger zugleich Ergänzungspfleger ist.[566]

2.6.2.3 Keine Entziehung

Allerdings ist der Sorgerechtsentzug nicht immer das geeignete Mittel. So hat z. B. das BayObLG[567] in dritter Instanz einen familiengerichtlichen Beschluss wieder aufgehoben, in dem einem nichtehelichen (!) Vater die Vormundschaft übertragen worden war, nachdem die Mutter – beeinflusst durch eine neurotische Fehlhaltung – fortwährend das Umgangsrecht verweigert hatte. Das Kind war erst vier Jahre alt. Das Gericht stellte grundsätzlich zu Recht fest, dass der Sorgerechtswechsel nicht in

---

558 FamG Frankfurt FamRZ 2020, 839.

559 OLG Nürnberg FamRZ 2021, 283; OLG Brandenburg FamRZ 2021, 1122. Der betreuende Elternteil kann auch einen Negativtest nicht zur Bedingung für Umgangskontate erheben, es sei denn, der Umgangsberechtigte hat sich freiwillig dazu verpflichtet (OLG Nürnberg FamRZ 2021, 1123).
Zu ES und Umgangsrecht im Zeichen der Pandemie s. zusammenfassend Abh. *Rake* FamRZ 2022, 1078.

560 BGH FamRZ 2012, 99.

561 OLG Naumburg FamRZ 2009, 792.

562 OLG Naumburg FamRZ 2009, 796 (Ls).

563 Abh. *Schäder* FamRZ 2019, 1672, 1675 m. w. N.

564 OLG Celle FamRZ 2022, 611, mit Anm. *Götz*, S. 613. Der offensichtlich übergeschnappten Mutter, die zahlreiche Polizeieinsätze provoziert hatte, wurde dort zusätzlich die elterliche Sorge entzogen.

565 Abh. *Schäder* FamRZ 2019, 1672, 1675.

566 OLG Hamburg FamRZ 2022, 1047.

567 BayObLG FamRZ 1998, 1045.

Frage kommt, „*wenn die Gefahr, die von ihr* (der Maßnahme, d. Verf.) *für das Kindeswohl ausgeht, größer ist als der Schaden, der abgewendet werden soll*".[568] So hat auch das BVerfG[569] an anderer Stelle festgestellt, dass es in Sorgerechtsfrage nicht auf eine Sanktion des Fehlverhaltens eines Elternteils ankommt, sondern vorrangig auf das Kindeswohl.[570]

Ähnlich OLG Hamm[571]: Als am wenigsten schädliche Alternative für das Kind blieb es bei der Mutter, obwohl es sich schon durch Überidentifizierung mit der Mutter eine „*subjektive Realität geschaffen*" hatte, wie das Gericht ausführt. OLG Koblenz[572]: Wenn der Vater zur Sorge für das Kind ungeeignet ist, bleibt das Kind bei der Mutter, auch wenn diese beim Kind PAS erzeugt hat und bindungsintolerant ist. Ähnlich das OLG Brandenburg[573], das es bei einem hilflosen Appell an die Mutter belässt, an einer Ausweitung des Sorgerechts auf den (betreuenden!) Vater mitzuwirken.

Ebenso das OLG Frankfurt[574]: Die Mutter betrieb zwar Umgangssabotage, jedoch fehlte dem Kind das nötige „Urvertrauen" zum Vater.

Auch in der folgenden Entscheidung neigte sich die Waage zugunsten der Mutter:

Eine deutsch-serbische Mutter war zum Islam konvertiert, und zwar in einem sehr fundamentalistischen Sinne (Vollverschleierung per Nikab). Der nigerianische Vater bemühte sich zunächst halbherzig, dann nachdrücklich um ein Umgangsrecht, dann um die ES. Die bindungsintolerante Mutter bekam Recht, und zwar wegen des Kontinuitätsprinzips, des Bindungsarguments und des Kindeswillens.[575]

Eingriffe in das Sorgerecht (etwa Entzug des Aufenthaltsbestimmungsrechts) dürfen selbstverständlich nicht noch im Rahmen der Zwangsvollstreckung vorgenommen werden.[576] Also: Zurück von der Vollstreckungs- auf die Erkenntnisebene!

2.6.3 Unterhaltsverwirkung

Ein anderes Druckmittel, nämlich die teilweise oder vollständige **Unterhaltsverwirkung**, hat das OLG Nürnberg[577] für angemessen erachtet:

> „*Fortgesetzte, massive und schuldhafte Vereitelungen des Umgangsrechts können in gravierenden Fällen zu einer Herabsetzung des Unterhaltsanspruchs des sorgeberechtigten Elternteils gemäß § 1579 Ziff. 6 BGB führen.*"

---

568 BayObLG FamRZ 1998, 1045.

569 BVerfG FamRZ 2009, 189.

570 Ebenso OLG Frankfurt FamRZ 2014, 396.

571 OLG Hamm FamRZ 2007, 1677, ebenso FamRZ 2009, 1763. Ähnlich OLG Saarbrücken FamRZ 2012, 884: Mutter ist Umgangssaboteurin, die Kommunikation zwischen den Eltern ist katastrophal, aber die Tochter will unbedingt bei der Mutter bleiben. Ergo Alleinsorge für die Mutter, aber Teilverwirkung des Unterhalts der Mutter.

572 OLG Koblenz FamRZ 2008, 1973.

573 OLG Brandenburg FamRZ 2009, 63.

574 OLG Frankfurt FamRZ 2017, 1841.

575 OLG Hamm FamRZ 2017, 1225.

576 OLG Bamberg FamRZ 1998, 1130.

577 OLG Nürnberg FamRZ 1994, 1393.

Folge: Der Unterhalt der Mutter, die dem Vater eine psychische Krankheit angedichtet hatte, um den Kontakt zwischen Kindern und Vater zu vereiteln, wurde bis auf den Mindestunterhalt (damals 1.150 DM) gekürzt.

Der ursprüngliche Unterhaltsanspruch kann allerdings wieder aufleben, wenn der sorgeberechtigte Elternteil die Folgen seines früheren Fehlverhaltens durch positives Einwirken auf die Kinder ausbügelt.[578]

Ebenso OLG München[579]: Dort hatte die Mutter den siebenjährigen Sohn, der bis dahin mit dem Vater gern gespielt und Körperkontakt zu ihm gesucht hatte, so weit gebracht, dass dieser, wenn der Vater erschien, sich unter dem Wohnzimmertisch verkroch, von dort aus den Vater beschimpfte und ihn zum Weggehen aufforderte, während die Mutter selbst sich mit einem pubertierenden Mädchen schützend um den Tisch gruppierte und dem Vater verbot, das Zimmer zu betreten. Das Gericht setzte den Unterhalt von 2.935 DM auf 2.400 DM herab.[580]

Die Verwirkung ist, wenn bereits ein Titel besteht, durch Vollstreckungsgegenklage gelten zu machen.[581]

Selbstverständlich kommt eine **Verwirkung des Kindesunterhalts** in derartigen Fällen **nicht** in Betracht.[582]

2.6.4 Schadensersatz

In jüngerer Zeit sind die Gerichte dazu übergegangen, den Umgangsberechtigten, die vergeblich angereist sind oder z. B. vergeblich eine Ferienwohnung gebucht haben, in der sie mit den Kindern den zuvor zugestandenen Urlaub verbringen wollten, einen Schadensersatzanspruch zuzugestehen.

Zur funktionalen und örtlichen Zuständigkeit:

Die funktionale Zuständigkeit des FamG ergibt sich aus § 266 I 5. FamFG.[583] Örtlich zuständig ist das Familiengericht (§ 262 II FamFG), in dessen Bezirk der Antragsgegner wohnt. Ist letzterer ins Ausland übergesiedelt, richtet sich die internationale Zuständigkeit nach § 262 II FamFG i.V.m. § 23 S. 1 ZPO. Danach ist das Gericht zuständig, in dessen Bezirk sich das Vermögen des Antragsgegners befindet. Das OLG Hamburg[584] gelangte auf diesem Weg zur Zuständigkeit eines deutschen Familiengerichts.

---

578 OLG Nürnberg FamRZ 1997, 614.

579 OLG München FamRZ 1998, 750.

580 Eine Unterhaltskürzung vollzog auch das FamG Lahr, FamRZ 2004, 1381 (Ls, m. w. N.).

581 OLG München FamRZ 1997, 1160.

582 OLG Köln FamRZ 2000, 1434, 1435.

583 OLG Frankfurt FamRZ 2022, 977.

584 OLG Hamburg FamRZ 2018, 599. Das Gericht ging dann noch einen alternativen Weg, und zwar über die Brüssel IIa-VO (= EuEheVO): Nach Art. 8 I EuEheVO sind die Gerichte des Mitgliedsstaats zuständig, in dem das Kind seinen gewöhnlichen Aufenthalt hat. Mutter und Kind lebten zunächst in Spanien und siedelten erst nach Antragstellung in die USA über. Also war eigentlich ein spanisches Gericht zuständig (*perpetuatio fori*), mit der Folge, dass das OLG Hamburg sich nach Art 17 EuEheVO hätte für unzuständig erklären müssen,

2.6.4.1 *Anspruchsgrundlage für materielle Schäden*

Der überwiegende Teil der Rspr. stützt den Anspruch auf § 823 I BGB, da das Umgangsrecht ein „absolutes Recht" im Sinne dieser Vorschrift darstellt.[585] Zu ersetzen ist der entstandene materielle Schaden (Fahrtkosten, Kosten der Ferienwohnung usw.). Hervorzuheben ist hier die Entscheidung des KG[586] vom 18.5.2020: Dort wurde einem Vater, der (u.a.) mit seinen Kindern in Thailand Urlaub machen wollte, nach § 823 BGB ein Schadensersatz von gut 5.000 € zugesprochen, nachdem dieser den Flug angesichts der Verweigerungshaltung der Mutter (diese hatte sich wider besseres Wissen auf die Gefahr von Bombenattentaten berufen) hatte absagen müssen. Immaterielle Schäden wurden nicht anerkannt.

Der BGH[587] stützt den Anspruch freilich nicht auf Deliktsrecht, sondern – etwas waghalsig – auf positive Forderungsverletzung aus einem gesetzlichen Rechtsverhältnis familienrechtlicher Art. Das steht, worauf *Schwab*[588] zutreffend hinweist, im Widerspruch zu der bis dahin herrschenden Rechtsauffassung zur Unangemessenheit schuldrechtlicher Regeln für personale familienrechtliche Pflichten.[589]

Mayer[590] gibt der schuldrechtlichen Lösung den Vorzug vor der deliktrechtlichen, weil erstere der Verletzung einer Umgangsregelung besser gerecht werde.

Ein Anspruch kann sich aber nur unter dem Gesichtspunkt des **enttäuschten Vertrauens** ergeben: Der Vater reist in der freudigen Erwartung an, die Kinder zu sich nehmen zu können, und wird enttäuscht. Das bedeutet umgekehrt: Wenn sein Sohn ihm vorher schon schreibt *„Ich werde am Sonntag nicht mitkommen! Spar dir also die Fahrerei ...* ", besteht kein Schadensersatzanspruch, falls der Vater trotzdem erscheint.[591]

---

was allerdings prozessökonomiewidrig gewesen wäre, weil der Antragsteller im Anschluss daran nach BGH FamRZ 2010, 720 sofort wieder in Deutschland hätte klagen können. Ähnlich OLG Stuttgart FamRZ 2021, 783 mit Anm. *Hüßtege*, S. 786: Wenn ein spanischer Vater im Rahmen der Umgangsausübung in Deutschland sein Kind nach Spanien mitnimmt, nachdem zunächst die Mutter mit dem Kind von Spanien nach Deutschland übergesiedelt war (nach Übertragung der ES auf den Vater durch ein spanisches Provinzgericht), und trifft dann ein deutsches Gericht auf Betreiben der Mutter die Entscheidung, dass das spanische Gericht gegen Art. 23 lit. b EuEheVO verstoßen hat, weil es das Kind nicht angehört hat, so bleibt das deutsche Familiengericht auch nach dem Aufenthaltswechsel des Kindes nach Spanien wegen der *perpetuatio fori* weiter zuständig.

585 OLG Karlsruhe FamRZ 2002, 1056; FamG Essen FamRZ 2004, 52 (hier: nutzlose Aufwendungen für geplanten Musikunterricht); FamG Essen FamRZ 2008, 717; OLG Köln FamRZ 2015, 151 (1.382,90 €). Ebenso *Weychardt* FamRZ 2003, 927 in der Anm. zu BGH FamRZ 2002, 1099.

586 KG FamRZ 2020, 1731.

587 BGH FamRZ 2002, 1099.

588 Abh. *Schwab* FamRZ 2002, 1297, 1303.

589 Die Kritik wird von *Heiderhoff* (Abh. in FamRZ 2004, 324) geteilt. Sie vertritt die Auffassung, dass eine familienrechtliche Wertung gegen die Anwendung des allgemeinen Schuldrechts spricht.

590 Abh. *Claudia Mayer* FamRZ 2019, 1169.

591 AG Bremen FamRZ 2008, 1369.

Das KG[592] hatte in seinem Beschluss vom 6.4.2017 über folgenden Fall zu entscheiden: Der Vater wollte mit Kind und Gefährtin in Neapel Ferien machen, jedoch gab die Mutter, die vorher schon ihre Ablehnung bekundet hatte (*„zu gefährlich"*), den Kinderreisepass[593] des Jungen nicht heraus, worauf der Vater die Reise absagte und von der Mutter den Ersatz der Kosten für die Flugtickets und das Hotel verlangte. Das KG[594] differenzierte wie folgt: Die Mutter muss die Mehrkosten ersetzen, die dem Vater durch die Vereitelung des Ferienumgangs für das **Kind** entstanden sind, nicht aber seine Aufwendungen und die seiner Lebensgefährtin. Denn er hätte ja, so das Gericht, mit seiner Freundin nach Neapel reisen und das Kind bei der Mutter lassen können.

Wie *Heiderhoff*[595] in ihrer Anmerkung ausführt, muss man zwischen dem begründeten Schadensersatzanspruch und dem unbegründeten Ersatzanspruch für *„frustrierte Aufwendungen"*[596] unterscheiden; letztere könnten nur nach Verletzung vertraglicher Leistungspflichten gefordert werden. Der BGH müsste – s.o. – konsequenterweise einen solchen Anspruch bejahen, weil er von einem Schuldrechtsverhältnis ausgeht.

In einem noch dramatischeren Fall – Vater, Freundin und Kinder saßen bereits im Flugzeug – richteten sich die Ansprüche gegen die Bundespolizei, die die Gruppe aus dem Flieger herauseskortiert hatte, und zwar durch drei Beamte, die mit Maschinenpistolen bewaffnet waren. Hintergrund war lediglich das „Flugverbot" der Mutter bezüglich ihrer Tochter, geäußert gegenüber der Grenzpolizei, garniert mit der Falschbehauptung, ein entsprechender Gerichtsbeschluss werde zeitnah ergehen. Die Auslandsflugreise war in Wahrheit unbedenklich, die Einwilligung der Mutter nicht erforderlich (Alltagsfrage).

Und nun? Der Vater verlangte von der Polizei Schadensersatz für sich, die gemeinsame Tochter, seine Freundin und deren Tochter. Bezüglich der Freundin und ihres Kindes wurde die Klage abgewiesen: Die beiden hätten fliegen können, wie ihnen die Bundespolizei auch gleich nach dem Verbringen aus dem Flugzeug klargemacht hatte (ohne den Partner bzw. Stiefvater, viel Spaß und Gute Reise!). Dann strich das Gericht[597] dem Mann auch gleich noch die Kosten für eine Übernachtung in Frankfurt und die Fahrt zum Flugplatz, und zwar mit der treuherzigen Begründung, er habe ja *„den Gegenwert dieser Aufwendungen nutzen können"*.

---

[592] KG FamRZ 2018, 270.

[593] Jeder Elternteil hat gegen den anderen einen Anspruch auf Herausgabe des Kinderreisepasses, wenn er ihn braucht, um mit dem Kind zu verreisen – egal, ob im Rahmen de Mitsorge oder im Rahmen der Ausübung des Umgangsrechts (§§ 1632 I, 1684 II BGB analog), so BGH FamRZ 2019, 1056.

[594] KG FamRZ 2018, 270, 271.

[595] Anm. *Heiderhoff* FamRZ 2018, 272.

[596] Es genügt eigentlich, dass der Vater frustriert ist – jetzt sind es auch noch die Aufwendungen! Vielleicht sollte man hier besser dem Medizinervokabular den Begriff *frustran* (= vergeblich) entlehnen.

[597] OLG Frankfurt FamRZ 2018, 1842, 1843.

Das seien zwar *frustrierte Aufwendungen*, aber die stellten keinen erstattungsfähigen Vermögensschaden dar.

Was an Ansprüchen nach § 51 I Ziff. 1 Bundespolizeigesetz übrig blieb, waren die Kosten der Flugtickets für den Kläger und seine Tochter.

Ein Schadensersatzanspruch kann auch aus der Verletzung einer privaten – also nicht gerichtlich gebilligten – Umgangsvereinbarung resultieren.[598] Die Verletzung einer Ferienregelung kann darin bestehen, dass Kinder zwar übergeben werden, die Übergabe der Reispässe (vor Rückkehr aus dem Ausland) aber von der Zahlung einer vollkommen unbegründeten Geldforderung abhängig gemacht wird. Der Schaden besteht dann in den Kosten eines im Ausland beauftragten Rechtsanwalts, der die Herausgabe der Pässe (hier: in der Türkei) erwirkt.[599]

2.6.4.2 *Schmerzensgeld*

Immaterielle Ansprüche (**Schmerzensgeld**) sind bislang von der Rspr. verneint worden.[600]

Das LG Essen[601] hat zwar einmal Schmerzensgeld zuerkannt; dieses bezog sich aber auf einen Fall der falschen Verdächtigung: Die Frau hatte nicht nur den Umgang vereitelt, sondern bei dieser Gelegenheit auch noch dem Mann wider besseres Wissen durch Anruf bei der Polizei vorgeworfen, er habe vor der Wohnung randaliert, gegen die Tür getreten und die Wohnungsklingel zerstört, so dass der Bedauernswerte von den Ordnungshütern abgeführt wurde.

2.6.5 Kindesentführungen im Inland

Bei innerdeutschen Kindesentführungen ist zu beachten, dass nicht als automatische Sanktion eine ABR-Übertragung auf den anderen Elternteil folgen muss, sondern dass die Entscheidung sich am Kindeswohl (Ortswechsel!) orientiert. Rückschlüsse auf die Erziehungsfähigkeit des entführenden Elternteils sind zulässig.[602]

Zu Kindesentführungen mit Auslandsberührung s. **2.10.4**.

---

598 OLG Bremen FamRZ 2018, 273. Vollstreckbar sind aber nur gerichtlich gebilligte Vereinbarungen, die überdies nach § 87 II FamFG gerichtlich zugestellt worden sind, OLG Oldenburg FamRZ 2018, 1943.

599 OLG Bremen FamRZ 2018, 273, 275.

600 FamG Essen FamRZ 2008, 717; KG FamRZ 2020, 1731.

601 LG Essen FamRZ 2008, 2032.

602 OLG Nürnberg FamRZ 2013, 1588.

2.7 Prozessuales

2.7.1 Hauptsacheverfahren

Gegen jede Umgangsendentscheidung ist die **Beschwerde** zulässig. In der Beschwerdeinstanz kann es verfassungsmäßig geboten sein, Eltern und Kinder abermals anzuhören.[603]

Im Beschwerdeverfahren gilt das Verschlechterungsverbot (*reformatio in peius*) nicht.[604]

Verfahrensleitende Zwischenverfügungen (z. B. Anordnung des persönlichen Erscheinens der Mutter **mit** den Kindern) sind i. d. R. nicht anfechtbar. **Ausnahme**: Beschwerde wegen drohendem Grundrechtsverstoß (die Mutter wollte verhindern, dass ein Kind in Anwesenheit eines Vaters vernommen wird, der es misshandelt und möglicherweise sexuell missbraucht hat).[605]

Der Beschwerde können sich Dritte (etwa das Jugendamt) anschließen (**Anschlussbeschwerde**), sogar noch nach Ablauf der Beschwerdefrist (§ 66 FamFG).

2.7.2 Eilverfahren

Ein Antrag auf Erlass einer einstweiligen Anordnung kann

- bei Rechtshängigkeit des Scheidungsverfahrens
- oder neben einem isolierten Verfahren
- oder ohne ein solches hauptsacheunabhängig

nach § 51 FamFG[606] eingereicht werden (Eilverfahren).

Die Zuständigkeit für das Sorgerechtsverfahren enthält – ungeachtet der Tatsache, dass elterliche Sorge und Umgangsrecht zwei verschiedene Verfahrensgegenstände darstellen – die Befugnis des Gerichts, für die Dauer des Verfahrens eine vorläufige Umgangsregelung zu treffen.[607]

Ist die Entscheidung in der unabhängigen EA ohne mündliche Verhandlung ergangen, ist auf Antrag zu verhandeln und dann erneut zu entscheiden.

Ein **Rechtsmittel** (sofortige Beschwerde) ist gegen den Eilbeschluss zum Umgangsrecht **nicht zulässig** (§ 57 FamFG).[608] M. a. W.: Ein Rechtsmittel (**sofortige Beschwerde**) ist zwar gegen den **Eilbeschluss** zum Sorgerecht wie auch zur Kindesherausgabe an

---

[603] VerfGH Berlin FamRZ 2008, 794.

[604] OLG Saarbrücken FamRZ 2018, 1159 (Ls).; OLG Braunschweig FamRZ 2019, 119 (dort: Anordnung einer Umgangspflegschaft von Amts wegen).

[605] KG FamRZ 2007, 227.

[606] Früher § 621g ZPO. Bei selbständigen FGG-Sachen war die Eilentscheidung nach § 620c ZPO (sofortige Beschwerde) überprüfbar, so OLG Köln FamRZ 2003, 548.

[607] OLG Rostock FamRZ 2004, 476.

[608] OLG Köln und OLG Celle, beide FamRZ 2011, 574. Ebenso OLG Brandenburg FamRZ 2020, 1664.

den anderen Elternteil[609], zum Verbleiben des Kindes bei einer Pflegeperson, zum Gewaltschutz und zur Wohnungszuweisung gegeben und sogar gegen ein Ordnungsgeld, **nicht** dagegen zum **Umgangsrecht** (§§ 57 S. 2, 63 II 1. FamFG).

2.7.3 Kostenverteilung in Umgangssachen

Im **Scheidungsverfahren** sind die Kosten der Folgesache „Umgangsrecht" untrennbarer Teil der Kosten des Scheidungsverbundes, innerhalb dessen das Umgangsrecht jedenfalls bei den Anwaltskosten nur eine verschwindend geringe Rolle spielt. Entsprechendes gilt für die Gerichtskosten – es sei denn, dass ein kinderpsychologisches Gutachten in Auftrag gegeben worden ist. Ein solches Gutachten kann durchaus ca. 10.000 € kosten.

Grundsätzlich zahlt jede Partei die Kosten des eigenen Anwalts und die Hälfte der Gerichtskosten.

Für **isolierte Verfahren** gilt nicht das Gleiche. Hier ist zwischen drei Kostengruppen zu unterscheiden:

- In aller Regel trägt jeder seine Anwaltskosten selbst (§ 81 I FamFG). Hierüber entscheidet das Gericht nach billigem Ermessen.
- Die Sachverständigenkosten werden nach § 81 II 1. FamFG dem Interessenschuldner auferlegt, also dem, auf dessen Initiative hin das Verfahren betrieben wird.[610] Wenn eine Einigung vom Gericht genehmigt wird, trägt jeder die Hälfte der Kosten des Sachverständigen.[611] Das gilt auch nach einer Erledigungserklärung zur Hauptsache, selbst dann, wenn das familienpsychologische Gutachten nur wegen der Sabotagehaltung der Mutter eingeholt werden musste.[612]
- Für die Gerichtsgebühren gilt ebenfalls § 81 I FamFG: Der, den das Gericht nach billigem Ermessen bestimmt, also der Unterliegende, trägt diese Kosten. Hierüber entscheidet der Richter.
- Wenn nicht streitig entschieden wird, sondern Antragsrücknahme, Hauptsachenerledigung oder Einigung erfolgen, gilt auf jeden Fall die Kostenaufhebung nach § 83 II FamFG.[613]

In isolierten Verfahren ist eine isolierte Beschwerde, die sich nur gegen die Kostenentscheidung richtet, unzulässig.[614]

---

[609] Wenn über Herausgabe des Kindes an einen Ergänzungspfleger entschieden wurde, besteht **kein** Beschwerderecht (keine analoge Anwendung von § 57 S. 2 Ziff. 2 FamFG, OLG Nürnberg FamRZ 2022, 1381).

[610] OLG Zweibrücken FamRZ 2001, 113. OLG Köln FamRZ 2017, 383: Die Mutter muss zahlen, weil sie die Verantwortung für die Verweigerungshaltung der Kinder trägt.

[611] Wenn eine elterliche Umgangsregelung familiengerichtlich genehmigt wird, gilt das auch für die Gerichtskosten, OLG Nürnberg FamRZ 2005, 1000.

[612] OLG Karlsruhe FamRZ 2019, 1640.

[613] OLG Bremen FamRZ 2013, 1926.

[614] OLG Karlsruhe FamRZ 1999, 522.

2.8 Verfahrensverzögerung und ihre Folgen

2.8.1 Beschleunigungsgrundsatz

Umgangssachen sind von den Gerichten beschleunigt zu bearbeiten. Der Beschleunigungsgrundsatz galt schon nach altem Recht (§ 50e FGG) und er gilt erst recht nach neuem Recht (§ 155 FamFG).

Auch nach der Rspr. des EuGHMR[615] ist gerade bei kleinen Kindern mit größtmöglicher Beschleunigung zu verfahren. Der Prozess ist zügig durchzuführen und es ist zügig zu entscheiden. Denn wenn das Verfahren lange dauert führt das zu einer faktischen Präjudizierung durch Zeitablauf.[616] Das Beschleunigungsgebot gilt in jeder Lage des Verfahrens, u. a. bei der Terminsanberaumung, bei der Fristsetzung für die Abgabe von Gutachten und bei der Bekanntgabe von Entscheidungen.[617]

Ausnahmsweise besteht deshalb auch ein Beschwerderecht gegen eine gerichtliche Terminsverlegung, wenn diese zu einem faktischen Verfahrensstillstand und im Ergebnis zu einer Rechtsverweigerung führt (hier: knapp 4 Monate vom Umgangs-Eilantrag bis zur zweifach verschobenen mündlichen Verhandlung).[618]

Dennoch: Ein effektiver Rechtsbehelf bei überlangen Gerichtsverfahren besteht, wie der EuGHMR[619] am 24.6.2010 feststellte, immer noch nicht. Der EuGHMR betont immer wieder die Rechtswidrigkeit überlanger Umgangsverfahren sowie den Vorrang des Beschleunigungsrechtsschutzes vor dem Entschädigungsrechtsschutz[620] und befürwortet Zwangsmittel und Sorgerechtseingriffe bei Blockadehaltung eines Elternteils.[621]

Heute ist die **Beschleunigungsrüge** (s. **2.8.4**) gegenüber der Verfassungsbeschwerde vorgreiflich: Letztere hat keine Chance, wenn zuvor nicht von §§ 155b, 155c FamFG Gebrauch gemacht worden ist.[622]

2.8.2 Befangenheitsantrag

Die nachlässige Bearbeitung von Umgangsanträgen durch das Gericht konnte in der Vergangenheit begründete Befangenheitsanträge auslösen.[623] Das wird künftig selbst bei krassen Verstößen gegen § 155 II 1 und 2 FamFG in Gestalt der Überschreitung der **Monatsfrist** in der Praxis (ungeachtet der Zulässigkeit) nicht mehr gelten (s. u.).

---

615 EuGHMR FamRZ 2009, 1037.

616 BVerfG FamRZ 2019, 1929. Das Gericht führt allerdings auch aus, dass eine *maximale Verfahrensbeschleunigung*, wie der Beschwerdeführer sie dort verlangt hatte, nur in wohlbegründeten Einzelfällen erwartet werden kann.

617 OLG Braunschweig FamRZ 2022, 37.

618 OLG Frankfurt FamRZ 2010, 487. Das OLG darf das FamG dann anweisen, das Verfahren ohne Verzögerung zu betreiben, darf aber die Terminsaufhebung nicht direkt korrigieren.

619 EuGHMR FamRZ 2010, 1721.

620 EuGHMR FamRZ 2012, 1123.

621 EuGHMR FamRZ 2011, 1125.

622 BVerfG FamRZ 2017, 620.

623 S. i. E. Scheidung und Scheidungsfolgen, 5.1.2.

Urteile und FamFG-Beschlüsse müssen nach gefestigter Rspr. **innerhalb von 5 Monaten** ab Verkündung schriftlich abgesetzt und mit Gründen versehen zur Geschäftsstelle gelangen.[624] Für einen Befangenheitsantrag ist es allerdings nach Überschreitung dieser Frist zu spät. Es hilft dann nur noch Berufung/Beschwerde oder Rechtsbeschwerde – wobei das Judikat dann nicht allein deshalb aufgehoben werden kann, weil die Fünfmonatsfrist überschritten ist.[625]

Allerdings besteht kein begründetes Ablehnungsrecht, wenn das Verfahren zwar über Gebühr lange dauert, aber eine schnelle Entscheidung gegen den Antragsteller ausgefallen wäre.[626]

Befangenheitsanträge wegen zögerlicher Bearbeitung treten heute i. d. R. hinter der Beschleunigungsrüge zurück.[627]

2.8.3 Untätigkeitsbeschwerde

2.8.3.1 Rechtsprechung zur Unzulässigkeit der Untätigkeitsbeschwerde

Als wirksames Mittel gegen richterlichen Schlendrian kommt die Beschwerde nach § 567 ZPO in Gestalt der (gesetzlich noch nicht, auch nicht durch das FamFG[628], explizit geregelten) **Untätigkeitsbeschwerde** in Betracht[629], wenn das Gericht sich mehr als ein halbes Jahr dabei Zeit lässt, das Verfahren selbst[630] oder im Vorfeld das Vkh-Prüfungsverfahren[631] zu fördern, und/oder das Verfahren (ohne Vorliegen besonderer Umstände) innerhalb einer Frist von einem Jahr[632] bis 1 ½ Jahren[633] oder gar innerhalb von 4 Jahren[634] nicht abschließt.[635]

Die OLGe Thüringen[636], Brandenburg[637] und Düsseldorf[638], schließlich auch der BGH[639], halten die Untätigkeitsbeschwerde mittlerweile für **unzulässig**, und zwar

- wegen der Beschleunigungsrüge nach § 155b FamFG und

---

[624] Statt aller: BGH FamRZ 2004, 1277.

[625] BGH FamRZ 2009, 1481.

[626] OLG Bamberg FamRZ 1998, 1443 mit ablehnender Anm. *Heilmann* FamRZ 1999, 445).

[627] OLG Köln FamRZ 2017, 1764 (Ls).

[628] Das OLG Naumburg vertritt FamRZ 2011, 236 die Auffassung, dass deshalb keine Beschwerde stattfindet.

[629] Die Zulässigkeit wird bei Vorliegen *besonderer Umstände* überwiegend bejaht, s. OLG Frankfurt FamRZ 2009, 2021.

[630] OLG Dresden FamRZ 2000, 1422.

[631] OLG Thüringen FamRZ 2003, 1673. Die Anberaumung eines Pkh-Erörterungstermins begründet allerdings keine Untätigkeitsbeschwerde, OLG Brandenburg FamRZ 2008, 288.

[632] KG FamRZ 2007, 2091.

[633] OLG Brandenburg FamRZ 2007, 491. Ebenso OLG Naumburg FamRZ 2005, 732.

[634] OLG München FamRZ 2009, 1420.

[635] OLG Brandenburg FamRZ 2009, 906.

[636] OLG Thüringen FamRZ 2012, 728.

[637] OLG Brandenburg FamRZ 2012, 1076.

[638] OLG Düsseldorf FamRZ 2012, 1161.

[639] BGH FamRZ 2014, 1285.

- wegen des Gesetzes über den Rechtsschutz bei überlangen Gerichtsverfahren und strafrechtlichen Ermittlungsverfahren vom 24.11.2011[640], in Kraft getreten am 3.12.2011.

Mit dem besagten Gesetz wurde u.a. das GVG durch **§ 198** ergänzt, der eine Entschädigung von Opfern überlanger Verfahrensdauer vorsieht. Weiteres unter **2.8.5.**

Dass eine Entschädigung die Untätigkeitsbeschwerde überflüssig, gar unzulässig machen soll, überzeugt allerdings nicht. Denn dadurch wird das Verfahren nicht zwingend beschleunigt.

2.8.3.2 Rechtsprechung unter der Prämisse der Zulässigkeit

Gleichwohl soll für den Fall einer Änderung der Rspr. vorsorglich auf Folgendes hingewiesen werden:

Die Zulässigkeit einer Untätigkeitsbeschwerde setzt zum mindesten voraus,

- dass die begehrte Entscheidung ihrerseits überhaupt einem Rechtsmittel unterliegt[641] und
- dass eine über das normale Maß hinausgehende unzumutbare Verfahrensverzögerung eingetreten ist.[642]

Die Untätigkeitsbeschwerde ist kein spezifisch umgangsrechtlicher Rechtsbehelf; sie war z.B. auch zulässig, wenn ein Unterhaltsprozess schon fast 11 Jahre lang dauerte.[643]

Bei einer einstweiligen Anordnung auf VKV ist z.B. die erste Voraussetzung nicht gegeben, bei einer einstweiligen Anordnung zur Umgangsregelung auch nicht[644] – so dass man die Untätigkeitsbeschwerde im Eilverfahren praktisch vergessen kann.

Weil **Zeitverlust immer zur Entfremdung führt**, ist nach OLG Karlsruhe[645] eine Untätigkeitsbeschwerde schon dann zulässig, wenn eine Verzögerung behauptet wird, aus der ein *nennenswerter Rechtsverlust* resultiert. Aus den Entscheidungsgründen ergibt sich, dass dieses Gericht die Beschwerde auch für begründet hält, wenn der Grundsatz der äußersten Beschleunigung verletzt ist. Dazu gehört z.B. auch, dass dem beteiligten Sachverständigen eine Frist von 6 Wochen zur Fertigstellung seines Gutachtens gesetzt wird.

---

[640] BGBl. I 2011, 2302.

[641] OLG Naumburg FamRZ 2006, 1286.

[642] OLG Naumburg FamRZ 2007, 2090.

[643] OLG Karlsruhe FamRZ 2008, 1360.

[644] OLG Naumburg FamRZ 2006, 1287. Das OLG Frankfurt (FamRZ 2007, 1030) neigt zwar im Hinblick auf die künftige GVG-Reform dazu, die Zulässigkeit auch in solchen Fällen, in denen die angestrebte Sachentscheidung keiner Beschwerde zugänglich ist, zu bejahen, stellt aber klar, dass Ziel der Beschwerde nur sein kann, die Vorinstanz anzuweisen, dem Verfahren seinen Fortgang zu geben; auf ein bestimmtes Ergebnis darf die Beschwerde nicht abzielen.

[645] OLG Karlsruhe FamRZ 2004, 53.

Das Rechtsmittelgericht darf bei Untätigkeitsbeschwerden das untergeordnete Gericht nicht zu bestimmten Handlungen anweisen, sondern nur dazu, das Verfahren endlich fortzusetzen.[646]

Der Berliner Verfassungsgerichtshof[647] hat erstaunlicherweise am 21.3.2005 entschieden, dass eine fünfjährige Verfahrensdauer im Umgangsrechtsstreit nicht gegen den Anspruch auf effektiven Rechtschutz verstößt.

Anderer Ansicht ist der EuGHMR[648]: Zum wiederholten Mal[649] verurteilte er die Bundesrepublik am 20.1.2011 wegen überlanger Verfahrensdauer (hier: 7 Jahre), wobei die Besonderheit darin bestand, dass während der Dauer des Umgangrechtsstreits durchaus Umgangskontakte zwischen dem klagenden Vater und den Kindern stattfanden.

Dasselbe Gericht[650] rügte mit Urteil vom 21.4.2011 abermals die Bundesrepublik dafür, dass nach wie vor kein effektiver Rechtsbehelf gegen überlange Verfahrensdauer zur Verfügung stehe, und stellte fest, dass eine Verfahrensdauer von 4 Jahren und 10 Monaten bei einem bei Verfahrensbeginn 1 ½ Jahre alten Kind auch dann überlang ist, wenn keine übermäßigen Phasen gerichtlicher Untätigkeit festzustellen sind.

Beiden Urteilen des EuGHMR aus dem Jahre 2011 ist mittlerweile der Boden entzogen, und zwar durch das unter **2.8.3.1** erörterte Gesetz vom 24.11.2011.

2.8.4 Beschleunigungsrüge und -beschwerde

Seit dem 15.10.2016 gibt es die **Beschleunigungsrüge** nach § 155b FamFG, über die das Gericht binnen Monatsfrist zu entscheiden hat. Hält es die Rüge für begründet, hat es unverzüglich *Maßnahmen zur vorrangigen und beschleunigten Durchführung des Verfahrens zu ergreifen* (§ 155b II FamFG).[651]

Die Rüge ist begründet, wenn das Gericht in einer Kindschaftssache nicht innerhalb von einem Monat ab Beginn des Verfahrens verhandelt (§ 155 II FamFG). Die Rüge kann schon vor Ablauf dieser Einmonatsfrist erhoben werden, wenn der Richter es ausdrücklich ablehnt, vor Fristablauf zu verhandeln.[652]

Gegen den Beschluss nach § 155b FamFG kann sich der Antragsteller mit der **Beschleunigungsbeschwerde** nach § 155c FamFG wehren. Zuständig ist das OLG.

Erfreulich klarer Fall: Nach Abschluss der Ermittlungen entscheidet der Richter ein Jahr lang nicht über den beantragten Umgangsausschluss.[653]

---

[646] OLG Naumburg FamRZ 2006, 967.

[647] VerfGH Berlin FamRZ 2005, 2012, 2014.

[648] EuGHMR FamRZ 2011, 533.

[649] EuGHMR FamRZ 2010, 1965.

[650] EuGHMR FamRZ 2011, 1283.

[651] Einzelheiten: Abh. *Keuter* FamRZ 2016, 1817.

[652] OLG Brandenburg FamRZ 2020, 694.

[653] OLG Frankfurt FamRZ 2020, 1117.

Mittlerweile gibt es die ersten Aufweichungstendenzen: Das OLG Bremen[654] meint, dass nur eine bereits eingetretene Verzögerung gerügt werden kann, nicht eine (hier: unausweichlich) bevorstehende. Ebenfalls das OLG Bremen[655]: Die Beschleunigungsrüge in einem mehr als ein Jahr andauernden Verfahren (mit Auslandsberührung und schwierigen Zuständigkeits- und Begutachtungsfragen) ist unbegründet, weil der Vater, der die Rüge erhoben hat, selbst zur Verfahrensverzögerung beigetragen hat, u. a. mit einem Befangenheitsantrag von insgesamt 107 Seiten (incl. Anlagen).

Das OLG Brandenburg[656] erklärt eine Beschleunigungsbeschwerde bei einer Verfahrensdauer *„von lediglich vier Monaten"* für unbegründet.

Anders das OLG Hamburg[657]: Die Rüge greift, wenn das Gericht den Sachverständigen 10 Monate lang anmahnt, ohne ein Ordnungsmittel anzudrohen.

Selbstverständliche Zulässigkeitsvoraussetzung der Beschleunigungsbeschwerde ist das **Rechtsschutzbedürfnis**[658]: Wenn die angemahnte Entscheidung nach der Rüge bereits verkündet ist, bedarf es keiner Beschleunigung mehr.[659]

Heute ist die **Beschleunigungsrüge** gegenüber der Verfassungsbeschwerde vorgreiflich: Die Verfassungsbeschwerde hat keine Chance, wenn zuvor nicht von §§ 155b, 155c FamFG Gebrauch gemacht worden ist.[660] **Befangenheitsanträge wegen zögerlicher Bearbeitung treten i. d. R. auch hinter der Beschleunigungsrüge zurück.**[661]

Gegenstand von zweitinstanzlich erhobenen Beschleunigungsrügen ist ausschließlich die Verfahrensweise des Beschwerdegerichts. Gleichwohl ist die gesamte Verfahrensdauer seit Rechtshängigkeit in die Prüfung einzubeziehen, weil sich daraus ergibt, wie beschleunigt das Beschwerdeverfahren zu führen ist.[662] M. a. W.: Wenn erstinstanzlich getrödelt worden ist, muss sich das OLG umso mehr sputen.

2.8.5 Entschädigungsrechtsschutz

Als **Alternative zum Befangenheitsantrag** und zur **Beschleunigungsrüge** kann sich ferner der **Entschädigungsrechtsschutz**[663] anbieten. Diesen hat der EuGHMR immer als eine Art generalpräventive Rechtsfigur angesehen, als nachrangiges Hilfsmittel gegen säumige Richter.

---

[654] OLG Bremen FamRZ 2017, 984. Zwischen Erlass und Zustellung eines Beweisbeschlusses (Sachverständigengutachten) war ein Monat vergangen und der Gutachter hatte eine Frist von einem halben Jahr (!) eingeräumt gekommen.

[655] OLG Bremen FamRZ 2018, 450.

[656] OLG Brandenburg FamRZ 2018, 284. Der Entscheidung ist nicht zu entnehmen, um was es eigentlich ging (Sorgerecht? Umgang?). Die Kinder waren offenbar in einer Pflegefamilie. Jedenfalls bestand aus der Sicht des OLG keine Eile. Die Gründe für die Verfahrensdauer wurden bei der Mutter gesehen (krankheits- und urlaubsbedingte Verzögerungen).

[657] OLG Hamburg FamRZ 2017, 986.

[658] OLG Karlsruhe FamRZ 2018, 520.

[659] BVerfG FamRZ 2018, 1761; BVerfG FamRZ 2022, 709; OLG Köln FamRZ 2022, 881.

[660] VerfG FamRZ 2017, 620.

[661] OLG Köln FamRZ 2017, 1764 (Ls).

[662] OLG Karlsruhe FamRZ 2020, 1214.

[663] EuGHMR FamRZ 2012, 1123.

Die Klage muss binnen 6 Monaten nach Rechtskraft der Entscheidung, die das Verfahren beendet, erhoben werden (§ 198 V GVG). Zur Verjährungsunterbrechung genügt ein Mahnverfahren nach § 692 ZPO.[664]

Anspruchsgrundlage nach deutschem Recht ist § 198 IV GVG. Der Anspruch ist aber nach OLG Karlsruhe[665] nur begründet, wenn zuvor eine **Verzögerungsrüge** nach § 198 III GVG[666] erhoben worden ist. Hier hat z.B. das OLG Karlsruhe[667] in einem Zugewinnausgleichsverfahren dem Kläger eine jährliche Entschädigung von 1.200 € zugesprochen, nachdem der Richter seit dem Jahre 2000 immer wieder Pausen von 11, 16 und 40 Monaten eingelegt hatte, in denen das Verfahren in keiner Weise gefördert wurde. Die bewussten 1.200 € pro Jahr bilden den Pauschalsatz nach § 198 II 3 GVG. Nur bei besonderen Umständen, vorwiegend bei überlangen Verfahrensdauern, kann von dem Pauschalsatz nach oben hin abgewichen werden.[668]

Das OLG Braunschweig[669] hat in einem derartigen Verzögerungsfall aus einem dreijährigen Verfahren zunächst den Zeitraum herausgefiltert, der dem Gericht zuzuschreiben war, und hat dann dem Kläger anteilige Anwaltskosten i. H. v. knapp 200 € zugesprochen. Daraus ergibt sich, dass nur solche Verzögerungen ersatzpflichtig sind, die dem staatlichen Verantwortungsbereich zuzuordnen sind. Ist eine Verzögerung auf die Corona-Pandemie zurückzuführen, besteht kein Entschädigungsanspruch.[670]

Die Entschädigung ist vom Land bzw. vom Bund zu zahlen.

Im Fall *Sommerfeld vs. Bundesrepublik Deutschland* wurde dem Vater vom EuGHMR[671] sogar ein Ersatz des immateriellen Schadens (Schmerzensgeld wegen langjährigem Verlust des väterlichen Kontakts zu den Kindern) i. H. v. 55.000 € zugesprochen.[672] In der Sache *Sahin vs. Deutschland* bekam der Kläger 50.000 DM zugesprochen.[673] In Sachen *Hoffmann vs. Deutschland* bekam der Kläger aus den gleichen Gründen 25.000 DM zuerkannt.[674]

Schließlich eine Entscheidung aus der Euro-Ära: Der Vater bekam vom EuGHMR[675] ein Schmerzensgeld von (nur) 2.500 € wegen fünfjähriger Verfahrensdauer vor dem FamG zugesprochen.

Dass eine Entschädigungspflicht das Verfahren nicht zwingend beschleunigt, wurde bereits ausgeführt.

---

664 Zwei inhaltsgleiche Entscheidungen des OLG Karlsruhe FamRZ 2021, 1401 (die erste: Ls).

665 OLG Karlsruhe FamRZ 2020, 1862.

666 Formal verlangt die Verzögerungsrüge keine besonderen Anforderungen: Es genügt, dass die *Dauer des Verfahrens gerügt* wird, so BGH FamRZ 2021, 373 (Ls).

667 OLG Karlsruhe FamRZ 2014, 1051.

668 BGH FamRZ 2021, 1302.

669 OLG Braunschweig FamRZ 2014, 59, 62.

670 BFH FamRZ 2022, 973.

671 EuGHMR FamRZ 2002, 381.

672 EuGHMR FamRZ 2002, 381, 385.

673 Referiert von *Rixe*, FamRZ 2002, 386.

674 Anm. *Rixe* FamRZ 2002, 386.

675 EuGHMR FamRZ 2009, 1735 (Ls).

2.8.6 Zusammenfassung

Im Grunde bleiben den Betroffenen bei zögerlicher Bearbeitung durch das Gericht nur zwei Instrumente: die **Beschleunigungsrüge** und der **Entschädigungsrechtsschutz.**

Hinter der Beschleunigungsrüge bleiben Befangenheitsantrag und Verfassungsbeschwerde zurück: Beide sind unbegründet.

Hinter dem Entschädigungsrechtsschutz verblasst die Untätigkeitsbeschwerde (unzulässig).

2.9 Exkurs: Umgangsrecht mit Haustieren

Das Umgangsrecht der Eheleute mit dem Haustier richtet sich, so das FamG Bad Mergentheim[676], nach den Umgangsregeln über Kinder: Der, dem das Tier nicht zugewiesen ist, kann es zweimal monatlich zu sich nehmen.

Empfehlenswert ist zu diesem Urteil die Lektüre der Glosse von *Büttner*[677]; dieser preist die Entscheidung sarkastisch als einen großen Schritt auf dem Weg des Hundes zur Menschwerdung.

Natürlich musste dieser Unfug korrigiert werden: Das OLG Bamberg[678] weist zu Recht darauf hin, dass es für eine Regelung des Umgangs mit Haustieren an einer **Rechtsgrundlage fehlt.**

Ebenso OLG Hamm[679] am 25. 11. 2010: Ein Umgangsrecht gibt es nach dem Gesetz nicht und eine Nutzungsregelung für nur wenige Wochenstunden nach § 1361a BGB scheidet auch aus. Die Sache lässt sich also weder nach dem Umgangsrecht noch nach dem Recht der Haushaltsteilung lösen.

Es besteht somit, wie das OLG Hamm natürlich sieht, eine durchaus schmerzliche Gesetzeslücke. Es lässt sich ja nicht bestreiten, dass an einem Haustier i. d. R. Miteigentum nach § 1568b (gemeinsamer Hausrat!) besteht und dass es für den weichenden (vielfach kinderlosen[680]) Miteigentümer bitter ist, das Tier nicht mehr zu sehen zu bekommen. Aber *de lege lata* kann nicht geholfen werden. So endet denn auch der Beschluss des OLG Hamm mit dem hilflosen Appell an die Beteiligten, *„im Interesse des Tieres eine andere Vereinbarung zu treffen"*.[681]

Die Lit. will sich des Themas nicht so recht annehmen. Bei *Soergel/Heintzmann*[682] wird ein Umgangsrecht mit einem Hund knapp verneint. Die anderen schweigen.

---

676 FamG Bad Mergentheim FamRZ 1998, 1432.

677 Glosse *Büttner* FamRZ 1999, 761.

678 OLG Bamberg FamRZ 2004, 559 m. w. N.

679 OLG Hamm FamRZ 2011, 893.

680 Oder: Mit Kindern gesegneten. Die Kinder haben aber vielfach schon das Haus verlassen, und dann gilt die Regel *Das jüngste Kind trägt immer Fell.*

681 OLG Hamm FamRZ 2011, 893, 894.

682 *Soergel/Heintzmann*, BGB, Rz. 8 zu § 1568b.

2.10. Sorge- und Umgangsrecht mit Auslandsbezug

Was für die Anwendung prozessualen und materiellen deutschen Scheidungsrechts gilt, muss nicht auch für die **isolierten** Folgesachen gelten.

Was für das Scheidungsrecht gilt, gilt grundsätzlich für die Scheidung selbst, also für das, was bei uns im Scheidungsverbund die „Hauptsache“ darstellt, und für die Verbundsachen, also die Folgesachen, die innerhalb des Scheidungsprozesses mit entschieden werden.

2.10.1 Zuständigkeit deutscher Gerichte

Im Gegensatz zum Scheidungsrecht, wo die Zuständigkeit der deutschen Gerichte gegeben ist, wenn entweder mindestens ein Ehegatte Deutscher ist oder beide Ehegatten in Deutschland leben (§ 98 I FamFG), kommt es bei den isolierten Kindschaftssachen nur auf den **Aufenthalt** an: Lebt das Kind in Deutschland, ist ein deutsches Familiengericht zuständig (§ 99 I 2. FamFG).[683] Grundsätzlich gilt das nur für minderjährige Kinder. Wenn aber ein Kind jenseits seines 18. Geburtstags nach seinem Heimatrecht noch minderjährig ist (hier: Republik Guinea), bleibt das deutsche Gericht zuständig.[684]

Eine spezielle Zuständigkeitsregelung gilt für Kinder aus EU-Mitgliedsstaaten. Gleich, ob das Kind die deutsche oder eine andere EU-Staatsangehörigkeit hat: Wenn das Kind seinen gewöhnlichen Aufenthalt[685] in einem EU-Staat[686] hat, ist nach Art. 8 Brüssel IIa-VO das deutsche Familiengericht zuständig.[687] Ausnahme hiervon bildet Art. 15 Brüssel IIa-VO: Danach hat das nach Art. 8 der VO zuständige Gericht die Möglichkeit, den Fall an das örtlich zuständige Gericht des Mitgliedstaats abzugeben, zu dem das Kind besondere Bindungen hat.[688] Nach Art. 15 V 2 Brüssel IIa-VO hat sich das deutsche Beschwerdegericht für unzuständig zu erklären, wenn ein ausländisches (hier: bulgarisches) Gericht seine Zuständigkeit bejaht hat. Dann ist der erstinstanzliche Beschluss aufzuheben.[689]

---

683 Das gilt auch bei Anwendbarkeit des deutsch-iranischen Niederlassungsabkommens, FamG Leverkusen FamRZ 2005, 232 (15-jährige Iranerin, die längere Zeit in Deutschland lebte).

684 BGH FamRZ 2018, 457.

685 Maßgeblich ist insoweit lt. EuGH FamRZ 2018, 1426 der tatsächliche Lebensmittelpunkt, und das ist i. d. R. der Ort, an dem die Eltern vor der Trennung samt Kind gelebt haben, ggf. der Ort, an dem ein Elternteil samt Kind nach der Trennung weiterhin gelebt hat. Nach Art. 10 Brüssel IIa-VO bleibt es bei dieser Zuständigkeit auch dann, wenn ein Elternteil das Kind widerrechtlich ins Ausland entführt hat (EuGH FamRZ 2018, 1430).

686 Die Brüssel IIa-VO gilt aber auch für Sachverhalte mit Drittstaatenbezug, EuGH FamRZ 2019, 132 (hier: Die Mutter wohnt in Großbritannien, stammt aber samt Kind aus Bangladesch).

687 Statt aller: OLG Karlsruhe FamRZ 2018, 920. Entscheidend war dort der Aufenthalt des Kindes in Deutschland bei Antragstellung. Das Kind war während des Verfahrens von der Mutter in ihr Heimatland (Peru) verbracht worden.

688 EuGH FamRZ 2019, 2004.

689 OLG Karlsruhe FamRZ 2021, 128.

Zurück zum Regelfall: Wenn der Staat, in dem das Kind seinen dauernden Aufenthalt hat, nicht dem KSÜ[690] beigetreten ist, hat das zur Folge, dass über Art. 21 EGBGB fremdes Sachrecht Anwendung findet. Das Gleichlaufprinzip greift dann also nich.

In KSÜ-Mitgliedsstaaten gilt im Einzelnen:

Unter *Kindern* im Sinne des KSÜ sind nur Minderjährige zu verstehen.[691] Art. 5 KSÜ besagt, dass deutsche Familiengerichte international zuständig sind, wenn das Kind in Deutschland seinen gewöhnlichen Aufenthalt hat (Art. 7 KSÜ).[692] Gewöhnlicher Aufenthaltsort ist der, von dem aus das Kind ggf. entführt worden ist, nicht also der Bestimmungsort der Entführung.[693] Der Bestimmungsort der Entführung wird erst dann zum gewöhnlichen Aufenthaltsort, wenn eine soziale Einbindung in die Lebensverhältnisse am neuen Aufenthaltsort stattgefunden hat.[694] Die Frist beträgt 1 Jahr (Art 7 Ib KSÜ), und zwar in Anlehnung an die Jahresfrist für einen Rückführungsantrag nach Art. 12 HKiEntÜ.[695] Es gilt dann auch deutsches materielles Familienrecht (Art. 15 I KSÜ)[696], es sei denn – und jetzt folgt die für das KSÜ typische Verwässerung –, es ist für den Schutz des Kindes erforderlich, das Recht eines anderen Staates anzuwenden oder zu berücksichtigen, *zu dem der Sachverhalt eine enge Verbindung hat.*

Nach Art. 1 I a KSÜ i. V. m. Art. 3 b KSÜ können Schutzmaßnahmen im Rahmen einer einstweiligen Anordnung nach § 49 FamFG i. V. m. § 156 III 3 FamFG ergehen.

Wenn vor dem geplanten Wechsel des gewöhnlichen Aufenthaltsorts des Kindes Schutzmaßnahmen aus dem Ausland beantragt oder vorbereitet worden sind, gilt die *perpetuatio fori*, also das Fortbestehen der Zuständigkeit des deutschen Gerichts.[697]

---

690 Haager Kinderschutzübereinkommen, in Deutschland ratifiziert am 17. 9. 2010, in Kraft getreten am 1. 1. 2011. Das KSÜ hat 46 Vertragsstaaten, das HKiEntÜ 101 (Stand: 2022). Das KSÜ hat aber Vertragsstaaten, die das HKiEntÜ nicht ratifiziert haben (Albanien, Armenien, Dominikanische Republik, Kuba, Lesotho, Litauen, Marokko, Russland, Tschechien und Ukraine). Es findet deshalb vielfach Anwendung, wenn das HKiEntÜ nicht greift. Das KSÜ hat das MSÜ (Minderjährigenschutzübereinkommen, auch MSA = Minderjährigenschutzabkommen genannt) praktisch abgelöst: Das KSÜ hat das MSÜ *ersetzt* oder *verdrängt*, vor allem in der EU, der Schweiz und in der Türkei, s. Abh. *Andrea Schulz* FamRZ 2018, 797, 801. Das MSÜ gilt nur noch auf einigen niederländischen Karibikinseln.

691 OLG Karlsruhe FamRZ 2018, 440 (Ls).

692 OLG Stuttgart FamRZ 2020, 1120.

693 OLG Bamberg FamRZ 1996, 1224 (noch zum MSA).

694 Wenn das Kind noch ein Säugling ist, kommt es auf die Integration der Mutter in ihr soziales und familiäres Umfeld an, EuGH FamRZ 2011, 617. Auf das „Kriterienbündel" zu der Frage, ob ein gewöhnlicher Aufenthalt gegeben ist, geht das OLG Frankfurt FamRZ 2020, 1119 näher ein.

695 In anderem Zusammenhang stellt das BayObLG (FamRZ 1997, 423) fest, dass jemand seinen gewöhnlichen Aufenthalt an dem Ort hat, an dem sich der tatsächliche Mittelpunkt seines Daseins, seiner Lebensführung befindet.

696 OLG Saarbrücken FamRZ 2019, 985 (Ls).

697 BGH FamRZ 2002, 1182 mit Anm. *Henrich*, S. 1184.

Nach dem Sorgerechtsübereinkommen-Ausführungsgesetz[698] ist aber die örtliche Zuständigkeit für jeden OLG-Bezirk beim Familiengericht am Sitz des OLG gebündelt.[699]

Die Zuständigkeit deutscher Gerichte gilt auch dann, wenn das Kind eine doppelte Staatsangehörigkeit hat.[700] Wenn bei Kindern, die Doppelstaater sind, im Ausland (hier: Italien) eine Sorgerechtsentscheidung getroffen worden ist, die jedoch in Deutschland nicht für vollstreckbar erklärt worden ist, steht diese Entscheidung einer Erstentscheidung in Deutschland nicht entgegen.[701] Die Zuständigkeit des Familiengerichts (anstelle des Vormundschaftsgerichts) galt schon vor Inkrafttreten des KindRG auch für nichteheliche Kinder.[702]

Die Regel ist absolut strikt: Wenn ein deutsches Paar sich in Deutschland scheiden lässt und das Kind auf Dauer in einem Schweizer Internat lebt, ist für die Sorgerechtsfrage ein Schweizer Gericht zuständig. Oder auch: Wenn die deutsche Mutter mit dem Kind in Portugal wohnt, der (deutsche) Vater aber in Deutschland, muss der Vater sich an die portugiesische Justiz wenden, wenn er etwa eine Sorgerechtsänderung erzielen möchte.[703] Die Sorgerechtsfrage scheidet aus dem Scheidungsverbund aus.[704]

Wenn das deutsche Kind seinen Aufenthalt in einem Nicht-KSÜ-Staat hat, ist auf jeden Fall ein deutsches Familiengericht zuständig.[705]

Bei Kindern, die im Ausland leben und Doppelstaater sind, also neben der deutschen noch eine andere Staatsangehörigkeit haben, sind deutsche Gericht für Schutzmaßnahmen nach Art. 7 KSÜ zuständig.[706]

Daneben besteht noch die Annexzuständigkeit deutscher Gerichte im Falle der Klärung der Sorgerechtsfrage innerhalb eines Scheidungsverfahrens; diese Zuständigkeit gilt naturgemäß für alle Fälle, in denen das Scheidungsverfahren selbst der deutschen prozessualen Zuständigkeit unterliegt.

Ergänzt wird die oben erörterte Zuständigkeitsregelung durch die EU-Verordnung vom 29.5.2000 („Brüssel II-VO", auch „EheVO" genannt).[707] Wesentlicher Inhalt, soweit die Verordnung Sorgerechtsfragen betrifft: Zuständig ist das Gericht, das die Scheidung ausgesprochen hat, wenn das Kind in diesem Mitgliedsstaat seinen gewöhnlichen Aufenthalt hat. Wohnt das Kind in einem anderen Mitgliedsstaats, ist

---

[698] In Kraft getreten am 1.7.1999.

[699] S. Abh. *Weber* NJW 2000, 267, 269.

[700] OLG Düsseldorf FamRZ 1994, 107, 108.

[701] OLG Nürnberg FamRZ 2003, 163.

[702] BayObLG FamRZ 1996, 1353.

[703] OLG Celle FamRZ 1993, 95.

[704] OLG Düsseldorf FamRZ 1993, 1108 zu einem spanischen Fall.

[705] So auch OLG Düsseldorf FamRZ 1999, 669 für ein isoliertes Sorgerechtsverfahren (deutsche Mutter mit den Kindern in Australien, algerischer Vater in Deutschland).

[706] BGH FamRZ 1997, 1070.

[707] Langfassung: Verordnung Nr. 1347/2000 über die Zuständigkeit und die Anerkennung und Vollstreckung von Entscheidungen in Ehesachen und in Verfahren betreffend die elterliche Verantwortung für die gemeinsamen Kinder der Ehegatten vom 29.5.2000, abgedruckt in FamRZ 2000, 1141, erläutert von *Gruber* FamRZ 2000, 1129.

dessen Gerichtsbarkeit zuständig, falls dies im Einklang mit dem Elternwillen und dem Kindeswohl steht (Art. 3 II der VO). Mitgliedsstaaten sind alle EG-Länder bis auf Dänemark.

Natürlich sind Kompetenzkonflikte vorprogrammiert. Diese werden von der VO klugerweise so gelöst, dass das später angerufene Gericht das Verfahren von Amts wegen aussetzt, bis die Zuständigkeit des zuerst angerufenen Gerichts geklärt ist (Art 11 der VO).

2.10.2 Materielles Sorgerecht und *ordre public*

Außerhalb der Annexzuständigkeit lässt sich folgende Regel feststellen:

Wo deutsche Gerichte zuständig sind, wird auch nach deutschem materiellem Recht entschieden (Art. 15 KSÜ – so genanntes Gleichlaufprinzip). Deutsche Gerichte können und müssen dann also über die ES entscheiden. Wer das Sorgerecht innehat (Alleinsorge), vertritt das Kind auch allein, z. B. in der Frage der Erbschaftsausschlagung.[708]

Das gilt nur für deutsche Kinder, Kinder aus der EU und Kinder aus KSÜ-Staaten, nicht aber für die Minderjährige aus anderen Ländern, also Nicht-KSÜ-Staaten.

Weiter ist Folgendes zu beachten:

(1)
Wenn Vater, Mutter und Kind Perser sind, gilt nach dem deutsch-iranischen Niederlassungsabkommen das iranische Familienrecht.[709] *Ordre public*-Bedenken greifen i. d. R. nicht mehr, weil nach einer Novellierung des iranischen Sorgerechts am 31. 12. 2003 die Berücksichtigung des Kindeswohls möglich ist (§ 1169 iran. ZGB).[710]

(2)
Wenn nach dem Heimatrecht des in Deutschland lebenden Kindes ein „Gewaltverhältnis" besteht, so ist das Recht des Staates maßgeblich, dem das Kind angehört.

Manche Rechtsordnungen sehen nämlich – zumindest vor der Scheidung – das pure Vaterrecht vor, so dass für eine anderweitige Sorgerechtsentscheidung kein Spielraum bleibt. Hier kommt aber – Ausnahme von der Ausnahme – das deutsche Recht zum Zuge, soweit das im Heimatrecht vorgesehene Gewaltverhältnis Schlupflöcher und Einschränkungen vorsieht und soweit die nach ausländischem Recht zu fällende Entscheidung gegen den deutschen *ordre public* (s. u. in diesem Kapitel) verstößt.

Von praktischer Bedeutung für die zweite Gruppe sind die muslimischen Länder, unter ihnen auch die eher laizistisch geprägte Türkei. Nach türkischem Recht entscheidet der Herr Papa über die Belange der Kinder, bis die Ehe geschieden ist.

Umgekehrt bedeutet der **Gleichlaufgrundsatz**, dass die prozessuale Zuständigkeit eines ausländischen Gerichts auch zur Anwendung des ausländischen materiellen Rechts führt.

---

[708] OLG Koblenz FamRZ 2019, 367.
[709] S. z. B. OLG Zweibrücken FamRZ 2001, 920.
[710] OLG Koblenz FamRZ 2009, 611.

Haben sich später deutsche Gerichte mit der ausländischen Entscheidung auseinander zu setzen, ist zunächst zu bedenken, dass es insoweit kein förmliches Anerkennungsverfahren gibt, sondern dass inzidenter zu prüfen ist, ob die ausländische Entscheidung in Deutschland nach § 108 FamFG Bestand hat.[711] Wenn ja, kann sie gleichwohl wegen veränderter Umstände geändert werden, wie ja auch jede deutsche Sorgerechtsentscheidung wieder abgeändert werden kann (§§ 1672,1696).[712]

In Fällen der Annexzuständigkeit gilt der Gleichlaufgrundsatz nicht: Vor dem deutschen Familienrichter muss nach fremdem Sorgerecht entschieden werden, wenn die Kinder sich im Ausland befinden. Doch auch hier gibt es eine Möglichkeit, noch zur Anwendung materiellen deutschen Sorgerechts zu gelangen: Wenn ein hinreichend starker Inlandsbezug vorhanden ist, d. h. wenn die Ehe in Deutschland geführt wurde und einer von beiden Partnern deutsch ist, ferner: Wenn das sich nach fremdem Recht aufdrängende Ergebnis (Kinder zum muslimischen Vater) mit wesentlichen Grundsätzen des deutschen Rechts unvereinbar wäre (***ordre public***, Art. 6 EGBGB, §§ 108, 109 FamFG), so ist deutsches Sorgerecht anzuwenden, mit der Folge, dass die Kinder i. d. R. zur Mutter kommen.[713]

Ein wesentlicher Grundsatz des deutschen Rechts ist natürlich jeder Grundrechtsartikel. Ein beachtenswerter Grundsatz kann aber auch ein Recht sein, das nicht unmittelbar Verfassungsrang hat, z. B. das Kindeswohl bei der Sorgerechtsentscheidung. So der BGH[714] zu einem Fall, in dem iranische Kinder ohne Rücksicht auf ihre Bedürfnisse zum Vater sollten (alle seit Jahren in Deutschland verwurzelt). Anders der BGH[715] in einer fast zeitgleichen Entscheidung: Auch hier war über ein iranisches Kind zu entscheiden; der Vater hatte vom FamG die Vermögenssorge, die Mutter die Personensorge bekommen. Die Mutter rügte Verstoß gegen den *ordre public* in Gestalt des Gleichbehandlungsgrundsatzes (Art 3 II GG). Zu Unrecht, meinte der BGH[716], da die Entscheidung im konkreten Fall mit dem maßgeblichen Kindeswohl vereinbar war.

Gegen den *ordre public* verstößt auch eine Vorschrift des iranischen Zivilgesetzbuchs, derzufolge Mädchen mit neun Jahren volljährig werden.[717] Das Gleiche gilt für die Vorstoßungsscheidung (*talaq*) in einigen islamischen Ländern.[718]

Im Falle einer gambischen[719] Mutter, die ihre fünfjährige Tochter besuchsweise in ihr Heimatland bringen wollte, rang sich das OLG Dresden[720] (später bestätigt durch den BGH[721]) zu einer Einschränkung des Aufenthaltsbestimmungsrechts durch (keine

---

711 OLG Frankfurt FamRZ 2000, 1425, 1426 (damals noch § 26a FGG).

712 OLG Frankfurt FamRZ 2000, 1425, 1426.

713 OLG Karlsruhe FamRZ 1992, 1465 gegen einen algerischen Vater; OLG Düsseldorf FamRZ 1994, 644 gegen einen jordanischen Kindesentführer; OLG Düsseldorf FamRZ 1998, 1318 gegen einen türkischen Vater, der sein Kind gegen den Willen der Mutter entführt hatte.

714 BGH FamRZ 1993, 316.

715 BGH FamRZ 1993, 1053.

716 BGH FamRZ 1993, 1053.

717 OLG Köln FamRZ 1997, 1240.

718 OLG Hamm FamRZ 2010, 1563.

719 Aus dem westafrikanischen Kleinstaat Gambia (2 Millionen Einwohner).

720 OLG Dresden FamRZ 2003, 1862.

721 BGH FamRZ 2005, 344.

Ausreise des Kindes nach Gambia), weil das Mädchen dort mit hoher Wahrscheinlichkeit einer Beschneidungszeremonie (Genitalverstümmelung[722]) ausgesetzt gewesen wäre. Das Gericht ging auch hier auf das Spannungsverhältnis zwischen Respekt vor einer fremden Kultur und dem ***ordre public*** ein und entschied sich glücklicherweise für den letzteren, sodass dem kleinen Mädchen einiges erspart blieb. Analog dazu wurde das väterliche Umgangsrecht in einem Fall auf begleiteten Umgang beschränkt, in dem die deutsche Mutter befürchtete, der ägyptische Vater wolle die Kleine in sein Heimatland entführen, um sie dort der erwähnten barbarischen Zeremonie zu unterziehen.[723]

Mit der *ordre-public*-Notbremse müssen die Gerichte vorsichtig umgehen, um sich nicht in den Verdacht des Kulturimperialismus zu bringen. Dennoch: Diesen Vorwurf muss man des Öfteren in Kauf nehmen, denn Menschenrechte verdienen den Vorrang vor jedem Fundamentalismus.

Interessanterweise herrscht insoweit kein gesamtgesellschaftlicher Konsens, auch und insbesondere nicht in der Frauenbewegung:

Über Genitalverstümmelung (*Female Genital Mutilation = FGM*) bei Mädchen zu sprechen, ist nicht leicht. Es krampft sich das Herz eines jeden Menschen zusammen (sofern er ein Herz hat), wenn man an die weinenden Opfer denkt, aber es muss aus zwei Gründen sein: Erstens geschieht das, wie bereits erwähnt werden musste, in geschlossenen Immigrantenmilieus auch hier in Mitteleuropa und speziell in Großbritannien[724], und zweitens gibt es, wie der Autor der FAZ vom 22.11.2018 entnehmen musste, unter den Genderwissenschaftler*innen einflussreiche Vertreterinnen, denen zufolge allein der Begriff *Genitalverstümmelung* von einem postkolonialen Kulturimperialismus zeugt, von einem Mangel an Respekt für außereuropäische Traditionen. Man müsse diesen Vorgang politisch korrekt als *Genitalbeschneidung (FGC[725])* kennzeichnen.

Der FAZ-Artikel[726] stammt von *Judith Basad*, die mit staunenswerter Gelassenheit über die Hervorbringungen des Instituts für transdisziplinäre Geschlechterstudien an der Humboldt Universität Berlin aus dem Jahre 2005 berichtet. Sie referiert dort die Beiträge zu dem Magazin *Female Genital Cutting: die Schwierigkeit, sich zu positionieren.*

Diese Schwierigkeit scheint dort z. B. die Geschlechterforscherin *Daniela Hrzán* nicht zu haben. Sie wirft den neokolonialen Rassisten vor, dass allein durch den Gebrauch des Begriffs der Genitalverstümmelung *„jeglicher sozialer Kontext, in dem FGC-Praktiken eingebettet sind, ausgeblendet wird."* In einem anderen Beitrag werden diese Verstümmelungen mit *„westlichen"* Schönheitsoperationen und Genitalpiercings verglichen. Letzteres ist zweifellos ein besonders schöner Vergleich, denn von allem anderen einmal abgesehen: Genitalpiercing, so befremdlich

[722] Zum Thema Genitalverstümmelung und Aufenthaltsbestimmungsrecht s. Abh. *Wüstenberg* FamRZ 2007, 692.

[723] OLG Karlsruhe FamRZ 2009, 130.

[724] S. die Internetsite von *Terre des Femmes*, Menschenrechte für die Frau e.V.

[725] Female Genital Cutting.

[726] FAZ vom 22.11.2018, S. 13.

es auch erscheinen mag, ist freiwillig. Die vier- bis zehnjährigen Mädchen, die verstümmelt werden sollen, werden dagegen nicht gefragt.

Die Forscherin *Melanie Bittner* setzt sich dafür ein, die verstümmelnde Praxis in der Schulmedizin zu etablieren. Man müsse die Beschneiderinnen in den Dörfern mit sauberen Instrumenten versorgen oder die Verstümmelungen von Ärzten oder Krankenschwestern durchführen lassen – äh, Letzteres lieber doch nicht, meint *Bittner*, denn das würde die Gefahr einer *„zunehmenden Dominanz von westlicher Medizin"* mit sich bringen und die Verstümmelung als *„traditionelle Heilmethode"* verdrängen.

Immerhin: Gebrauchte Rasierklingen und Glasscherben sollen nicht mehr zum Einsatz kommen, und im Kern geht es um Heilung. Von was denn bloß? Von der sündigen Lust natürlich.[727]

Nachzutragen bleibt, dass die Dissertation einer weiteren Wissenschaftlerin (*Anna-Katharina Messner*) den schönen Titel *Überschüssiges Gewebe* trägt.

Zu hoffen bleibt, dass keine der beteiligten Autorinnen jemals in den Genuss der *traditionellen Heilmethode* gekommen sind und ihr *überschüssiges Gewebe* behalten durften.[728]

Die Neuregelung der elterlichen Sorge durch das Kindschaftsreformgesetz führt nicht automatisch dazu, dass jedem Ausländer, der – noch – mit einem deutschen Ehepartner verheiratet ist, unter der Fiktion einer Lebensgemeinschaft i.S.v. § 17 AuslG eine Aufenthaltserlaubnis zu erteilen ist, wenn das Kind bei dem in Deutschland verbliebenen Elternteil wohnt.[729] Denn die eheliche Lebensgemeinschaft endet mit der Trennung, nicht erst mit Vorliegen der Scheidungsvoraussetzungen.[730]

Gleichwohl sind auch nach der Scheidung die familiären Bindungen zwischen Vater und Kind bei der Entscheidung über das Aufenthaltsbegehren angemessen zu berücksichtigen.[731] Das kann die Erteilung einer Aufenthaltserlaubnis zur Folge haben.[732]

Wenn es darum geht, dass eine vor einem Gericht im Ausland getroffene Entscheidung in Deutschland vollstreckt werden soll, so ist im Rahmen des Vollstreckungs-

---

[727] Unter nicht irregeleiteten Medizinern und Medizinerinnen ist völlig unstrittig, dass die Verstümmelung eben dies (als Fremd-Geh-Prophylaxe) zum Ziel hat. Die Klitoris wird ohne Betäubung herausgeschnitten, die inneren Labien werden gekürzt und die Stümpfe (meist mit Pferdehaar) so zusammengenäht, dass nur noch ein millimetergroßes Loch als Harnröhrenausgang übrigbleibt. Die Schmerzen sind entsetzlich, sie dauern vielfach lebenslang an. Viele Mädchen sterben nach der Verstümmelung an Wundstarrkrampf. Die sexuelle Lust ist, kein Wunder, später nur noch sehr begrenzt vorhanden.

[728] Das Strafrecht leistet dabei Hilfestellung: Seit September 2013 steht die Genitalverstümmelung in Deutschland unter Strafe (§ 226a StGB). Mindestsanktion: 1 Jahr Freiheitsstrafe

[729] OVG Hamburg FamRZ 2000, 880.

[730] OVG Münster FamRZ 2000, 882.

[731] BVerfG FamRZ 2006, 187. Das OLG Koblenz geht FamRZ 2009, 133 davon aus, dass die Aufenthaltserlaubnis des Vaters wegen des Umgangs mit seinem Kind nach § 25 IV AuslG zu verlängern ist.

[732] VerwG Karlsruhe FamRZ 2009, 1147.

verfahrens zu prüfen, ob das Judikat in Deutschland anerkannt werden kann. Dies ist nach § 109 FamFG der Fall, wenn das ausländische Gericht nach deutschem Recht zuständig war (Ziff. 1) und die Entscheidung nicht gegen den deutschen *ordre public* verstößt (Ziff. 4).

Für internationale Scheidungs- und Sorgerechtsfragen gilt ab 1.3.2005 die EG-Verordnung Nr. 2201/2003 („Brüssel Ia"[733]). Durch sie wird insbesondere das Anerkennungsrecht vereinheitlicht.[734] Schon Art. 42 II der Brüssel IIa VO[735] ließ die Vollstreckbarerklärung einer im Ausland ergangenen Entscheidung nicht zu, wenn diese von einem nach dem KSÜ nicht zuständigen Gericht erlassen worden war.[736] Wenn nach ausländischem (hier: spanischem) Recht durch ein nach Art. 42 II der Brüssel IIa VO unzuständiges spanisches Gericht eine Rückgabebescheinigung erteilt worden ist, ist das deutsche Vollstreckungsgericht an einer inhaltlichen Prüfung nicht gehindert.[737]

Wenn eine in Deutschland kraft internationaler Zuständigkeit ergangene Entscheidung im EU-Ausland vollstreckt werden soll, gilt § 99 I FamFG.[738] Danach ist das deutsche Gericht zuständig, auch wenn das Kind nicht im Inland wohnt.[739]

2.10.3 Materielles Umgangsrecht

Deutsches Umgangsrecht gilt, wo deutsches Sorgerecht gilt.

Selbstverständlich ist das Umgangsrecht auszuschließen, wenn der nichtsorgeberechtigte Elternteil das Umgangsrecht schon einmal zu einer Entführung missbraucht hat.[740]

Der Ausschluss des Umgangsbegehrens eines (hier: nach Syrien) abgeschobenen Vaters lässt sich nicht mit der Begründung rechtfertigen, angesichts der Abschiebung bestehe keine Möglichkeit zum Umgang mit dem Kind, und der OLG-Senat sei nicht dazu da, dem Vater über den Umweg der Umgangsgewährung die Wiedereinreise in die Bundesrepublik zu ermöglichen.[741] Das BVerfG[742] erwähnt hier ausdrücklich die Option der Einreise zur Wahrnehmung von Umgangsterminen.

Der VGH Baden-Württemberg[743] ist demgegenüber der Ansicht, der Vater könne vom Ausland aus die gerichtliche Durchsetzung seines Umgangsrechts betreiben, es sei denn, er leidet unter einer Dauererkrankung.[744]

---

[733] S. hierzu Abh. *Teixeira de Souza* FamRZ 2005, 1612.

[734] Wegen der Einzelheiten s. Abh. *Coester-Waltjen* FamRZ 2005, 241 ff.

[735] Zur Verwandlung eines isolierten Verfahrens nach Brüssel II in ein konnexes Verfahren s. OLG Karlsruhe FamRZ 2005, 287. Zu konkurrierenden Zuständigkeiten für Scheidung (England) und Sorgerechtsabänderung (Deutschland) nach Brüssel II s. KG FamRZ 2005, 1686.

[736] OLG Nürnberg FamRZ 2004, 278.

[737] BVerfG FamRZ 2022, 1478 mit Anm. *Schulz*, S. 1484.

[738] OLG Karlsruhe FamRZ 2019, 1882.

[739] OLG Karlsruhe FamRZ 2019, 1882, 1884 (das Kind lebte in Irland).

[740] OLG Hamm FamRZ 1997, 307.

[741] So BVerfG FamRZ 2003, 1082 gegen das zuständige OLG.

[742] BVerfG FamRZ 2003, 1082 f.

[743] VGH Baden-Württemberg FamRZ 2003, 1474 (Ls).

[744] VGH Baden-Württemberg FamRZ 2004, 543 (Ls).

Selbstverständlich genießen auch ausländische Väter nichtehelicher Kinder ein Umgangsrecht, zum mindesten dann, wenn eine nichteheliche Lebensgemeinschaft vorausgegangen ist. Nur sehr gewichtige Gründe können eine unterschiedliche Behandlung des Rechtsverhältnisses zwischen Eltern und Kind wegen dessen außerehelicher Geburt rechtfertigen (Art. 14 I EMRK). Im Fall *Sommerfeld vs. Bundesrepublik Deutschland* wurde dem Vater vom EuGHMR[745] sogar ein Ersatz des immateriellen Schadens (Schmerzensgeld wegen langjährigem Verlust des väterlichen Kontakts zu den Kindern) i. H. v. 55.000 DM zugesprochen.

Ähnlich in zwei weiteren Fällen: In Sachen Sahin vs. Deutschland bekam der Vater 50.000 DM, im Fall Hoffmann vs. Deutschland 25.000 DM.[746]

In einer späteren Entscheidung wurde für den Vater ein Schmerzensgeld von 2.500 € wegen fünfjähriger Verfahrensdauer vor dem FamG ausgeurteilt.[747] Überhaupt hat der EuGHMR die Neigung, eher aufs Gaspedal statt auf die Bremse zu treten: Wenn die Behörden, so der EuGHMR[748], nicht alles Zumutbare tun, um eine Vollstreckung einer von ihnen für vollsteckbar erklärten ausländischen Entscheidung herbeizuführen, kann dem Vater der Ersatz des materiellen und immateriellen Schadens zugesprochen werden.

Selbst einem abgelehnten Asylbewerber aus Kamerun, der sich schon vor der Geburt des Kindes von dessen Mutter getrennt hatte, wurde vom BVerfG[749] ein Umgangsrecht zuerkannt.

2.10.4 Kindesentführung

Kindesentführung ist das widerrechtliche Verbringen eines gemeinsamen Kindes ins Ausland, meist in das Herkunftsland der Mutter. Die Frage der Widerrechtlichkeit ist nach § 1671 I BGB zu beantworten. Es kommt also darauf an, wer die ES oder das ABR hat.

Der Entführungsbegriff setzt also voraus, dass der entführende Elternteil **nicht** alleiniger Inhaber der ES ist.[750] M. a. W.: Wer das alleinige Sorgerecht hat, darf das Kind mitnehmen. Nicht erforderlich ist es, dass der andere Elternteil an der Betreuung des Kindes beteiligt war; es reicht, dass er Mitinhaber der ES ist und an den das Kind betreffenden Entscheidungen mitwirkt.[751] Eine Entführung (hier: von Schottland nach Deutschland) kann auch gegeben sein, wenn die Vaterschaft dessen, dem das Kind durch Entführung vorenthalten wird, noch gar nicht gerichtlich festgestellt worden ist.[752]

Auf keinen Fall ist der Konflikt über § 1628 BGB zu lösen.[753]

---

[745] EuGHMR FamRZ 2002, 381, 385.
[746] Referiert in der Anm. *Rixe* FamRZ 2002, 386.
[747] EuGHMR FamRZ 2009, 1735 (Ls).
[748] EuGHMR FamRZ 2008, 1736.
[749] BVerfG FamRZ 2006, 1005.
[750] OLG Stuttgart FamRZ 2001, 645.
[751] OLG Rostock FamRZ 2003, 959.
[752] OLG München FamRZ 2005, 1002.
[753] OLG Stuttgart FamRZ 2019, 802 und OLG Koblenz FamRZ 2019, 804.

2.10.4.1 *Freie Bahn für Inhaberinnen der Alleinsorge*

Nicht jedes „Verbringen" des Kindes ins Ausland stellt einen Fall der Kindesentführung dar. Wenn z. B. die Mutter als Inhabern der Alleinsorge mit dem Kind nach Italien übersiedelt – unwiderlegt aus beruflichen Gründen[754] –, so kann der Vater dies nicht, vor allem nicht mit einem Eilverfahren, verhindern, auch wenn die Ausübung des Umgangsrechts dadurch erschwert wird.[755]

Mehr noch: Das OLG München[756] hat sogar einmal einer Peruanerin eigens das alleinige Sorgerecht zugesprochen, weil sie mit den Kindern in ihr Heimatland ziehen wollte.

Desgleichen kann es einer Deutsch-Brasilianerin nicht versagt sein, mit dem Kind nach Brasilien zurückzukehren[757], ebenso wenig einer US-Amerikanerin (Übersetzerin), ein 5-jähriges Kind mit in die USA zu nehmen[758], wenn sie die AS innehaben.

Was allerdings bleibt, ist die theoretische Möglichkeit, der Mutter die ES (teilweise) zu entziehen, um einer Mitnahme des Kindes ins Ausland vorzubeugen. Dann müssen aber handfeste Tatsachen vorliegen, die den konkreten Verdacht begründen, dass derartiges geplant ist.[759]

2.10.4.2 *ABR-Übertragung auf rückkehrwillige Ausländerinnen bei gemeinsamer ES*

Problematischer sind die Fälle, in denen beide die ES haben.

Einer Französin, die zu ihrem zweiten Ehemann nach Südfrankreich ziehen wollte, wurde vom KG[760] das ABR übertragen.

- Ebenso FamG Offenburg[761]: Das ABR wurde der Mutter übertragen, die nach Paris übergesiedelt war.

Einer Spanierin, die offensichtlich deshalb in ihr Heimatland zurückkehrte, weil sie den ständigen Streit mit ihrem geschiedenen (deutschen) Mann um die Kinder leid war, wurde sogar die alleinige ES übertragen; vorher hatte beide Eltern das Sorgerecht.[762]

---

[754] OLG Hamburg FamRZ 2003, 946. Die Mutter war Wissenschaftlerin und hatte eine Stelle an der Universität Catania/Sizilien erlangt. Ebenso OLG Nürnberg FamRZ 2010, 135 (Ls). **A. A.:** OLG München (FamRZ 2009, 794) in einem ähnlichen Fall: Hier wurde einer Italienerin das ABR versagt, die in Mailand ihren Beruf ausüben wollte. Man beachte die geographische Nähe von Oberbayern und Norditalien und die Distanz zwischen Hamburg und Sizilien.

[755] Ebenso OLG Köln FamRZ 2006, 1625 (Ls, 2 inhaltliche gleichlautende Beschlüsse, Umzug ins *„(ferne) Ausland"*, wie es dort heißt). Die berufliche Zukunft der Mutter hat Vorrang vor den Umgangsinteressen des Vaters. Zu seinen Gunsten könnte nur entschieden werden, wenn die Mutter umzöge, um das väterliche Umgangsrecht zu vereiteln.

[756] OLG München FamRZ 2008, 1774.

[757] OLG Frankfurt FamRZ 2007, 759.

[758] OLG Karlsruhe FamRZ 2009, 435.

[759] OLG Hamburg FamRZ 2020, 925.

[760] KG FamRZ 2009, 135.

[761] FamG Offenburg FamRZ 2008, 2055. Zu weiteren Fällen mit Auslandsberührung und Fällen unterschiedlichen Staatsangehörigkeiten der Eltern s. **2.10.4.2.**

[762] OLG Frankfurt FamRZ 2008, 1470.

Entscheidendes Kriterium ist das Kindeswohl.[763]

Natürlich müssen von der Mutter triftige Gründe vorgebracht werden. Das OLG Koblenz weist zu Recht darauf hin, dass hier zwei Grundrechte aufeinanderprallen, nämlich das Recht des Vaters und des Kindes auf Umgang aus Art. 6 GG und das Recht der Mutter auf Freizügigkeit aus Art. 2 GG. Die Gründe der Mutter müssen schwerer wiegen als das Umgangsinteresse von Vater und Kind.[764]

Der BGH[765] ist demgegenüber der Ansicht, dass die Motive nicht zur Überprüfung des Familiengerichts stehen – es sei denn, dass der Zweck, den Kontakt zwischen dem Kind und dem anderen Elternteil zu vereiteln, im Vordergrund steht.

Wichtig:
Die ABR-Übertragung auf die Mutter reicht i. d. R. nicht, denn wenn diese nach Übersee zieht, kann der Vater die ihm verbleibenden Teilbereiche der ES nicht mehr ausüben. Rechtlich ist die Mutter also nur auf der sicheren Seite, wenn sie sich vor dem Abflug die Alleinsorge übertragen lässt.[766] Anderenfalls könnte ihr Verhalten als Entführung i. S. v. Art. 3 HKiEntÜ gewertet werden.

Im Einzelfall kann auch einmal der anwaltliche Hinweis angemessen sein, dass derartige Umzüge und die sich daran anschließenden Widrigkeiten bei der Umgangsausübung zum normalen Lebensrisiko eines Ehepartners gehören, der einen Ausländer bzw. eine Ausländerin heiratet.[767]

Etwas anders sind die **Auswanderungsfälle** zu werten. Der BGH[768] hat die Entscheidung eines OLG kassiert, in der der Mutter bei gemeinsamer ES das ABR übertragen worden war, weil sie zu ihrem neuen Lebensgefährten nach Mexiko auswandern wollte. Entscheidungsmaßstab ist, so der BGH[769], vornehmlich das Kindeswohl; an zweiter Stelle folgen die Elternrechte. Auf der einen Seite steht also die Handlungsfreiheit des auswanderungswilligen betreuenden Elternteils, auf der anderen Seite das Kindeswohl. Wenn der Wunsch dem Kindeswohl nicht widerspricht (im vorliegenden Fall lebten alle drei beteiligten Erwachsenen in sehr günstigen wirtschaftlichen Verhältnissen), steht der Wunsch der Mutter im Vordergrund. Alsdann hat eine Abwägung der Elterninteressen stattzufinden, v. a. im Hinblick auf die drohende Vereitelung der (hier allerdings ohnehin schwachen) Umgangskontakte des Vaters mit dem Kind. Die Problematik des „Leerlaufs" der anteiligen ES des Vaters wird nicht erörtert.

---

763 OLG Frankfurt FamRZ 2014, 323. Dort wurde einer türkischen Mutter das ABR übertragen. Sie konnte mit den Kindern in die Türkei übersiedeln.

764 OLG Koblenz FamRZ 2010, 1572.

765 BGH FamRZ 2011, 796.

766 S. FamRZ Köln 2010, 913.

767 Das schließt nicht aus, dass der Vater auch einmal Glück haben kann: Einem deutschen Vater wurde die Alleinsorge für ein 11-jähriges Kind zugesprochen, dessen Mutter (zunächst mit dem Kind) nach Paraguay zurückgekehrt war, weil sie mit ihrer persönlichen und beruflichen Situation unzufrieden war und sich vor ihren Schwiegereltern fürchtete (OLG Köln FamRZ 2009, 435).

768 BGH FamRZ 2010, 1060.

769 BGH FamRZ 2010, 1060.

2.10.4.3 Vorbeugende Schutzmaßnahmen gegen Entführer

Wenn bei väterlichen Gewaltverhältnissen auch nur eine geringe Chance besteht, dass das Sorgerecht nach der Scheidung (gemäß fremdem Recht) teilweise auf die Mutter übertragen wird, kann sich das deutsche Recht während der zeitlichen Durststrecke bis zur Rechtskraft der Scheidung noch Respekt verschaffen, und zwar nach Art. 8 I KSÜ, der Schutzmaßnahmen nach dem Recht des Aufenthaltsstaates vorsieht, die sich im Wege einer Anordnung nach § 49 FamFG verwirklichen lassen und immerhin geeignet sind, Kindesentführungen vorzubeugen sowie Zeit zu gewinnen, bis das manchmal rettende Ufer des Scheidungsverfahrens erreicht ist, in dem dann womöglich auch das fremde Recht – so etwa das der Türkei und des Iran – eine Sorgerechtsübertragung auf die Mutter erlaubt.

Dabei kann auf der Grundlage von § 1666 I BGB die Bundespolizei um präventivpolizeiliche Maßnahmen ersucht werden (sog. Grenzsperre).[770]

Für Sorgerechtsverfahren gilt Folgendes:

Formale Voraussetzung einer Entscheidung im Eilverfahren ist stets die Anhängigkeit des Hauptprozesses, also eines ordentlichen Verfahrens auf Übertragung der elterlichen Sorge. In der Praxis wird sein solches Eilverfahren nicht notwendig sein, weil es schon im Hauptverfahren nach dem Gesetz schnell gehen muss (s. § 155 II 2 FamFG: Verhandlung innerhalb von einem Monat ab Verfahrensbeginn).

Dagegen könnte der naheliegende Einwand vorgebracht werden, dass eine vorläufige Anordnung unter Zugrundelegung deutschen Familienrechts nicht ergehen dürfe, wenn der Hauptprozess nach dem dann ausnahmsweise anzuwendenden muslimischen Recht von der deutschen Mutter nicht gewonnen werden könne.[771] Dieser Einwand ist nur vordergründig richtig, denn der sorgerechtliche Hauptprozess kann durch den dritten Akt des Dramas im doppelten Sinne „überholt" werden, nämlich durch die Folgesache „elterliche Sorge" innerhalb des in Deutschland stattfindenden Scheidungsverfahrens. Für die Zeit nach Rechtskraft der Scheidung lassen sogar die meisten mohammedanisch geprägten Rechtsordnungen die Tür zur Sorgerechtsübertragung auf die Mutter zumindest einen Spalt breit offen.

Um eben dieser Chance willen besteht ein unabweisbares Bedürfnis nach einer vorläufigen Anordnung, die dem Vater die Entführung des Kindes (Ausreise mit dem Kind während der Umgangsrechtsausübung) verbietet, wenn dieser tatsächlich

---

[770] OLG Frankfurt FamRZ 2018, 1319, Aufnahme personenbezogener Daten in den Fahndungsbestand des polizeilichen Informationssystems. Die Mutter wollte hier – bei gemeinsamer ES – mit dem Kind nach Usbekistan auswandern.

[771] Nach Art. 14 I 1. EGBGB findet deutsches Scheidungsrecht Anwendung, wenn mindestens einer von beiden die deutsche Staatsangehörigkeit hat. Nach Art. 14 I Ziff. 2 ist deutsches Recht anzuwenden, wenn zwei Ausländer in Deutschland zusammengewohnt haben, und nach Ziff. 3 ist unser Recht anwendbar, wenn die Eheleute mit Deutschland auf andere Weise gemeinsam am engsten verbunden sind. M. a. W.: Es ist nicht ganz leicht, einen Fall zu bilden, in dem in Deutschland eine Scheidung nach fremdem materiellen Recht geschieden wird, zumal auch noch für Mehrstaater die Rechtswahl nach Art. 14 II EGBGB und für Sonstige nach Art 14 III EGBGB getroffen werden kann. Um z. B. das jordanische Scheidungsrecht zur Anwendung gelangen zu lassen, müssen beide Eheleute die jordanische Staatsangehörigkeit haben und nicht (mehr) in Deutschland wohnen.

Anstalten macht, das Kind in den Nahen Osten[772] oder in den fernen Westen zu verschleppen.[773] Allerdings reicht die nur **abstrakte Gefahr**, dass ein Elternteil mit dem Kind in Ausland fliegt, nicht aus.[774]

Inhalt der vorläufigen Anordnung kann vor allem ein Amtshilfeersuchen des Gerichts an die Grenzpolizei sein (auch an den Flughäfen), die Ausreise des Vaters zu unterbinden.

Nicht im Wege der vorläufigen Anordnung, wohl aber als Auflage im Rahmen einer Umgangsrechtsentscheidung zugunsten des Vaters (nach Alleinsorgeübertragung auf die Mutter) kommen als sehr bewährte Mittel in Betracht:

- Übergabe des Reisepasses für die Dauer der Umgangsrechtsausübung an die Mutter.[775]
- Ausreiseverbot und Grenzsperre (Anweisung an die Grenzpolizei, die Ausreise des Kindes zu verhindern).[776]
- Zurückführung des Umgangsrechts auf begleiteten Umgang.[777]
- Verweigerung der – im Wege der einstweiligen Anordnung begehrten – Zustimmung zur Erteilung eines Reisepasses für das Kind bei gemeinsamem Sorgerecht.[778]
- Vorlage einer von einem Richter des Heimatstaates unterzeichneten Erklärung, in der die Sorgerechtsübertragung auf die Mutter durch ein deutsches Gericht gebilligt wird. Selbst wenn dann die Entführung gelänge, könnte man mit dieser Erklärung sogar vor einem Gericht im Orient etwas anfangen.

Und für alle Maßnahmen gilt: Doppelt und dreifach genäht hält besser.

Im Rahmen der Folgenabwägung nach § 32 I BVerfGG wiegt eine einmonatige Verhinderung der väterlichen Umgangsrechtsausübung nicht so schwer wie die Gefahr, dass der Vater das Kind in einen Nichtvertragsstaat des HKiEntÜ entführt.[779]

---

[772] OLG Köln FamRZ 2002, 238 (Irak).

[773] OLG München FamRZ 1993, 94 (USA).

[774] OLG Frankfurt FamRZ 1999, 1004: Hier hatte der Vater Angst (oder gab vor Angst zu haben), dass seine in Deutschland beruflich voll integrierte Frau mit dem Kind nach China verschwinden würde. Ebenso FamG Kerpen FamRZ 2000, 50, 51: Die Entführungsangst der Mutter kann nicht dazu führen, dass prophylaktisch in allen Fällen, in denn eine Entführung (hier: nach Marokko) nicht vollständig ausgeschlossen werden kann, die (beaufsichtigende) Begleitung der Umgangskontakte angeordnet wird. Die Umgangsbeschränkung auf das Inland reicht aus. Ebenso BVerfG FamRZ 2010, 109: Keine räumliche Einschränkung des Umgangs auf das spanische Festland in einem Fall, in dem die (spanische) Mutter mit dem Kind in ihr Heimatland zurückgekehrt war und Angst hatte (oder zu haben vorgab), dass der Vater das Kind nach Deutschland entführen wollte.

[775] Diese Methode wurde befürwortet vom OLG Köln FamRZ 1972, 572, und vom OLG Brandenburg FamRZ 2003, 947. Für unzulässig erklärt wird sie vom OLG Karlsruhe FamRZ 1996, 424.

[776] KG FamRZ 2008, 1648; OLG Frankfurt FamRZ 2018, 1319.

[777] OLG Köln FamRZ 2005, 1770 (Ls).

[778] OLG Köln FamRZ 2002, 238: Die Mutter wollte verständlicherweise verhindern, dass der Vater den Reisepass missbrauchte, um mit dem Kind in sein Heimatland (Irak) zu fliegen.

[779] BVerfG FamRZ 1997, 1470.

Was ist zu tun, wenn die alleinsorgeberechtigte Mutter das Kind in ihr Heimatland (hier[780]: Portugal) mitnehmen will? Kann der Vater, der die Sorgeübertragung auf sich selbst beantragt, dagegen etwas ausrichten? Ja, sagt das OLG Hamm[781], allerdings nicht ganz so, wie der Vater sich das vorstellt, wohl aber in Gestalt einer Übertragung des Aufenthaltsbestimmungsrechts auf *beide* Eltern.

Die Übertragung des ABRs auf die Mutter allein kommt nicht in Betracht, wenn sie die bloße (durch nichts untermauerte) Befürchtung äußert, der Vater werde das Kind nach Syrien entführen.[782]

Wenn die Eltern-Kind-Beziehung eine Übertragung des ABR auf die Mutter gebietet, der Vater aber die begründete Befürchtung hegt, dass sie die Kinder in ihr Heimatland (hier: Türkei) entführen könnte, kommt eine Einschränkung des ABR auf das Hoheitsgebiet die Bundesrepublik Deutschland in Betracht.[783]

Der strafrechtliche Schutz ist stets gegeben. Egal, wer das Sorgerecht oder das Aufenthaltsbestimmungsrecht oder nur das Umgangsrecht hat – wer das Kind entführt, macht sich der Entziehung Minderjähriger schuldig (§ 235 StGB).[784] Das gilt, wie gesagt, selbst dann, wenn der entführende Elternteil das alleinige Umgangsrecht hat.[785]

Wenn das Kind dennoch entführt[786] wird, bleiben lediglich in günstigen Fällen (der Vater kehrt, wenn auch ohne Kind, nach Deutschland zurück) Zwangsmittel. Notfalls kann Ordnungshaft (§ 89 FamFG) angeordnet werden, um den widerspenstigen Vater zu veranlassen, das Kind aus dem Ausland zurückzubeordern.[787]

2.10.4.4 Kindesentführung im internationalen Recht (HKiEntÜ)

Eine wichtige Waffe gegen elterliche Eigenmächtigkeiten bietet das Haager Kindesentführungsübereinkommen (HKiEntÜ).[788] Dieses ist gemäß Art. 1 III, 22 und 96 der Brüssel IIb-VO[789] auch für alle EU-Staaten anwendbar.[790]

---

780 OLG Hamm FamRZ 1999, 394.

781 OLG Hamm FamRZ 1999, 394.

782 FamG Leipzig FamRZ 2007, 1836.

783 OLG Stuttgart FamRZ 2021, 686 mit Anm. *Rake*, S. 687.

784 BGH FamRZ 1999, 1344.

785 S. Abh. *Motzer* FamRZ 2000, 925, 927

786 Zu den begrifflichen Voraussetzungen der Entführung s. OLG Düsseldorf FamRZ 1994, 181.

787 OLG Hamm FamRZ 1993, 1479 gegen einen pakistanischen Vater.

788 Haager Übereinkommen über die zivilrechtlichen Aspekte internationaler Kindesentführung (HKiEntÜ), abgedruckt u. a. unter 33. im Beck-TB (Textsammlung) Familienrecht. Das Übereinkommen hat z. Zt. (2022) 101 Vertragsstaaten. Zur Einführung s. die Abhandlungen von *Bach* FamRZ 1997, 1051 ff. und *Lowe/Perry* FamRZ 1998, 1073. Zur Rspr. s. Abh. *Andrea Schulz* FamRZ 2003, 336.

789 Brüssel IIb ist die Fortentwicklung der Brüssel IIa-VO; zu den Einzelheiten s. Abh. *Hüßtege* FamRZ 2022, 1591.

790 S. Abh. *Schulz* FamRZ 2020, 1141, 1144.

Prozessual ist zu beachten, dass in manchen Bundesländern eine zentrale örtliche Zuständigkeit besteht[791] und dass seit dem 1.3.2005 das Internationale Familienrechtsverfahrensgesetz Anwendung findet.[792]

Die Annexzuständigkeit der Ehegerichte (vormals Art. 3 I Brüssel II-VO = EheVO) endet im Falle von Kindesentführungen ins Ausland, wenn innerhalb der Jahresfrist kein Rückführungsantrag nach dem HKiEntÜ gestellt worden ist und die Kinder im Ausland sozial integriert sind.[793]

In allen Fällen der Auslandsbeteiligung – sei es im Sinne des Aufenthalts des Kindes im Ausland, sei es im Sinne der Anwendung deutschen Rechts bei ausländischen Beteiligten – ist die Einschaltung eines **Verbindungsrichters** sinnvoll.[794]

2.10.4.4.1 Rückgabeverpflichtung

In Entführungsfällen[795] ist das Kind grundsätzlich sofort zurückzubringen (Art. 12 HKiEntÜ). Voraussetzung ist, dass das Kind überhaupt aus einem Staat mitgenommen worden ist, in dem es seinen gewöhnlichen Aufenthalt hatte (Art. 3 HKiEntÜ[796]). Dieser setzt voraus, dass das Kind jedenfalls länger als nur einige Monate da ist und den Schwerpunkt seiner Bindungen an dem betreffenden Ort hat.[797] Faustregel: Sechs Monate Aufenthalt, der Wille zu bleiben (*settled intention*)[798], und eine gewisse Integration in ein soziales und familiäres Umfeld.[799] Auf formale Anknüpfungspunkte (Meldung mit erstem Wohnsitz oder auch Sozialhilfe- und Kindergeldbezug) kommt es nicht an[800]; entscheidend ist der tatsächliche Aufenthaltsort über mindestens ein halbes Jahr hinweg.[801] Lebt das Kind nach dem Elternwillen abwechselnd 6 Monate im Staat A und anschließend 6 Monate im Staat B (erst beim einen, dann beim anderen Elternteil), bleibt sein gewöhnlicher Aufenthaltsort dort, wo es lebte, als der ständige Ortswechsel begann.[802]

---

[791] In Niedersachsen ist erstinstanzlich ausschließlich das OLG Celle zuständig, s. OLG Oldenburg FamRZ 2003, 1479.

[792] S. Abh. *Dutta/Scherpe* FamRZ 2006, 901.

[793] BGH FamRZ 2005, 1540.

[794] I. E.: Abh. *Menne* FamRZ 2018, 1644.

[795] Keine Entführung kann auch gegeben sein, wenn ein Elternteil das ABR bei i. Ü. gemeinsamem Sorgerecht hat und mit dem Kind ins (auch entfernte) Ausland übersiedelt. Der vom OLG Köln FamRZ 2010, 913 entschiedene Fall war dadurch gekennzeichnet, dass die Mutter mit dem Kind nach Thailand flog und der Vater fortan daran gehindert war, die den Eltern gemeinsam zustehenden Teilbereiche der ES (Gesundheit, Vermögen, Religion usw.) auszuüben.

[796] Dabei muss das *Verbringen* des Kindes *widerrechtlich* sein, weil es das Sorgerecht der oder des Sorgerechtsinhabers verletzt. Sorgerechtsinhaber können nach englischem Recht auch Behörden und Gerichte sein (*any other body*), so KG FamRZ 2022, 1485.

[797] OLG Düsseldorf FamRZ 1999, 112.

[798] OLG Frankfurt FamRZ 2006, 883.

[799] KG FamRZ 2014, 495 (Ls).

[800] OLG Karlsruhe FamRZ 2003, 955.

[801] OLG Karlsruhe FamRZ 2003, 956.

[802] OLG Rostock FamRZ 2001, 642; anders OLG Stuttgart FamRZ 2003, 959: Bei alternierenden Aufenthalten wechselt auch der gewöhnliche Aufenthalt (jeweils Deutschland/Frankreich).

Was gar nicht geht, ist die „Rückführung" des Kindes an einen Elternteilwohnort, den es gar nicht kennt. Denn Schutzzweck von Art. 12 HKiEntÜ ist die Rückführung des Kindes an den Ort seines früheren gewöhnlichen Aufenthalts.

Beispiel aus der Rspr.: Mutter Deutsche, Vater Franzose; das Kind wächst auf der Kanareninsel La Palma (Spanien) auf, die Mutter entführt es nach Deutschland, der Vater verlangt Rückführung nach Frankreich.[803] Der Vater hätte hier nur Erfolg haben können, wenn er auf La Palma geblieben wäre.

Je jünger das Kind ist, desto größeres Gewicht hat die Lebensplanung seiner Eltern.[804]

Wenn die Kinder von einem Mitgliedsstaat des HKiEntÜ in einen anderen entführt werden[805], stellt sich die Frage, ob das Gericht des „Zufluchtsstaats", also des Landes, in dem der Zielort der Deportation des Kindes liegt, an die Entscheidung des Gerichts im Ursprungsland gebunden sind. Das OLG Hamm[806] meint: Ja, denn nach Art 3 a HKiEntÜ ist das Recht des Herkunftsstaats maßgebend, über dessen bessere Kenntnis der dortige Richter verfügt. Er hat, so das OLG Hamm[807] bescheiden, auch die besseren Möglichkeiten der Sachaufklärung.

Das OLG Bamberg[808] fasst das rechtliche Instrumentarium zusammen, das Elternteilen zur Verfügung steht, deren Kinder vom Ausland nach Deutschland entführt werden:

- Sie können Rückgabe nach dem HKiEntÜ verlangen.
- Sie können die Zwangsvollstreckung aus einer im Ausland ergangenen Umgangsrechtsregelung betreiben[809], wobei zum Vollstreckungsinstrumentarium auch die Zwangshaft gehört.[810]
- Sie können die Neuregelung des Umgangs durch deutsche Gerichte fordern.[811]

Ergänzend gilt:

Im Rahmen eines in Deutschland anhängigen Verfahrens nach Entführung ins Ausland kann als **Zwischenentscheidung** eine **Widerrechtlichkeitsbescheinigung** nach

[803] OLG Rostock FamRZ 2022, 373.

[804] OLG Schleswig FamRZ 2000, 1426 – eine ziemlich dialektische Entscheidung, weil sie im Kern nicht darauf abstellt, wo das Kind die längste Zeit seines Lebens verbracht hat, sondern darauf, wo es weiter gelebt hätte, wenn die Eltern sich nicht getrennt hätten.

[805] Entscheidend ist, dass das Kind vom einen in den anderen Vertragstaat dauerhaft transferiert worden ist; Zwischenaufenthalte nicht Nichtvertragssaaten (hier: Senegal) sind unerheblich, KG FamRZ 2019, 39 (Ls).

[806] OLG Hamm FamRZ 2000, 370 (Entführung aus Schweden nach Deutschland).

[807] OLG Hamm FamRZ 2000, 370.

[808] OLG Bamberg FamRZ 2000, 1098 (Ls).

[809] Die Anerkennungsfähigkeit der ausländischen Entscheidung ist nicht in einem gesonderten Verfahren, sondern inzidenter im Vollstreckungsverfahren zu prüfen, so OLG Bamberg FamRZ 2000, 1098 (Ls).

[810] OLG Stuttgart FamRZ 2002, 1138.

[811] Art. 3 Ia HKiEntÜ analog.

Art. 15 HKiEntÜ erteilt werden.[812] Gegen die Entscheidung hierüber ist Beschwerde zulässig.[813]

Prozessual ist zu beachten, dass gegen eine Entscheidung des Familiengerichts Beschwerde eingelegt werden kann. Die Frist für die Beschwerde incl. Beschwerdebegründung (!)[814] beträgt nach § 40 II des Internationalen Familienrechtsverfahrensgesetzes (IntFamRVG, auch *Brüssel IIb VO* genannt) zwei Wochen. Wird die Frist infolge einer falschen Rechtsmittelbelehrung versäumt, besteht kein Recht auf Wiedereinsetzung.[815]

Die Zurücknahme eines Rückführungsantrags hindert einen weiteren Antrag nicht; der Erstantrag gilt als *ex tunc* nicht anhängig gewesen.[816]

Kindesentführungen sind auch strafrechtlich relevant, selbst dann, wenn sie „nur" dem Zweck dienen, das mütterliche Umgangsrecht zu konterkarieren:

Handelt es sich bei diesen Vätern um Ausländer, zumeist solche aus dem islamischen Kulturkreis, die mit einer deutschen Frau verheiratet sind oder waren, und lassen sich diese Väter dazu hinreißen, mit dem Kind einen Heimaturlaub anzutreten, um die Mutter auszubooten, kommt eine Bestrafung wegen Kindesentführung (§ 235 StGB) in Betracht[817] (s. a. **2.10.4.4.7**).

2.10.4.4.2 Ausschluss der Rückführungsverpflichtung

Die Rückführungsverpflichtung kann nach Art. 13 Ib HKiEntÜ ausgeschlossen sein, wenn bei Rückgabe schwerwiegende Gefahren für das Kind drohen[818], ferner, wenn sich das Kind eingelebt hat[819], der andere Elternteil sich auf die Entführung eingelassen, d. h. sie konkludent oder ausdrücklich genehmigt hat[820] (Art. 13 Ia HKiEntÜ),

---

[812] OLG Nürnberg FamRZ 2009, 240. S. hierzu auch Abh. *Pietsch* FamRZ 2009, 1730.

[813] KG FamRZ 2021, 1910.

[814] OLG Bamberg FamRZ 2016, 835; OLG Stuttgart FamRZ 2020, 2024. Während der Zweiwochenfrist ist die Beschwerde also auch zu begründen.

[815] OLG Nürnberg FamRZ 2022, 711.

[816] OLG Nürnberg FamRZ 2019, 369 (Ls).

[817] BGH FamRZ 1999, 651.

[818] OLG Bamberg FamRZ 1994, 182 und OLG Düsseldorf FamRZ 1994, 185; ferner OLG Karlsruhe FamRZ 2000, 1428 zum Kind eines Vaters, der die Rückführung begehrt, obwohl er gerade wegen Diamantenraubes unter Anklage steht. Die Rückführung kann auch ausgeschlossen sein, wenn sich im Vertragsstaat (hier: Thailand) schwere politische Unruhen ereignen, OLG Stuttgart FamRZ 2009, 2015. OLG Stuttgart FamRZ 2015, 1631: Keine Rückführung nach Italien, weil diese das Kind in eine unzumutbare Lage brächte (mehrfaches Hin und Her). EuGHMR FamRZ 2019, 1239: Ebenfalls keine Rückführung (aus Rumänien) nach Italien, wenn das Kind dort vorhersehbar häuslicher Gewalt ausgesetzt sein würde. Verneint wird die schwerwiegende Gefahr in OLG Nürnberg FamRZ 2010, 1575 (beide Eltern Polen).

[819] So OLG Koblenz FamRZ 1994, 183 nach Art. 12 II HKiEntÜ, dessen Anwendung voraussetzt, dass das Rückführungsverlangen innerhalb eines Jahres nach der Entführung gestellt wird.

[820] OLG Karlsruhe FamRZ 2006, 1699. Die Beweislast für die Zustimmung oder Genehmigung trägt natürlich der Entführende, FamG Rostock FamRZ 2009, 625 und OLG Stuttgart FamRZ 2009, 2017. Wenn ein Kind durch den Vater von Rumänien nach Deutschland entführt wird und die Mutter dies im Zuge der Wahrnehmung von Umgangskontakten nie in

oder die Rückführung die dauernde Trennung von der Mutter bedeuten würde, die bis dahin die Betreuung ganz überwiegend geleistet hatte.[821] Letzteres schlägt um so mehr dann als Argument durch, wenn der Vater die Betreuungsarbeit berufsbedingt nicht leisten kann und auf seine Mutter verweist, die das Kind noch nie gesehen hat.[822] Erst recht ist die Rückführung ausgeschlossen, wenn die erörterten Gesichtspunkte kumulativ gegeben sind.[823]

Dass Rückführungshindernisse nach Art. 13 HKiEntÜ auch dann noch berücksichtigungsfähig sind, wenn der Rückführungsbeschluss bereits rechtskräftig ist, ist unumstritten.[824]

Umstritten ist aber die Frage, ob die Hindernisse nur im Vollstreckungsverfahren zu prüfen sind[825] oder im Rahmen eines erneuten Erkenntnisverfahrens.[826]

Man darf nicht übersehen, dass die Rückgabe nur sehr selten mit einer schwerwiegenden Gefahr eines körperlichen oder seelischen Schadens für das Kind verbunden ist. Denn das HKiEntÜ geht gerade von dem Grundsatz aus, dass die Rückgabe dem Kindeswohl am ehesten entspricht.[827] Der Ausnahmetatbestand (Ausschluss der Rückführung) ist restriktiv auszulegen.[828] Er greift nach Auffassung des OLG Schleswig[829] nicht einmal dann, wenn das Kind versucht hat, sich das Leben zu nehmen, sofern die fortbestehende Suizidgefahr erkennbar nicht auf den aktuellen Aufenthaltsort des Kindes (hier: Polen), sondern auf die Streitigkeiten der Eltern zurückzuführen ist.

Auch hat der entführende Elternteil trotz des nur summarischen Charakters des Rückführungsverfahrens nicht nur eine Glaubhaftmachungs-, sondern die volle Beweisführungslast, sodass eine eigene eidesstattliche Versicherung unstatthaft ist.[830]

Die Rückführung kann ferner ausgeschlossen sein, wenn die Kinder – sofern sie ein Alter und eine Reife erlangt haben, angesichts derer es angebracht erscheint, ihre

---

Frage stellt, kann dies als Einverständnis mit dem neuen Aufenthaltsort gewertet werden (OLG Düsseldorf FamRZ 2018, 760). Jegliche Genehmigung ist unwiderruflich (OLG Düsseldorf FamRZ 2018, 760). Die Genehmigung kann auch längere Zeit im Voraus erteilt werden (OLG Nürnberg FamRZ 2022, 533).

821 BVerfG FamRZ 1995, 663.

822 OLG München FamRZ 1998, 386.

823 OLG Zweibrücken FamRZ 2010, 913: Der US-amerikanische Vater hatte den Umzug der Frau nach Deutschland zunächst gebilligt; das Kind hatte keine Bindungen zum Vater und das Interesse des Vaters am Kindeswohl war gering.

824 Eine Aussetzung er Vollstreckung kommt aber nur in Betracht, wenn die Sachlage sich seit der Rückführungsentscheidung in unvorhersehbarer Weise geändert hat. Dann besteht Vollstreckungsschutz nach § 44 III des deutschen Ausführungsgesetzes zum HKiEntÜ, so KG FamRZ 2022, 222.

825 So OLG Karlsruhe FamRZ 2018, 39 (Ls); OLG Saarbrücken FamRZ 2018, 40 (Ls); OLG Frankfurt FamRZ 2022, 1941.

826 So OLG Hamm FamRZ 2021, 1990.

827 OLG Hamm FamRZ 1999, 948 (Rückführung eines von der Mutter aus England nach Deutschland entführten Kindes)

828 OLG Karlsruhe FamRZ 2002, 1141.

829 OLG Schleswig FamRZ 2020, 1384 (Ls). **A. A.:** OLG Frankfurt FamRZ 2020, 1384 (Ls); allerdings war die drohende Rückführung der Auslöser für das Suizidrisiko.

830 FamG Saarbrücken FamRZ 2003, 398.

Meinung zu berücksichtigen[831] – sich eindeutig für ein Verbleiben an ihrem jetzigen Aufenthaltsort aussprechen (Art. 13 II HKiEntÜ). Dies berücksichtigen die deutschen Gerichte besonders gern, wenn die Kinder nach Deutschland entführt worden sind.[832] Interessanterweise wird auch nur darauf abgestellt, ob der Kindeswille *„verfestigte psychische Realität"* ist, nicht dagegen, ob er fremdbestimmt ist oder nicht.[833] Ab ca. 10 Jahren ist der Kindeswille von ausschlaggebender Bedeutung, denn fortan ist er nicht mehr ohne Kindeswohlgefährdung wandelbar.[834]

Befremdlich erscheint die Entscheidung des OLG Hamm vom 22. 12. 2016.[835]

In Kurzform der Sachverhalt: Vater Franzose, Mutter Deutsche, zwei kleine Kinder, wöchentliches Wechselmodell. Der Vater bringt die Kinder nach Deutschland, die Mutter gibt Wohnung und Arbeitsstelle auf und flieht an einen unbekannten Ort im Inland, wo sie mit den Kindern ca. 1 ½ Jahre lebt. Die Mutter wird in Frankreich per Haftbefehl gesucht. Das Gericht: Bei Rückführung der entführten Kinder nach Frankreich droht ihnen ein seelischer Schaden, und eine Übersiedlung der Mutter nach Frankreich ist ihr wegen des Haftbefehls nicht zuzumuten.

Quintessenz: Belohnung der Selbstjustiz.

Vernünftig ist allemal das Diktum des BVerfG aus dem Jahre 1998[836], wonach den Kindern schon in der ersten Instanz ein Verfahrensbeistand beizuordnen ist, wenn zu befürchten ist, dass die Interessen der Eltern in einen Konflikt zu denen ihrer Kinder geraten.

In der Regel sind die Kinder zurückzubringen.[837] Eine Ausnahme nach Art. 13 I HKiEntÜ kommt nur unter besonders strengen Voraussetzungen in Betracht, namentlich bei schwerwiegenden Beeinträchtigungen des Kindeswohls (Körper oder Seele) im Falle der Rückführung des Kindes.[838] Die Corona-Infektionslage in Frankreich gehört z. B. nicht dazu.[839]

---

[831] Eine starre Altersgrenze kann nicht gezogen werden; insbesondere geht das HKiEntÜ nicht von einem Alter von 15 Jahren aus (BVerfG FamRZ 1999, 1053). Vier und fünf Jahre alte Kinder besitzen aber nicht die erforderliche Reife, sich zu „widersetzen", OLG Stuttgart FamRZ 2019, 1543 (Ls).

[832] S. OLG Celle FamRZ 1995, 598: Englische Mutter gegen deutschen Vater; die Kinder waren sieben bzw. neun Jahre alt und konnten bleiben; OLG Brandenburg FamRZ 1997, 1098: Zwei 11 und 12 Jahre alte Kinder widersetzen sich der Rückführung zu ihrem Vater in Frankreich und dürfen bleiben.

[833] OLG Karlsruhe FamRZ 2006, 1403.

[834] OLG Karlsruhe FamRZ 2006, 1403.

[835] OLG Hamm FamRZ 2017, 1679.

[836] BVerfG FamRZ 1999, 85.

[837] OLG München FamRZ 1994, 1338 und OLG Frankfurt FamRZ 1994, 1339.

[838] BVerfG FamRZ 1996, 405; das Gericht lehnte dort den Antrag einer deutschen Mutter ab, die die Rückführung des Kindes zu seinem kanadischen Vater verhindern wollte. Eine schwere Beeinträchtigung des Kindeswohls ist nicht schon dann gegeben, wenn das Kind am Entführungszielort (hier: Deutschland) besser therapiert werden kann als am ursprünglichen Aufenthaltsort (hier: Finnland), OLG Schleswig FmRZ 2021, 1220.

[839] OLG Düsseldorf FamRZ 2021, 525.

Auf Nachteile, die der entführende Elternteil erleiden könnte, wenn er die Kinder selbst zurückbrächte, kommt es nicht an: Lehnt eine Mutter es ab, die von ihr nach Deutschland entführten Kinder nach Amerika zurückzubringen[840], kann sie sich nicht darauf berufen, dass die Rückkehr der Kinder ohne Begleitung der Entführerin die besagten Kinder einer schwerwiegenden Gefahr aussetze. Denn wer eine Gefahr schafft, kann diese Gefahr nicht als der Rückführung entgegenstehend für sich argumentativ nutzen.[841]

Das OLG Hamburg[842] ist der Auffassung, dass die Kinder dem Sorgeberechtigten sofort ohne die Prüfung zurückzugeben sind, ob die Rückgabe dem Kindeswohl entspricht. Das mag in Fällen unproblematisch sein, in denen die Kinder – wie hier – noch gar keine Gelegenheit hatten sich einzuleben, und in denen man sich unter dem Blickwinkel des *ordre public* keine Sorgen zu machen braucht (hier: Niederlande). Als genereller Grundsatz taugt der Beschluss des OLG Hamburg[843] sicher nicht.

2.10.4.4.3 Kasuistik

Rückführungsbeschlüsse wurden in folgenden Fällen erlassen:

- Iranische Mutter entführt die gemeinsame Tochter aus Australien nach Deutschland, obwohl der Vater das Sorgerecht hat[844]
- Deutsche Mutter fährt mit ihren Kindern von Schweden nach Deutschland und bleibt gegen den Willen des schwedischen Vaters hier. Das BVerfG[845] sah für den Fall des Daueraufenthalts in Schweden keine ungewöhnlich schwerwiegenden Beeinträchtigungen des Kindeswohls. Ergo Rückführung der Kinder nach Schweden.
- Deutsche Mutter entführt das Kind widerrechtlich aus Virginia/USA nach Deutschland. Rückführung ist keine Beeinträchtigung des Kindeswohls, auch wenn das Kind noch sehr klein und nur an den Kontakt mit der Mutter gewöhnt ist.[846]
- Deutsche Mutter, mit Amerikaner verheiratet, entführt zwei Kinder widerrechtlich aus den USA nach Deutschland. Sie erklärt die Bereitschaft, in die USA zurückzukehren. Die neunjährige Tochter will in Deutschland bleiben. Ihre Entscheidungsfähigkeit wird als *eher unterdurchschnittlich* bewertet.[847] Also zurück in die USA.

---

840 Hier bestand die Besonderheit, dass mit einer strafrechtlichen Verfolgung in den USA nicht einmal zu rechnen gewesen wäre.

841 OLG Zweibrücken FamRZ 2001, 643, 644. Mangels Zwischenlandungen droht Kindern auf Flugreisen ohnein keine Gefahr von dritter Seite.

842 OLG Hamburg FamRZ 1996, 685, mit kritisch-banger Anmerkung von *Diedrich*, ebd.

843 OLG Hamburg FamRZ 1996, 685.

844 OLG Stuttgart FamRZ 1996, 688.

845 BVerfG FamRZ 1999, 641.

846 OLG Bamberg FamRZ 2000, 371.

847 OLG Nürnberg FamRZ 2004, 726 f.

- Deutsche Mutter, mit einem deutschen Bundeswehrpiloten verheiratet, entführt das (wahrscheinlich von ihm stammende) Kind von New Mexico nach Deutschland.[848]
- Zwei von der deutschen Mutter anlässlich des Besuchs der Kinder in Deutschland „einbehaltene" Sprösslinge werden zu ihrem spanischen Vater nach Mallorca zurückgeschickt.[849]
- Achtjähriges Mädchen muss gegen seinen Willen zurück zum Vater nach Irland.[850]
- Zwei Kinder werden von den Niederlanden nach Deutschland gebracht.[851] Kinder müssen zurück.
- Deutsche Mutter, verheiratet mit einem Briten, entführt die gemeinsamen 6 ½ und 4 Jahre alten Kinder trotz des väterlichen Mitsorgerechts[852] von Großbritannien nach Deutschland.[853] Kinder müssen zurück.
- Mutter entführt Kind von Italien nach Deutschland: Kind will in Deutschland bleiben, dringt damit aber nicht durch.[854]
- Mutter entführt 7-jähriges Kind von Australien nach Deutschland; der Widerstand des Kindes gegen die Rückführung bleibt außer Betracht.[855]

Gegen die Vollziehung einer rechtskräftigen Rückführungsentscheidung ist die **einstweilige Anordnung nach § 32 I BVerfGG** zulässig[856], hat aber in der Regel keinen Erfolg, weil bei der Folgenabwägung vor allem berücksichtigt werden muss, dass das widerrechtlich in einen anderen Vertragsstaat verbrachte Kind möglichst schnell zurückzuführen ist.[857]

Nachspiel:

Wenn das Kind vor der Entscheidung des Rechtsmittelgerichts bereits ins Ausland zurückgebracht worden ist, wird die sofortige Beschwerde gegen die Rückführungsanordnung dadurch nicht unzulässig (**str.**).[858]

---

848 EuGHMR FamRZ 2007, 1527.

849 KG FamRZ 1997, 1098.

850 OLG Düsseldorf FamRZ 1999, 949.

851 OLG Naumburg FamRZ 2007, 1586.

852 An die Ausübung des Mitsorgerechts sind keine hohen Anforderungen zu stellen. Beweispflichtig für die Nichtausübung ist der Elternteil, der sich der Rückführung (nach Entführung) widersetzt, s. OLG Dresden FamRZ 2002, 1136, 1137. Das BVerfG nahm die Verfassungsbeschwerde der Mutter nicht an (zum weiteren Verlauf s. FamRZ 2003, 468).

853 OLG Hamm FamRZ 2002, 44: Zwangsläufig auftretende Beeinträchtigungen der Kinder im Fall der Rückführung nach Großbritannien (vorübergehender Kindeswunsch, Schwierigkeiten bei der Wohnungssuche) hindern die Rückführung nicht (im Gegensatz zu ungewöhnlich schweren Beeinträchtigungen des Kindeswohls).

854 OLG Hamm FamRZ 2005, 1702.

855 OLG Schleswig FamRZ 2005, 1703 (Ls). Ganz ähnlich die Fehlentscheidung des OLG Karlsruhe FamRZ 2010, 1577: Das Kind musste wieder nach Australien, obwohl der Vater vorher einen Zwangsaufenthalt von Mutter und Kind in Australien verursacht hatte.

856 BVerfG FamRZ 2005, 1657.

857 BVerfG FamRZ 2016, 1571.

858 OLG Celle FamRZ 2002, 569 gegen OLG Koblenz FamRZ 2004, 1512.

Der EuGHMR[859] hat am 25. 1. 2000 eine wichtige Regelungslücke geschlossen: Vielfach verhält es sich so, dass die Gerichte die ersehnte Herausgabeentscheidung treffen, aber die zuständigen Exekutivorgane die Entscheidung – sei es aus Schlampigkeit, sei es aus Kumpanei – nicht umsetzen. In der besagten Entscheidung[860] wurden der französischen Mutter zweier vom Vater nach Rumänien entführter Kinder gegen den rumänischen Staat 100.000 Franc als Ersatz des immateriellen Schadens und 86.000 Franc als Auslagenersatz für acht vergebliche Reisen nach Rumänien zugesprochen.[861]

Das OLG Zweibrücken[862] stellte im Beschluss vom 21.3.2001 klar, dass Art. 13 HKiEntÜ nicht nur für die Herausgabeanordnung, sondern auch für das Rückgabeverfahren insgesamt einschließlich der Vollstreckung gilt.

In folgenden Fällen wurde das Rückführungsgesuch zurückgewiesen (d. h. die Kinder durften bleiben, wohin sie entführt worden waren):

- Deutsche Mutter reist nach der Trennung von ihrem US-amerikanischen Ehemann mit den ehelichen Kindern (6 und 10 Jahre alt) nach Deutschland; die Kinder widersetzen sich der Rückkehr in die USA nachdrücklich.
- Gleiche Grundkonstellation, jedoch Trennung schon 1992 und Wegzug der Mutter aus den USA zwei Jahre später: Das Gericht lehnt die Rückführung mit dem Argument ab, der Vater habe das Sorgerecht schon seit Jahren nicht mehr ausgeübt.[863]
- Gleiche Grundkonstellation, jedoch ist der Vater „führender Vormund" (*managing conservator)* des knapp 13-jährigen Kindes nach texanischem Recht. Das mit der Mutter nach Deutschland übergesiedelte Kind verweigert die Rückkehr zum Vater.[864]
- Die Mutter müsste im Falle der Rückführung des Kindes, für das sie die primäre Bezugsperson ist, in Kanada mit ihrer Verhaftung rechnen, könnte aber gleichwohl auf alleinige Übertragung der ES hoffen (Vater ist ein Taugenichts), mit der Folge, dass sie dann abermals, diesmal legal, mit dem Kind nach Deutschland ausreisen könnte.[865]
- Der Vater nimmt sein Umgangsrecht über 15 Monate hinweg völlig unzureichend wahr. Das Kind, mit dem die Mutter von Polen nach in Deutschland übergesiedelt war, kann in Deutschland bleiben.[866]

---

[859] Abh. *Schulz* FamRZ 2001, 1420.

[860] Abh. *Schulz* FamRZ 2001, 1420.

[861] Abh. *Schulz* FamRZ 2001, 1420, 1424.

[862] OLG Zweibrücken FamRZ 2001, 1536. Freilich wurde dort die Gewaltanwendung gegen das Kind im Rahmen der Vollstreckung wegen der Gefahr eines körperlichen und seelischen Schadens für das Kind abgelehnt.

[863] KG FamRZ 1996, 691.

[864] FamG Würzburg FamRZ 1998, 1319.

[865] OLG Rostock FamRZ 2002, 46, 48.

[866] OLG Hamm FamRZ 2004, 1513. Das Desinteresse des Vaters komme einer *„Aufgabe seines Sorgerechts gleich"*, so das Gericht. Die Eltern hatten die gemeinsame ES.

- Lettische Mutter entführt ihr Kind aus Italien in ihr Heimatland; nach einem Gutachten sind Krankheiten und neurotische Probleme im Falle der Trennung des Kindes von seiner Mutter zu befürchten.[867]

2.10.4.4.4 Rückführung und Sorgerecht

Von der Frage der widerrechtlichen Entführung ist die Sorgerechtsfrage zu unterscheiden. Das OLG Hamm[868] folgert aus Art. 16 HKiEntÜ[869] zutreffend, dass von deutschen Gerichten über das Sorgerecht und das Aufenthaltsbestimmungsrecht erst entschieden werden darf, wenn ein Rückgabeantrag nicht binnen angemessener Frist gestellt wird oder über das Rückgabeersuchen negativ geurteilt worden ist. Im zweiten Fall dauert das Entscheidungsverbot fort, bis über den im Ausland (hier: Schweden) schwebenden Sorgerechtsstreit entschieden ist. Die Sperrwirkung gegen eine Entscheidung im Aufenthaltsstaat erstreckt sich sogar auf ein Eilverfahren betr. Vollziehung der Rückgabeanordnung.[870]

Der BGH hat in seinem Beschluss vom 16. 8. 2000[871] ebenso entschieden: Wenn nach einer rechtskräftigen Rückgabeanordnung die Vollstreckung betrieben wird, dürfen die Gerichte des Zufluchtstaates (unfreundlich gesagt: des Landes, in das das Kind entführt worden ist) keine Sorgerechtsentscheidung treffen. Der BGH[872] arbeitet hier auch sehr klar das Ziel des Abkommens (HKiEntÜ) heraus: Die Wiederherstellung des *status quo ante* steht an erster Stelle. Weiter:

> *„Der Entführer soll davon abgebracht werden, im Zufluchtsstaat eine ihm günstige Sorgerechtsentscheidung anzustreben, um die von ihm geschaffene tatsächliche Situation zu einer gesetzlichen zu machen."*[873]

Bei kollidierenden Rechten – beide Eltern sind sorgeberechtigt – ist die Frage von Bedeutung, ob die Kinder in ein Land gebracht werden sollen, das dem HKiEntÜ nicht beigetreten ist (hier: Ägypten); wenn ja, bleiben die Kinder allemal in Deutschland.[874]

---

[867] EuGHMR FamRZ 2011, 1482 unter Hinweis auf Art. 8 EMRK. Art. 8 I EMRK ist auch verletzt, wenn von Exekutive und Parlament eines Staates (hier: Litauen) sowie von der Presse Druck auf die Judikative ausgeübt wird (EuGHMR FamRZ 2020, 496 mit Anm. *Tertsch*, S. 498).

[868] OLG Hamm FamRZ 2000, 373.

[869] Danach dürfen die Gerichte der Vertragsstaaten eine Sachentscheidung über das Sorgerecht erst treffen, wenn entschieden ist, dass das Kind aufgrund dieses Übereinkommens nicht zurückzugeben ist, oder wenn innerhalb angemessener Frist nach der Mitteilung kein Antrag nach dem Übereinkommen gestellt wird.

[870] OLG Stuttgart FamRZ 2000, 374.

[871] BGH FamRZ 2000, 1502.

[872] BGH FamRZ 2000, 1502.

[873] BGH FamRZ 2000, 1502, 1503.

[874] BVerfG FamRZ 1996, 479.

2.10.4.4.5 Anerkennung ausländischer Entscheidungen

Findet das HKiEntÜ keine Anwendung – etwa deshalb, weil ein betroffenes Land das Abkommen nicht ratifiziert hat – kommt das EuSorgÜ[875] zum Zuge. Da auch dieses Regelwerk den Zweck hat, Kindesentführungen zu bekämpfen, ist Art. 10 Ib EuSorgÜ (Ausschluss der Anerkennung und der Vollstreckung von Sorgerechtsentscheidungen) eng auszulegen.[876]

Die Anerkennungsfähigkeit der ausländischen Entscheidung ist nicht in einem gesonderten Verfahren, sondern inzidenter im Vollstreckungsverfahren zu prüfen.[877]

Der deutsche *ordre public* gilt auch für das Prozessrecht: Wenn das Kind vor Erlass der ausländischen (hier: italienischen) Entscheidung dort nicht angehört worden ist, ist der besagten Entscheidung die Anerkennung zu versagen.[878] Zurückhaltender war hier das OLG Köln[879] in einem Fall der Anerkennung einer in Polen getroffenen Vaterschaftsfeststellung: Obwohl die Vaterschaft hier allein aufgrund einer Aussage der Großmutter des Kindes festgestellt worden war, wurde ein rechtsstaatliches Verfahren vermutet und die Entscheidung in Deutschland anerkannt.

2.10.4.4.6 Vollstreckung

Hier gelten die gleichen Maßstäbe wie beim innerstaatlichen Kindesherausgabeanspruch:

Falls das Kind nicht freiwillig herausgegeben wird, bedarf es eines Beschlusses nach § 89 FamFG, demzufolge Ordnungsgeld und Ordnungshaft bis zu 6 Monaten verhängt werden, sowie schließlich auch für den Fall, dass „alle Stricke reißen", dem berechtigten Elternteil gestattet wird, zur Durchsetzung der Herausgabe Gewalt zu gebrauchen (§ 90 I FamFG). Letzteres ist allerdings, wie das OLG Hamburg[880] klarstellt, keine Einladung zur Selbsthilfe in Form von Faustrecht, sondern die Erlaubnis, dem Gerichtsvollzieher einen Vollstreckungsauftrag zu erteilen. Dieser ist endlich zur Gewaltanwendung (notfalls unter Zuhilfenahme der Polizei) befugt, nicht nur gegenüber dem sich widersetzenden Elternteil, sondern auch gegenüber den Personen, an die das Kind durch den besagten Elternteil „weitergereicht" worden ist.[881]

Wenn das Kind sich in Deutschland aufhält, können Ordnungsmittel auch dann verfügt werden, wenn die Sachentscheidung nach französischem Recht ergangen ist.[882] Diese ist nach der Brüssel IIa-VO ohne besonderes Anerkennungsverfahren vollstreckbar.[883]

---

[875] Europäisches Übereinkommen über die Anerkennung und Vollstreckung von Entscheidungen über das Sorgerecht für die Kinder und die Wiederherstellung des Sorgerechtsverhältnisses vom 20.5.1980.

[876] OLG Frankfurt FamRZ 1995, 1372.

[877] OLG Bamberg FamRZ 2000, 1098 (Ls).

[878] OLG Schleswig FamRZ 2008, 1761.

[879] OLG Köln FamRZ 2008, 1763.

[880] OLG Hamburg FamRZ 1994, 1128.

[881] OLG Zweibrücken FamRZ 2004, 1592.

[882] OLG Hamm FamRZ 2018, 1938.

[883] So auch EuGH FamRZ 2019, 56.

Deutsche Umgangstitel können auch im Ausland vollstreckt werden.[884] Umgekehrt kann ein ausländischer Titel auf Kindesherausgabe auch in Deutschland vollstreckt werden.[885]

Gewalt (unmittelbarer Zwang) gegenüber Kindern ist im Umgangsrecht unzulässig (§ 90 II 1 FamFG). In sonstigen Fällen (v. a. Kindesherausgabe) kommt Gewaltanwendung als *ultima ratio* in Betracht (§ 90 II 2 FamFG)[886], sofern die gewaltsame Herausnahme des Kindes aus dem Haushalt des aktuell betreuenden Elternteils nicht kindeswohlwidrig ist.[887]

2.10.4.4.7 Strafrechtliche Aspekte

Nie sollte vergessen werden, dass ausgrenzende Eltern vielfach männlichen Geschlechts sind. Auch Umgangsrechtsvereitelungen gehen von Vätern aus. Handelt es sich bei diesen Vätern um solche aus dem islamischen Kulturkreis, die mit einer deutschen Frau verheiratet sind oder waren, und treten diese Väter mit dem Kind einen „Heimaturlaub" an, der sich dann als Daueraufenthalt erweist, kommt eine Bestrafung wegen Kindesentführung (§ 235 StGB) in Frage[888], aber ggf. auch eine solche wegen Geiselnahme (§§ 239b, 239a StGB, minder schwerer Fall).[889]

Einer Verurteilung wegen Geiselnahme[890] lag folgender Sachverhalt zugrunde: Ein Italiener hatte seine 13-jährige Tochter in sein Heimatland entführt und dann die (deutsche) Mutter ständig unter Druck gesetzt, auch die andere Tochter herauszugeben. Andernfalls werde sie die entführte Tochter nie wiedersehen. Anschließend steigerte er seine Drohungen: Er werde sich und die Entführte umbringen, später: ihr ein Ohr abschneiden. In der Hauptverhandlung erklärte der Angeklagte, dass *„man das in Italien so sage"*.[891]

Wenn die Gefahr einer Kindesentführung droht, kann das Gericht das väterliche Umgangsrecht auf einen begleiteten Umgang reduzieren.[892]

2.10.5 Beschleunigungsgrundsatz

Für HKiEntÜ-Verfahren gilt der Beschleunigungsgrundsatz nach Art. 11 HKiEntÜ. Sie müssen mit der gebotenen Eile abgewickelt werden.

---

[884] BGH FamRZ 2020, 272.

[885] OLG Hamm FamRZ 2020, 1490.

[886] So auch schon vor Inkrafttreten des FamFG: OLG Celle FamRZ 1994, 1129; OLG Düsseldorf FamRZ 1994, 1541; FamG Koblenz FamRZ 2006, 1141.

[887] OLG Hamm FamRZ 2020, 1490.

[888] BGH FamRZ 1999, 651.

[889] LG München II FamRZ 2001, 727.

[890] LG München II FamRZ 2001, 727.

[891] Er bekam eine Freiheitsstrafe von vier Jahren. Mildernde Umstände laut Gericht: Keine Vorstrafen, keine Umsetzung der Drohungen, freiwillige Rückkehr nach Deutschland, Geständnis.

[892] OLG Köln FamRZ 2005, 1770 (Ls).

Dauert ein Verfahren in zwei Gerichtsinstanzen insgesamt acht Monate, liegt ein Verstoß gegen Art 11 vor.[893] Dieser löste eine Entschädigung i. H. v. 9.000 € für den immateriellen Schaden und eine solche i. H. v. 5.000 € für Kosten und Auslagen gegen die Republik Polen aus.[894]

---

[893] EuGHMR FamRZ 2022, 959 mit Anm. *Guttzeit*, S. 962.
[894] EuGHMR FamRZ 2022, 959, 960.

Gewaltschutz? Ist doch meine Sache
Was ich mit der Ische mache

3 Gewaltschutz

Insbesondere der Schutz der Kinder ist durch das **Gewaltschutzgesetz**, in Kraft getreten am 1. 1. 2002, verbessert worden.[1]

3.1 Gewaltschutzgesetz

Dabei stellt § 1 GewSchG (*Gerichtliche Maßnahmen zum Schutz vor Gewalt und Nachstellungen*) keinen eigenständigen materiellrechtlichen Anspruch dar, sondern setzt ihn (§ 1004 BGB!) voraus.[2] Das GewSchG enthält neben Strafrecht (§ 4 GewSchG) ausschließlich **Verfahrenrecht.**[3]

Am 10. 3. 2017 ist eine Novelle in Kraft getreten[4], nämlich das **Stalking-Gesetz.** Inhalt:

- Die Strafbarkeitsschwelle bei § 238 StGB wurde herabgesetzt.
- § 238 wurde aus dem Katalog der Privatklagedelikte gestrichen.
- § 4 GewSchG wurde auf Verstöße gegen einen gerichtlichen Vergleich erweitert (s. **3.2.2**).

Am 1. 7. 2021 trat eine weitere Novelle in Kraft.[5] Sie fügte das Rechtsgut der sexuellen Selbstbestimmung in § 1 GewSchG ein.

Voraussetzung für die Anwendung des GWG ist ausnahmslos die Verletzung von **Körper, Gesundheit, Freiheit** und **sexueller Selbstbestimmung.**[6] Das heißt zugleich: Harmlosere Konflikte können nicht nach dem GewSchG gelöst werden, etwa Streitereien unter Nachbarn wegen Ruhestörung und daraus resultierende Tritte gegen die Tür.[7] Das Gleiche gilt für die Installation von Kamera und Scheinwerfer auf dem eigenen Grundstück zwecks filmischer Erfassung von befürchteten An- und Übergriffen des Nachbarn.[8] Denn auch das ist keine Annäherung an das Opfer wie etwa das Stalking.

Körperliche Auseinandersetzungen unter Nachbarn (hier: im Rahmen eines seit mindestens 10 Jahren andauernden „Nachbarschaftskrieges“) können Gewaltschutzmaßnahmen gegen *beide* Beteiligte rechtfertigen, wenn keine Notwehrsituation nachweisbar ist.[9]

---

1 Zur Einführung s. Abh. *Schumacher* FamRZ 2002, 645–660.

2 BGH FamRZ 2014, 825.

3 OLG Brandenburg FamRZ 2017, 117.

4 Hierzu Abh. *Cirullies* FamRZ 2017, 439; dort wird die Reform als unzureichend gegeißelt.

5 Einzelheiten in der Abh. von *Cirullies/Cirullies* FamRZ 2021, 1785.

6 Folgerichtig gehört die Ehre nicht zu den geschützten Rechtsgütern, OLG Brandenburg FamRZ 2019, 1325.

7 OLG Celle FamRZ 2012, 1950.

8 OLG Hamburg FamRZ 2020, 1168.

9 OLG Zweibrücken FamRZ 2022, 358.

Derartige Fälle gehören vor das Zivilgericht, können aber (zur Durchsetzung von Unterlassungsansprüchen nach § 1004 BGB) nur dann vom Familiengericht an die Zivilprozessabteilung verwiesen werden, wenn dies zumindest hilfsweise beantragt wird.

3.1.1 Vorsätzliches Handeln

Beachte:

Das GewSchG ist bei dauernder Unzurechnungsfähigkeit des Täters nicht anzuwenden, da *„vorsätzliches Handeln“* i. S. v. §§ 1 und 2 GewSchG Deliktsfähigkeit voraussetzt.[10] Ein Verschulden ist also Voraussetzung für die Verhängung von Ordnungsmitteln.[11]

Allerdings können bei Schuldunfähigkeit Schutzmaßnahmen nach §§ 823, 1004 BGB analog ergriffen werden[12] – nur: Jegliche Zwangsvollstreckung nach § 890 ZPO setzt wieder Verschulden voraus.[13]

Auf die Verletzung einer Gewaltschutzanordnung nach § 1 I 1 GewSchG kann eine strafgerichtliche Verurteilung nach § 4 GewSchG folgen. Dabei muss der Strafrichter die materielle Rechtmäßigkeit der Anordnung prüfen; er ist an die Entscheidung des Familiengerichts nicht gebunden.[14]

3.1.2 Regelungszweck und -inhalt in Wohnungszuweisungsfällen

Durch das Gewaltschutzgesetz wurde u. a. ein neuer Satz 2 in § 1361b I eingefügt, und zwar mit folgendem Wortlaut:

> *Eine unbillige Härte kann auch dann gegeben sein, wenn das Wohl von im Haushalt lebenden Kindern beeinträchtigt ist.*

Es ist also generell keine schwere Härte, sondern nur noch eine **unbillige Härte** erforderlich.

Der neue 2. Absatz der Vorschrift macht **Körperverletzungshandlungen**[15] zum Regelfall für die Überlassung der *gesamten* Wohnung an den geprügelten Partner.[16]

---

[10] *Dolus eventualis* reicht aus, OLG Bamberg FamRZ 2012, 459.

[11] OLG Frankfurt FamRZ 2014, 1956, mit Anm. und Abh. von *Cirullies*, S. 1901. Dieser betont zu Recht die weitgehende Schutzlosigkeit gegen Nachstellungen durch Schuldunfähige. Auf der Erkenntnisebene kann das Gericht eine Unterlassungspflicht nach § 1004 BGB titulieren, aber auf der Vollstreckungsebene wird wieder Verschulden vorausgesetzt. Es bleibt eigentlich nur die Unterbringung nach dem jeweiligen PsychKG des Bundeslandes.

[12] FamG Bad Iburg FamRZ 2010, 1350. Ebenso OLG Frankfurt FamRZ 2010, 1812 zu einem geisteskranken Stalker.

[13] Kern/Diehm/Elden/Frauenknecht, ZPO, Rz. 5 zu § 890 ZPO.

[14] BGH FamRZ 2014, 559.

[15] Geschlechtsverkehr mit einem Kind (Stieftochter, 12 bis 14 Jahre alt) ist immer Gesundheitsverletzung, OLG Karlsruhe FamRZ 2012, 460.

[16] Der Gewalttäter ist aber nicht verpflichtet, eine Wohnung aufzugeben, die er eigens angemietet hat, um seinen Opfern (die im selben Mehrfamilienhaus wohnen!) möglichst nahe zu sein; dazu bietet das GewSchG keine Rechtsgrundlage, OLG Karlsruhe FamRZ 2012, 455.

Gleichwohl ist die Verschärfung der Vorschrift nicht nur auf die Fälle der Gewaltanwendung und Drohung gemünzt, sondern auf alle in Frage kommenden Fälle grob rücksichtslosen Verhaltens[17], also z. B. auch auf Fälle der Belästigung (hier: allnächtliches Treppen-Rumpeln und Schlüsselklappern[18]).

Auch feststellbare psychische Gesundheitsschäden können Schutzmaßnahmen nach dem GewSchG auslösen.[19]

Eine Wohnungsverweisung mit Rückkehrverbot zulasten des übergriffigen Partners kommt nur bei Gewaltbeziehungen oder einer einmaligen Gewalttat mir Wiederholungsgefahr in Betracht.[20]

3.2 Regelungszweck außerhalb der Wohnungszuweisung

Außerhalb der Wohnungszuweisung sind die Anforderungen strenger.

Geschützt sind **Körper, Gesundheit, Freiheit** und **sexuelle Selbstbestimmung.**

Wie schon in der Einleitung zu **3.1** ausgeführt: Die Verletzung des allgemeinen Persönlichkeitsrechts (Belästigungen, harmlose Formen des Nachstellens pp.) reicht nicht aus.[21] Desgleichen sind Freiheit und Gesundheit nicht dadurch verletzt, dass der Nachbar sich über die Balkonbrüstung lehnt und dadurch Einblick in das Wohnzimmer der vermeintlich Geschädigten hat (was er teilweise auch ohne Hinüberlehnen hatte).[22]

Aber:

Gegen **unzumutbare Belästigungen** können die Opfer sich nach § 1 II Ziff. 2 b) wehren – mit einer Einschränkung:

> ...
>
> *b) eine andere Person dadurch unzumutbar belästigt, dass sie ihr gegen den ausdrücklich erklärten Willen wiederholt nachstellt oder sie unter Verwendung von Fernkommunikationsmitteln verfolgt.*
>
> *Im Falle des Satzes 1 Nr. 2 Buchstabe b liegt eine unzumutbare Belästigung nicht vor, wenn die Handlung der Wahrnehmung berechtigter Interessen dient.*

Die Belästigung ist etwas anderes als das beharrliche Nachstellen (Stalking) nach § 238 I StGB, s. **3.5.** Die Wahrnehmung berechtigter Interessen in laufenden Rechtsstreitigkeiten gewährt sozusagen einen weiten Belästigungsspielraum. Unzumutbar sind aber kategorisch – um das OLG Brandenburg[23] zu zitieren – *„Mitteilungen, die ... stets in forderndem, dominantem, beherrschenden Ton abgefasst sind, obwohl*

---

[17] OLG Naumburg FamRZ 2006, 1207 (Ls).

[18] FamG Tempelhof-Kreuzberg FamRZ 2003, 532.

[19] OLG Bamberg FamRZ 2012, 459 (dort verneint).

[20] OVG Münster FamRZ 2015, 857.

[21] OLG Hamm FamRZ 2012, 645 (Ls); OLG Karlsruhe FamRZ 2016, 1863 (Streit unter „Wildfremden" im Straßenverkehr). Solche Prozesse (§ 1004 BGB) gehören vor die Zivilprozessabteilung.

[22] OLG Frankfurt FamRZ 2016, 1857.

[23] OLG Brandenburg FamRZ 2021, 1215 (Ls).

der Absender weiß, dass der Empfänger darauf nur hilflos, eingeschüchtert und verängstigt reagieren kann.“

Außerhalb des Kontextes zur Wohnungszuweisung sieht das Gesetz auch die Möglichkeit vor, befristete Verbote zur Kontaktaufnahme mit der gefährdeten Person auszusprechen (Betreten der Wohnung, Aufenthalt in einem bestimmten Umkreis der Wohnung, Telefonverbot u. v. m.).

Wem verboten worden ist, mit seiner getrennt lebenden Frau Kontakt aufzunehmen (**Kontaktverbot**) und sich ihr auf eine Entfernung von weniger als 100 m zu nähern (**Näherungsverbot**[24]), kann sich, wenn er gegen den einschlägigen Beschluss des Gerichts verstoßen[25] hat, im Rahmen der Verhängung von Ordnungsmitteln nach (damals) § 890 ZPO nicht mit Erfolg darauf berufen, er habe den Beschluss, weil der deutschen Sprache nicht mächtig sei, nicht verstanden.[26]

Ein Verstoß gegen das Kontaktverbot liegt auch vor, wenn der Antragsgegner seinem Widerpart den Mittelfinger („Stinkefinger“) zeigt (Kontaktaufnahme durch Gestik).[27]

Dagegen stellt es keinen Verstoß gegen das Kontaktverbot dar, wenn eine Antragsgegnerin (hier: Mieterin) in ihrem Facebook-Account herabwürdigende Äußerungen über den Antragsteller (hier: Vermieter) hinaus sendet (*„Dumme Scheiße Labbern …“* usw.). Auch die Äußerung, sie werde es dem Vermieter *„gewaltig heimzahlen“*, kann nicht mit Ordnungsgeld belegt werden.[28]

Das Kontaktverbot kann aufgehoben werden, wenn die geschützte Person die Kontaktaufnahme gestattet oder erwidert.[29]

Neben Kontakt- und Näherungsverboten können auch **Betretungsverbote** erteilt werden. Dazu gehört z. B. das Verbot, die Wohnung der Ex-Gefährtin oder -Ehefrau zu betreten. Zur Wohnung gehört aber nicht der Kellerraum, so dass kein Ordnungsgeld verhängt werden kann, wenn der Antragsgegner im Kellerraum der Frau den Stecker der Tiefkühltruhe zieht.[30]

Kein Verstoß gegen das Kontaktverbot liegt vor, wenn der Schuldner seinen Status bei WhatsApp mit beleidigenden Äußerungen über seine Expartnerin versieht.[31]

Verstöße gegen das Kontaktverbot können auch Ordnungshaft (§ 96 FamFG) rechtfertigen, im Einzelfall auch 72 Tage lang.[32]

---

[24] Für Anträge auf Näherungsverbote gegen Polizeibeamte ist nicht das FamG, sondern das VG zuständig, OLG Nürnberg FamRZ 2022, 1528.

[25] Der Verstoß muss schon eklatant sein; sonst gibt es Beweisschwierigkeiten. Wer begibt sich schon mit einem Maßband auf die Straße? Zeitgenössische Smart-Phones eröffnen allerdings die Messmöglichkeit.

[26] OLG Brandenburg FamRZ 2006, 1860.

[27] OLG Zweibrücken FamRZ 2019, 1948.

[28] OLG Frankfurt FamRZ 2022, 958.

[29] OLG Koblenz FamRZ 2019, 629.

[30] OLG Zweibrücken FamRZ 2022, 1528.

[31] FamG Bergheim FamRZ 2019, 407. Im Status hieß es u. a.: *„Du bist es nicht wert, dass man um dich kämpft … dein Charakter passt zu nem Haufen Scheisse, fick dich“.*

[32] OLG Hamm FamRZ 2013, 1507 (Ls). Das OLG Bremen (FamRZ 2018, 289) verhängte 40 Tage Ordnungshaft wegen Verstößen gegen die Gewaltschutzanordnung (fortlaufend bedrohli-

Nach Zeitablauf für ein Kontakt- und Näherungsverbot hat der Gegner kein Rechtsschutzunteresse mehr an der Feststellung, dass ihn die Maßnahmen in seinen Rechten verletzt hätten.[33]

3.2.1 Befristung der Entscheidung

Maßnahmen nach dem GewSchG sind zu befristen.[34] Das gilt auch für Hauptsacheverfahren (Verhältnismäßigkeitsprinzip).[35]

Aus länger zurückliegenden Verletzungshandlungen kann nicht ohne Weiteres auf eine fortbestehende Wiederholungsgefahr geschlossen werden[36] – es sei denn, der Täter hat nach Erlass der Entscheidung mehrfach gegen das Kontaktverbot verstoßen.

Ein Antrag auf **Verlängerung** der Schutzanordnung kann nach einer Mindermeinung des OLG Nürnberg[37] telefonisch erfolgen. Nach der h. M. kann die Verlängerung nur in einem gesonderten Verfahren beantragt werden. Das gilt auch in den Fällen, in denen der befristete Gewaltschutz per Vergleich geregelt worden ist.[38] Das Gericht muss vor einer Verlängerung eingehend prüfen, ob der Abwehranspruch (noch) besteht.[39]

Wenn Gewaltschutzanordnung aufgrund eines Fehlers des Gerichts nicht befristet worden ist, kommt das Verhältnismäßigkeitsprinzip bevorzugt zur Geltung, falls Jahre später Verstöße gegen die Anordnung behauptet werden und ein Ordnungsgeld beantragt wird.[40]

3.2.2 Bestimmtheit der Entscheidung

Gewaltschutzanträge müssen, ebenso wie die Entscheidungen, konkret ausfallen: Der Antrag, *die Antragstellerin nicht zu belästigen,* reicht nicht aus; es muss dargestellt werden, welche Art der Belästigung gemeint ist.[41] Das Gleiche gilt für die Regelung im Vergleich, *sich zukünftig respektvoll zu verhalten.*[42] Aus einer solchen Bestimmung kann nicht vollstreckt werden.

Das Verbot, sich der Wohnung der geschädigten Person unter einer im Titel genannten Anschrift zu nähern, gilt nicht auch für eine Wohnung, in die die besagte Person danach umgezogen ist.[43]

---

ches Auftreten gegenüber körperlich Schwächeren). Der Mann hatte sich vergeblich auf Schuldunfähigkeit berufen.

33 OLG Schleswig FamRZ 2020, 1835 mit Anm. *Müther*, S. 1836.

34 OLG Saarbrücken FamRZ 2011, 1087.

35 OLG Thüringen FamRZ 2012, 1226 (Ls). Dort: Belästigungsverbot für 9 Monate.

36 OLG Celle FamRZ 2009, 1751.

37 OLG Nürnberg FamRZ 2014, 63.

38 OLG Brandenburg FamRZ 2021, 1214 und Abh. *Cirullies* FamRZ 2021, 1176.

39 OLG Brandenburg FamRZ 2019, 1325.

40 OLG Hamm FamRZ 2015, 1405.

41 OLG Köln FamRZ 2015, 163.

42 OLG Hamburg FamRZ 2019, 1449.

43 KG FamRZ 2021, 707.

3.2.3 Vergleiche

Selbstverständlich kann man sich auch in Gewaltschutzsachen vergleichen.

Derartige Vergleiche unterliegen aber keiner späteren Abänderung; insoweit fehlt die gesetzliche Grundlage.[44]

Vergleiche sind nur vollstreckbar, wenn das Gericht sie sich zueigen macht. Das Gericht kann das ablehnen, z.B. mit der Begründung, der Vergleich enthalte keine Befristung (s. **3.2.1**). Die Ablehnung ist nicht anfechtbar.[45]

Der Vergleich steht einem erneuten Verfahren wegen Zuwiderhandlung gegen Verpflichtungen aus dem Vergleich nicht entgegen. Denn nur eine gerichtliche Entscheidung bietet die Grundlage für eine Bestrafung des Antragsgegners wegen Verstoß gegen eine Gewaltschutzanordnung.[46]

3.2.4 Zuständigkeit

Für alle Gewaltschutzsachen nach den §§ 1 u. 2 GewSchG ist das Familiengericht zuständig, § 211 FamFG. Das gilt auch in Fällen, in denen die Unterlassung künftiger tätlicher Angriffe begehrt wird; hier ist also nicht etwa das Landgericht zuständig.[47]

Die Zuständigkeit des Familiengerichts ist auch dann gegeben, wenn Schadensersatzansprüche als Folge häuslicher Gewalt geltend gemacht werden (§ 266 I 3. FamFG).[48]

Die örtliche Zuständigkeit obliegt der Entscheidung des Antragstellers. Er hat (s. § 211 FamFG) die Wahl zwischen

1. Tatort,
2. dem gemeinsamen Wohnort-Gerichtsstand der Parteien und
3. dem Gerichtsstand des Antragsgegners.

Ein Verweisungsbeschluss in einer Gewaltschutzsache ist nicht bindend, wenn keines der beteiligten Gerichte den Antragsteller auf sein Wahlrecht nach § 211 FamFG hingewiesen hat.[49]

3.3 Verfahren in Gewaltschutzsachen

Es gilt der Amtsermittlungsgrundsatz mit der Möglichkeit formloser Beweiserhebung.

Anträge auf Wohnungszuweisung (§ 1361b BGB) und nach § 1 GewSchG können in *einem* Verfahren verhandelt werden.[50]

Die Anhörung des Jugendamtes nach § 213 FamFG hat unabhängig davon zu erfolgen, wie das Verfahren endet. § 214 FamFG ermöglicht den **Erlass einer einstweiligen**

---

[44] OLG Rostock FamRZ 2009, 997.
[45] OLG Nürnberg FamRZ 2022, 1048.
[46] OLG Karlsruhe FamRZ 2013, 1320.
[47] OLG Saarbrücken FamRZ 2014, 951.
[48] OLG Frankfurt FamRZ 2014, 1481.
[49] OLG Brandenburg FamRZ 2019, 1729.
[50] OLG Nürnberg FamRZ 2021, 1799.

Anordnung ohne Hauptsacheverfahren und ohne die Einreichung eines Verfahrenskostenhilfeantrags. Erforderlich ist das Vorliegen eines dringenden Bedürfnisses i. S. d. § 214 I Satz 2 FamFG. § 216a FamFG sieht eine umfassende Mitteilung von Anordnungen nach §§ 1, 2 GewSchG sowie deren Änderung oder Aufhebung an die Polizeibehörden und andere öffentliche Stellen vor, soweit sie von der Durchführung der Anordnung betroffen sind. Eine Mitteilung kann unterbleiben, wenn dem Antragsgegner der Aufenthaltsort des Antragstellers oder der betroffenen Kinder nicht bekannt gemacht werden soll.[51]

In Verfahren nach § 2 GewSchG soll das Gericht das Jugendamt auf dessen Antrag anhören, wenn Kinder in dem Haushalt leben. Unterbleibt die Anhörung allein wegen Gefahr im Verzug, ist sie unverzüglich nachzuholen.

Das Gericht hat in den Fällen des Absatzes 1 Satz 1 dem Jugendamt die Entscheidung mitzuteilen. Gegen den Beschluss steht dem Jugendamt die Beschwerde zu.

3.3.1 Einstweilige Anordnung

Auf Antrag kann das Gericht durch einstweilige Anordnung eine vorläufige Regelung nach § 1 oder § 2 GewSchG treffen, und zwar **hauptsacheunabhängig**.[52] Ein dringendes Bedürfnis für ein sofortiges Tätigwerden liegt in der Regel vor, wenn eine Tat nach § 1 GewSchG begangen wurde oder aufgrund konkreter Umstände mit einer Begehung zu rechnen ist. Was unterhalb dieser Schwelle bleibt (z. B. E-Mails, die aus der Empfängerperspektive „nerven"), reicht nicht für ein Eilverfahren.[53] Das erörterte dringende Bedürfnis ist nicht gegeben, wenn zum Zeitpunkt der Entscheidung keine Wiederholungsgefahr mehr vorliegt.[54]

Zu Beweislast für die **Dringlichkeit** führt das OLG Köln[55] Folgendes aus:

Wenn eine von mehreren behaupteten Tathandlungen glaubhaft gemacht ist, besteht Dringlichkeit (der glaubhaft gemachte Vorfall erzeugt sozusagen eine Wiederholungsvermutung). Der Antragsgegner muss dann nachweisen, dass es nachdem ersten Vorfall keinen weiteren gegeben hat und dass es deshalb an der Dringlichkeit mangelt.

Voraussetzung für den Erlass einer Eilentscheidung ist die **Glaubhaftmachung**. Eine eidesstattliche Versicherung reicht aus.[56] Die Glaubhaftmachung kann aber durch eine **Gegenglaubhaftmachung** erschüttert werden.[57] Das Gericht muss dann abwägen, ob erstere die nötige Wahrscheinlichkeit aufweist.

Im Eilverfahren ist kein Beweis des Vorbringens notwendig; es genügt eine überwiegende Wahrscheinlichkeit, wobei diese sich auch aus einer akustischen Aufzeich-

[51] BT-Drucksache 16/9733, S. 369 f.

[52] Überblick: Abh. *Bruns* FamRZ 2012, 1024.

[53] FamG Tempelhof-Kreuzberg FamRZ 2010, 919.

[54] OLG Köln FamRZ 2012, 645 (Ls).

[55] OLG Köln FamRZ 2021, 1228. Wie soll der vermeintliche oder wirkliche Übeltäter den Negativbeweis führen?

[56] OLG Hamm FamRZ 2012, 880.

[57] OLG Dresden FamRZ 2019, 533.

nung von Privatgesprächen ergeben kann. Der Schutz der betroffenen Rechtsgüter des Antragstellers hat dabei Vorrang vor dem Schutz des gesprochenen Wortes.[58]

Vielfach erschöpft sich das gerichtliche Verfahren in einer einstweiligen Anordnung: Wenn auf diesem Wege Kontakt- und Näherungsverbote erwirkt sind, ist zu erwarten, dass dies zur Befriedung führt. Ein Hauptsacheverfahren wäre dann im Vkh-Kontext mutwillig.[59] Wenn die Erwartung sich nicht erfüllt, ist Vkh zu gewähren.

Einstweilige Anordnungen müssen befristet werden, weil sie sonst die Hauptsache vorwegnähmen.[60]

Sie sind aufzuheben, wenn der Antragsteller bewusst auf den Schutz der Anordnung verzichtet (etwa dadurch, dass die Frau sich mit dem Mann freiwillig nachts in dessen Wohnung trifft).[61]

3.3.2 Durchführung der Endentscheidung

In Verfahren nach § 2 GewSchG soll das Gericht in der Endentscheidung die zu ihrer Durchführung erforderlichen Anordnungen treffen.

Nach der Endentscheidung besteht, weil z.B. Näherungsverbote eine Dauerwirkung entfalten, Anspruch auf eine erneute Entscheidung nach § 54 II FamFG.[62] Wird eine solche beantragt, besteht Anspruch auf eine zeitnahe Entscheidung.[63]

3.3.3 Zustellung

Der Antrag auf Erlass der einstweiligen Anordnung gilt im Fall des Erlasses ohne mündliche Erörterung zugleich als Auftrag zur **Zustellung** durch den Gerichtsvollzieher unter Vermittlung der Geschäftstelle und als Auftrag zur Vollstreckung. Auf Verlangen des Antragstellers darf die Zustellung nicht vor der Vollstreckung erfolgen (also erst Vollstreckung, dann Zustellung, § 216 II FamFG).

Die Zustellung kann Probleme bereiten, wenn der Antragsgegner die Ehewohnung verlassen hat (was ja gerade Zweck des Gewaltschutzverfahrens ist).

Zugestellt werden kann:

- An seiner Arbeitsstelle.
- In seinem Postfach.
- An einem dritten Ort, der telefonisch zwischen ihm und dem Gerichtsvollzieher vereinbart worden ist.[64]

---

[58] OLG Brandenburg FamRZ 2020, 1833 mit Anm. *Cirullies*, S. 1834.

[59] OLG Zweibrücken FamRZ 2010, 666.

[60] OLG Saarbrücken FamRZ 2010, 1810 unter Hinweis auf das Übermaßverbot.

[61] OLG Hamburg FamRZ 2016, 989; dazu Abh. *Cirullies* FamRZ 2016, 953.

[62] S. hierzu Abh. *Mayer* FamRZ 2018, 1302.

[63] OLG München FamRZ 2010, 1755.

[64] Einzelheiten finden sich in der verdienstvollen Abh. von *Cirullies* FamRZ 2012, 1854.

3.3.4 Vollstreckung

Die Endentscheidung in Gewaltschutzsachen wird mit Rechtskraft wirksam. Das Gericht soll die sofortige Wirksamkeit anordnen.

Mit der Anordnung der sofortigen Wirksamkeit kann das Gericht auch die Zulässigkeit der Vollstreckung vor der Zustellung an den Antragsgegner anordnen (s. **3.3.3**, § 216 II FamFG). In diesem Fall tritt die Wirksamkeit in dem Zeitpunkt ein, in dem die Entscheidung der Geschäftstelle des Gerichts zur Bekanntmachung übergeben wird; dieser Zeitpunkt ist auf der Entscheidung zu vermerken.

Die Vollstreckung einstweiliger Anordnungen erfolgt ausschließlich nach §§ 86 ff. FamFG, in keinem Fall nach § 35 FamFG.[65]

3.4 Beschwerde

Wenn eine EA wegen Fristablauf (s. **3.2.1**) außer Kraft tritt, kann der Beschwerdeführer das Rechtsmittel auf die Kostenfrage beschränken.[66]

Gegen einstweilige Anordnungen gibt es keine Rechtsmittel (§ 70 IV FamFG). Deshalb kann auch nicht durch Antrag auf Zulassung der Rechtsbeschwerde eine weitere Instanz eröffnet werden.[67]

3.5 Strafrechtliche Aspekte

Gewalttätige Zeitgenossen und Nachsteller können natürlich auch Ärger mit den Strafverfolgungsbehörden bekommen.

Neben Anzeigen wegen Körperverletzung und Beleidigung kommt eine Anzeige nach § 238 StBG in Betracht (**Stalking** = Nachstellung). Der Tatbestand verklammert Bedrohung und Beleidigung zu einer einheitlichen Tat.[68] Voraussetzung ist aber die **Wiederholung**, d.h. es muss zu **mindestens zwei Übergriffen** gekommen sein, die zu einer Beeinträchtigung der Lebensgestaltung des Opfers geführt haben.

Der Tatbestand ist nämlich mit Wirkung ab 1.7.2021 nachgeschärft worden: Während bis dahin ein *beharrliches Nachstellen* nachgewiesen werden musste, das die Lebensgestaltung des Opfers *schwerwiegend* beeinträchtigt, genügt jetzt ein *wiederholtes Nachstellen*, das die Lebensgestaltung *nicht unerheblich* beeinträchtigt.[69]

Stalkingopfer dürfen den Täter zu Beweissicherungszwecken bei der Rechtsverletzung fotografieren.[70]

Auch das GewSchG selbst hat einen Straftatbestand, nämlich in § 4: Wer einer Anordnung zuwiderhandelt, kann mit Freiheitsstrafe bis zu einem Jahr oder mit einer Geldstrafe bestraft werden.

---

65 OLG Celle FamRZ 2010, 1593.
66 KG FamRZ 2012, 1323.
67 BGH FamRZ 2013, 1878.
68 BGH FamRZ 2010, 289.
69 Abh. *Cirullies/Cirullies* FamRZ 2021, 1785, 1787.
70 KG FamRZ 2021, 1800.

3.6 Verfahrenskostenhilfe

In puncto Vkh gelten die allgemeinen Regeln mit folgenden Besonderheiten:

I. d. R. ist im Hinblick auf die Aufklärungs- und Beratungspflicht ein Anwalt beizuordnen.[71] Das gilt insbesondere bei schwerwiegenden Vorwürfen (z. B. Vergewaltigung[72]) und für Beteiligte mit Migrationshintergrund[73], aber auch allgemein im Hinblick darauf, dass auf beiden Seiten gewichtige Grundrechte betroffen sind.[74]

Ausnahmen:

Wenn ein EA-Antrag auf ein Polizeiprotokoll gestützt werden kann, bedarf es keiner Anwaltsbeiordnung[75] (zweifelhaft). Das OLG Celle meint sogar, dass ein Eilverfahren mit dem Ziel eines **Näherungsverbots** keiner Beiordnung bedarf; das könne auch die unstreitig überlastete Rechtsantragstelle machen, sofern die Sache nicht besonders eilig sei.[76]

Gewaltschutzanträge sind in aller Regel eilig. Deshalb ist ein **Hauptsacheantrag** i. d. R. **mutwillig** im Sinne von § 114 ZPO, wenn er zeitgleich mit einem Antrag auf Erlass einer einstweiligen Anordnung gestellt wird.[77] Das OLG Zweibrücken[78] hat in einem Gewaltschutzverfahren die Vkh zwar für das Eilverfahren gewährt, die Vkh für das Hauptsacheverfahren aber für mutwillig erklärt, weil beide Anträge auf dasselbe Rechtsschutzziel gerichtet seien.[79]

In Eilverfahren nach § 78 FamFG, in denen die abermalige Wohnungszuweisung nach polizeilichem Platzverweis des Ehemannes begehrt wird, bedarf es lt. OLG Celle[80] keiner Anwaltsbeiordnung.

In Zwangsvollstreckungssachen wegen Verstoßes gegen Anordnungen nach dem GewSchG kommt aber die Beiordnung eines Anwalts im Rahmen der Vkh in Betracht.[81]

Die Kostenentscheidung richtet sich i. d. R. nach dem Verhältnis des Obsiegens zum Unterliegen (Ermessensentscheidung nach § 81 I 1 FamFG).[82]

---

71 OLG Brandenburg FamRZ 2010, 1689; OLG Frankfurt FamRZ 2016, 394.

72 OLG Karlsruhe FamRZ 2016, 1193.

73 OLG Saarbrücken FamRZ 2011, 1609.

74 OLG Frankfurt FamRZ 2015, 947.

75 OLG Celle FamRZ 2011, 1971.

76 OLG Celle FamRZ 2014, 1046 (Ls).

77 OLG Celle FamRZ 2010, 1586. Ebenso OLG Frankfurt FamRZ 2012, 144: Wenn der einzige Unterschied zwischen Eilantrag und dem zugleich gestellten Hauptsacheantrag darin beseht, dass anstelle einer eidesstattlichen Erklärung die Vernehmung von Zeugen angeregt wird, ist das Hauptsacheverfahren überflüssig und deshalb mutwillig.
A. A.: OLG München FamRZ 2012, 1234: Keine Mutwilligkeit, ergo Vkh.

78 OLG Zweibrücken FamRZ 2010, 666.

79 Ebenso OLG Hamm FamRZ 2014, 585.

80 OLG Celle FamRZ 2010, 2005.

81 OLG Brandenburg FamRZ 2007, 57.

82 KG FamRZ 2012, 1323.

Man sah sie aus dem Hochhaus ziehn
Er hieß Matt-Damon, sie Jaklin

4. Namensrecht

Das Namensrecht hat viele Gesichter. Wir wollen es im Folgenden vor allem unter zwei Aspekten beleuchten:

Zunächst geht es um die Frage, welchen Änderungen der Nachname eines Ehepartners nach der Scheidung unterworfen sein kann. Grundlage ist die am 1. April 1994 in Kraft getretene Namensrechtsreform. Zu den aktuellen Reformbestrebungen s. **4.5.**

Des Weiteren werden wir untersuchen, was man als Sorgeberechtigter mit dem Namen der Kinder vor und nach der Scheidung anstellen darf.

Dagegen werden wir hier nicht ausführlich in das öffentliche Namensrecht (**Namensänderungsgesetz**) abschweifen, soweit dieses die Möglichkeit bietet, außerhalb des familienrechtlichen Kontextes einen neuen Namen zu ergattern (§ 3 NÄG[1]).[2] Das ist neben historisch vorbelasteten Namen[3] (wer will schon *Himmler* heißen?) vor allem bei lächerlichen und anstößigen Namen der Fall. Solche Namen[4] halten sich übrigens gleichwohl zäh. Keinen hinreichenden Grund für eine Namensänderung bieten angestrebte gesellschaftliche oder berufliche Vorteile.[5] Jedoch können auch Unzuträglichkeiten wegen einer Vor- und Doppelnamenskette, die im Inland schwer auszusprechen ist, zu einer Namensänderung führen.[6]

Parallel zu § 3 NÄG – oder gar vorrangig, das ist umstritten[7] – bietet § 47 I 1 Ziff 5. PStG die Möglichkeit, nach Einbürgerung seinen Vor- und Nachnamen der deutschen Schreibweise anzupassen (z. B. Philipp statt Filip). Namensübersetzungen kommen aber nicht infrage.[8]

Geschäftsfähige Erwachsene stellen den Namensänderungsantrag selbst. Mj. Kinder werden durch ihre Eltern bzw. den sorgeberechtigten Elternteil vertreten. U. a. zu Pflegeeltern sagt das Gesetz (§ 2 I NÄG) Folgendes:

---

1 Gesetzestext unter **4.4.5.1.**

2 Zur Abgrenzung des familiengerichtlichen Verfahrens vom verwaltungsgerichtlichen s. VG Braunschweig FamRZ 1995, 1226.

3 Eine Namensgleichheit mit wenig bekannten NS-Wachmännern reicht dagegen nicht für eine Namensänderung, s. VerwG Freiburg FamRZ 2020, 2015.

4 **Beispiele**: Scheidenreiter, Schlechtriemen, Ficker, Schwanz, Kattentitt.

5 VerwG Regensburg FamRZ 2003, 34 zu einem Fall, in dem sich ein in Großbritannien ansässiger Deutscher das Additiv *Freiherr* zugelegt hatte und diesen aristokratischen Zusatz in Deutschland legalisieren lassen wollte.

6 VerwG Freiburg FamRZ 2013, 1520 (Ls) zu einem Deutsch-Brasilianer mit portugiesischem Namen.

7 S. VerwG Bremen FamRZ 2021, 502 m. w. N.

8 VerwG Bremen FamRZ 2021, 502, 503.

Für eine beschränkt geschäftsfähige oder geschäftsunfähige Person stellt der gesetzliche Vertreter den Antrag; ein Vormund oder Pfleger bedarf hierzu der Genehmigung des Familiengerichts, ein Betreuer der Genehmigung des Betreuungsgerichts. Für eine geschäftsfähige Person, für die in dieser Angelegenheit ein Betreuer bestellt und ein Einwilligungsvorbehalt nach § 1903 des Bürgerlichen Gesetzbuchs angeordnet ist, stellt der Betreuer den Antrag; er bedarf hierzu der Genehmigung des Betreuungsgerichts.

Der nicht sorgeberechtigte Elternteil ist gegen die familienrechtliche Genehmigung beschwerdebefugt.[9]

Wenn ein Elternteil dem gemeinsamen Kind einen neuen Namen verleihen will und der andere widerspricht, handelt es sich auf jeden Fall um ein über Alltagsfragen hinaus gehendes Problem, so dass das Familiengericht nach § 1628 BGB darüber befinden muss, welcher Elternteil entscheiden darf.[10]

Beginnen wollen wir aber mit einem Erklärungsversuch für die Brisanz, die die Namensgebung für viele heiratswillige Frauen nicht nur in der Frauenbewegung hat.

4.1 Philosophischer Exkurs

Um sich den Stellenwert des Namensrechts zu vergegenwärtigen, muss man ein wenig in der Mottenkiste der europäischen Philosophie herumkramen.

Während der Frühscholastik, genauer gesagt im ersten Jahrhundert der „Tausenderjahre“ (Hochmittelalter), tobte unter den europäischen Philosophen der sogenannte **Universalienstreit.**[11]

Thema des Streits war die dem Allgemeinen, also den Gattungsbegriffen (Universalien) zukommende Wirklichkeit. Die zentrale Frage lautete: Haben die Universalien (oder noch weitergehender: die Ideen) einen höheren Grad an Wirklichkeit und Wahrheit als die Einzeldinge oder sind nur die greifbaren Dinge in der Welt wirklich, während die Namen, die wir gleichartigen Dingen geben, der Welt der Vorstellungen in unseren Köpfen angehören?

Die erste Alternative wurde von den **Essentialisten** vertreten. Man nennt und nannte sie auch *Realisten, Idealisten* und *Ideisten,* aber diese Begriffe sind dermaßen vorbelastet und missverständlich, dass hier dem Begriff **„Essentialismus“** der Vorzug gegeben wird.

Die Anhänger der entgegengesetzten Lehre nennt und nannte man einhellig **Nominalisten.**

Die Essentialisten beriefen sich auf Platon, die Nominalisten auf Aristoteles, woran man sieht, dass die klassische griechische Philosophie das Problem anderthalb Jahrtausende zuvor zwar schon erkannt, aber leider nicht abschließend gelöst hatte.

Die großen Essentialisten der Scholastik waren Johannes Scotus, Anselm von Canterbury (in der Verfilmung von Umberto Ecos Roman *Der Name der Rose* von Sean

---

9 BGH FamRZ 2020, 585 mit Anm. *Hammer*, S. 589.

10 OLG Stuttgart FamRZ 2011, 305 (Ls).

11 Statt aller: *Störig*, Kleine Weltgeschichte der Philosophie, Frankfurt 2016 (TB), S. 267 ff.

Connery gespielt) und Wilhelm von Champeaux. Bei letzterem haben wir den Essentialismus reinsten Wassers. Wilhelm behauptete, dass die Dinge und Lebewesen der Welt nur stofflicher Abklatsch der Universalien sind: Ein Apfel ist danach kein Apfel, sondern eine Ausformung der „Apfelheit". Die Apfelheit ist das Substantielle, ihre jeweilige Erscheinung in der Dingwelt dagegen nur etwas Unerhebliches, Akzidentielles.

Wichtigster Vertreter den Nominalismus war neben Marcianus Capella der Franzose Roscellinus, der wegen seiner theologischen Schlussfolgerungen von der Kirche prompt der Ketzerei geziehen und zum Widerruf gezwungen wurde. Die Wirklichkeit, so Roscellinus, besteht aus lauter Einzeldingen, während die Universalien nur in den Köpfen der Menschen existieren, basta.

Petrus Abälardus (Abélard) schaffte dann die Synthese:

Das *universalia ante res* der Essentialisten (die Universalien sind vor den Einzeldingen) und das *universalia post res* der Nominalisten (die Gattungsbegriffe kommen nach den Dingen) ersetzte er durch die Kompromissformel *universalia in rebus* (die Universalien sind in den Dingen). Damit war der Streit entschärft, aber das Problem abermals nicht gelöst.

Fest steht indes, dass der Nominalismus einige Jahrhunderte später[12] seinen Siegeszug antrat und dass uns seine Grundthese heute so selbstverständlich vorkommt, wie uns die Gegenposition grotesk dünkt. Na klar, denkt man sich mit seinem gesunden Menschenverstand: Die Gattungsbegriffe kleben wie unsichtbare Etiketten an der Welt der Dinge. Umgekehrt: Die Dinge sollen wie zufällig an den Gattungsbegriffen baumeln? Absurd!

Doch wichtiger als die Frage, ob der Essentialismus wirklich Unfug ist, ist die Frage, ob wir wirklich alle hart gesottene Nominalisten sind.

Warum werden immer wieder ganze Staaten umbenannt? Zwei Beispiele aus Westafrika: Warum macht eine Junta aus dem von ihr beherrschten Obervolta plötzlich „Burkina Faso" und warum wird Dahomey in „Volksrepublik Benin" abgeändert? (Für die, die glauben, dass das keine Gattungsbegriffe sind: Jede innerstaatliche Institution, jeder Bürger wird beninisch oder burkinafasisch!)

Warum schafft man bei uns die Gefängnisse ab und lässt sie als Justizvollzugsanstalten neu entstehen?

Ist es nicht so, dass die akzidentielle Belegschaft einer Strafanstalt oder – was oft keinen Unterschied macht – eines ganzen Staates teilhaben soll an einem substantiellen Gattungsbegriff oder einer Idee? Sind die Schöpfer neuer Namen ganz frei von dem naiven Optimismus, dass sich dann alles ändert oder dass dann, wie man auch bei uns so entlarvend sagt, „ein neuer Geist weht"?

Und jetzt schauen wir auf das Privatleben und staunen, wie plötzlich die abgestorben geglaubte essentialistische Knospe zu schönster Blüte gelangt: Empört beklagen viele Damen ihren bei Übernahme des Mannesnamens im Falle der Verehelichung eintretenden **Identitätsverlust**. Ist der Name Schall und Rauch? Weit gefehlt. Kaum

[12] Spätestens, als der Nominalist („Materialist") *Karl Marx* den Essentialisten *Friedrich Hegel* vom hohlen Kopf auf tönerne Füße stellte.

verschwindet der Nachname oder wird durch den Mannesnamen ergänzt – schon ist *frau* nicht mehr sie selbst. Sie baumelt nicht mehr am Gattungsbegriff *Esser*, sondern am Gattungsbegriff *Koch*. Nicht ein Wechsel des Etiketts findet statt, sondern ein Wechsel der Existenz.

4.2 Der Ehename (Familienname)

Für viele Menschen ist der Name nicht Schall und Rauch oder ein recht beliebiges Etikett, sondern ein tragender Pfeiler ihrer Identität und noch dazu ein Prüfstein für die Überwindung des Patriarchats. Keine Wunder, dass die Namensbildung Gegenstand heftigster Debatten in der Gesetzgebung und im forensischen Alltag geworden ist.

Zunächst:

Nach § 12 BGB darf niemand den Namen eines anderen unbefugt gebrauchen (etwa in kommerziellem Interesse). Das Namensrecht, das auch Künstlernamen schützt, erlischt aber mit dem Tode des Namensträgers. Die Schutzdauer der vermögenswerten Bestandteile des Namens (hier: Klaus Kinski[13]) ist auf 10 Jahre nach dem Tod begrenzt.[14]

4.2.1 Die Namensoptionen in der Ehe

Das Gesetz sieht seit 1994 folgendes vor:

- Man soll einen Ehenamen bestimmen, muss aber nicht.
- Zusammengesetzte Ehenamen gibt's nicht (zweigliedrig dürfen Ehenamen nur noch sein, wenn einer schon einen zweigliedrigen Geburtsnamen mitbringt).[15]
- In einer Vorehe erheiratete Namen können seit 2005 Ehenamen werden.[16]

---

[13] Geburtsame: Klaus Nakszynski.

[14] BGH FamRZ 2007, 207.

[15] Zweigliedrige Namen nach spanischer Rechtstradition gelten nicht als zweigliedrige Geburtsnamen im Sinne des deutschen Namensrechts; sie können deshalb, wenn der aus diesem Rechtskreis stammende Partner eine(n) Deutsche(n) heiratet, nicht zum Ehenamen erstarken. **Der erste Teil des spanischen Namens bezeichnet den Familiennamen des Vaters, der zweite den der Mutter. Der Name der Kinder setzt sich aus den jeweils ersten Namen der Eltern zusammen** (in Spanien: Art. 194 Ley del Registro Civil). Allerdings kann der erste Name der Frau auch der durch frühere Heirat erworbene Ehename sein (s. LG Paderborn FamRZ 2008, 1779).
Nur der erste der beiden Namen kann in Deutschland Ehename werden (OLG Karlsruhe FamRZ 1999, 160 zu einem Peruaner, dessen deutsche Frau seinen kompletten Doppelnamen – wie immer ohne Bindestrich geschrieben! – haben wollte). **A. A.**: OLG Frankfurt FamRZ 2008, 1024: Der zweigliedrige Name des Mannes kann Ehename werden.
In **Italien** behält jeder Ehepartner seinen Namen. Die Kinder tragen traditionell den Namen des Vaters. Aber das änderte sich nach der Entscheidung des EuGHMR vom 7. 1. 2014 (FamRZ 2014, 537, Ls) jedenfalls in den Fällen, in denen beide Eltern dem Kind den Namen der Mutter verleihen wollen.

[16] BVerfG vom 18. 2. 2004, FamRZ 2004, 515; mittlerweile Gesetz durch die Novelle zu § 1355 II vom 12. 2. 2005, s. Abh. *Wagenitz/Bornhofen* FamRZ 2005, 14525, 1430.

- Jeder kann dem Ehenamen seinen abweichenden eigenen Namen (egal, ob Geburtsname oder erheirateter Name) voranstellen oder anfügen.[17]
- Ehename und Begleitname sind mit einem Bindestrich zu verknüpfen.[18]

Sehen wir uns also den Strauß von Möglichkeiten anhand des folgenden Beispiels an (**Frau Kuß-Wallach, geb. Kuß, heiratet Herrn Bischof**):

	Frau Kuß-Wallach		**Herr Bischof**
	Abweichender persönlicher Frauenname	**Ehename**	Abweichender persönlicher Mannesname
1		Bischof	
2.		Kuß	
3.		Kuß	Bischof-Kuß
4.		Kuß	Kuß-Bischof
5.		Kuß	Bischof
6.	Kuß-Bischof	Bischof	
7.	Bischof-Kuß	Bischof	
8.	Wallach-Bischof	Bischof	
9.	Bischof-Wallach	Bischof	
10.	Kuß-Wallach		Bischof
11.		Kuß-Wallach[19]	
12.		Wallach	
13.	Wallach-Bischof	Wallach	
14.	Bischof-Wallach	Wallach	

Die Optionen 11–14 sind allerdings erst durch die Entscheidung des BVerfG vom 18.2.2004[20] hinzugetreten. Bis dahin war es nach § 1355 II nicht zulässig, einen Namensbestandteil aus einer früheren Ehe in die neue Ehe zu transportieren. Die Entscheidung gegen den eindeutigen Wortlaut des § 1355 II (*... den Geburtsnamen des Mannes oder den Geburtsnamen der Frau)* ist auf herbe Kritik gestoßen, insbe-

[17] Ein späterer Wechsel der Reihenfolge ist allerdings ausgeschlossen, BayObLG FamRZ 1999, 162.

[18] KG FamRZ 2013, 955 (Ls).

[19] Ausnahmsweise ist hier der „eingeschleppte" Doppelname als Ehename erlaubt, und zwar nach der Novelle zu § 1355 II vom 12.2.2005, s. Abh. *Wagenitz/Bornhofen* FamRZ 2005, 14525, 1430.

[20] BVerfG FamRZ 2004, 515.

sondere in einer Anm. von *von Hein*[21], der nach eigenem Bekunden Mühe hatte, sich dem Urteil anders als satirisch zu nähern. Verständlich, denn der Wunsch, sich mit dem Namen des Vorgängers bzw. der Vorgängerin zu schmücken, ist in der Tat nicht förderungswürdig, wenngleich nicht gerade *„eher pervers"*, wie *von Hein*[22] meint. Man kann übertriebenen Aufgeregtheiten auch mit dem Hinweis begegnen, dass sich die Namensfortführung in der Folgeehe auch ehevertraglich abbedingen lässt (s. hierzu **4.2.3**).

Der Wunsch nach Fortführung des erheirateten Namens in einer Folgeehe wird in der Regel zum Tragen kommen, wenn der erheiratete Name – wie in der BVerfG-Entscheidung[23] – ein Adelsname ist, so dass die Rspr. des BVerfG letztlich auf eine **Selbstnobilitierung** hinausläuft. Der Gesetzgeber musste aber nun lt. BVerfG[24] *die Rechtslage bis zum 30.5.2005 mit dem GG in Einklang bringen,* was er dann auch getan hat (**Novelle vom 12.2.2005** zu § 1355 II BGB). Zu beachten bleibt die Ausnahmerechtsprechung, derzufolge die Namensfortführung in krassen Missbrauchsfällen (**Beispiel**: Der Mann nutzt den erheirateten Adelsnamen, um unter seinem virtuellen Schutz Straftaten begehen zu können[25]) untersagt werden kann.[26]

Im Ausland, insbesondere im angelsächsischen Rechtskreis, versteht man die ganze Aufregung nicht. *Andrea Woelke* (London)[27], von der man übrigens erfährt, dass in der BVerfG-Entscheidung Frau *Elke Aurora*, die unter diesem Namen als Designerin bekannt geworden war, den erheirateten Namen auch nach abermaliger Eheschließung (mit einem Herrn *Rolf Behrens*) behalten wollte, plädiert z.B. dafür, dass jeder sich gegen Gebühr beim Standesamt einen neuen Namen beschaffen dürfen soll. Missbrauch und Betrugsversuche seien schließlich schon jetzt möglich und *„schöne Namen"* seien dem Allgemeinwohl dienlich.

Verfassungsmäßige Bedenken gegen die vom Gesetzgeber gewählte Reform von 1994 Lösung sind vom OLG Celle[28] zerstreut worden.

Wenn die Eheleute einen Ehenamen bestimmt haben, ist eine erneute Ehenamenswahl unzulässig.[29]

Vor allem aber: Die Reform von 1994 konstituiert ja ein für manche Menschen schwer erträgliches (wenngleich 2005 auch schon wieder eingeschränktes) **Verbot des Ehedoppelnamens**. Der Ehename ist – ungeachtet der Begleitnamenoption – eingliedrig, basta. Und damit haben auch die der Ehe entstammenden **Kinder** einen **eingliedrigen Namen.**[30]

---

21 Anm. *v. Hein FamRZ* 2004, 519.

22 Anm. *v. Hein FamRZ* 2004, 519, 520.

23 BVerfG FamRZ 2004, 515.

24 BVerfG FamRZ 2004, 515.

25 Dabei würde, wenn die Tat ruchbar würde, auch der Name selbst und damit dessen ursprünglicher Träger besudelt.

26 S. Abh. *von Oertzen/Engelmeier* FamRZ 2008, 1133, 1135 m.w.N.

27 Abh. FamRZ 2004, 1342.

28 OLG Celle FamRZ 1994, 1322.

29 OLG Hamm FamRZ 1999, 1426.

30 Vorbehaltlich eines Additivs oder Anhangs im Falle der Einbenennung bei Zweitheirat eines Elternteils, insbesondere der Mutter nach § 1618 S. 2 BGB, s. **4.4.5.2.2**).

In der Lit. sind gegen das Doppelnamensverbot verschiedentlich Bedenken laut geworden. *Lettmaier*[31] sieht einen Verstoß gegen die nomologische Geschlechtergerechtigkeit darin, dass sich 80 % der von ihrem Lehrstuhl befragten Ehepaare für einen Ehenamen entschieden haben und davon 92 % für den des Mannes. Sympathischerweise betrachtet sie das Problem aus der Perspektive des Kindeswohls: In der Tat wird meist der weibliche Elternteil beim Kindesnamen ausgegrenzt. *Lettmaier* plädiert deshalb für eine Übernahme des spanischen (und lateinamerikanischen) Modells, demzufolge der Kindesdoppelname (!) aus den jeweils ersten Namen der Eltern gebildet wird, so dass beide Eltern sich im Namen der Kinder wiederfinden können und die Kinder die Namen beider Eltern in ihrem Namen tragen.

Lettmaier vergisst allerdings zu erwähnen, dass sich nach Art. 194 des spanischen Ley del Registro Civil der Kindesname aus den *Vaters*namen der Eltern zusammensetzt, dass also ausschließlich die beiden Großväter des Kindes (erst der Vatersvater, dann der Vater der Mutter) die Namensspender ihrer Enkel sind.

Beispiel:
Vicente *Pérez* Domínguez heiratet Rosalia *Zapatero* Gutiérrez.
Ihre Tochter Ana heißt dann Ana *Pérez Zapatero*.
Soviel zur Gendergerechtigkeit.

Immerhin: Die Kindesnamen bleiben zweigliedrig; es entstehen also entgegen einem weitverbreiteten Missverständnis keine Namensketten. Für das deutsche Namensrecht schlägt *Lettmaier* vor, dass jeder Elternteil den einzigen eigenen Namen oder ggf. einen von zwei Namen beisteuert und dass die Sorgeberechtigten (der Vater eines nichtehelichen Kindes ist also schon „raus") sich dann über die Reihenfolge einigen. Das werde in der Regel gelingen, *„weil eine Reihung meist schöner klingt"*. Dann: *„Als Auffangregel würde sich ein Losentscheid anbieten"*.[32] Später solle das Kind dann über die Reihenfolge, Ablegung eines Namensbestandteils (und die Verwendung für den eigenen späteren Ehenamen?) entscheiden.

Ob all das Los kindeswohldienlich ist, muss bezweifelt werden. Außerdem werden hier neue Konflikte provoziert, denn die Wahl der Reihenfolge der Kindesnachnamen muss justiziabel sein, wie es ja heute schon in den Fällen der Kindesbenennung ist, wenn die Eltern sich nicht für einen Ehenamen entschieden haben (s. **4.4.3**): Wenn zumindest einer von beiden sich nach § 1628 BGB um das Benennungsprivileg bewirbt, nach dem Eindruck des Richters beide Eltern noch alle Tassen im Schrank haben und die beiden infrage kommenden Namen gleichermaßen schön und mühelos aussprechbar sind, bleibt wirklich nur das Los oder der Würfel, aber eben nur als *ultima ratio*.

Selbstverständlich ist gegen die Eingliedrigkeit Verfassungsbeschwerde erhoben worden; man wundert sich nur darüber, dass die Sache so spät geklärt wurde. Erst

31 Abh. *Saskia Lettmaier* FamRZ 2020, 1, 7 ff.
32 Abh. *Saskia Lettmaier* FamRZ 2020, 1, 8.

am 7.2.2002 entschied das BVerfG[33], dass der Ausschluss des Ehedoppelnamens im Einklang mit Art. 2 I GG i.V.m. Art 1 I GG (Persönlichkeitsrecht), mit Art. 6 I GG und Art. 3 I GG[34] steht.[35] Das heißt allerdings nicht, dass ein Kindesdoppelname gegen den deutschen *ordre public* verstößt: Wenn ein ausländisches Kind per Vaterschaftsanerkennung die deutsche Staatangehörigkeit erwirbt, die ja auf den Zeitpunkt der Geburt zurückwirkt, bedeutet das nicht, dass dem Kind ein Doppelnamensteil entzogen wird.[36]

Für die Fälle, in denen aufgrund früher geltenden Rechts der Ehename aus mehreren Namen besteht, bestimmt § 1355 IV 2 BGB, dass kein Begleitname vorangestellt oder drangehängt werden kann. Zweck ist natürlich die Verhinderung von dreigliedrigen Namen, also von Namensketten. Auch diese Vorschrift musste eigens für verfassungsgemäß erklärt werden.[37]

Wenn der „weichende" Ehegatte einen zweigliedrige Namen hat, kann er nur ein Glied aus diesem Doppelnamen als Begleitnamen verwenden (§ 1355 IV 3 BGB). Andernfalls würde wiederum eine Namenskette entstehen, und das will der Gesetzgeber, wie gesagt, auf jeden Fall vermeiden. Verfassungsrechtliche Bedenken hiergegen können nicht erfolgreich mithilfe des NÄG vor den Verwaltungsgerichten geltend gemacht werden.[38]

Dass das Verbot der Namensketten (hier: eines dreigliedrigen Namens, zusammengesetzt aus dem Doppelnamen des Mannes (Rechtsanwalt!) und dem eingliedrigen seiner Frau) verfassungsgemäß ist, hat das BVerfG[39] schließlich durch Urteil vom 5.5.2009 bestätigt. Das Gericht wies zu Recht auf die große **Varianz von Möglichkeiten**[40] in der Namensgebung hin, außerdem auf die vom Gesetzgeber gewünschte Eindämmung von Ketten und schließlich auf die Möglichkeit, dass die nach Übernahme des Mannesnamens sozusagen nomologisch „weichende" Partnerin ihren ursprünglichen Namen im Geschäftsverkehr weiter benutzen kann, sowohl auf dem Briefkopf (hier ist auch die dreigliedrige Variante zulässig) wie auch im Telefonbuch. Das Verbot des Gesetzgebers beschränkt sich also auf die Ausweispapiere.[41]

4.2.2 Der Name nach der Scheidung

Das Bäumchen-wechsle-dich-Spiel geht nach der Scheidung weiter:

In § 1355 V 1 BGB heißt es zwar, dass der verwitwete oder geschiedene Ehegatte seinen Ehenamen behält. Er kann aber auch durch Erklärung gegenüber dem Standesbeamten seinen Geburtsnamen oder den Namen wieder annehmen, den er zur Zeit

---

[33] BVerfG FamRZ 2002, 530.

[34] Gleichbehandlungsgebot im Hinblick auf den möglichen Kindesdoppelnamen bei Einbenennung.

[35] Rspr. des BVerfG (FamRZ 2009, 939) zu den Namensketten.

[36] KG FamRZ 2022, 1093.

[37] BayObLG FamRZ 2004, 374.

[38] OVG Lüneburg FamRZ 2009, 47.

[39] BVerfG FamRZ 2009, 939.

[40] BVerfG FamRZ 2009, 939, 942.

[41] So zutreffend Anm. von *Henrich* FamRZ 2009, 943f.

der Eheschließung geführt hat, oder schließlich Geburts- und Ehenamen kombinieren. Das Kind nimmt allerdings an dieser Namensänderung nicht teil, auch dann nicht, wenn es zuvor eben gerade wegen dieser – später gescheiterten – Ehe einbenannt worden ist.[42]

- Sie kann den Ehenamen übernehmen (das geschieht automatisch, wenn sie keine Erklärungen abgibt).
- Sie kann den Ehenamen mit ihrem Geburtsnamen übernehmen (durch Voranstellen oder Anfügen).
- Sie kann dem Ehenamen einen Begleitnamen voranstellen, wenn sie das bisher nicht getan hat (Mädchennamen oder Namen aus erster Ehe).
- Sie kann ihren Geburtsnamen wieder annehmen.
- Sie kann ihren Namen aus der vorangegangenen Ehe wieder annehmen.

Frau Gunilla Kranke-Drossel, Ehename Drossel, geschiedene Kranke-Möller, geborene Möller, kann sich also nach der Scheidung für „Drossel", „Kranke-Drossel", „Drossel-Möller", „Möller-Drossel" oder „Möller" entscheiden.

Dafür wird eine Gebühr im oberen zweistelligen Eurobereich erhoben, wenn man die Erklärung vor dem Standesbeamten abgibt. Hinzu kommen Gebühren beim Einwohnermeldeamt für einen neuen Personalausweis und ggf. für einen neuen Reisepass (zusammen ca. 100 €).[43]

Aber die Kandidatin muss wissen, was sie tut: Erklärungen zur Namenswahl unterliegen nicht der Irrtumsanfechtung.[44]

Im Falle der **Eheaufhebung** bekommt der Partner, der den Namen des Anderen als Ehenamen angenommen hat, nach zutreffender Ansicht automatisch den Namen zurück, den er vor der Ehe geführt hat.[45]

4.2.3 Vereinbarungen über Namensgebung

Verständnis wird man sicher für Männer haben, die sich ehevertraglich ausbedingen, dass der von ihren Frauen erheiratete Name nach der Ehe wieder abgelegt wird (durch Wiederannahme des vor der Ehe geführten Namens oder des Mädchennamens), auch um zu verhindern, dass der Ehename auf den jeweiligen Nachfolger übergeht. Umgekehrt gilt selbstverständlich das Gleiche.

Ein derartiger Ehevertrag ist zulässig.[46]

Niemand ist also gehindert, sich per **Ehevertrag** wirksam zu verpflichten, nach der Scheidung seinen Geburtsnamen wieder anzunehmen oder den Ehenamen **nicht** in die Folge-Ehe hineinzuschleifen.[47] Er muss dann gewärtigen, nach der Scheidung im

---

42 LG Fulda FamRZ 2000, 689.

43 Es ist jeweils ein neuer Ausweis erforderlich; die Änderungsmöglichkeit ist Vergangenheit.

44 OLG Zweibrücken FamRZ 2000, 1361.

45 OLG Celle FamRZ 2013, 955 (**str.**, s. Abh. *Keuter* FamRZ 2013, 1936).

46 BGH FamRZ 2008, 859; LG Bonn FamRZ 2008, 1183.

47 Abh. *Everts* FamRZ 2005, 249, 253.

Weigerungsfall zur Abgabe einer derartigen Erklärung verurteilt zu werden.[48] Das Urteil ersetzt die Erklärung (§ 894 ZPO).

Auch über den während der Ehe zu führenden Namen können rechtzeitig Vereinbarungen getroffen werden. Der Braut kann es z.B. darauf ankommen, während der Ehe ihren Namen fortzuführen, sei es als eigenen Namen unter Verzicht auf einen Ehenamen, sei es durch einvernehmliche Erklärung ihres Namens zum Ehenamen, wenn der Name einen wirtschaftlich relevanten Goodwill hat.[49]

4.3 Ehename bei Auslandsbezug

Fälle mit ausländischer Beteiligung können selbst dann problematisch werden, wenn deutsches Recht anzuwenden ist.

Ausländer, die nach ausländischem Recht einen Ehenamen bestimmt haben, können nach der Einbürgerung, da für sie fortan deutsches Recht Anwendung findet, ihren Ehenamen für die Zukunft neu bestimmen.[50] Das gilt erst auch, wenn nur einer von beiden schon Deutscher geworden ist.[51]

Auch das **europäische Recht** bestimmt, dass Frauen ihren Geburtsnamen nach der Eheschließung behalten dürfen, wohlgemerkt: nicht als Begleitnamen, sondern entweder als Ehenamen oder als eigenen Namen unter Verzicht auf den Ehenamen.[52]

Nun der umgekehrte Fall: Ein **deutsch-mazedonisches** Paar heiratet in Deutschland. Beide wählen einen Doppelnamen in der Weise, dass dem jeweiligen Geburtsnamen der Name des anderen beigefügt wird. Nach der Geburt zweier Kinder wird der mazedonische Ehemann eingebürgert. Beide sind also nun Deutsche. Sodann bestimmen beide den Geburtsnamen der Frau zum Familiennamen. Das OLG Frankfurt hat dies für zulässig erachtet.[53]

Für Stirnrunzeln sorgt die Praxis, sich ggf. eines ausländischen Rechts zu bedienen, wenn sich der Wunschname nach deutschem Recht nicht erlangen lässt. Zur Illustration soll folgender Fall geschildert werden:

> Aus der Ehe eines deutschen Ehepaars geht ein Sohn hervor, der den Ehenamen seiner Eltern trägt („A.“). Die Ehe wird geschieden. Die Frau heiratet erneut, und zwar einen „Freiherrn von B.“. Der Sohn wird nicht einbenannt (s. **4.4.5.2**, Stiefvaterfälle).

---

48 LG München I FamRZ 2000, 1168.

49 So zutreffend Abh. *von Oertzen/Engelmeier* FamRZ 2008, 1133, mit Formulierungsvorschlag, S. 1138.

50 BGH FamRZ 2001, 903 (Russlanddeutsche).

51 BVerwG FamRZ 2015, 402 zum Fall eines aus Sri Lanka stammenden Ehepaars. Der Mann war bereits Deutscher. Beide wollten den Namen, weil lang und schwer auszusprechen, eindeutschen und hatten letztlich Erfolg.

52 So der EuGHMR FamRZ 2005, 427 unter Berufung auf Art. 8 und 14 EMRK im Falle Tekeli vs. Türkei.

53 OLG Frankfurt FamRZ 2013, 1802.

Sodann heiratet der Sohn (fortan „Ehemann") eine gebürtige Polin, die als Sechsjährige in Deutschland eingebürgert worden ist und fortan Doppelstaaterin ist. Beide tragen den Namen des Ehemannes (A.) als Ehenamen und wohnen in Deutschland. Sodann versucht der Ehemann, seinen Namen in „Freiherr von B.-A." zu ändern, und scheitert. Seine Frau wendet sich an ein polnisches Standesamt und lässt sich dort problemlos umbenennen in „Freifrau von B.-A.". Das Gleiche versucht sie nun vor dem deutschen Standesamt, und zwar für sich und die beiden as der Ehe stammenden Töchter. Das Standesamt lehnt das als *ordre-public*-Verstoß ab, aber vor dem OLG Brandenburg[54] obsiegt sie.

Begründung: Ein in einem EU-Mitgliedsstaat erworbener Namensbestandteil kann nur verweigert werden, wenn als Motiv die Selbstnobilitierung im Vordergrund steht.[55] Das ist hier nicht der Fall da es hier familiäre Gründe gab, nämlich die enge Bindung zur Stiefmutter (!).

Ganz ähnlich folgender Fall:

Wenn ein gemischtnationales Paar vor einem polnischen Standesamt das für die Namensführung maßgebliche Recht wählt (§ 10 II EGBGB, Ehenamensstatut), und zwar hier das **polnische**, und sich für einen Ehenamen (und Namen der Kinder) entscheidet, ist dieser Name (nur) nach polnischem Recht zu führen[56], was natürlich in Deutschland zu respektieren ist, denn es kann nicht angehen, dass eine Person nach Grenzübertritt plötzlich anders heißt.

Wenn deutsches Recht mit ausländischem (hier: **türkischem**) Recht kollidiert, weil mangels Rechtswahl jeder Partner seinem Heimatrecht unterworfen ist, gleichwohl aber die Namenswahl nach § 1355 II (hier: Name des Ehemannes) mit dem starren türkischen Recht (zwangsläufig Name des Ehemannes) übereinstimmt, gilt die isolierte Entscheidung der Frau für den Mannesnamen als Ehename, obwohl der Mann gar kein Wahlrecht hatte.[57] Allerdings besteht eine Rechtswahl, wenn ein Paar heiratet, mindestens einer nicht Deutscher ist und mindestens einer in Deutschland lebt: Er kann dann bei Eheschließung entweder nach seinem Heimatrecht oder nach deutschen Recht den Ehenamen bestimmen (Art. 10 II EGBGB).

Wenn die Mutter Deutsche und der Vater **Mongole** ist, haben beide die Rechtswahl nach § 10 III 1. EGBGB und können einen Familiennamen (mit Wirkung auch für das

---

[54] OLG Brandenburg FamRZ 2021, 1949; Anm. *Otto*, S. 1951.

[55] Das ergibt sich aus Art. 48 S. 1 EGBGB. Er hat folgenden Wortlaut: *Unterliegt* der Name einer Person deutschem Recht, so kann sie durch Erklärung gegenüber dem Standesamt den während eines gewöhnlichen Aufenthalts in einem anderen Mitgliedstaat der Europäischen Union erworbenen und dort in ein Personenstandsregister eingetragenen Namen wählen, sofern dies nicht mit wesentlichen Grundsätzen des deutschen Rechts offensichtlich unvereinbar ist. Ein in einem anderen Unions-Staat erworbener Name kann also „importiert" werden, wenn er nicht gegen den deutschen ordre public verstößt.

[56] OLG Düsseldorf FamRZ 2010, 1559 (Ls).

[57] OLG Stuttgart FamRZ 2007, 149.

Kind) nach mongolischem Recht wählen.[58] Wenn das Kind nichtehelich ist und der Vater die Vaterschaft anerkannt hat, bekommt das Kind seinen Namen.[59]

Heiratet ein Deutscher in Deutschland eine **Indonesierin** und wählen beide das deutsche Recht als Ehenamensstatut und den Familiennamen des Mannes als Ehenamen, kann die Frau nicht ihre 4 indonesischen Eigennamen (es wird in Indonesien nicht zwischen Vor- und Familiennamen unterschieden) zu Teilen ihres abweichenden persönlichen Namens machen, denn das verstieße gegen das Mehrgliedrigkeitsverbot.[60]

Eine Besonderheit stellt das **englische** Recht dar, wo man freie Namenswahl[61] per *deed poll* = einseitige Erklärung hat, mit der möglichen Folge der **Selbstnobilitierung**: Eine deutsche Ballettlehrerin hatte lange in London gelebt und schließlich die britische Staatsangehörigkeit erlangt, um sich dann während eines beruflichen Aufenthalts in der Schweiz bei der britischen Botschaft in *Gräfin von F.* umzubenennen, was in Deutschland, wohin sie dann übersiedelte, keine Gnade fand. Sie konnte also hier ihren Phantasienamen nicht führen.[62] Der BGH[63] sah in dritter Instanz den *ordre public*-Verstoß vor allem darin, dass die Ballettlehrerin den Anschein der Zugehörigkeit zu einer vermeintlich hervorgehobenen sozialen Gruppe zu erwecken versucht hatte.[64] Trotz funktionslos gewordener Adelsbezeichnungen sei dieser Vorstoß auch, wenn er gelungen wäre, eine Entwertung von vor Jahrhunderten erworbenen Adelsprädikaten.

In England erworbene Phantasienamen, insbesondere per *deed poll* erworbene Selbstnobilitierungen ohne Eheschließung, können in Deutschland in Gestalt der Änderung der Geburtsurkunde also nur anerkannt werden, wenn dies dem deutschen *ordre public* nicht widerspricht.[65] Das galt auch für den durch Urteil des EuGH[66] vom 2.6.2016 entschiedenen Fall:

Ein Deutscher namens *Nabiel El-Bagdadi* (Geburtsname) arbeitete sich sozusagen in der Namenshierarchie hoch, indem er zunächst nach dem NÄG *El-Bagdadi* in *Bogendorff* verwandelte und seinem Vornamen einen weiteren, nämlich *Peter* hinzufügte. Per Adoption mutierte sein bürgerlicher Nachname zu *Bogendorff von Wolffersdorff*. Dann zog er nach England, wurde nach ein paar Jahren deutsch-britischer Doppelstaater und änderte, weil er sich in puncto Namenshochstapelei

58 OLG Stuttgart FamRZ 2010, 1571.

59 KG FamRZ 2019, 973.

60 BGH FamRZ 2015, 477.

61 Das englische Recht unterscheidet dem Geburtsnamen (*legal name*) und dem später per *deed poll* angenommenen Namen (*conventional name*).

62 OLG Nürnberg FamRZ 2015, 1655, bestätigt durch BGH FamRZ 2019, 218. Ebenso KG FamRZ 2019, 1528.

63 BGH FamRZ 2019, 218.

64 Im Subtext steht natürlich der nie *expressis verbis* ausgesprochene Vorwurf der Namenshochstapelei.

65 Einzelheiten in der Abh. von *Dutta* FamRZ 2016, 1213 (mit dem schönen Titel *Namenstourismus in Europa?*).

66 EuGH FamRZ 2016, 1239.

nicht zügeln konnte, seinen Namen nach britischem Recht in *Peter Mark Emanuel Graf von Wolffersdorff Freiherr von Bogendorff*, fand damit aber vor dem deutschen Standesamt – er hatte sich mittlerweile in Chemnitz niedergelassen und wollte dort seiner Tochter den Namen *Larissa Xenia Gräfin von Wolffersdorff Freiin von Bogendorff* geben[67] – und letztlich vor dem EuGH[68] keine Gnade.

Er selbst durfte in Deutschland auch keine erweiterte Selbstnobilitierung betreiben, wurde also auf seinen schon nahezu bürgerlichen Namen *Nabiel Peter Bogendorff von Wolffersdorff* zurückgeworfen.[69]

In der Lit. wird zum Teil eine liberalere Position vertreten. Hervorzuheben ist hier insbesondere *Sivia Deuring*.[70] Sie plädiert dafür, die *ordre-public*-Schranke niederzureißen, d.h. in England oder Australien erworbene Phantasienamen (incl. Selbstnobilitierungen) für Ehegatten und deren Kinder zuzulassen[71] und im Gefolge der rechtlichen Möglichkeit, im EU-Ausland Doppelnamen zu bilden, die in Deutschland Gültigkeit haben, *de lege ferenda* auch das deutsche (ohnehin durchlöcherte) Doppelnamensverbot aufzuheben (freilich unter Begrenzung auf zweigliedrige Namensketten).[72] Dieser Auffassung ist m.E. nicht zu folgen, weil sie der Namenshochstapelei Tür und Tor öffnen und eine neue Dimension der namensrechtlichen Unübersichtlichkeit schaffen würde.

Es ist schon jetzt kompliziert genug, wie der folgende knifflige Fall eindrucksvoll belegt:

Das nichteheliche Kind eines **marokkanischen** Vaters und einer **spanischen** Mutter wird durch Heirat legitimiert. Es erhält dann den Nachnamen des Vaters (zugleich Ehename). Die Mutter beantragt unter Berufung auf das spanische Recht die Aufnahme ihres Vatersnamens in den Nachnamen des Kindes. Hierzu sagt der BGH[73]: Maßgeblich ist das Heimatrecht des Namensträgers, also des Kindes. Das Kind aber Doppelstaater. Also gilt das Recht des Staats, mit dem das Kind am engsten verbunden ist (effektive Staatsangehörigkeit). Die aber gibt es hier nicht: Marokko und Spanien liegen sozusagen gleichauf. Also gilt das Recht des gewöhnlichen Aufenthalts, ergo deutsches Recht. Es bleibt bei der Identität von Ehenamen und Nachnamen des Kindes.

Nach der **Scheidung** gilt:

Die Namensfortführung richtet sich nach dem Recht des Staates, dem der Namensträger/die Namensträgerin angehört (Art. 10 I EGBGB). Nach türkischem Recht

---

67 S. hierzu Abh. *Kohler/Pintens* FamRZ 2016, 1509, 1519.

68 EuGH FamRZ 2016, 1239. Zentrale Begründung: Das deutsche Recht will das Verbot, eine adlige Herkunft vorzutäuschen, nicht auf dem Umweg über das Recht eines anderen Mitgliedstaats wieder aushebeln.

69 BGH FamRZ 2019, 613. Ebenso erging es dem Namen *Silia Valentina Mariella Gräfin von Fürstenstein*, s. Abh. *Keuter* FamRZ 2019, 671, 678.

70 Abh. *Deuring* FamRZ 2022, 1669.

71 Abh. *Deuring* FamRZ 2022, 1669, 1675.

72 Abh. *Deuring* FamRZ 2022, 1669, 1673.

73 BGH FamRZ 2015, 1477. Mit krit. Anm. *Mankowski* FamRZ 2015, 1602.

nimmt eine Frau nach der Scheidung den Namen wieder an, den sie vor der Heirat hatte. Voraussetzung ist aber, dass die im Ausland (hier: in Deutschland) ausgesprochene Scheidung erst einmal in der Türkei anerkannt werden muss. Solange das nicht geschieht, bleibt der Ehename sozusagen an ihr haften.[74]

4.4 Der Name des Kindes

Die Rede ist in diesem Kapitel vor allem vom „Nachnamen", also nicht vom Vornamen. Dennoch können wir die Vornamen nicht völlig unbeachtet lassen.

4.4.1 Der Vorname

Die Vornamensfindung wird vom Gesetzgeber überraschenderweise nicht problematisiert: Den Vornamen bestimmt der Inhaber der elterlichen Sorge, nicht also z. B. auch der mit der sorgeberechtigten Mutter nicht verheiratete Vater.[75] Es folgt die Eintragung in das Geburtenbuch (§§ 21, 22 Personenstandsgesetz). Bei nichtehelichen Kindern ist i. d. R. die Mutter sorgeberechtigt[76], bei Verheirateten sind es die Eltern.

4.4.1.1 Zahl der Vornamen

Vier bis fünf Vornamen reichen nach Ansicht der Rspr. aus; 12 sind jedenfalls unzulässig. Die einschlägige Entscheidung des OLG Düsseldorf[77] wurde am 28. 1. 2004 vom BVerfG[78] bestätigt, und zwar so: *„Der Staat hat die Pflicht, das Kind als Grundrechtsträger vor verantwortungsloser Namenswahl durch die Eltern zu schützen."* Die Mutter hatte ihrem bedauernswerten Knaben folgende Namenskette umlegen wollen:

Chenekwahow Tecumseh Migiskau Kioma Ernesto Inti Prithibi Pathar Chajara Majim Henriko Alessandro.

Eine Betreuerbestellung wäre eigentlich die angemessene Reaktion gewesen, die der Mutter hier seitens des Gerichts hätte entgegenschallen müssen. Wer weiß, vielleicht wollte sie nach der Rückkehr von einem ausgedehnten Urlaub (oder einer anthropologischen Feldforschung) in Indien und Amerika die Vornamen aller in Frage kommenden Väter zusammenfassen.

Ärger kann es allerdings auch geben, wenn die Eltern einen Namen wählen, der nicht als Vorname identifizierbar ist („Souvenir 1"). Gleichwohl haben die Eltern hier einen weiten Spielraum.

---

[74] OLG Nürnberg FamRZ 2022, 769.

[75] OVG Brandenburg FamRZ 2005, 1119.

[76] Es sei denn, es ist eine Sorgeerklärung der Eltern nach § 1626a BGB abgegeben worden, wonach beide die elterliche Sorge innehaben, oder der Vater hat in einem gerichtsförmigen Verfahren nach § 1626a II BGB die Mitsorge erwirkt.

[77] OLG Düsseldorf FamRZ 1999, 46.

[78] BVerfG FamRZ 2004, 522.

Die Namen sollen außerdem klanglich und in der Schreibweise mit der deutschen Sprache vereinbar sein.[79] Bejaht wurde das bei dem ziemlich gruseligen Mädchenvornamen „Zoe", wobei den Eltern ausdrücklich zugebilligt wurde, dass der Name korrekt mit dem Trema (Zoë) im Geburtenregister eingetragen wurde[80], damit nicht Unkundige das Kind mit „Zö" ansprachen.

4.4.1.2 Aufgegebener Nachname als Kindesvorname

Ob auch bei deutsch-amerikanischer Doppelstaatsangehörigkeit die Billigung des *middle name* (Familienname der Mutter als zweiter Vorname des Kindes) ausscheidet, ist umstritten: Das KG[81] meint, dass der *middle name* unzulässig ist, während das OLG Frankfurt[82] ihn zulässt. Das OLG München[83] hält bei einem in den USA geborenen deutschen Kind, dessen Eltern ebenfalls Deutsche (wenngleich mit US-amerikanischer Erwerbsbiographie) sind, einen aus den Geburtsnamen der Eltern gebildeten Doppelnamen – dort übrigens nicht als *middle name* und Familienname gekennzeichnet! – für unzulässig.

Überraschend hat der BGH[84] mit Beschluss vom 30.4.2008 die Idee gebilligt, den aufgegebenen oder „gewichenen" Namen eines Elternteils (hier: des Vaters eines nichtehelichen Kindes, das den Familiennamen der Mutter trug) zum Kindesvornamen machen zu lassen (hier: „Lütge").[85] Voraussetzung ist lt. BGH allerdings, dass der Name geeignet ist, *„dem Kind die mit dem Vornamen einhergehende Identitätsfindung und Individualisierung zu ermöglichen"*. Klartext: Der Name muss vom Klang und von der möglichen Bedeutung her („Lütge" heißt niederdeutsch „der/die Kleine") sozusagen vornamentauglich sein.

Henrich hat in seiner Anmerkung[86] gerügt, dass der BGH nicht alle Nachnamen der Beteiligten zu Kindes-Vornamen mutieren lassen will. Nur: Wenn der Vater *Tüfekčić* geheißen hätte – das arme Kind!

Das OLG Hamm[87] hat den Namensgebungskonflikt zwischen zwei verheirateten Eltern ohne Ehenamen dadurch gelöst, dass das Kind, das den Nachnamen der Mutter erhalten hatte, den Vatersnamen *Müller* dazu bekam, nominell als Vornamen, phänotypisch aber als *middle name*. Einzige Voraussetzung: Das Kind muss einen weiteren Vornamen erhalten, und der muss „geschlechtseindeutig" sein. Das wiederum widerspricht der Rspr. des BVerfG[88], das die Ansicht vertritt, dass eine falsche

---

79 Ein zweifelhaftes Prinzip! Was hätten die Richter wohl zum schönen polnischen Vornamen *Zdzisław* gesagt? Klanglich sehr schön – vorausgesetzt, man kennt die Aussprache.

80 OLG München FamRZ 2011, 485 (Ls).

81 KG FamRZ 2000, 53.

82 OLG Frankfurt FamRZ 2001, 372 (Ls).

83 OLG München FamRZ 2014, 1551.

84 BGH FamRZ 2008, 1331.

85 Ebenso OLG Frankfurt FamRZ 2012, 39 (Ls): Billigung von „Bock" als drittem Vornamen eines Mädchens (!), weil der Vater mit Nachnamen so hieß.

86 *Henrich* FamRZ 2008, 1333.

87 OLG Hamm FamRZ 2021, 498.

88 BVerfG FamRZ 2009, 294.

Geschlechtszuordnung belanglos ist, so dass **geschlechtseindeutige Zusatzvornamen nicht erforderlich** sind. Klüger wäre die Fokussierung auf die Frage gewesen, ob „Müller“ isoliert betrachtet als Vorname durchgehen kann. Da sind Zweifel angebracht, s. das Ewert-Urteil[89] des OLG Düsseldorf, in dem mit Ach und Krach *Ewert* (Nachname des mit der Mutter nicht verheirateten Vaters) noch als seltener Vorname durchgewinkt wurde (s. **4.4.1.3** unten).

Einen Mittelnamen kann man z. B. auch in Dänemark führen. Er ist angesichts des Wahlrechts nach Art. 48 EGBGB auch für deutsche, in Dänemark geborene Kinder maßgeblich. Der BGH[90] hat dies in einem Fall entschieden, in dem ein verheiratetes Paar dem gemeinsamen Kind als Mittelnamen den Namen der Eltern und als Familiennamen den schönen Namen *Jankosdatter* verliehen hatten.

4.4.1.3 Gebilligte Vornamen

Vorab muss darauf hingewiesen werden, dass der gerichtlichen Auseinandersetzung – nach Zurückweisung eines Vornamens durch das Standesamt – eine Institution vorgeschaltet ist, nämlich die **Gesellschaft für deutsche Sprache** (GfdS), die von den Standesämtern in Zweifelsfällen um Rat gefragt wird.

Die GfdS hat folgende Vornamen gebilligt[91]:

> Paris[92], Dallas, Prinz-Gold, Winnetou, Neymar, Peaches, Sequoia, Magenta, Schnuckelpupine, Rhein[93], Florida, Kastanie, Buckminster, Arizona, Godsgift, Gandalf, Maroni, Calibra, Novalis, Pepsi-Carola, Pumuckl, Rapunzel, Rasputin, Timpe, Windsbraut, Blücherine, Gneisenauette, Katzbachine, Chayenne, Napoleon und Waterloo.

Grundregel: Wenn es den Vornamen schon mal gegeben hat, wird er gebilligt.

Die Datenbank der GfdS birgt etwa 100.000 Vornamen.

Folgende Vornamen wurden von **Gerichten** rechtskräftig genehmigt:

- Der Mädchennamen „**Chelsea**“.[94]
- Der Mädchenname „**Maha**“ (libanesische Eltern).[95]
- Der Mädchenname „**Mienaatchi**“ (Eltern aus Sri Lanka).[96]
- **„Luka“** oder **„Luca“** für einen Jungen.[97]

---

89 OLG Düsseldorf FamRZ 2013, 1771.

90 BGH FamRZ 2017, 1179.

91 *Welt am Sonntag*, 20. 11. 2017, S. 18.

92 Der Vorname ist älter als die Stadt, die diesen Namen trägt (er findet sich in Homers *Ilias*, Namensträger ist der Sohn des Königs Priamos).

93 In den USA haben sich Namen, die keinen anderen als einen geographischen Bezug haben, durchgesetzt (Florida, Dallas, Arizona). Die GfdS ist dem zögerlich gefolgt, sofern amerikanische Orte pp. gewählt wurden. *Dresden* geht nach wie vor nicht.

94 OLG Hamm FamRZ 1995, 1225.

95 OLG Celle FamRZ 1999, 46.

96 OLG Stuttgart FamRZ 2003, 1689.

97 OLG Frankfurt FamRZ 2005, 1927 (Ls); OLG Celle FamRZ 2008, 180 (Ls).

- „**Nicola Andrea**“ für einen Jungen.[98]
- „**Beke**“ für ein Mädchen.[99]
- „**Büb**“ für einen Jungen.[100]
- „**Christiansdottir**“ für ein isländisches Mädchen (obwohl der Name dort als Nachname gebräuchlich ist).[101]
- „**Birkenfeld**“ als weiterer Vorname für einen Jungen (offenbar als Namensharmonisierung gemeint, denn die Mutter hatte diesen, nämlich ihren Mädchennamen, als Begleitnamen dem Ehenamen vorangestellt).[102]
- „**Ewert**“ als ergänzender dritter Vorname für ein Mädchen.[103] Besonderheit: „Ewert“ war offenbar der Nachname des mit der Kindesmutter nicht verheirateten Vaters.[104] Das Gericht meinte, dies sei identitätsstiftend und wies darauf hin, dass „Ewert“ als Vorname, zwar selten, aber gebräuchlich sei.

4.4.1.4 Nicht genehmigte Vornamen

Nicht gebilligt wurden von der GfdS:

> Agfa, Atomfried, Bierstübl, Grammophon, Lenin McDonald, Ogino, Omo, Pillula, Schnucki, Schroeder, Sputnik und Störenfried, Lamborghini, Berlin, Schröder, Ulme, Zecke, Dresden, Dracula, Vespa, Gollum, Lucifer, Holunda, Pims.

Keine Gnade fanden vor den Gerichten:

- Der dem buddhistischen Kulturraum entstammende Name „**Bodhi**“, weil er nicht ohne weiteres auf einen männlichen Namensträger hinweist[105] – aber das ist überholt (s. u.).
- Das Gleiche gilt für den Mädchennamen „**Kiran**“[106], s. hierzu aber die Ausführungen am Ende dieses Kapitels.
- Abgeschmettert wurde auch der eindeutig christliche, aber nicht eindeutig weibliche Vorname „**Jona**“, selbst in bindestrichloser Kombination mit „Frauke“.[107]
- Abgelehnt wurde der Vorname „**Waldmeister**“.[108]

---

[98] Der Name weist *Nicola* zwar nach deutschem Sprachempfinden auf ein Mädchen hin, ist aber in Italien ein Jungenname (die weibliche Fassung wäre *Nicolina*); der Name wurde vom OLG Frankfurt (FamRZ 1995, 1225) gebilligt.

[99] OLG Hamm FamRZ 2004, 1229 (Ls); Zweifel hatte der Senat, weil *„Beke im benachbarten Ausland* (wo? In Holland?) *als männlicher Name“* gelte. In Ungarn ist *Béke* ein Jungenname.

[100] OLG Köln FamRZ 2000, 699 (Ls).

[101] KG FamRZ 2006, 1405 (Ls). Der Beschluss enthält den interessanten Grundsatz, dass sich die Antwort nach der Frage der Geschlechtszugehörigkeit nach dem Gebrauch im Herkunftsland richtet.

[102] OLG Frankfurt FamRZ 2001, 372 (Ls).

[103] OLG Düsseldorf FamRZ 2013, 1771.

[104] Wir sehen hier eine Variante des *middle name*, sozusagen den *last name*.

[105] OLG Hamm FamRZ 1996, 505.

[106] OLG München FamRZ 2008, 180 (Ls).

[107] LG Münster FamRZ 1996, 892.

[108] OLG Bremen FamRZ 2015, 59 (Ls). Ob der Name einem Mädchen oder einem Jungen zugedacht war, geht aus dem Leitsatz nicht hervor.

Das BVerfG[109] billigte im Beschluss vom 5.12.2008 überraschend den Vornamen „**Kiran**" für ein aus Indien stammendes Mädchen (die Eltern sind Hindus). Dies stellt einen Bruch mit der hergebrachten Rspr. dar, derzufolge das Geschlecht am Vornamen erkennbar sein muss, notfalls durch Hinzufügung eines weiteren, insoweit eindeutigen Vornamens (s. **4.4.1.5**). „Kiran" kann, so die Entscheidung, Folgendes heißen: *Staub, schäbig, abgedroschen, Sonnenstrahl.* Im Vordergrund steht aber die letztgenannte Bedeutung (Sonnenstrahl im Sinne von „erstes Licht des Tages"). Ein Kombinationsvorname ist, so das BVerfG, unter Hindus „unmöglich". Eine mögliche **falsche Geschlechtszuordnung** sei außerdem **belanglos** (!); selbst in Deutschland gebe es Namen, die von beiden Geschlechtern getragen würden (Heike sei im Norden ein Jungen-, im Süden ein Mädchenname).[110]

4.4.1.5 Kombinationsvornamen

Eine dritte Gruppe soll, so jedenfalls die **Rspr. bis August 2008**[111], die freilich wiederkehren kann, nur in **Kombination** mit einem weiteren, sozusagen das **Geschlecht klarstellenden** Vornamen Bestand haben:

1. „Gerrit" wurde nur in Verbindung mit einem zweiten, eindeutig männlichen Vornamen gebilligt.[112]
2. Das Gleiche gilt für „Mikado"[113], „Speedy"[114], „November"[115] und „Tjorven".[116]
3. Bei einer Göre namens „Gor" lässt der Name zwar keine Schlussfolgerung auf das Geschlecht zu; wenn jedoch der Name „Victoria" hinzugefügt wird, ist Gor zulässig.[117]
4. „Alke" darf ein Mädchen nur heißen, wenn ein weiterer, eindeutig weiblicher Vorname hinzugesetzt wird.[118]
5. „Ogün" kann als männlicher Vorname nur erteilt werden, wenn ein zweiter – eindeutig männlicher – Vorname hinzugefügt wird.[119]
6. Einem Jungen darf der Vorname „Anderson" verpasst werden, wenn er mit den weiteren Vornamen „Bernd Peter" kombiniert wird.[120]

---

[109] BVerfG FamRZ 2009, 294.

[110] M. E. ist das Unfug. Im Norden gibt es Jungen, die „Hauke" heißen, nicht Heike. Und Mädchen, die Heike heißen, sind auch im Norden vertreten, gerade dort.

[111] S. BVerfG FamRZ 2009, 294 (**4.4.1.4** unten).

[112] OLG Hamm FamRZ 1999, 46.

[113] LG Braunschweig FamRZ 1999, 46.

[114] Gebilligt in Verbindung mit „Ralf" vom OLG Karlsruhe FamRZ 1999, 46.

[115] LG Bonn FamRZ 2007, 302 (Ls). Ob damit angedeutet werden sollte, wann der Knabe gezeugt worden war, ist nicht überliefert.

[116] OLG Hamm FamRZ 2001, 1480 (Ls).

[117] OLG Düsseldorf FamRZ 1996, 119.

[118] LG Braunschweig FamRZ 2001, 1480 (Ls).

[119] OLG Hamm FamRZ 2002, 637 (Ls).

[120] BVerfG FamRZ 2005, 2049.

7. Ein Junge darf mit Vornamen (!) „da Silva“ heißen, wenn er mit „Joel“ kombiniert wird.[121]

4.4.1.6 Vornamensänderungen und -ergänzungen

Wenn die Eltern sich nach Eintragung in das Geburtenbuch über die Beifügung eines zweiten Vornamens einig werden, kann nicht mehr nach § 47 I PStG ergänzt werden. Heute können nur noch

- offensichtliche Schreibfehler („*Brigotte*“) berichtigt (§ 47 I PStG) und
- die Reihenfolge der Vornamen umgestellt werden (§ 45a PStG).

Im November 2018 hat nämlich § 45a I PStG folgende Fassung erhalten:

> *Unterliegt der Name einer Person deutschem Recht und hat sie mehrere Vornamen, so kann deren Reihenfolge durch Erklärung des Namenträgers gegenüber dem Standesamt neu bestimmt werden (Vornamensortierung). Eine Änderung der Schreibweise der Vornamen sowie das Hinzufügen von neuen Vornamen oder das Weglassen von Vornamen ist dabei nicht zulässig; ... Die Erklärung muss öffentlich beglaubigt werden; sie kann auch von den Standesbeamten beglaubigt oder beurkundet werden.*

Folgende Optionen sind zu erörtern:

a) Hinzufügung eines zweiten Vornamens

Wenn die Eltern sich nach Eintragung in das Geburtenbuch darüber einig sind, dass irrtümlich die Beifügung eines zweiten Vornamens unterblieben war, kann heute nicht mehr berichtigt werden.[122] Wenn die Eltern sich nicht einig werden, erst recht nicht. **Ausnahme:** Hinzufügung unter den Voraussetzungen des § 3 NÄG, s. unten unter **d)**.

Nur die **Vornamensortierung** (Änderung der Reihenfolge der Vornamen) ist noch **angängig.**

Was schon vor der Einführung von § 45a PStG auf keinen Fall gelingen konnte, war die Hinzufügung eines weiblichen Zweitvornamens zu einem männlichen Vornamen.[123]

b) Änderung der Schreibweise

Weniger problematisch ist eine Korrektur offenkundig fehlerhafter Schreibweise (“Zoe“ statt „Zoë“). Hier muss eine Anhörung des Kindes (hier: 16-jährige Tochter) auch nur stattfinden, wenn die Namensänderung der gerichtlichen Genehmigung bedarf. Das war vorliegend nicht der Fall.[124] Ähnlicher Fall (n. v.): Die Mutter gibt den

---

[121] Mutter Deutsche, Vater Brite. Warum beide ihrem Sohn einen Vornamen geben wollten, den ca. ein Drittel der Brasilianer als Familiennamen trägt, ist überliefert (FamG Stuttgart FamRZ 2008, 181): In der Familientradition des Vaters war „da Silva“ seit Generationen der *middle name.*

[122] § 45a PStG, ab November 2018.

[123] BVerwG FamRZ 2016, 1359 (Ls). Geschlechtsunklare Vornamen werden also durchgewinkt (s.o., BVerfG FamRZ 2009, 294), „Kollisionsvornamen“ (d. Verf.) jedoch nicht geduldet.

[124] FamG Buxtehude FamRZ 2012, 71.

in Brasilien üblichen Vornamen „Margarida" an; der Standesbeamte versteht „Margarita" und trägt diese Version ein. Hier ist eine **Korrektur möglich**.

Die Anpassung an die richtige Schreibweise gelingt auch, wenn der Fehler aus der Sphäre der Eltern stammt: Wenn der durch eine schwierige Geburt benebelte Vater schriftlich *Hatice* als Vornamen seiner Tochter angibt, kann der Vorname in *Hatiçe* (korrekte Schreibweise mit Cedille) geändert werden (§§ 47, 48 PStG).[125]

c) Streichung eines von mehreren Vornamen

Es hätte mich weniger überrascht, wenn die Eltern den umgekehrten Weg gewählt, also die Streichung eines von zwei Namen angestrebt hätten. Hier gilt aber das **Verbot**, einen von mehreren Vornamen abzuschütteln oder einen von zwei Doppelnamensbestandteilen zu streichen. Schade. Das Bedenkliche an manchen Doppelnamen ist nämlich gerade die schreckenstiftende Verbindung zweier Vornamen, von denen jeder für sich noch gerade hinnehmbar gewesen wäre. Aus meiner Praxis kann ich beisteuern:

Carmen-Edelgund, Leonid-Elvis, Hassan-Dennis, Summer-Leonie und Chantal-Cheyenne.

KollegInnen haben mich mit folgenden nomologischen Perlen beschenkt:

Damon-Michael, Aran-Bayley, Matt-Eagle, Brandon-Lee, Elvis-Diamanto, Giovanni-Mogli.

d) Vornamensersetzung

Natürlich sind Eltern auch schon gemeinsam auf die Idee gekommen, den einmal gewählten Vornamen ihrer Tochter nicht mehr für passend zu erachten und ihn auszutauschen, d. h. ihn nicht nur in der Schreibweise zu ändern. Eine Änderung nach §§ 1, 3 NÄG (die Vorschriften gilt eigentlich vorwiegend für lächerliche und anstößige *Familiennamen*, jedoch bestimmt § 11 NÄG, dass § 3 auch auf Vornamen Anwendung findet) im Gefolge einer Geschmacksänderung von Eltern und/oder Kind kann aber heute ebenso wenig gelingen wie eine Ergänzung eines Vornamens und die Streichung eines von mehreren Vornamen (s. § 45a PStG).

Aber: Wenn wirklich schwerwiegende Gründe für einen Vornamensänderung vorliegen kann die Namensänderung gelingen. Das war lt. VerwG Göttingen[126] bei einem Mädchen der Fall, das *Alexa* hieß und wegen der Namensidentität mit einem bekannten Sprachassistenten ständig von Kindern und Erwachsenen gehänselt wurde. Übrigens hatten sich die Eltern hier mit der Hinzufügung eines zweiten Vornamens begnügt, den sie zum Rufnamen auserkoren hatten. Ein Austausch wäre aber auch gelungen.

Wenn ein Elternteil kein Mitsorgerecht (mehr) hat, kann der sorgeberechtigte Elternteil allein über die Vornamensortierung entscheiden. Der andere hat kein Klagerecht.[127]

Welcher Unfug der Verwaltungsgerichtsbarkeit durch die Novellierung von § 45a PStG erspart worden ist, ergibt sich sehr sinnfällig aus der einschlägigen Entschei-

---

[125] OLG Düsseldorf FamRZ 2021, 1463.

[126] VerwG Göttingen FamRZ 2022, 1842.

[127] OVG Münster FamRZ 2014, 315.

dung des OVG Lüneburg[128] aus dem Jahre 1994 zur Vornamensergänzung. Wegen der üblichen Datenschutzhysterie – die Urteilverkündung war öffentlich, aber damit hat sich´s – können wir dem Urteil den vermeintlich schlimmen Namen nicht entnehmen. Die Redaktion der Familienrechtszeitschrift verrät nur, dass der Vorname „L." ergänzt werden sollte („J. L."). Der vorangestellte zweite Vorname (Juliane? Jolantha? Jutta?) sollte also wohl den Ursprungsvornamen (Lydia? Liliane? Laura?) entschärfen. So bleibt der milde Spott des Senats über das Vorhaben der Eltern leicht rätselhaft. Zitat: *„Der jetzige Vorname „L." ist weder ein ungewöhnlicher Name noch geeignet, die Kl. vor anderen verächtlich zu machen. Er ist nach Auffassung des Senats vielmehr ein ausgesprochen schöner Vorname."*

Basta. Berufung unbegründet.

Das Verwaltungsverfahren ist an eine familienrechtliche Anhörung des Antragstellers geknüpft (§ 2 NÄG). Die Verwaltungsbehörde hat insoweit kein Beschwerderecht nach § 59 FamFG.[129]

Ernst zu nehmen ist das Begehren einer Transsexuellen, die sich im falschen Körper wähnt und ihren weiblichen Vornamen in einen männlichen umwandeln möchte, was nach § 1 I 1. TSG möglich ist, sobald nach § 8 TSG die rechtliche Geschlechtszugehörigkeit geändert worden ist. Die Vornamensänderung ist auch zulässig, wenn die Antragstellerin Ausländerin (hier: Türkin mit Daueraufenthaltstitel in Deutschland) ist und das türkische Recht eine geschlechtsumwandelnde Operation zur Voraussetzung für die Namenänderung macht.[130]

Im Geburtsregistereintrag der leiblichen Kinder der transsexuellen Person bleibt aber deren ursprünglicher Vorname nach § 7 TSG bestehen.[131] Hintergrund ist der, dass die Kinder nicht gezwungen sein sollen, die Transsexualität eines Elternteils erkennen zu lassen: Ein männlicher Vorname bei der Mutter ließe darauf schließen.

Auf einem ganz anderen Blatt steht die Vornamensänderung von Eltern. Diese kann im Einzelfall nach § 3 NÄG gelingen. Die Änderung ist dann aber nicht in den Geburtseintrag des Kindes aufzunehmen.[132]

4.4.2 Der Regelfall des Nachnamens

Kinder erhalten den Ehenamen ihrer Eltern als Geburtsnamen (§ 1616). Die Firmierung der Ehe hätte ja auch sonst, wenn ein Elternteil sich in das Begleit- und Kombinationsnamenkuddelmuddel stürzt, wenig Sinn.

4.4.2.1 Besonderheiten bei Auslandsberührung

In Ehen, in denen ein Partner eine nichtdeutsche Staatsangehörigkeit hat, besteht die Möglichkeit der **Rechtswahl** nach Art. 10 III EGBGB für die Namen der Kinder. Die

[128] OVG Lüneburg FamRZ 1994, 1346.
[129] BGH FamRZ 2018, 937.
[130] BGH FamRZ 2018, 387.
[131] KG FamRZ 2019, 1177; BGH FamRZ 2022, 701 mit Anm. *Schulz*, S. 702.
[132] BGH FamRZ 2021, 1543.

Vorschrift gilt aber auch für nichtdeutsche Mütter nichteheliche Kinder. Sie hat folgenden Wortlaut:

> *Der Inhaber der Sorge kann gegenüber dem Standesamt bestimmen, daß ein Kind den Familiennamen erhalten soll*
>
> *1. nach dem Recht eines Staates, dem ein Elternteil angehört, ungeachtet des Artikels 5 Abs. 1,*
>
> *2. nach deutschem Recht, wenn ein Elternteil seinen gewöhnlichen Aufenthalt im Inland hat, oder*
>
> *3. nach dem Recht des Staates, dem ein den Namen Erteilender angehört.*
>
> *Nach der Beurkundung der Geburt abgegebene Erklärungen müssen öffentlich beglaubigt werden.*

Das hat u.a. zur Folge, dass in Ehen mit einem russischen Staatsangehörigen den Kindern auch der sog. Vatersname verliehen werden kann.[133]

Beispiel: Wjatscheslaw *Iwanowitsch* Stawrogin.

Die Rechtswahlbefugnis erstreckt sich zwar nur auf den Familiennamen[134], jedoch zählt hierzu auch der Vatersname.[135] Ebenso der BGH[136]: Die Rechtswahl durch die Eltern nach Art. 10 III EGBGB für ihr Kind (russisches Recht) erstreckt sich auch auf den Vatersnamen. Das Kind hatte die deutsche und russische Staatsangehörigkeit.

Wenn die (unverheiratete) Mutter einen geschlechtsspezifischen Familiennamen hat, was etwa in Tschechien (weibliche Form) oder in Griechenland (Genitiv) Brauch ist, erwirbt das Kind diesen Namen in der von der Mutter geführten Form.

Beispiel:

Frau Despina Papadimitriou (Tochter von Georgios Papadimitrios) hat einen Sohn Stavros. Der heißt dann ebenfalls Papadimitriou.

Sprachlich ist das natürlich Quatsch. Die Mutter darf deshalb von der Option der Namensangleichung nach Art. 47 II i.V.m. Art. 47 I 4. EGBGB Gebrauch machen.[137]

Kuriosum am Rande: Auch adlige Namen werden in Langfassung auf die Kinder tradiert. Ist der Papa *„Ritter und Edler von ...“*, so ist die Tochter eine *„Edle von ...“*. Die bedauernswerte Aristokratin kann den Zusatz „Edle“ nicht abschütteln.[138]

Weiteres Kuriosum: In Deutschland lebende Isländer dürfen gemäß der heimischen Gepflogenheit ihrem Kind anstelle des eigenen Familiennamens den Vatersnamen verleihen (Vorname des Vaters mit der Nachsilbe „son“[139], bei Töchtern „dottir“).

---

133 OLG Hamburg FamRZ 2021, 1952.

134 BGH FamRZ 2022, 421, 423.

135 Hier: der Vatersname nach bulgarischem Recht, BGH FamRZ 2022, 421 mit Anm. *Bary*, S. 424.

136 BGH FamRZ 2022, 1455 mit Anm. *Bary*, S. 1458.

137 OLG München FamRZ 2009, 437.

138 OLG Düsseldorf FamRZ 1997, 1554.

139 LG Tübingen FamRZ 2004, 730.

Von größerer praktischer Relevanz ist Folgendes:

Ein ausländischer (hier: ukrainischer) Ehepartner kann nach Rechtswahl zum deutschen Recht seinen Vatersnamen (Zwischennamen, z. B. „Michailowitsch") ablegen.[140] Desgleichen kann er (umgekehrt) nach Art. 10 III 1. EGBGB dem Kind auch einen Vatersnamen erteilen, wenn er als Sorgeberechtigter das Recht eines EU-Mitgliedsstaates wählt, das den Vatersnamen vorsieht (hier: Bulgarien) und dem auch das Kind angehört.[141]

Voraussetzung für die Weitergabe des Ehenamens an die Kinder ist naturgemäß, dass überhaupt ein Ehename existiert.

Auch wenn die Mutter einen abweichenden persönlichen Namen hat, besteht immerhin noch die Gewähr, dass zwei Beteiligte der Kleinfamilientriade (zwei Eltern, ein Kind) den gleichen Namen haben.

Doch ach – das **europäische Recht** sorgt für eine Relativierung: Wenn zwei Deutsche in Dänemark unter dem Ehenamen „Grunkin" heiraten und aus der Ehe ein Kind (mit gleichfalls deutscher Staatsangehörigkeit) hervorgeht, das in Dänemark nach dänischem Recht einen Kombinationsamen aus den Geburtsnamen beider Eltern („**Grunkin-Paul**") erhält, so hat das deutsche Standesamt diesen Namen anzuerkennen und einzutragen.[142]

4.4.2.2 Namensänderung während der Ehe?

Wenn eine Frau ein nichteheliches Kind in die Ehe „mitbringt" (der leibliche Vater hat die Vaterschaft anerkannt), dann einen anderen Mann heiratet und dessen Geburtsnamen zum Ehenamen macht, hat auch das Kind diesen Namen. Dann aber kann die Mutter nicht im Nachherein dem Kind den Namen seines leiblichen Vaters verleihen.[143]

4.4.3 Kindesname bei Verzicht auf Ehenamen

In § 1617 I heißt es:

> *Führen die Eltern keinen Ehenamen und steht ihnen die Sorge gemeinsam zu, so bestimmen sie durch Erklärung gegenüber dem Standesbeamten den Namen, den der Vater oder die Mutter zur Zeit der Erklärung führt, zum Geburtsnamen des Kindes.*

Haben sich die Eltern zu einer Lösung für das Kind durchgerungen, so ist die Namenswahl weder anfechtbar noch widerruflich.[144] Der Weg zu einer abweichenden Namensbestimmung gegen den Willen des anderen Elternteils nach § 1617 II

[140] OLG Frankfurt FamRZ 2012, 370.

[141] KG FamRZ 2018, 1000. Ein Fall für Spezialisten: Die Mutter hatte die deutsche und die bulgarische Staatsangehörigkeit, der Vater die bulgarische und kanadische. Beide lebten in der Schweiz.

[142] EuGH FamRZ 2008, 2089 = NJW 2009, 135. Ebenso OLG München FamRZ 2010, 1568 zu einem in England geborenen Kind deutscher Eltern (Anwendungsvorrang des europäischen Gemeinschaftsrechts).

[143] OLG Stuttgart FamRZ 2013, 1316.

[144] OLG Naumburg FamRZ 1997, 1234.

BGB ist fortan versperrt.[145] Im Interesse der Namensharmonisierung unter Geschwistern gilt die Namenswahl dann auch für nachfolgende Kinder aus derselben Verbindung (§ 1617 I 3 BGB), allerdings nur dann, wenn beide Eltern weiterhin die ES gemeinsam innehaben.[146] Daraus folgt zugleich, dass das Recht der Namensgebung bei fehlendem Ehenamen an die elterliche Sorge gekoppelt ist. D.h.: Das Recht erlischt mit der Volljährigkeit des (hier: vorehelich geborenen, also den Namen der Mutter tragenden) Kindes.[147]

Das **vermeintliche** Recht des – von den Eltern nicht gefragten – Kindes, den Namen beider Eltern als Doppelnamen zu führen, kommt also auch dann nicht zur Blüte, wenn ein anderes aus der Ehe hervorgegangenes Kind kraft der oben erörterten Übergangsregelung schon den Doppelnamen trägt.[148]

Wenn dagegen die Frau von der Übergangsregelung in der Weise Gebrauch macht, dass sie ihren Mädchennamen wieder annimmt, den vom Mannesnamen abgeleiteten Familiennamen des Kindes aber unverändert lässt, also ihn nicht in einen Doppelnamen umwandelt, so ist dieser Familienname auch für die nachgeborenen Geschwister verbindlich.[149] Wollen die Eltern im Anschluss an die Umfirmierung der Frau auch den Namen ihres Kindes neu bestimmen, haben sie nur die Wahl zwischen dem des Vaters und dem (neuen) der Mutter.[150]

Heute gilt:

Die Eltern müssen sich, sofern sie beide das Sorgerecht haben (sonst: s. **4.4.4.1**), für einen Familiennamen des Kindes entscheiden[151], und wenn sie sich binnen Monatsfrist nach der Geburt zu keinem Ergebnis durchringen können, überträgt

---

[145] OLG Hamm FamRZ 2021, 500.

[146] OLG Hamm FamRZ 2005, 1009: Die Mutter darf dem nächsten Kind den Namen des Vaters erteilen (§ 1617a II).

[147] BVerfG FamRZ 2008, 496.

[148] St. Rspr., z.B. BayObLG FamRZ 1996, 236 und 2004, 1896. Hierzu das OLG Oldenburg FamRZ 1995, 688 trocken: *„Eltern haben ausreichende Möglichkeiten, die Namensgleichheit ihrer Kinder zu erreichen.“* Allerdings war der Vorstoß der Eltern im Hinblick auf den – durch das Kindschaftsreformgesetz wieder abgeschafften – § 1616 II 3 BGB keineswegs abwegig, denn dort stand ausdrücklich, dass die Namensbestimmung der Eltern *auch für ihre weiteren Kinder* gilt. Regelungszweck ist also die Namensgleichheit von Geschwistern. Jedoch kann dieser Grundsatz nicht losgelöst von der Gesamtregelung des Familiennachnamensrechts beurteilt werden (BayObLG FamRZ 1996, 426), und diese Gesamtregelung will eingliedrige Kindesnamen erreichen. Die gelegentliche Nichtübereinstimmung von Geschwisternamen infolge der Divergenz zwischen Übergangsregelung und der Namensrechtsnovelle war auch verfassungskonform. So die etwas verspätete Entscheidung BVerfG FamRZ 2002, 87 vom 18.3.2002. Wie das BVerfG schon FamRZ 1991, 535 ff. hervorgehoben hat, gebietet Art. 6 I GG keineswegs, die Namenseinheit der Familie zu wahren.

[149] BayObLG FamRZ 1997, 232; die Abgrenzung zu der oben erörterten Entscheidung BayObLG FamRZ 1996, 236 ist, S. 233 angesprochen.

[150] BayObLG FamRZ 1997, 234.

[151] Das gilt lt. BayObLG FamRZ 2000, 56 auch dann, wenn das Kind in den USA geboren wurde und die deutsch-amerikanische Doppelstaatsangehörigkeit hat: Kombinationsname unzulässig!

das Familiengericht das Namensbestimmungsrecht auf einen Elternteil. Falls der sich innerhalb einer weiteren, vom Gericht festzusetzenden Frist nicht regt, bestimmt das Gericht den Namen dieses Elternteils zum Geburtsnamen, basta (§ 1617 II). Auf die Gründe für die ausbleibende Reaktion kommt es nicht an. Gegen die Fristversäumung gibt es auch keine Wiedereinsetzung in den vorigen Stand.[152] Zuständig ist nicht der Rechtspfleger, sondern der „Namensrichter".[153]

Noch ungeklärt sind die Kriterien, nach denen das Familiengericht das Namensgebungsrecht dem einen oder anderen Elternteil überträgt. Die Entscheidung muss ja justiziabel sein, also ermessensfehlerfrei. Wenn beide Eltern den Eindruck erwecken, dass sie ihrer Sinne mächtig sind, bleibt womöglich nur die **Losmethode**.

Der Unfug mit den zweigliedrigen Geburtsnamen ist jedenfalls vom Tisch. Das BVerfG[154] hat dies in einer langen und umständlichen Entscheidung für verfassungsrechtlich unbedenklich erklärt. Man stelle sich vor, was losgewesen wäre, wenn zwei Doppelnamen einander geheiratet hätten: Reihenfolge- und Binnenauswahlprobleme hätten sich allenfalls mit einer Lostrommel lösen lassen.

Als eine Art Trostpreis für den übergangenen Elternteil kommt noch die Option in Betracht, dessen Nachnamen als Vornamen des Kindes aufzunehmen, s. Kapitel **4.4.1.2** (Müller-Fall).

Die verheirateten, aber ehenamenlosen Eltern können sich, wie oben in diesem Kapitel erwähnt, später zu einem Ehenamen entschließen.

Beispiel:

Frau Wallach und Herr Bischof bringen den kleinen Kai, aber keine Einigung über den Geburtsnamen zustande. Das Namensgebungsrecht wird auf Frau Wallach übertragen. Der Kleine heißt jetzt Kai Wallach. Drei Jahre später (zur Erinnerung: Fünf Jahre haben sie Zeit!) entschließen sich die Eltern zu einem Familiennamen, nämlich Bischof. Heißt Kai jetzt automatisch Kai Bischof?

Dazu § 1617a I BGB i. V. m. § 1617c I: Der Name des Kindes ändert sich nach Lebensaltersstufen, und zwar

- bei unter 5 Jahre alten Kindern ohne Weiteres, sofern beide Eltern zustimmen,
- vom 5. bis zum 14. Geburtstag des Kindes nur, wenn die Eltern dies bestimmen, das Kind zustimmt und das Familiengericht zustimmt[155],

[152] OLG Hamm FamRZ 2004, 731.

[153] § 14 I 5. Rechtspflegergesetz, so LG Münster FamRZ 1995, 1516 und OLG Frankfurt FamRZ 1996, 819). Wegen der Einzelheiten des Verfahrens s. Abh. *Liermann* FamRZ 1995, 199 ff.

[154] BVerfG FamRZ 2002, 306, 309: Mit dem Anwachsen der Namenszahl drohe die Funktion des Namens verloren zu gehen, identitätsstiftend für seinen Träger zu sein (man beachte die essentialistischen Unterströmungen, s. **4.1**). Deshalb müsse die Entwicklung von Namensketten verhindert werden.

[155] S. BayObLG FamRZ 1996, 1161.

- danach bis zur Volljährigkeit nur, wenn das Kind und seine gesetzlichen Vertreter zustimmen.
- Nach Volljährigkeit behält das Kind seinen Namen.

Solange Kinder aus derselben Ehe minderjährig sind, erhalten sie allesamt denselben Nachnamen.

4.4.4 Besonderheiten bei nichtehelichen Kindern

4.4.4.1 Namensgebung

Durch das Kindschaftsreformgesetz zum 1.7.1998[156] wurde Folgendes eingeführt:

Auch Eltern nichtehelicher Kinder, soweit sie das Sorgerecht gemeinsam haben (§ 1626a BGB), können sich auf einen der beiden Namen einigen (§ 1617 I).

Wenn nur die Mutter die elterliche Sorge hat, d. h. wenn die Eltern keine Sorgeerklärung nach § 1626a BGB abgegeben haben oder der Vater keinen erfolgreichen Antrag auf Teilhabe an der ES gestellt hat, erhält das nichteheliche Kind, nach der Reform von 1998 aber auch das eheliche Kind, dessen Eltern keinen Ehenamen führen, den Namen des **allein sorgeberechtigte Elternteils** (§ 1617a BGB).

Ist der Name der Mutter nicht nachgewiesen, wie das bei Geflüchteten bisweilen vorkommt, ist gleichwohl ihr Name im Geburtenregister auf das Kind zu übertragen, und zwar mit dem einschränkenden Zusatz „Namensführung nicht nachgewiesen".[157]

Die Mutter kann aber dem Kind auch den Namen des Vaters verleihen, wenn dieser einverstanden ist (§ 1617a II). Nach dem Tode des (dann nicht mehr zustimmungsfähigen) Vaters geht das aber nicht mehr, und ein dann schon volljähriges Kind kann das auch nicht in eigenem Namen verlangen.[158]

Entsprechend kann dieser, wenn ihm das Sorgerecht nachträglich übertragen wird, durch analoge Anwendung von § 1617a II dem Kind laut BayObLG[159] seinen Namen geben, sofern die Mutter einverstanden ist. Wenn er das Sorgerecht erhalten hat, nachdem und weil die Mutter verstorben ist, kann er jedoch **nicht** nach § 1617a II BGB analog dem Kind seinen Namen erteilen.[160] Das Kind behält den Namen der Mutter.

All das ist ggf. nur zulässig, solange das Kind noch minderjährig ist.[161]

Wird die gemeinsame elterliche Sorge erst begründet, wenn das Kind bereits einen Namen führt, so kann der Kindesname binnen 3 Monaten neu bestimmt werden (§ 1617b I BGB). Es handelt sich um eine Ausschlussfrist, gegen deren Versäumnis es

---

[156] Zu den namensrechtlichen Änderungen durch das Kindschaftsreformgesetz führt *Wagenitz* in seiner einschlägigen Abhandlung (FamRZ 1998, 1545, 1553) zutreffend aus, dass diese marginal sind: „*... vertauscht erscheinen fast nur Begriffe: Die Ehe findet sich durch die gemeinsame Sorge der Eltern ersetzt; an die Stelle der ne. Geburt ist die Alleinsorge eines Elternteils getreten.*"

[157] BGH FamRZ 2021, 831.

[158] BayVGH FamRZ 2010, 1815.

[159] BayObLG FamRZ 2000, 1435.

[160] BGH FamRZ 2005, 1984 (**a. A.:** BayObLG FamRZ 2005, 126).

[161] BayObLG FamRZ 2002, 1729; BayObLG FamRZ 2004, 1227.

keine Wiedereinsetzung in den vorigen Stand gibt.[162] Die Übernahme der gemeinsamen Sorge ist für sich gesehen auf keinen Fall eine Namensbestimmung, erst recht dann nicht, wenn das Kind während der Dreimonatsfrist 5 Jahre alt wird und für das Kind keine Anschlusserklärung nach § 1617b I 3 BGB abgegeben wird[163] (das Kind muss, vertreten durch seine sorgeberechtigten Eltern (!), der Namensänderung zustimmen).

Für nachgeborene Geschwister ist der weitergeführte Familienname des Kindes nicht verbindlich. Hier können die Eltern also wieder von ihrem Bestimmungsrecht Gebrauch machen.[164] Wenn sie das Namensbestimmungsrecht aber nicht oder nicht fristgemäß ausüben, ist im Unterlassen der Neubestimmung die Absicht zu sehen, dem Namen des ersten Kindes Bindungswirkung für die nachgeborenen Geschwister zu verleihen.[165]

Wenn ein Elternteil Ausländer ist und einer in Deutschland lebt, hat der Sorgerechtsinhaber (wenn beide nicht verheiratet sind: die Frau) die Rechtswahl inne: Er kann den Namen des Kindes entweder nach seinem Heimatrecht bestimmen oder nach deutschem Recht (Art. 10 III EGBGB). Wenn beide Eltern dann doch noch heiraten und ihre Rechtswahl nach Art. 10 II EGBGB dahingehend ausüben, dass deutsches Recht Anwendung findet, können sie erneut eine (abweichende) Rechtswahl bezüglich des Kindesnamens treffen.[166]

Aber: Die Rechtswahl in Art. 10 III EGBGB kann nicht dazu führen, dass die (hier: in Deutschland lebenden australischen) Eltern dem Kind einen Phantasienamen geben, also sich gegen eine den familiären Bezug erkennbar machende Namenserteilung entscheiden.[167]

Auf gar keinen Fall zulässig ist bei nichtehelichen Kindern ein aus den Namen beider deutscher Eltern gebildeter **Kindesdoppelname**. Wenn ein Doppelname im Ausland (hier: Frankreich) standesamtlich registriert ist, wird dies vom deutschen Standesamt (Beurkundung der Auslandsgeburt) zu Recht nicht gebilligt.[168]

4.4.4.2 Namensänderung nach der Trennung der Eltern

Probleme können sich nach dem Scheitern einer nichtehelichen Lebensgemeinschaft ergeben, wenn die Mutter nicht mehr wünscht, dass das Kind den Namen (auch) des Vaters trägt.

---

162 OLG Düsseldorf FamRZ 2004, 1134.

163 OLG Düsseldorf FamRZ 2006, 1226.

164 OLG Düsseldorf FamRZ 2006, 1226, 1227.

165 BGH FamRZ 2020, 331 mit Anm. *Lugani*, S. 335. Sie betont das Prinzip der Namenseinheit der Geschwister nach § 1617 I 3 BGB.

166 OLG Frankfurt FamRZ 2008, 1024: Vater Spanier, Mutter Deutsche. Das Kind bekam zunächst gemäß spanischer Rechtstradition einen zusammengesetzten Namen, den ersten nach dem Vater, den zweiten nach der Mutter. Nach der Hochzeit entschieden sie sich für deutsches Recht und wählten als Ehenamen den zweigliedrigen Namen des Mannes. Den bekam dann im letzten Akt auch das Kind.

167 BGH FamRZ 2018, 1245.

168 BGH FamRZ 2019, 967.

Das VG Koblenz[169] hatte am 18.7.2017 über folgenden Fall zu entscheiden: Das 11-jährige Kind trug sowohl den Namen seiner Mutter wie auch den seines kubanischen, ebenfalls in Deutschland lebenden Vaters[170], von dem sich die Mutter getrennt hatte. Das VG Koblenz[171] setzte sich hier über den mehrfach geäußerten Kindeswunsch hinweg, nur noch den mütterlichen Nachnamen tragen zu wollen, und vertraute auf die zunehmende Reifung des Kindes und dessen damit einhergehende eigenständige Sichtweise. Wesentliche Unannehmlichkeiten seien durch die (teilweise!) Namensverschiedenheit (Mutter/Sohn) nicht zu befürchten.

Ebenso das OVG Koblenz[172]: Hier sind dieselben Maßstäbe anzuwenden wie bei Kindern verheirateter Eltern, d.h. auch hier muss die Namensänderung für das Kindeswohl **erforderlich** sein.

4.4.5 Namensänderungen nach der Scheidung

Haben sich die Eltern auf einen einheitlichen Ehenamen geeinigt – beispielsweise *Bischof* – und lassen sich dann scheiden, wobei die elterliche Sorge für Sohn Kai auf die Mutter übertragen wird, können sich neue Namensprobleme ergeben, falls Frau Bischof ihren Mädchennamen (*Kuß-Wallach*) wieder annimmt oder abermals heiratet.

Schon an dieser Stelle sei gesagt, dass Frau Kuß-Wallach hier mit einem Handicap ins Rennen geht, weil der Gesetzgeber die Kindesdoppelnamen diskriminiert, d.h. grundsätzlich nur bei der additiven Einbenennung in den Stiefvaterfällen (**4.4.5.2.2**) zulässt.

4.4.5.1 Scheidungshalbwaisenfälle

Nehmen wir an, dass Frau Bischof nach ihrer Scheidung wieder *Kuß-Wallach* heißt und eine Namensgleichheit mit dem kleinen Kai erreichen möchte. Hier muss die Mutter nach **§ 3 I NÄG** eine Änderung des Kindesnamens von „Bischof" in „Kuß-Wallach" beantragen[173], d.h. das Kind kann sich – vertreten durch wen auch immer[174] – der Änderung des mütterlichen Namens nicht einfach anschließen.[175]

---

169 VG Koblenz FamRZ 2018, 550.

170 Wie das überhaupt geschehen konnte, ist nicht überliefert. Nach § 1617a II BGB ist es jedenfalls nicht zulässig: Entweder trägt das Kind den Namen seiner Mutter (Regelfall) oder nach § 1617a II den des Vaters, wenn die Mutter das wünscht. Doppelnamen sind dem BGB fremd. Es kann nur sein, dass die Mutter von der Rechtswahl nach Art. 10 II EGBGB Gebrauch gemacht hat und dem Kind nach kubanischen Recht die Namen beider Eltern (ohne Bindestrich!) verliehen hat.

171 VG Koblenz FamRZ 2018, 550, 551.

172 OVG Koblenz FamRZ 2020, 177 (Ls).

173 Statt aller: BVerwG FamRZ 2002, 1624 (Ls).

174 Bei gemeinsamer elterlicher Sorge müsste der Vater mitwirken; an die Stelle der Mutter träte m.E. ein Ergänzungspfleger – aber wie gesagt: Ohne Verfahren nach dem NÄG kommt man hier nicht weiter.

175 OLG Karlsruhe FamRZ 2007, 2005 (Ls).

Da der Text dieser unscheinbaren Vorschrift weithin unbekannt ist, soll sie wie folgt zitiert werden:

§ 3

(1) Ein Familienname darf nur geändert werden, wenn ein wichtiger Grund die Änderung rechtfertigt.

(2) Die für die Entscheidung erheblichen Umstände sind von Amts wegen festzustellen; dabei sollen insbesondere außer den unmittelbar Beteiligten die zuständige Ortspolizeibehörde und solche Personen gehört werden, deren Rechte durch die Namensänderung berührt werden.

4.4.5.1.1 Judikatur

Praktischer Hauptanwendungsbereich[176] der verwaltungsrechtlichen Namensänderung sind die Fälle, in denen das Kind den **Mädchennamen der Mutter** erhalten soll (nachdem diese ihren Mädchennamen wieder angenommen hat), also nicht etwa den des Stiefvaters nach Wiederverheiratung der Mutter. Denn in dem zuletzt genannten Fall ist nur § 1618 BGB anzuwenden (s. **4.4.5.2**).[177]

Zurück zu unserem kleinen Kai: Hier haben wir den typischen nach § 3 NÄG zu entscheidenden **Scheidungshalbwaisenfall**[178], der nur im Sinne des Antragstellers entschieden wird, wenn die Mutter den Nachweis führt, dass das Kind seelische Qualen erleidet, weil es nicht denselben Namen trägt wie sie. Man ahnt: So etwas ist selten. Nach einer Entscheidung des VGH Baden-Württemberg[179] vom 7.6.2018 muss die seelische Belastung nach allgemeiner Verkehrsauffassung verständlich und begründet sein. Die Belastung muss dabei nicht den Grad einer seelischen Krankheit oder Krise erreicht haben, aber es muss substantiiert vorgetragen werden, in welchen Lebensbereichen sie sich wie auswirkt.

Einfacher wäre theoretisch der Weg über § 1617c II 1. BGB. Danach folgt der Änderung des Ehenamens die automatische Änderung des Kindesnamens. Nach der Rspr. sind aber gerade die Fälle der öffentlich-rechtlichen (behördlich bewilligten) Namensänderung von dieser Vorschrift nicht erfasst.[180] Sie ist ausschließlich auf den Fall gemünzt, dass Eheleute ohne Ehenamen sich doch noch für einen solchen entscheiden: Dann heißt auch das Kind so.

---

[176] Es gibt daneben z. B. den Namensänderungsantrag des Vormunds eines Pflegekinds, der erfolgversprechend ist, wenn das Kind selbst so heißen will wie seine Pflegeeltern (LG Düsseldorf FamRZ 2010, 1283). Das Vormundschaftsgericht (bis 31.8.2009, danach das FamG nach § 151 Nr. 4 FamFG!) erteilt die Genehmigung auf Antrag des Vormunds, wenn der verwaltungsrechtliche Namensänderungsantrag nicht völlig aussichtslos ist.

[177] OLG Dresden FamRZ 2014, 1853 zu einem „Mädchennamenfall": Das Kind war nichtehelich; somit gab es kein Namensband zwischen Vater und Kind, das hätte zerschnitten werden können. Dennoch musste der Vater gefragt werden; er war dagegen. Da die Mutter keine gewichtigen Gründe ins Feld führen konnte, bleib es beim Kindesnamen.

[178] VGH Baden-Württemberg FamRZ 2001, 1551.

[179] VGH Baden-Württemberg FamRZ 2018, 1468.

[180] OLG Hamm FamRZ 2014, 1034, 1035 m. w. N.

Volljährige Kinder bzw. Geschwister werden von der Namensänderung sowieso nicht automatisch erfasst; sie können sich auch einem elterlichen Namensänderungsantrag nicht nach § 1617c II 1. BGB anschließen, sondern müssen ggf. selbst einen solchen stellen.[181]

Nach der Entscheidung des BVerwG vom 7.1.1994[182] hatte sich die Rechtsprechung zur Namensänderung vorübergehend geändert: Danach musste die Namensänderung für das Kindeswohl nicht mehr „erforderlich", sondern nur noch „förderlich" sein.[183] Der Regelfall drohte schon so auszusehen, dass Väter für Kinder Unterhalt zahlen, die nicht mehr ihren Namen tragen.

Auch das BVerwG[184] ist nach einer erneuten Änderung seiner Generallinie der Ansicht, dass diese sehr großzügige Änderungspraxis zu weit geht: Zum wichtigen Grund i. S. v. § 3 NÄG gehört danach auch das Vorhandensein von Halb- oder Stiefgeschwistern oder der verfestigte Wunsch des über 14 Jahre alten Kindes nach einer Namensgleichheit.

Weitere wichtige Gründe können in der Person des Vaters liegen: Ist dieser wegen Mord und Vergewaltigung zu lebenslänglicher Haft verurteilt, hat der Namensänderungswunsch auch dann Erfolg, wenn die sorgeberechtigte Mutter (wieder) als Prostituierte arbeitet und deren neuer Ehemann, dessen Namen das bedauernswerte Kind tragen soll, ihr Zuhälter ist.[185]

Kurzum:

Die Namensänderung muss – bei fehlender Einwilligung des anderen Elternteils – nach § 3 NÄG **erforderlich**[186], nicht nur hilfreich oder akzeptabel oder förderlich[187] sein, wobei die Eingriffsschwelle der des § 1618 BGB entsprechen soll.[188] Es muss also ein **schwerer Nachteil** drohen.[189]

Der Nachteil muss auch objektiv nachvollziehbar sein. Eine *übertriebene Empfindlichkeit* liefert noch keinen wichtigen Grund.[190]

Maßgeblich für das Vorliegen eines wichtigen Grundes ist der Zeitpunkt der letzten Behördenentscheidung.[191]

---

181 OLG Hamm FamRZ 2014, 1034.

182 BVerwG FamRZ 1994, 439.

183 **A. A.:** OVG Münster FamRZ 1995, 570.

184 BVerwG FamRZ 1996, 937.

185 OVG Münster FamRZ 1997, 1560.

186 VGH Baden-Württemberg FamRZ 2001, 1551, 1552; **BVerwG FamRZ 2002, 1104** (Anm. hierzu von *Wittinger* NJW 2002, 2371).

187 So aber immer noch VerwG Münster FamRZ 2001, 1549 und OVG Frankfurt/Oder FamRZ 2002, 259, außerdem VerwG Berlin FamRZ 2019, 717 (Ls), allerdings in einem Fall, in dem man auch die Erforderlichkeit hätte bejahen können (der Vater hatte die Mutter ermordet).

188 OVG Münster FamRZ 2001, 1025 (Ls).

189 OVG Sachsen FamRZ 2014, 73.

190 VerwG Freiburg FamRZ 2020, 2015.

191 Hess. VGH FamRZ 2009, 1332.

Anspruchs- und antragsbefugt ist der minderjährige Namensträger, nicht sein sorgeberechtigter Elternteil.[192]

Die Gefahr höherer Hürden für Kontrollen bei Auslandsreisen wegen der Namensverschiedenheit von Vater und Kind stellt noch keinen wichtigen Grund für eine Namensharmonisierung dar.[193]

Selbstverständlich können sich auch volljährige Kinder auf Seelenpein berufen, wenn die Mutter einen anderen Namen trägt als sie (hier: nach Scheidung vom Stiefvater).[194]

Derartige Vorstöße sind aber chancenlos, wenn seit Volljährigkeit viele Jahr (hier: 26!) ins Land gegangen sind und die Beibehaltung des Geburtsnamens (per Einbenennung Name des Stiefvaters = Ehemannes der Mutter) keine erheblichen Auswirkungen auf die seelische Verfassung hat.[195] Zum besseren Verständnis: Der Kläger war offenbar nichtehelich geboren worden, dann heiratete seine Mutter einen Mann, der nicht biologischer Vater des Klägers war. Als der Kläger 5 Jahre alt war, wurde er einbenannt, d.h. er erhielt den Namen seines Stiefvaters, der auch Ehename der Mutter war. 39 Jahre später beklagte sich der Sohn darüber, bei der Einbenennung nicht gefragt worden zu sein, und berief sich – so das Gefälligkeitsattest – auf eine *„chronisch psychogen bedingte Schlafstörung"*, resultierend allein daraus, dass er nicht den identitätsstiftenden Namen seiner (schon verstorbenen) Mutter und seiner beiden Onkel tragen dürfe. Dazu das BayVGH[196] bündig: *„Der Kläger ist nicht krank."*

Wie gesagt:

Die Tendenz im neuen Jahrtausend geht dahin, § 3 NÄG wieder restriktiv auszulegen. So hat das VG Berlin[197] am 30.6.2000 entschieden, dass der Name des Vaters ein häufig vorkommender Name, also ein sog. Sammelname sei und dass schon deshalb eine Änderung nicht erforderlich sei. Na ja. Doch dann sagt das Gericht etwas Erlösendes:

> *„Angesichts des Umstands, dass die Namensverschiedenheit zwischen einem sorgeberechtigten Elternteil und einem Kind inzwischen alltäglich geworden ist, kann auch nicht ohne weiteres davon ausgegangen werden, dass es für das Kindeswohl erforderlich wäre, diese Namensverschiedenheit zu beseitigen."*

Mangelnde Umgangskontakte reichen für sich genommen noch nicht aus, die Erforderlichkeit der Namensänderung zu begründen.[198]

Gar keine Aussicht auf Erfolg könnte der Antrag auf Namensänderung m.E. haben, wenn das Kind schon immer einen vom Namen der Mutter abweichenden Namen gehabt hätte. „Jetzt plötzlich?" würde das Gericht süffisant fragen.

Nicht zufällig ist in den ersten beiden Jahrzehnten des neue Jahrtausends nur eine einzige Entscheidung veröffentlicht worden, in der die Erforderlichkeit der Namensänderung bejaht worden ist: Am 19.3.2009 entschied das VerwG Schleswig[199], dass

---

192 OVG Münster FamRZ 1997, 448.

193 VGH Baden-Württemberg FamRZ 2022, 1459 (Ls).

194 VerwG Weimar FamRZ 2013, 987.

195 BayVGH FamRZ 2019, 716, 717.

196 BayVGH FamRZ 2019, 716, 718.

197 VG Berlin FamRZ 2001, 571.

198 OVG Saarlouis FamRZ 2019, 973 (Ls).

199 VerwG Schleswig FamRZ 2010, 1814.

der knapp 18-jährige Sohn eines Iraners und einer deutschen Mutter dessen Namen ablegen durfte. Die Ehe seiner Eltern war geschieden worden, als er gerade 5 Jahre alt war, und er hatte keinen Kontakt zum Vater. Hierin sah das Gericht derart starke Belastungen für den jungen Mann, dass es ihm den Namen der Mutter gab. Zitat: *„Die Belastung ... erschöpft sich nicht in einem bloßen Namenszwiespalt zur Mutter, sondern betrifft fundamentale Gefühle."*

Das OVG Münster[200] ist in einer weiteren Entscheidung der Ansicht, dass sich nach Inkrafttreten des KindRG die Änderung des Nachnamens in den Stiefkinderfällen ausschließlich nach § 1618 BGB richtet. Unzweifelhaft richtig ist, dass sich § 1618 ausschließlich mit Stiefkinderfällen befasst, also solchen, in denen der sorgeberechtigte Elternteil nach Scheidung und Wiederheirat den Namen des neuen Ehepartners angenommen hat[201] oder nach Geburt eines nichtehelichen Kindes einen anderen Mann geheiratet hat und dessen Namen als Ehenamen führt. Wenn dagegen die Namensänderung beim Kind verlangt wird, nachdem die geschiedene Mutter, ohne wieder geheiratet zu haben, ihren Mädchennamen wieder angenommen hat, bleibt § 3 NÄG anwendbar.[202]

4.4.5.1.2 Namensänderungsanträge von Pflegeeltern

Nach § 3 NÄG können Kindern auch die Nachnamen ihrer **Pflegeeltern** verliehen werden, wenn des dem Kindeswohl förderlich ist.[203] Auch hier bedarf es der familiengerichtlichen Genehmigung.[204]

Hier ist die Rspr. weniger restriktiv. Lt. OVG Schleswig[205] findet die Angleichung statt, wenn sie *„für das Kindeswohl förderlich ist und überwiegende Interessen an der Beibehaltung des Namens nicht entgegenstehen."*

Alsdann darf das insoweit auch bei Kindern in Pflegefamilien zuständige Familiengericht die Genehmigung (s. **4.4.5.1.2**) nur verweigern, wenn die Namensänderung zweifelsfrei **nicht** dem Kindeswohl entsprechen würde.[206] Die Anforderungen sind hier also deutlich geringer als bei der Namensänderung selbst. Dem Vormund des Kindes sollen keine Steine in den Weg gelegt werden.

4.4.5.1.3 Familiengerichtliche Genehmigung

Die Namensänderung, die ja auch kann auch vom Vormund oder vom Pfleger eines Kindes beantragt werden kann, bedarf der familiengerichtlichen Genehmigung. Für dieses Zwischenverfahren besteht nur eine Anhörungspflicht, wenn das Kind den 16. Geburtstag hinter sich hat.[207]

---

[200] OVG Münster FamRZ 2000, 698.

[201] VerwG Düsseldorf FamRZ 2000, 1183 (Ls).

[202] VerwG Frankfurt/Oder FamRZ 2000, 1438 (Ls).

[203] VerwG Darmstadt FamRZ 1999, 655; OVG Münster FamRZ 2011, 487.

[204] OLG Hamm FamRZ 2013, 985 und 2013, 987.

[205] OVG Schleswig FamRZ 2020, 590. Dort hatte die Mutter von Anfang an keine Elternverantwortung getragen; der Vater war unbekannt. Ebenso BayVGH FamRZ 2021, 502 (Ls).

[206] OLG Hamm FamRZ 2012, 72 (Ls); OLG Köln FamRZ 2013, 1317.

[207] OLG Düsseldorf FamRZ 2011, 485.

Wenn der Vormund des mj. Kindes oder dessen Mutter einen Antrag auf verwaltungsrechtliche Namensänderung stellt, ist eine familiengerichtliche Genehmigung erforderlich. Der Antrag auf Namensänderung des Kindes bedarf also, auch wenn es sich um ein verwaltungsrechtliches Verfahren handelt, der familienrechtlichen Genehmigung (§ 2 I NÄG i. V. m. § 151 FamFG). Funktionell zuständig ist der Rechtspfleger. Geht der Antrag von Pflegeeltern aus, denen die ES übertragen worden ist, hat die Mutter ein Beschwerderecht gegen die familienrechtliche Genehmigung aus § 59 I FamFG.[208]

Sonderfall:

Der Vormund beantragt Ersetzung des Kindes-Nachnamens durch den Familiennamen seiner Pflegeeltern. Das OLG Frankfurt[209] wies den Antrag in einer ziemlich übellaunig wirkenden Entscheidung zurück, und zwar mit dem Argument, die Pflegeeltern könnten das Kind ja endlich adoptieren, dann hätte das Kind automatisch ihren Namen.

Ist der gleichfalls sorgeberechtigte Vater mit dem Namensänderungsantrag nicht einverstanden, muss das Familiengericht vorab nach § 1628 BGB entscheiden, ob die Mutter hier die Entscheidungsbefugnis für den Antrag hat.[210]

4.4.5.2 Stiefvaterfälle

Zu unterscheiden von den Scheidungshalbwaisenfällen, die ja i. d. R. zum Ziel haben, dass die Kinder den Mädchennamen der Mutter erhalten, sind die Fälle der **Namensänderung des Kindes nach Wiederverheiratung der Mutter** oder der **Einbenennung nach § 1618 BGB.**

4.4.5.2.1 Angleichung an den Stiefvaternamen

§ 1618 BGB bietet einem nichtehelichen, nach dem KindRG auch einem ehelichen Kind die Möglichkeit, den **Namen des Stiefvaters**[211] **anzunehmen oder anzufügen**. Der Stiefvater muss den Antrag mittragen.

Bei Kleinkindern wird die Namensänderung aber von den Gerichten noch nicht für erforderlich angesehen, da der Familienname für sie noch keine Bedeutung hat.[212]

Wenn Ehegatten einem vorehelichen Kind ihren Ehenamen erteilt haben (der neue Name des Kindes gilt dann als sein Geburtsname!), kann dieser „neue" Name des

---

[208] OLG Brandenburg FamRZ 2012, 461.

[209] OLG Frankfurt FamRZ 2021, 1707.

[210] OLG Oldenburg FamRZ 2015, 333 (tunesischer Vater wollte, dass das Kind den väterlichen Namen behielt).

[211] Ziel der Einbenennung ist die Namensgleichheit zwischen Stiefvater und Kind. Soll das Kind einen Namen erhalten, der nicht identisch mit dem aktuellen Namen des Stiefvaters ist (auch wenn dieser demnächst wieder anders heißen will), bedarf es keiner Einwilligung des biologischen Vaters, da der Antrag von vornherein unbegründet ist, so zutreffend OLG Brandenburg FamRZ 2002, 1735.

[212] Deshalb scheiterte der Antrag der Mutter auf additive Einbenennung eines vorehelichen Kindes (der Vater hatte widersprochen) in OLG Bremen FamRZ 2010, 1816.

Kindes nur unter den Voraussetzungen des § 1617c I, II 1. BGB abermals geändert werden, und das bedeutet: Wenn das Kind mindestens 14 Jahre alt ist, ist die Änderung von seiner Zustimmung abhängig.[213] **Der durch Einbenennung entstehende Name wird** also grundsätzlich – vorbehaltlich einer weiteren Einbenennung! – **unwandelbar fixiert.**

Wenn die Mutter nach der Scheidung wieder ihren Geburtnamen annimmt, kann sich das Kind lt. BGH[214] dieser Namensänderung nicht anschließen. Desgleichen kann das nichtehelich geborene, mittlerweile erwachsene Kind nach Auffassung des BayVGH[215]nicht abermals den Namen der Mutter annehmen, nachdem diese und der Stiefvater ihn als Minderjährigen einbenannt, d.h. ihm den Namen des Stiefvaters verliehen hatten. Das Argument, der Stiefvater (der von der Mutter längst geschieden war) sei wegen etlicher Sexualdelikte vorbestraft gewesen, was er, der Stiefsohn, erst nach dessen Auszug erfahren habe, und deshalb wolle er dessen Namen nicht mehr tragen, trat hinter dem Prinzip der **Wahrung der Namenskontinuität** zurück.

Die Einbenennung setzte nach dem bis zum 11.4.2002 gültigen Wortlaut der Vorschrift voraus, dass die Mutter die **Alleinsorge** hatte und dass Mutter und Stiefvater überhaupt einen Ehenamen führten.[216]

Neben dem OVG Münster[217] waren auch das OLG Hamm[218], das OLG Karlsruhe[219] und das BayObLG[220] der Ansicht, dass die Einbenennung auch zulässig ist, wenn beide Eltern die elterliche Sorge **gemeinsam** innehaben – das OLG Hamm[221] jedenfalls dann, wenn der andere Elternteil zustimmt. Begründet wurde die Auslegung gegen den Wortlaut („berichtigende Auslegung", so OLG Köln[222]) mit der Entstehungsgeschichte der Norm und zwischen den Zeilen mit dem zarten Hinweis auf gesetzgeberische Schlamperei. Allein, diese Schlamperei musste der Gesetzgeber wie immer selbst ausbügeln.

Das hat er nun auch getan, und zwar durch das zum 12.4.2002 in Kraft getretene **Kinderrechteverbesserungsgesetz**[223], das die Anwendung von § 1618 BGB seither **auch auf Fälle der gemeinsamen elterlichen Sorge** erstreckt.

In den Stiefvaterfällen hatte der „Erzeuger" bis zum Inkrafttreten des KindRG kein Mitwirkungsrecht.[224] Seither bedarf es der **Zustimmung** des Vaters.

In Fällen mit **Auslandsbeteiligung** (hier: deutsch-polnischer Fall) gilt Folgendes:

---

213 OLG Hamm FamRZ 2002, 1731.

214 BGH FamRZ 2004, 449.

215 BayVGH FamRZ 2015, 334.

216 Dass die Bestimmung eines Ehenamens angeblich künftig geplant ist, reicht nicht, so OLG Hamm FamRZ 2000, 1437.

217 OVG Münster FamRZ 2000, 698.

218 OLG Hamm FamRZ 2001, 568.

219 OLG Karlsruhe FamRZ 2002, 485 („*Versehen des Gesetzgebers*").

220 BayObLG FamRZ 2001, 857.

221 OLG Hamm FamRZ 2001, 568.

222 OLG Köln FamRZ 2002, 262.

223 Abgedruckt FamRZ 2002, 803.

224 Dies war nach Auffassung des OLG Braunschweig (FamRZ 1996, 757) und des OLG Saarbrücken (FamRZ 1997, 696) verfassungsgemäß.

Wenn die ausländischen Eltern nach Herkunftsrecht ihren Nachnamen ändern, erstreckt sich die Änderung nach deutschem Recht auch auf den Familiennamen des Kindes (§ 1617c II 1. BGB), das sowohl die deutsche wie auch die ausländische Staatsangehörigkeit hat.[225]

4.4.5.2.2 Ersetzung der Zustimmung des Vaters

Wenn der Vater bei der Namensänderung „mitspielt", vollzieht das Standesamt die Namensänderung.

Wenn nicht, kann seine Zustimmung nach § 1618 S. 4 BGB **ersetzt** werden.[226]

Die **Ersetzung** kommt z. B. in Betracht, wenn das Kind unter der ebenso quälenden wie unbegründeten Angst leidet, dass es der Vater leichter zu sich „zurückholen" könne, wenn es seinen Namen behalte.[227] Die schützenswerten Interessen des Vaters müssen gewahrt werden, sind aber gering zu veranschlagen, wenn der Vater schon die Bereitschaft zur Adoption erklärt hat.[228] Anderenfalls (s. u. in diesem Kapitel) ist die Eingriffsschwelle hoch gesteckt: Die Namensänderung muss für das Kindeswohl **erforderlich,** ja **unerlässlich**[229] oder – anders gesagt – **unabdingbar notwendig** sein[230] *und* die Rechte des Vaters, auch wenn er „nur" Zahlvater ist, müssen respektiert werden.[231] Es muss stets geprüft werden, ob – wie das OLG Thüringen[232] dramatisch, aber zutreffend ausführt – eine **Zerschneidung des Namensbandes**[233] aus Kindeswohlgründen unabdingbar notwendig ist.[234]

Die Zustimmungsersetzung klappt auch in Fällen, in denen der Zögernde unbekannten Aufenthalts ist.[235]

Allein der Umstand, dass Vater und Kind seit längerem keinen Kontakt mehr zueinander hatten und dass der Vater keinen bedarfsdeckenden Unterhalt zahlt, reicht hierfür nicht aus.[236]

---

[225] OLG München FamRZ 2013, 1989.

[226] S. i. E.: Abh. *Oelkers/Kreutzfeldt* FamRZ 2000, 645 ff.

[227] OLG Bremen FamRZ 2001, 858.

[228] OLG Bremen FamRZ 2001, 858.

[229] OLG Brandenburg FamRZ 2003, 631 (Ls); OLG Saarbrücken FamRZ 2022, 1196.

[230] OLG Köln FamRZ 2003, 1411 (Ls); OLG Saarbrücken FamRZ 2013, 1054. Ebenso OLG Hamm FamRZ 2020, 1918 (*„unabdingbar notwendig"*); dort wurde diese Voraussetzung nicht bejaht. Der Sohn war 13 Jahre alt, der Vater hatte keinen Umgang gepflegt, hatte dem Sohn nie etwas geschenkt und hatte keinen Kindesznterhalt gezahlt. Das alles reichte nicht für eine Ersetzung seiner Zustimmung.

[231] S. OLG Naumburg FamRZ 2001, 1161.

[232] OLG Thüringen FamRZ 2001, 1547 (Ls).

[233] Wenn gar kein Namensband besteht, sind an die Ersetzung geringere Anforderungen zu stellen, so zutreffend OLG Bamberg FamRZ 2008, 2148.

[234] **A. A.:** OLG Brandenburg FamRZ 2014, 570: Eine wünschenswerte, dem Kindeswohl dienliche Wirkung reicht aus.

[235] OLG Karlsruhe FamRZ 2013, 226.

[236] OLG Köln FamRZ 2003, 1411 und 2006, 1872 (jeweils Ls).

Auch die in einem ähnlichen Fall vorgelegte Stellungnahme einer Kinderärztin, die Kinder fühlten sich durch die Namensverschiedenheit in der Schule „ausgegrenzt", reicht nicht aus. Das OLG Celle[237] hat hier ausgeführt, die Kinder zeigten keine besorgniserregenden Auffälligkeiten, und der Familienname habe ohnehin *„an Bedeutung für das soziale Leben verloren"*.

Erst recht ist die Ersetzung chancenlos, wenn zwischen Vater und Kind eine tragfähige Beziehung besteht.[238] Die Durchtrennung des Namensbandes zum leiblichen Vater wird durch den Vorteil, den Namen der neuen Familie zu tragen, nicht aufgewogen.[239]

In der Praxis hat das Ersetzungsgesuch deshalb nur bei „Rabenvätern" Erfolg. Oder dann, wenn sich eine bestehende Krankheit des Kindes (hier: Asthma) durch die fortdauernde Namensungleichheit drastisch verschlimmert hat.[240]

Die Ersetzungsvorschrift greift nicht nur dann, wenn der leibliche Vater widerspricht, sondern auch dann, wenn er nicht auffindbar, also spurlos verschwunden ist.[241] Ist er dagegen **tot**, braucht man keine Zustimmung und deshalb auch keine Ersetzung mehr.[242] Das Einwilligungserfordernis endet mit dem Tod des Vaters.[243]

Das Ersetzungsverfahren kann aber erst in Gang gesetzt werden, wenn die Mutter den, dessen Namen das Kind erhalten soll, geheiratet hat. Bloße Heiratspläne reichen nicht aus.[244] Auch gibt es keine analoge Anwendung von § 1618 auf Fälle, in denen die Namensänderung der Mutter nicht auf Wiederverheiratung beruht, sondern darauf, dass sie ihren Geburtsnamen wieder angenommen hat.[245]

Für die Ersetzung bedarf es, s. o., triftiger Gründe, da die Namensänderung dem Kindeswohl nicht nur dienlich und förderlich, sondern für das Wohl des Kindes erforderlich sein muss[246] oder, wie der BGH[247] sagt, unerlässlich. Die Hürden sind höher als früher bei den Nichtehelichen.[248] Zur Ersetzung kommt es nur, wenn sie aus Kindes-

---

[237] OLG Celle FamRZ 2011, 1658.

[238] OLG Naumburg FamRZ 2006, 1480 (Ls).

[239] OLG Köln FamRZ 2002, 637.

[240] OLG Hamm FamRZ 2008, 2148.

[241] OLG Hamm FamRZ 2000, 695. Folgt man dieser Ansicht, ist die Namensänderung blockiert, bis der Vater wieder auftaucht – oder für tot erklärt worden ist (§ 9 Verschollenheitsgesetz). **A. A.** (keine Ersetzungsnotwendigkeit): FamG Blomberg FamRZ 2002, 1736.

[242] OLG Zweibrücken FamRZ 2000, 696; OLG Stuttgart FamRZ 2001, 566 m. w. N.; OLG Frankfurt FamRZ 2002, 260, 262; BayObLG FamRZ 2002, 1734, die Revision hiergegen scheiterte, s. FamRZ 2004, 1897.

[243] BayObLG FamRZ 2005, 388; OLG Hamm FamRZ 2008, 180 (Ls).

[244] OLG Karlsruhe FamRZ 2000, 1437.

[245] BayObLG FamRZ 2001, 49.

[246] S. z. B. OLG Oldenburg FamRZ 1999, 1381, FamRZ 2000, 692, FamRZ 2000, 693 und OLG Brandenburg FamRZ 2002, 1058.

[247] BGH FamRZ 2002, 1330.

[248] S. i. E.: OLG Hamm FamRZ 1999, 736.

wohlgründen unabdingbar notwendig ist und ein milderer Eingriff (**additive Einbenennung**[249] anstelle der **substituierenden**[250]) nicht ausreicht.[251]

An die additive Einbenennung sind geringere Anforderungen zu stellen.[252] Sie ist sozusagen eine abgeschwächte Einbenennung und damit eine Option, die dem Vater die Einwilligung etwas leichter macht. Umso eher kann sie von ihm erwartet werden, vor allem natürlich dann, wenn gar keine tragfähige Beziehung zum Kind besteht.[253] Man spricht auch von der Schaffung des **Kindesdoppelnamens** nach § 1618 S. 2 BGB: Dem neuen kann der alte Name vorangestellt oder angefügt werden.

Die additive Einbenennung ist allerdings gegenüber der substituierenden im Verhältnis zum Vater kein *minus*, sondern ein *aliud*, mit der Folge, dass der Vater, bei dem zunächst die Zustimmung zur substituierenden Einbenennung ersetzt worden war, abermals gefragt werden muss, wenn die Mutter nur noch die additive Einbenennung wünscht.[254]

Die Namensdifferenz muss eine außerordentliche Belastung für das Kind darstellen.[255] Der materielle oder seelische Nutzen für das Kind muss so hoch sein, dass ein sich verständig um das Kind sorgender Elternteil auf der Erhaltung des Namensbandes zum Kind nicht bestehen würde.[256] Die Erleichterung der Einbindung in die neue Familie der Mutter reicht nicht aus.[257] Die Namensungleichheit mit dem (neuen) Halbgeschwister ebenfalls nicht.[258]

Dabei sind selbstverständlich auch die Belange des meist unterhaltspflichtigen Vaters zu berücksichtigen, da die Einbenennung immerhin die Ablösung des Kindes von ihm auch nach außen dokumentiert.[259] In die umfassende Interessenabwägung ist auch der Aspekt der **Kontinuität der Namensführung** als wichtiger Kindesbelang einzubeziehen.[260] Kindes- und Elterninteressen sind grundsätzlich gleichwertig.[261] Fehlt beim Vater ein besonders schützenswertes Interesse, bekommt umgekehrt der Nutzen der Namensänderung höheres Gewicht.[262]

---

[249] Die additive Einbenennung ist gegenüber der ersetzenden ein aliud und somit, wenn letztere beantragt ist, nicht Verfahrensgegenstand (BGH FamRZ 2002, 1330). Man tut also ggf. gut daran, die additive Einbenennung als **Hilfsantrag** einzubringen, zumal die Eingriffsschwelle hier niedriger und die Erfolgschance folglich höher ist (OLG Brandenburg FamRZ 2020, 594).

[250] S. OLG Frankfurt FamRZ 1999, 137.

[251] OLG Celle FamRZ 1999, 1374; OLG Bamberg FamRZ 2000, 243.

[252] OLG Köln FamRZ 2003, 630; OLG Stuttgart FamRZ 2004, 1990.

[253] OLG Saarbrücken FamRZ 2014, 488.

[254] BGH FamRZ 2005, 889, 891; s. a. schon BGH FamRZ 2002, 1330.

[255] OLG Bamberg FamRZ 2001, 570 (Nr. 457, Ls).

[256] OLG Düsseldorf FamRZ 2000, 691; OLG Rostock FamRZ 2000, 695.

[257] OLG Naumburg FamRZ 2001, 569 (Ls).

[258] BGH FamRZ 2002, 1331.

[259] OLG Hamm FamRZ 1999, 1380.

[260] BGH FamRZ 2002, 94, 95.

[261] OLG Naumburg FamRZ 2001, 569, 570.

[262] OLG Oldenburg FamRZ 2000, 694; OLG Bamberg FamRZ 2001, 570 (Ls).

Kontrollüberlegung:

Die Namensänderung muss für das Kind einen so hohen Nutzen haben, *„dass ein sich um sein Kind verständig sorgender Elternteil auf der Erhaltung des Namens zu dem Kind nicht bestünde."*[263]

Zurückgerudert ist hier das OLG Frankfurt[264]: Ersetzungsvoraussetzung ist danach nicht eine Kindeswohlgefährdung, sondern nur noch eine vergleichsweise niederschwellige Erforderlichkeit.

4.4.5.2.3 Ersetzungsverfahren

Zuständig für das Ersetzungsverfahren ist nach §§ 3 Ziff. 2. a, 14 RPflG[265] unsinnigerweise der Rechtspfleger, nicht der Richter.[266]

Auf jeden Fall ist der Vater in mündlicher Verhandlung **anzuhören.**[267] Dies ist unabdingbare Ersetzungsvoraussetzung.[268] Auch die übrigen Beteiligten[269] sind zu hören, und zwar alle in derselben Verhandlung.[270] Hat keine **Anhörung der Eltern** stattgefunden, ist der Fall auf die Beschwerde des Vaters hin zurückzuverweisen.[271]

Die Ersetzung der Zustimmung kann vom Vater auch mit einfacher Beschwerde nach § 49 FamFG[272] oder – so die überwiegende Rspr. incl. BGH – mit „befristeter" (sofortiger) Beschwerde[273] angefochten werden.

Dagegen hat, wenn die Ersetzung abgelehnt wird, das Kind jedenfalls kein eigenes Beschwerderecht.[274]

---

[263] So wörtlich OLG Koblenz FamRZ 2009, 439.

[264] OLG Frankfurt FamRZ 2020, 591 mit sehr kritischer Anm. von *Opris*, S. 593. Bekräftigt wird das Judikat durch OLG Frankfurt FamRZ 2022, 264. Das Namensband tritt danach in seiner Bedeutung hinter der psychischen Belastung des Kindes zurück. Das Gericht weist zur Begründung auch auf die – angeblich – *„rasant(e) Entwicklung des Namens- und Einbenennungsrechts im europäischen Rahmen"* hin.

[265] § 14 RPflG enthält einen Katalog derjenigen Aufgaben, die dem Familienrichter vorbehalten sind. Das Ersetzungsverfahren nach § 1618 S. 4 gehört nicht dazu.

[266] Zur Kritik s. Abh. *Heistermann* FamRZ 2003, 279.

[267] OLG Köln FamRZ 1999, 734; OLG Bamberg FamRZ 2000, 475; OLG Hamm FamRZ 2000, 1182 (Ls), alle noch unter Berufung auf §§ 12, 50a, 50b, 52 FGG. Heute gilt § 160 FamFG.

[268] OLG Düsseldorf FamRZ 2000, 691.

[269] Eltern und Kind, so OLG Hamm FamRZ 2003, 1411 (Ls) und OLG Saarbrücken FamRZ 2009, 1334, nicht dagegen der neue Ehegatte eines Elternteils, OLG Brandenburg FamRZ 2002, 1059.

[270] OLG Brandenburg FamRZ 2002, 1058.

[271] OLG Brandenburg FamRZ 2001, 570; OLG Saarbrücken FamRZ 2013, 1054.

[272] OLG Köln FamRZ 1999, 735 und 2000, 1182 (Ls); OLG Celle, 18. Senat, FamRZ 1999, 1377; OLG Koblenz FamRZ 2000, 690 (noch § 19 FGG).

[273] OLG Celle, 15. Senat, FamRZ 1999, 1374; OLG Stuttgart FamRZ 1999, 1375; OLG Frankfurt FamRZ 1999, 1376; BGH FamRZ 1999, 1648; OLG Bamberg FamRZ 2000, 243; OLG Naumburg FamRZ 2001, 569 und FamRZ 2001, 1161. Die Judikate basieren auf § 621e ZPO (aufgehoben). Heute dürften dieselben Gerichte die Anwendung von § 63 II FamFG (sofortige Beschwerde) befürworten.

[274] OLG Nürnberg FamRZ 2001, 49 (Ls).

Hat ein **nichteheliches Kind** nach Verheiratung seiner Mutter deren Ehenamen erhalten und nimmt die Mutter nach der Scheidung ihren Geburtsnamen wieder an, so kann sich das Kind der Namensänderung anschließen. Zwischen dem 5. und 14. Geburtstag des Kindes ist die Mutter mit Genehmigungsvorbehalt des Familiengerichts antragsbefugt.[275]

Jedenfalls ändert sich der Name der Kinder nicht automatisch dadurch, dass die Mutter ihren Mädchennamen wieder annimmt. Das Kind darf auch nicht einem ständigen Namenswechsel ausgesetzt werden: Wird es nach § 1618 erfolgreich einbenannt und gefällt es der Mutter nach Scheidung der aktuellen Ehe, die Anlass zur Einbenennung (Namensharmonisierung) gab, wieder ihren Namen zu wechseln, kommt ein Anschluss des Kindes an diesen Namen nicht in Betracht.[276]

Auch kann die Mutter im Einvernehmen mit dem Vater den Namen der Kinder nach Änderung des eigenen Namens nicht *nachträglich* nach § 1617c BGB ändern.[277]

Wenn ausnahmsweise ein Vater allein sorgeberechtigt für sein nichteheliches Kind ist (hier: nach Entzug der ES der Mutter), kann er, sofern er verheiratet ist, dem Kind seinen Ehenamen nach § 1618 analog erteilen. Die Einwilligung der Mutter kann ersetzt werden, wenn die Namenserteilung für das Kind einen erkennbar „hohen Nutzen" hat.[278]

In Fällen der **Auslandsberührung** können sich Namensprobleme sogar schon außerhalb der Wiederverheiratungsproblematik ergeben: So kann eine geschiedene Ausländerin (hier: Brasilianerin) nach Art. 10 III EGBGB dem ehelichen Sohn ihren brasilianischen Mädchennamen verleihen, ohne dass der Vater dagegen etwas ausrichten kann; das Namenswahlrecht ist nämlich lt. LG Freiburg[279] an das Sorgerecht geknüpft. **A. A.** ist das OLG München[280] in einem deutsch-österreichischen Fall: Zuerst muss eine Rechtswahl getroffen werden.

Wird das Kind später als 300 Tage nach Auflösung der Ehe geboren, erhält das Kind den zum Zeitpunkt seiner Geburt geführten Familiennamen der Mutter.[281]

4.4.6 Adoption

Einen anderen Namen erhält das Kind auch im Falle der **Adoption** durch seinen Stiefvater.[282] Das gilt auch für Fälle der Erwachsenenadoption.[283] Selbstverständlich

---

[275] BayObLG FamRZ 1998, 316.

[276] OLG Frankfurt FamRZ 2005, 1927 (Ls).

[277] OLG Düsseldorf FamRZ 2000, 1181. Zur Änderung *ex nunc* mit Zustimmung des Kindes s. OLG Hamm FamRZ 2002, 1731.

[278] OLG Köln FamRZ 2001, 1547.

[279] LG Freiburg FamRZ 1996, 1500.

[280] OLG München FamRZ 2009, 1597.

[281] OLG Düsseldorf FamRZ 1999, 328 zum Fall einer von ihrem türkischen Ehemann geschiedenen, in Deutschland lebenden Türkin, deren Scheidungsurteil von den türkischen Behörden nicht anerkannt worden war.

[282] Selbstverständlich gilt die automatische Übernahme des Nachnamens der annehmende Person (oder des Familiennamens von Eheleuten) für alle Adoptionsfälle (§ 1757 I BGB, s. hierzu OLG Köln FamRZ 2004, 399 (Ls)). Dies ist nicht verfassungswidrig (OLG Karlsruhe FamRZ 2000, 115). Zur Kritik s. Abh. *Löhning* FamRZ 2012, 679.

[283] OLG Hamm FamRZ 2012, 138, s. a. vorige Fußnote.

kommt die Kindesannahme selbst aber nur mit Zustimmung des leiblichen Vaters zustande. Das Kind verliert dann nicht nur seinen Vaternamen oder Vaternamensbestandteil, sondern auch Unterhalts- und Erbansprüche gegen seinen Erzeuger.

Besondere Probleme ergeben sich in den Fällen der **Erwachsenenadoption**:

Wenn eine Frau heiratet, den Namen des Ehemannes als Ehenamen wählt und ihren Geburtsnamen als Begleitnamen voranstellt, und sich alsdann adoptieren lässt, kann sie nach umstrittener Auffassung wählen, ob sie den Geburtsnamen als Begleitnamen beibehält oder ihn durch den Namen des Adoptivvaters ersetzt.[284]

Auf keinen Fall darf aber das Familiengericht dem Ehenamen des verheirateten Angenommenen von sich aus den Namen der Adoptiveltern (mit Bindestrich) beifügen.[285]

4.5 Aktuelle Reformbestrebungen

Weitere Reformbestrebungen sind im Gange. Das Bundesjustizministerium hat im Jahre 2018 eine Expertengruppe eingerichtet, die kurz darauf ihre Vorschläge unterbreitet hat.[286] Danach sollen u.a. alle namensrechtlichen Regelungen in einem Gesetz zusammengefasst werden. Auch soll die Möglichkeit eröffnet werden, echte Doppelnamen für eine Familie zu wählen (bislang gibt es, wie wir gesehen haben, grundsätzlich nur eingliedrige Familiennamen und die Option, daneben einen Begleitnamen zu führen).[287]

Die Reformvorschläge haben durch den Koalitionsvertrag der Ampelkoalition vom 20.11.2021 Fahrt aufgenommen.

Nach hiesiger Auffassung würde der Gesetzgeber mit der Zulassung von echten Doppelnamen (ob mit oder ohne Bindestrich, ist noch klärungsbedürftig) die Büchse der Pandora öffnen, denn dann hätten zwangsläufig auch die Kinder den Doppelnamen der Eltern, und wenn diese Kinder dann heiraten, haben wir, wenn der Gesetzgeber nicht aufpasst[288], per Begleitnamen das Elend der Namensketten, das durch die Reform von 1994 mühsam gebannt worden ist.

Laut Pressemeldungen strebt die Partei der Bündnisgrünen überdies die Option an, aus einzelnen Silben der Namen der Brautleute einen neuen Namen (Ehenamen) zu schmieden. Das wäre zwar ein Heilmittel gegen Namenketten, jedoch würde dadurch nicht nur die – zugestandenermaßen patriarchale – Namenskontinuität ganzer Generationen zerstört, sondern es würden im Einzelfall auch einer nicht folgenorientierten Augenblickslaune und einer beratungsresistenten Naivität Tür und Tor geöffnet: Herr Steinweg heiratet Frau Hägerle und am Ende heißen *auch die Kinder* Steinhäger. Prost!

---

[284] OLG Düsseldorf FamRZ 2011, 907. **A. A.:** OLG Celle FamRZ 2011, 909: Kein Wahlrecht; Begleitname ist nun der durch die Annahme geänderte Geburtsname, also der der Adoptiveltern.

[285] OLG München FamRZ 2022, 874.

[286] Dokumentation in FamRZ 2020, 902.

[287] Nach hiesiger Auffassung hätte sich die SPD/Grüne/FDP-Koalition besser daran getan, endlich die Reform des Scheinvaterregresses (Entwurf aus dem Jahren 2016!) zu vollenden.

[288] Nach dem Entwurf des Bundesjustizministeriums sollen sich die Eheleute dann auf zwei Namen beschränken. Aber auf welche, wenn sie sich nicht einig sind? Kommen dann doch alle vier zum Tragen?

Stichwortverzeichnis